Was der Mensch braucht

»Wenn wir überleben wollen, müssen wir zu leben lernen, statt immer nur gelebt zu werden.« Dieser Satz von Erich Fromm aus seinem Beitrag zu diesem Buch ist kennzeichnend für die Grundintention, der sich alle Autoren dieses Bandes verpflichtet wissen. Ihre Anregungen für eine neue Kunst zu leben rufen den Leser aus der Passivität des Konsumenten zu einer die Selbstentfaltung fördernden Aktivität. Denn das ist es, was der Mensch wirklich braucht, was ihn froher und freier macht. Freiheit, Glück, Hoffnung, Liebe, Sinn – so lauten einige Stichworte der insgesamt 38 Beiträge, die von namhaften Autoren der verschiedensten Wissens- und Erfahrungsbereiche verfaßt wurden: darunter Heinrich Böll, Walter Jens, Golo Mann, Georg Picht, Adolf Portmann, Manès Sperber. Es ist gewissermaßen ein »Wörterbuch des Menschen« entstanden, das Grundbegriffe einer neuen Humanität erläutert und entfaltet – nicht in Form von Fachreferaten, sondern so, daß die Lektüre zum Bestehen des Alltags und zum Verstehen der eigenen Lebensmöglichkeiten ermutigt.

Was der Mensch braucht

Anregungen
für eine neue Kunst zu leben

Herausgegeben
von Hans Jürgen Schultz

Kreuz Verlag Stuttgart · Berlin

Diesem Buch liegt eine Sendereihe
des Süddeutschen Rundfunks zugrunde.

4. Auflage (16.–18. Tausend) 1981

Gestaltung: Hans Hug
Gesamtherstellung: Wilhelm Röck, Weinsberg
ISBN 3 7831 0513 7

Inhalt

Vorwort

Die Frage, was er gebraucht und was er verbraucht, hat die Frage, *was der Mensch braucht*, verdrängt. Plötzlich aber findet er sich vor in einer Krise, die sich aus dieser Einstellung unweigerlich ergeben mußte. Der Mensch baute und baut an einer Welt, die ihn umbringt. Die Folgen seiner Erfindungen fallen als Lebensbedrohung auf ihn zurück. Die Ausbeutung der Natur, der unbrüderliche Umgang mit ihr, hat dem Menschen die Chance eröffnet, Überfluß zu produzieren. Zugleich ist er jedoch an den elementaren Dingen verarmt. Mit überentwickelten Instrumenten steht er - inmitten von Komfort – unterentwickelt da. Dem Wachstum der Mittel entsprach kein Wachstum des Menschseins. Mit allem scheint der Mensch fertig zu werden, nur nicht mit sich selber. Er ist sein eigener Feind geworden. Erschreckend rat- und tatlos beginnen wir zu bemerken, daß wir eine falsche Richtung eingeschlagen haben – eine Richtung, die sich vielleicht nicht mehr korrigieren läßt.

Dieses Buch, liebe Leser, ist ein Aufruf wider die Rat- und Tatlosigkeit. Es will Gegenkräfte gegen alle zu einer selbstmörderischen Passivität verleitenden Denk- und Verhaltensweisen auf den Plan rufen. Es will dazu anregen, daß *die* Energien und *die* Bedürfnisse in uns geweckt und gefördert werden, die uns aktiver, lebendiger, unbefangener, phantasievoller, freier machen. Wir, die Autoren, haben versucht, einige Grundworte einer vergessenen oder erst zu entfaltenden Humanität auszuwählen und auszulegen. Einen systematischen Aufbau haben wir absichtlich vermieden und unsere Themen zwanglos, ja spielerisch am Alphabet aufgereiht, um ein lockeres, zur Weiterarbeit einladendes Bündel mit Ermunterungen und Ermutigungen für eine zeitgerechte Tugendkunde, für eine Lebensphilosophie, für eine ars vivendi anzubieten. Die »Lehre vom guten Leben« ist weitgehend übertönt worden durch die Unsprache kurzatmig-modischer Psycho- und Soziologismen, die aber ans Ende ihrer Laufzeit gelangt sein dürften. Heute fangen wir einzusehen an, daß *richtig zu leben* nicht mehr allein als religiöses Gebot oder als moralische Sehnsucht begriffen werden kann, sondern – so sagt Erich Fromm – »zum ersten Mal in der Geschichte hängt das *physische* Überleben der Menschheit von einer radikalen Veränderung des Herzens ab«.

Leben zu lernen wäre also die Voraussetzung fürs *Überleben.* Einerseits nehmen sich Ideen wie »Schule des Lebens« oder »Kunst des Lebens« angesichts der gegenwärtigen Lebensgefahren wie Luxusartikel oder wie Antiquitäten aus. Andrerseits sind die Verlegenheiten, in die wir geraten sind, und die Katastrophen, auf die hin wir uns bewegen, nichts anderes als die Auswirkungen mangelhafter Leistungen in der Schule der Kunst zu leben. Weil der Verlust an Respekt vor dem Leben die Lebenswelt zu zerstören droht, könnte der Einübung einer neuen Kunst des Lebens Weltbedeutung zufallen. Diese Lebenskunst wird einem allerdings nicht in die Wiege gelegt. Man muß sie probieren und studieren. Sie ist zu vergleichen mit der Arbeit des Künstlers an und mit seinem Material: sie ist schöpferischer Umgang mit den Möglichkeiten des Lebens – eine mühevolle Gestaltung, die Mut und Ausdauer voraussetzt, also die Fähigkeit, über den Schwierigkeiten und Widerständen nicht zu verzweifeln, nicht nachzugeben. Eine so praktizierte Lebenskunst bereitet das Klima vor, in dem auch künftige Generationen noch ja zum Leben sagen können und wollen.

Hans Jürgen Schultz

Erich Fromm
Vita activa

Wenn ich mich hier über die Vita activa, also das aktive Leben, äußern soll, dann kann ich mir vorstellen, daß eine ganze Reihe von Lesern einwenden wird: »Warum soll man denn noch mehr vom aktiven Leben reden? Wir sind ja schon viel zu aktiv, und es wird uns ja schon viel zu sehr zugeredet, immer aktiver zu sein. Fehlt es uns nicht gerade an Stille, Besinnung, Konzentration?«

Nun, was heißt denn aktiv? Wenn wir uns einmal daran erinnern, daß einer der größten Denker unseres Jahrhunderts, Albert Schweitzer, davon gesprochen hat, daß der moderne Mensch krankhaft passiv ist, dann kann ja an dem Begriff irgend etwas nicht stimmen. Das heißt doch wohl, daß die Begriffe »aktiv« und »passiv« in zwei ganz verschiedenen Weisen gebraucht werden. Und in der Tat, diese zwei Begriffe »Aktivität« und »Passivität« haben sich im Laufe der Jahrhunderte fundamental geändert. Im klassischen Altertum bis zur modernen Zeit, also für Aristoteles sowohl wie für Thomas Aquinus, für Meister Eckart bis zu Spinoza, Karl Marx und Albert Schweitzer bedeutet Aktivität der freie, spontane Ausdruck der in uns wohnenden Seelenkräfte, nämlich Vernunft, Gefühl, die Empfänglichkeit für Schönheit. Aktivität bedeutet, daß in uns etwas geboren wird, das aus uns selbst kommt, das uns nicht aufgezwungen ist, das aus der schöpferischen Kraft stammt, die uns allen innewohnt.

Nur ein paar kurze Beispiele: Aristoteles sagt, daß die höchste Form der Aktivität gerade im kontemplativen Leben liegt, das heißt also in der Suche nach der Wahrheit. Meister

Eckart spricht sich sehr für das aktive Leben aus; aber mit Aktivität meint er nicht, irgend etwas zu tun, sondern im Geiste der Liebe und Selbstlosigkeit für das Wohl der Menschen zu handeln. Bei Spinoza spielen die Begriffe »Aktivität« und »Passivität« eine ganz außerordentliche Rolle; sein ganzes System kreist eigentlich um diese Begriffe des Tätigseins und des Erleidens; denn passiv kommt ja vom lateinischen »leiden«. Für ihn heißt Aktivsein, daß eine Handlung ganz aus meinem menschlichen Wesen entspringt und gleichzeitig mit der Vernunft übereinstimmt. Wenn der Mensch leidet, passiv ist, dann ist seine Handlung nicht aus seiner Natur entsprungen und nicht vernünftig und wird von außen und nicht von ihm selbst bestimmt. Oder darf ich vielleicht noch Karl Marx erwähnen? Und ich spreche hier von dem echten Karl Marx und seinen Schriften und nicht von der Fälschung und Verfälschung, wie sowohl die Kommunisten als auch die Reformisten sie betrieben haben. Für Marx ist freie und bewußte Aktivität das, was das Wesen des Menschen ausmacht. Ein Begriff, der gar nicht so entfernt vom Begriff Spinozas ist.

Das ist also der Begriff der Aktivität, wie er durch die Jahrhunderte bis zur modernen Zeit, das heißt bis zum Industrie-Zeitalter, geherrscht hat. In unserem Zeitalter, also in der industriellen und – wie man manchmal sagt – postindustriellen Gesellschaft, bedeutet Aktivität etwas völlig anderes. Man kann Aktivität, ganz einfach gesprochen, definieren als den Gebrauch menschlicher Energie zum Zweck von gesellschaftlich nützlichen Veränderungen. Es kommt darauf an, daß die menschliche Energie Veränderungen bewirkt, die vom gesellschaftlichen Standpunkt aus nützlich sind. Was heißt das? Der Bauer, der Schreiner, der Postbeamte, der Verkäufer minderwertiger Waren, der Börsenspekulant – alle, die etwas tun, was sichtbar ist und einen Effekt hat, nennt man aktiv. Man kann es auch anders definieren, nämlich alles Tun, womit man Geld verdienen kann, nennt man Aktivität. Wenn man einmal die Begriffe klar gegenüberstellen will, dann kann man wohl sagen: Aktivität im alten traditionellen Sinn ist Tätigkeit oder auch Tätigsein. Aktivität im modernen industriellen Sinn ist Geschäftigkeit, und ihr entspricht genau im Englischen Busy-ness; to be busy ist Geschäftigsein und business ist Geschäft. Diese zwei Dinge hängen ganz eng miteinander zusammen.

Was ist denn nun der entscheidende Unterschied zwischen der Aktivität im alten, im klassischen Sinn und der Aktivität im modernen, industriellen Sinn? Ich glaube, es ist vor allem wichtig, hier zu sagen, daß die Tätigkeit im Sinne der vorindustriellen Zeit charakterisiert ist durch das Moment der Freiheit und daß die Aktivität im modernen Sinn charakterisiert ist durch das Moment des Zwangs. Nun, da sage ich vielleicht etwas, was viele von Ihnen in Erstaunen versetzen wird. Wieso denn? Kann bei uns nicht jeder gerade tun und lassen, was er will? Kann er nicht nach Herzenslust tätig sein? Warum rede ich denn hier von Zwang und warum rede ich andererseits von Freiheit? Nun, das Wort Freiheit wird ja heute sehr viel verwendet, und mit ihm wird viel Propaganda getrieben. Aber ich glaube, wenn man wirklich auf den Grund dessen geht, was Freiheit ist, im Sinne der großen humanistischen Tradition, dann ist Freiheit die Möglichkeit für den Menschen, sich selbst ohne Zwang auszudrücken, aus sich selbst etwas zu erschaffen – glückt ihm das, dann ist er frei. Wenn aber sein Leben unter einem Zwang steht, dann ist seine Tätigkeit unfrei. Nun aber werden Sie wahrscheinlich sagen: Ja, dann sind wir ja alle frei, denn wir arbeiten doch nicht unter Zwang. Das allerdings ist eine große Täuschung. Und ich möchte Ihnen ein paar Beispiele geben für das, was Zwang heißt.

Der Zwang kann natürlich ein äußerlicher sein, wie etwa im Fall des griechischen Sklaven. Der wird von außen her gezwungen zu arbeiten, und seine Tätigkeit, seine Aktivität ist Zwangsarbeit. Wenn Sie dann, sagen wir mal, den modernen Arbeiter nehmen, dann können Sie sagen: Da ist der Zwang auch da, aber indirekt. Er hat ja nur seine Arbeit zu verkaufen und ist mehr oder weniger gezwungen, sie zu den Bedingungen zu verkaufen, die der Unternehmer ihm auferlegt. Das hat sich zwar im Laufe der letzten fünfzig Jahre sehr geändert, indem er selbst vertreten ist durch mächtige Organisationen, die ihn manchmal auch zwingen, das zu tun, was die Organisation will. Aber nichtsdestoweniger steht er doch vor der Frage: Arbeiten oder verhungern, denn er hat kein Kapital, auf das er sich stützen und sagen kann: Ich will nicht. Also, das sind Formen des äußeren Zwanges, und von denen will ich hier nicht weiter reden, sie sind ja wohlbekannt.

Eine zweite Form des Zwanges aber ist der innere Zwang, und der ist sehr viel wichtiger und ist den meisten Menschen unbewußt. Nehmen Sie einmal einen der großen inneren Zwänge: ich meine die Angst. Das sieht man in der Religionsgeschichte sehr deutlich zum Beispiel im Calvinismus. Da war der Mensch in ständiger Angst, ob er prädestiniert ist zur Erlösung oder nicht. Und der einzige Weg, auf dem er herausfinden konnte, ob er erlöst ist oder nicht, war zu sehen, ob er Erfolg hat oder nicht. Und so hat er aus seiner Angst, verworfen zu sein, einen ungeheuren Arbeitszwang entwickelt, weil die Arbeit und der Erfolg in der Wirtschaft ihn tatsächlich beruhigen konnten. Denn wenn er Erfolg hatte, dann war das zwar kein Beweis, aber doch ein sehr wichtiges Moment für die Annahme, daß er tatsächlich zu den Erwählten gehörte. Aber wir brauchen ja nicht zu den Calvinisten zu gehen – sie sind nur ein frühes und besonders drastisches Beispiel. Heute sieht man, daß die Menschen, wenn man hinter die Oberfläche sieht, im allgemeinen sehr viel Angst haben und sehr unsicher sind. Angst vor allem möglichen: vor sich, vor der Sinnlosigkeit des Lebens, vor der Konkurrenz, vor den Behörden, vor den Eltern, vor den Kindern, vor jedem Fremden und nicht so selten vor dem eigenen Mann oder vor der eigenen Frau. Nun, aus der Angst flüchtet man sich am besten in die Arbeit. Wieviel Fälle sehen wir im Leben, wo die Menschen wie verrückt arbeiten, und in Wirklichkeit erkennt man, daß die Angst sie treibt. Sie wollen sich der Angst, dem Bewußtsein von der Angst entziehen, und deshalb arbeiten und arbeiten sie, damit sie keinen Moment Zeit haben, sich bewußt zu sein, daß sie Angst haben. Ein Mensch hat einen falschen Beruf, das macht ihn ängstlich. Was tut er? Statt daran zu denken, daß er vielleicht einen neuen Beruf wählen sollte, arbeitet er nun noch mehr in seinem alten Beruf, so daß er sich und seine Zweifel vergißt. Oder er hat eine falsche Ehe. Statt daran zu denken, daß er sich oder seine Frau oder daß sich beide ändern könnten, versucht er, der Angst vor dieser Situation zu entgehen, indem er den ganzen Tag arbeitet. Und da haben Sie das Bild des Geschäftsmannes, der müde nach Hause kommt, weil er wie ein Verrückter gearbeitet hat, und den ganzen Abend lang mit seiner Frau nicht mehr als drei Worte wechselt. Damit entzieht er sich dem Anspruch, Konflikte in seiner Ehe auszutragen. Die Arbeit ist eines der größten Betäubungmittel, die es in der heutigen Gesellschaft gibt, abgesehen von Zigaretten und Autofahren und Trinken und noch einigen anderen Sachen. Man flieht in die Tätigkeit, es muß nicht nur Arbeit sein. Wenn man mit der Arbeit fertig ist, dann geht's in den Sport oder in den Club; man muß nur geschäftig sein, nur keinen stillen Moment haben, denn dann kommt die Angst zum Vorschein.

Sehr häufig geht das zu wie in einer Zwangsneurose, wo Sie das am deutlichsten sehen können. Ich will Ihnen nur ein kurzes Beispiel geben: Ein Mann liebt ein Mädchen, oder er glaubt, es zu lieben, und er will es besuchen. Zwei Züge gehen zu der Stadt, in der das Mädchen lebt, einer fährt um vier, der andere um fünf Uhr. Nun gerät er in einen typischen zwangsneurotischen Zweifel, soll er den Zug um vier oder den Zug um fünf nehmen? Und dann fängt er an, sich zu sagen: Der Zug um vier hat diesen Vorteil, der Zug um fünf hat jenen Vorteil, aber sie haben wieder beide Nachteile, bis er nach einer halben Stunde vollkommen erschöpft ist, weil er sich nicht entscheiden konnte, welchen Zug er nehmen soll. Wenn man analysiert, was vorgeht, dann weiß oder sieht man: In Wirklichkeit ist er im Zweifel, ob er die Frau liebt. Aber diesen Zweifel will er verdrängen, denn sonst müßte er Entscheidungen treffen, oder er müßte ihr oder sich weh tun. Also wird der ganze Zweifel verdrängt, und an seine Stelle tritt eine krankhafte Aktivität, die zwar in diesem Fall keinen sozialen Zweck, aber doch alle Kennzeichen des Geschäftigseins hat. Und wenn ich Ihnen noch ein anderes Beispiel geben darf, nehmen Sie die posthypnotische Situation. Ganz kurz: Ein Mensch wird hypnotisiert. Der Hypnotiseur sagt ihm während der Hypnose: Eine Viertelstunde, nachdem die Hypnose vorbei ist, ziehen Sie Ihren Rock aus. Der Hypnotisierte wacht auf, und genau fünfzehn Minuten, nachdem er aufgewacht ist, wird er sagen: Ach, es ist doch so ein heißer Tag heute, es ist wirklich gar nicht auszuhalten. Und er legt den Rock ab. Er hat nicht die geringste Ahnung, daß seine Aktivität, nämlich diese, sich des Rockes zu entledigen, nicht *seine* Aktivität ist, sondern daß er auf Instruktion eines anderen handelt, nur daß ihm diese äußere Macht, die hier vorliegt, selbst nicht bewußt ist und er glaubt, er handle aus eigenem Willen. Aber er rationalisiert es noch, er macht sich vor, als ob es für ihn ganz gute Gründe gäbe, das zu tun.

Allen diesen Arten von Aktivität ist gemeinsam, daß der Mensch nicht frei, nicht freudig, nicht interessiert und nicht wirklich tätig ist, sondern aufgrund äußeren oder meistens inneren Zwanges sich dessen nicht bewußt ist, daß er unter Zwang handelt. Die unfreie Aktivität, also die Geschäftigkeit, entspricht einer gesellschaftlichen Atmosphäre, die im Gegensatz zu der vorindustriellen Welt steht. Im Mittelalter war das Ziel das Heil, die Vervollkommnung des Menschen. Im industriellen Zeitalter ist das Ziel die maximale Produktion von

Dingen und die maximale Konsumtion. Der Mensch wird zum Instrument, das den höchsten Gütern dient, nämlich dem wirtschaftlichen und technischen Fortschritt, dem Haben und nicht dem Sein. Deshalb kommt es auch nicht mehr darauf an, aus welchen *Motiven* der Mensch aktiv ist, sondern auf das *Resultat:* Was wichtig ist, ist allein der private und gesellschaftliche Nutzen der Tätigkeit. Sehr oft ist es sogar so, daß die Zwangsaktivität wirtschaftlich, zumindest scheinbar, nützlicher und einfacher und effektiver ist als die Tätigkeit, die aus der Freiheit stammt.

Was ist nun das Resultat? Der Zwangsarbeiter – und das sind wir ziemlich alle – leidet unter der Monotonie, der Sinnlosigkeit, der Langeweile, der Freudlosigkeit, die seine Geschäftigkeit mit sich bringt. Er ist sich zwar dessen nicht bewußt; er ist sich noch nicht einmal bewußt, daß er leidet. Aber viele Symptome zeigen, daß er leidet. Ich möchte dazu sagen, daß man überhaupt bedenken muß, daß wir vieles wissen, dessen wir uns nicht bewußt sind. Das scheint zwar ein logischer Widerspruch zu sein, aber es ist doch ein Faktum, daß wir vieles ahnen, vieles fühlen, erfühlen, von vielem wissen, obwohl wir uns dessen nicht erinnern, was wir wissen. Aber es ist in uns da, und wir verbrauchen viel Energie damit, der moderne Mensch vielleicht überhaupt den größten Teil seiner Energie, zu verdrängen, was er weiß. Denn wenn er sich dessen bewußt würde, woran er leidet, wenn er sich dessen bewußt würde, wie monoton die Arbeit für ihn ist, dann müßte er etwas ändern in seinen ganzen Verhältnissen, dann müßte er gesellschaftliche Veränderungen wünschen. Das ist alles viel zu kompliziert, viel zu schwierig, und so zieht er es vor, das Elend der Zwangsarbeit, der unfreudigen, unfreien Arbeit nicht wahrzunehmen und sich durch noch mehr Arbeit zu betäuben. Man kann wohl sagen, dies ist eine der großen Selbsttäuschungen des modernen Menschen. Er glaubt, enorm aktiv zu sein, und ist in Wirklichkeit enorm passiv, weil seine Aktivität nicht aus ihm kommt, sondern eine ihm vorgeschriebene, manipulierte, in ihn hineingelegte Aktivität ist. Wie schon angedeutet, hat Schweitzer dies mit aller Schärfe erkannt. Aber obwohl er das alles klar gesagt hat, hat es sehr lange gebraucht, bis nur eine größere Zahl von Menschen sich dessen bewußt wurde, wovon er gesprochen hat. Allerdings beginnt die Zahl dieser Menschen zu wachsen. Es gibt heute in der westlichen Welt sehr viele Menschen, die sich entweder klar oder zumindest halb bewußt sind, daß ihre Arbeit, ihre Tätigkeit sinnlos, freudlos ist, daß sie ihnen das Leben verdirbt, daß es ein tiefes Unbefriedigtsein im Leben gibt und daß sie große Mühe haben, dieses eigene Leiden, das nämlich aus der inneren Passivität kommt, in irgendeiner Weise zu verarbeiten.

Was sind denn die Folgen dieser Passivität? Nun, eine wichtige Folge ist die, die so offensichtlich ist und die auch immer bekannter wird, und das ist der Zwang zum Konsumieren, der homo consumens. Gerade weil er innerlich leer, weil er innerlich passiv ist, muß er mehr und mehr in sich hereinnehmen, muß er sich mit Dingen anfüllen, die ihm den Schein geben, als ob er sich anfülle, während er in Wirklichkeit durch seine Passivität nichts anderes ist als leer. Er ist der ewige Säugling, der nach der Flasche schreit, auch wenn er ein erwachsener Mensch ist, der angeblich die Welt leitet.

In Wirklichkeit ist seine Geschäftigkeit und seine Faulheit dasselbe, nämlich der Mangel an innerer Aktivität. Wir sehen das ja heute. Eine große Zahl von Menschen ist zwanghaft tätig, zwanghaft aktiv, und dann haben sie die Sehnsucht, ebenso faul zu sein, wie sie vorher aktiv waren. Es gibt natürlich auch andere, die treiben dann Sport, was oft eine andere Form der zwanghaften Aktivität ist, aber für sehr viele besteht das Glück darin, gar nichts zu tun, so faul zu sein, wie man nur kann. Und das ist dann die »Erholung«. Aber in Wirklichkeit ist diese Erholung ebenso passiv, wie die Arbeit war. Und beide gehören eben zusammen, die passive Arbeit und die passive Erholung. Und wenn man sich lang genug erholt hat, kommen doch schon die Probleme wieder auf, und dann fängt man vielleicht an, nachzudenken, ja, und dann muß man eben wieder arbeiten, um das Nachdenken zu verhindern.

Das gleiche sehen wir in der politischen Passivität. Zwar sind die Menschen heute angeblich sehr beschäftigt mit Politik, sie reden davon, sie regen sich auf über Wahlen und diesen und jenen Kandidaten. In Wirklichkeit ist es aber doch so, daß die Menschen politisch apathisch, daß sie vollkommen fatalistisch sind. Es ist eine große Gaudi, einen Kandidaten zu wählen, und wenn er siegt, ist das sehr aufregend, und wenn man auf einen Kandidaten setzt sozusagen, auch ohne Geld, dann ist das wie beim Pferderennen, und man sieht sich die zwei Pferde an und guckt ihnen ins Maul und sagt dann schließlich: Ja, also der wird gewinnen. Das hat aber mit echter politischer Aktivität überhaupt nichts zu tun. Und gerade wegen dieser inneren Faulheit und Passivität steht es natürlich auch mit der Demokratie schlecht; denn was ist das für eine Demokratie, in der die Menschen gar nicht aus sich heraus interessiert sind, das heißt wirklich aktiv eingestellt sind, sondern dieselbe passive Zuschauerhaltung einnehmen wie bei einem Pferderennen oder wie sie die Römer ihren armen Mitbürgern in den Zirkusspielen und Gladiatorenkämpfen angeboten haben. Natürlich trägt dazu eine Institution wie die Television außerordentlich bei. Das ist in Amerika noch schlimmer als in Deutschland, weil die schon morgens um 7.00 Uhr anfangen; aber im Grunde ist es doch überall dasselbe. Da »trinkt« man etwas, was von außen kommt, und man ist passiv gebunden an das, was einem suggeriert wird. Neuigkeiten werden »verschlungen«. Und diese innere Passivität ist gar nicht nur die Sache der großen Masse, von der man vielleicht sagen kann: Ja, sie haben sowieso nichts zu sagen, wie sollen sie da eigentlich anders sein als passiv? Aber es ist bei den Regierenden nicht anders als bei den Regierten. Die sind ganz genauso passiv, sind ganz genauso fatalistisch; sie lassen sich genauso von den Gesetzen der bürokratischen Prozedur führen, wie sich der Mitbürger von ihnen führen läßt. Niemand weiß, wohin er geht, niemand weiß, wohin er gehen will. Was das Ganze bestimmt, sind eben bürokratische Regeln. Vielleicht darf ich ein kleines Beispiel geben: Es war im Zweiten Weltkrieg. Es drehte sich darum, ob man die U-Boote etwas zweckmäßiger bauen sollte, indem man nämlich die kleine Plattform auf dem U-Boot abschaffte, so daß der ganze Bau windgerechter und damit schneller war. Das hat Admiral – ich weiß nicht, ob es Admiral Dönitz war oder Raeder – verhindert mit der Begründung: Diese Plattform brauchen wir dazu, daß die Matrosen bei der Parade darauf stehen und grüßen können! Also das, was vom Standpunkt der Kriegführung als zweckmäßig erschien, wurde aus einer rein bürokratischen und fast kindischen Motivation abgelehnt zum Nachteil der Schiffe, zum Nachteil der Menschen und zum Nachteil des militärischen Erfolges. Das ist nur ein kleines, wenn auch recht drastisches Beispiel. Aber wenn man sich darüber im klaren ist, wie passiv die Führenden selbst dem scheinbaren Fatum, dem Schicksal gegenüber sind, dann allerdings versteht man, warum so fast nichts getan wird, um eine Katastrophe abzuwenden, die, wie die besten Köpfe der Welt wissen, fast unausweichlich ist.

Dies ist der erste Beitrag eines Sammelwerks, dessen Autoren zeigen und dazu anhalten und einladen wollen, richtige, der Kontemplativität nicht entgegengesetzte, sondern die Selbstentfaltung fördernde Aktivität zu pflegen. Daß das gelingt, ist heute von entscheidender Bedeutung. Wenn wir überleben wollen, müssen wir zu leben lernen, statt immer nur gelebt zu werden.

Was ist das Ziel? Ich glaube, es kommt darauf an, sich der Passivität bewußt zu werden und zu erkennen, daß diese Passivität den Menschen leiden macht. Der Beginn ist Erkenntnis. Der nächste Schritt ist Übung in echter Tätigkeit, vielleicht damit anfangend, einmal zu versuchen, still zu sein, zu schauen, zu vernehmen, zu meditieren. Das ist keine leichte Aufgabe, und es klingt so einfach, zu sagen: Sitz doch mal still! Die meisten Menschen werden antworten: Das ist doch nichts Besonderes, das kann ich doch ohne weiteres. Was hat denn das für einen Sinn? Wenn Sie es aber einmal probieren, dann werden Sie merken, wie unfähig Sie sind, von dem Zwang zum ständigen Tätigsein loszukommen, von der Geschäftigkeit.

Dieser Text gibt eine freie, ohne Manuskript gehaltene Rede wieder.

Walter Dirks

Chancen des Alters

Im Alphabet der Themen zur Lebensführung ist einem Autor mit sechsundsiebzig Jahren unter dem Buchstaben A sein eigenes Thema zugewiesen: Die Chancen des Alters. Wie werde ich selbst mit dem Alter fertig? Nicht gut, fürchte ich. Der Sorge ums Überleben unserer Enkel auf der geschändeten und gefährdeten Erde kann ich nicht die Kraft der Jugend entgegensetzen, die aus dem drängenden Lebensstrom kommt. Diese Sorge trifft vielmehr in mir einen Menschen, der müde geworden ist. Doch ist mir ja auch nicht die Aufgabe gestellt, ein komplettes Lob des hohen und weisen Alters zu verkünden, sondern seine Chancen darzulegen. Das ist eine andere Aufgabe. Sie ist nüchterner. Das Alter ist ambivalent. Es bietet Arges und Gutes. Also kann sich der alte Mensch an das Gute halten – wenn er kann – und versuchen, mit dem Schlimmen fertig zu werden. Eine erste Feststellung über seine Chancen, noch reichlich allgemein.

Um nicht als Schönredner dazustehen, muß ich zunächst klagen dürfen.

Jean Améry beschreibt in seinem Buch über »Das Altern und das Alter« die Erfahrung der Minderung, des körperlichen, seelischen und geistigen Verfalls mit lähmender Eindringlichkeit. Das beginnt mit dem Blick in den Spiegel. Er hat übertrieben, zumal da er als Siebenundfünfzigjähriger noch gar nicht voll zuständig war. Aber es ist natürlich etwas daran. Man erfährt es nicht täglich, sondern in Schüben. Die Runzeln und der Handspiegel sind das Schlimmste nicht, doch ist es nicht erbaulich, in einem großen Spiegel den ganzen Körper als den eines

Greises anzusehen. Wachsende Schwerhörigkeit wird ernstlich lästig, wenn sie es einem kontaktfreudigen Menschen schwer macht, dem Gespräch der Familie oder der Freunde zu folgen. Für einen Bergsteiger, dem nach dem Verlust der Trittsicherheit im Fels noch viele Jahre des Bergwanderns blieben, ist es mehr als nur ein erträglicher Verlust, wenn seine Beine ziemlich plötzlich nicht mehr gehen wollen, nicht einmal kürzeste Strecken. Zahnbeschwerden kennt man das halbe Leben, aber wenn sich das Gefühl einschleicht, nun am Ende nie mehr richtig zubeißen zu können, dann ist das etwas Neues, das wie jene anderen Minderungen an den Nerv oder an die Nieren geht. Denn Zuhören und Mitreden, Gehen, Essen: das sind elementare Dinge. Irgendwann wird man einen brauchen, der einem die Schnürsenkel löst oder aus der Badewanne heraushilft. Dieser Prozeß verläuft nicht immer gleichmäßig. Es gibt Erneuerungen verlorengegangener Kräfte, manchmal zur eigenen Überraschung, und dies zu erfahren gehört zu den schönsten, wenn auch etwas melancholischen Chancen des Alters. Die Kurve der Kräfte verläuft wellenförmig. Im Endeffekt aber, da hilft nun einmal nichts, verläuft sie abwärts, und die Chance wird zu jener allgemeinsten, ohne die man dann überhaupt verloren ist: annehmen zu können, was kommt; zu akzeptieren. Ja zu sagen, das allerdings kann befreien.

Ich bin schon in die positiven Chancen hineingeraten und bleibe einen Augenblick dabei, wenn ich dieselbe Ambivalenz noch einmal beschreibe: Dem Annehmen des Widrigen entspricht die Not, Kostbares loslassen zu müssen, und damit die Chance, loslassen zu können, loszulassen, sich dadurch zu befreien. Von Hab und Gut trenne ich mich nicht gern; von Geld schon lieber – ich empfinde eine Art Lust dabei, ein Stück Sicherheit loszulassen. Solches Loslassen hat den Charakter des Schenkens. Es ist eine Chance. Das Gespräch – auch dies nehme ich vorweg – gehört zu den nobelsten Freuden und Chancen des Alters, das ernste und das heitere Gespräch – und da ich das Glück habe, oft von jungen Menschen besucht zu werden, die Information, Orientierungshilfe oder Widerstand suchen, gehört es dann wieder zu den Bitterkeiten, die in die Beine fahren, wenn ein solcher Besucher sich verabschiedet und – so ist es doch in vielen Fällen – ins Nichts verschwindet: Niemals wird er wiederkommen, eine Chance, die da war und die nun zu Ende ist – zum Glück nur so lange, bis der nächste kommt.

Als das Schlimmste empfinde ich eine Desensibilisierung, Einbrüche von Kälte, plötzliche Abbrüche von Empfindungen, etwa gegenüber der Natur. Man sieht die geliebte Landschaft wieder, die einem früher das Herz klopfen machte, und man entdeckt plötzlich, daß man fühlt: »Na, und?« Schlimmer: So geht es auch mit Empfindungen gegenüber den eigenen Leuten oder gegenüber Freunden. Das sind plötzliche Verdüsterungen, aber sie müssen den, der sie erfährt, tief erschrecken. Abgründe einer bösen Möglichkeit tun sich auf, der Abstumpfung. Sie haben ihr Gegenstück in Aufwallungen von Wohlwollen, ja von Zärtlichkeit. Eine Wolke kann wie ein Überfall des Glücks am Himmel erscheinen. – Glückstränen steigen auf beim Anblick eines geliebten Menschen, und dem Philemon werden die Wangen seiner Baucis so zart erschienen sein wie die der Julia dem Romeo. Hier lauert natürlich auch Alterssentimentalität, Greisengeflenne. Eine von den vielen – ambivalenten – Rückkehren zur Kindheit geschieht: Die Tränen kommen leichter. Zu solchen Widersprüchen gehört auch der zwischen der tiefen Depression und der guten oder gar heiteren Gelassenheit. Es gibt Techniken, Methoden, Übungen, also konkrete Chancen, um das Licht stärker werden zu lassen als die Nacht. Zwischen dem autogenen Training und der Meditation oder dem Versuch, sich ruhig und entschlossen dem zuzuwenden, was sich im Verlauf des Lebens als sinn- und kraftgebend erwiesen hat, liegen allerlei Möglichkeiten. Kleine Chancen im Auf und Ab der Empfindungen und der Kräfte. Aber die Übung allein tut es natürlich nicht.

Habe ich etwas vergessen in der Klage? Der Tod ist unausweichlich. Da kommt der jähe Einfall: War dies etwa das letzte Mal? Er kommt einem bei jedem Treffen mit einem alten Freund, bei jedem Besuch einer entfernten Landschaft. Mir kam er vor Jahren oft, als ich meine Mutter in ihrem Alter zuweilen noch in die Klaviertasten greifen sah und hörte. Einmal war es wirklich das letzte Mal, und wir wußten es nicht. Auszuwählen, welche Urlaubs-Gegend man diesmal wiedersehen oder noch neu kennenlernen möchte, heißt aus einer immer kleiner werdenden Zahl möglicher Reiseunternehmungen eine einzige Chance auszuwählen. Das bedeutet, über seinen Tod zu disponieren. Tiefpunkt der grübelnden Gedanken: das Siechtum oder die Intensivstation.

Aber es ist nun wirklich hohe Zeit, dem Gedankengang die entscheidende Wende zu geben. Von allzu Allgemeinem, wie von der Chance zur Weisheit und Reife, will ich gar nicht erst zu reden beginnen. Weisheit und Reife können allzu Verschiedenes bedeuten, und indirekt wird davon die Rede sein. Ich möchte sofort mit der ernstesten meiner Einsichten beginnen. Die Chance des Alters ist die Wahrheit. Es ist klar, daß diese Wahrheit oft bitter ist. Eine Chance, ja *die* Chance bleibt sie trotzdem. Sie haben bemerkt, daß ich mich weder auf Statistiken noch auf Studien zur Gerontologie noch auf Lebensbeschreibungen stütze, sondern über eigene Erfahrungen reflektiere. Ein Fünfundsiebzigjähriger hat an der heiklen Grenze zum Greisentum ein anderes Alter als der Fünfundsechzigjährige oder die Sechzigjährige, die gerade in allen Ehren das Leistungsfazit ihres Lebens, wenn er oder sie es nicht selbst gezogen haben, bei der Abschiedsfeier von anderen gezogen bekommen haben. Dieser ältere Mensch hat zehn Jahre eines Alterns vor sich, das er noch nicht erfahren hat. Diese Stunde der Pensionierung ist kaum die Stunde der Wahrheit. Denn weder die Erfolgsbilanz noch der Abschied ist die Wahrheit, einerlei, ob diese Bilanz einigermaßen stimmte oder nicht, und einerlei, ob dieser Abschied als Resignation oder als Beginn des großen Friedens empfunden wird. Alles wird anders kommen, als man es in dieser Stunde denkt.

Aber irgendwann beginnt die Uhr eine andere Stunde anzuzeigen: nicht mehr die der Leistungsbilanz, sondern die der Lebensbilanz. Vergessenes dringt herauf, erfreulich das Erfreuliche, schlimm das Schlimme, und schlimm ist mindestens die Summe der Unterlassungen, das Zurückbleiben hinter den eigenen Möglichkeiten. »Du stellst zu hohe Ansprüche an dich selbst«, sagen die Freunde. Das Gewissen spricht anders, lassen wir es einmal bei diesem nicht mehr eindeutigen Wort. Man kann es sicherlich beiseite schieben und dann behaglicher leben, aber wer im Alter einmal die Chance der Wahrheit erblickt hat, wird sich nach Kräften nicht mehr selber täuschen wollen: Er will sich hinter die Schliche kommen, endlich hinter die Schliche; er erinnert sich der Kreuzwege und der Entscheidungen, nicht zuletzt eben der unterlassenen. Er sähe eine ernsthafte Verletzung seiner menschlichen Würde darin, wollte er sich selbst determiniert sehen als einen, der er nun einmal geworden ist und wie er nun einmal nicht anders werden konnte. Jetzt will er zudem nicht so sehr wissen, wer er war, sondern vielmehr, wer er wirklich ist: Aus der Lebensbilanz wird Existenzbilanz. Man entdeckt spätestens jetzt, was man auch früher hätte schon wissen können: wie sehr wir Rollenspieler sind – aber auch wie gewichtig, wie wirksam die Rollen sind und waren, und daß auch sie verantwortet werden mußten. Die Rollenwahrheiten und die wirkliche Wahrheit und ihr Verhältnis zueinander herauszubringen, das ist eine mühsame Arbeit. Aber man kommt auf der Suche nach der eigenen Identität nun näher an die Wahrheit heran, und die dann angenommene Wahrheit macht frei. Sie entlastet. Ein solches Ja zu sich selbst kann geradezu fröhlich machen. Es gibt eine Altersfrechheit, die hier ihre Wurzel hat. Es kann einem nun keiner mehr imponieren; man hat die Ängste hinter sich. Denn die Ängste vor anderen hingen damit zusammen, daß man sich seiner selbst nicht gewiß war. Solche Souveränität schließt die Buße und die Dankbarkeit ein. Hat man sich nicht früher zu ihr befreien können, jetzt ist ihre Stunde gekommen.

Es sind allerdings Unsicherheiten damit verknüpft. Feste Überzeugungen, aus denen man gelebt und gearbeitet hatte, Gefüge von kritisch und produktiv gewonnenen religiösen, politischen und anderen Überzeugungen werden für noch kritischere Fragen offen. Man entdeckt in ihnen Elemente von Fremdbestimmung, von bloßer Vitalität, von Rollenverstrikkungen, von bloßen Gewohnheiten. Das muß umgedacht werden. Dabei erhalten alte oder neue Zweifel ein neues Gewicht: Sie gehören in die Bilanz. (Das Alter macht ungeduldig: Es bleibt nicht mehr viel Zeit.) Diese Überprüfungen führen manchmal zu Rückkehren, möglicherweise aber auch zu notwendigen Vorstößen in ganz neues Land. Irgendeine Art des Lernens gehört zum Altersglück – wenn man schon früher genügend viel und gern gelernt hatte. Man kennt dieses Glück der Erkenntnis aus Kindertagen.

Zur Chance des hohen Alters gehört, daß es leichter werden kann, »zu werden wie die Kinder«. Man wird es in vielen Dingen ohnehin, kehrt zur süßen Speise zurück oder entdeckt schaudernd kindlichen Narzißmus in sich selber; man muß aufpassen, nicht kindisch zu werden, zum Gespött der Leute. Die Chance der Kindlichkeit, die des großen Vertrauens, der großen Neugier, die des Experimentierens aber soll man ergreifen, wo immer man sie vor sich und in sich selber erblickt. Männer jedenfalls – bei Frauen ist es etwas anders –, die total Erwachsene geworden sind, sind Monstren. Sie und die ewig Pubertären sind die Typen, die Kriege und ähnlichen Unsinn über die Menschheit gebracht haben und bringen. Wer ein Stück reifer

Kindlichkeit in sich bewahrt, kann ein menschlicher Mensch werden, und wenn er das Kind im Manne verschämt verborgen hat: Jetzt, im hohen Alter, darf er aufatmen und wieder zehnjährig werden – mit Maßen, versteht sich. Bekehrungen sind im Alter an sich nicht ungewöhnlich: junge Huren, alte Betschwestern. Solche Regressionen, zu der auch die Regression ins Kindische gehört, sind keine wirklichen Wandlungen zu Neuem. Produktive Wandlungen sind selten; denn alte Menschen sind in vielen äußeren Dingen, aber auch in ihrem Seelenkern weitgehend durch das eigene Leben determiniert. Ich habe zwei Frauen gekannt, die das demonstrierten. Die eine war und blieb bis zu ihrem Tod wach, tat Gutes an Nachbarn und an jedem, der zu ihr fand oder zu dem sie fand, denn sie suchte noch immer. Die andere tat bis zum 94. Lebensjahr nicht viel anderes, als in ihrem Zimmer angstvoll auf ihren Tod zu warten. Die eine hatte ein erfülltes Leben hinter sich, Kinder großgezogen, in einem Leben der Hingabe an die Ärmsten in ihrem Umkreis; die andere hatte als liebenswürdige Bürgerin ein leeres Leben gelebt und deshalb im Alter nur die passive Chance, umhegt zu werden.

Es ist schmerzlich, daß wir also nicht jedem die großen Chancen des Alters zusprechen können. Das klingt hart, zumal wenn ich als Privilegierter so spreche – privilegiert aber bin ich, weil ich nun einmal ein bewegtes Leben geführt und einen interessanten Beruf erwischt habe. Dieses Privileg bezieht sich jedoch keineswegs auf die äußere Reputation oder etwa einen gewissen geistigen Rang solchen Lebens und Berufes: Privilegiert ist, wer ein lebendiges Leben hat führen können. Unter einigermaßen normalen Umständen – Millionen haben in allen Kontinenten von vornherein keine Chance, weil die Natur oder die Gesellschaft sie ihnen versagen – sind die sogenannten kleinen Leute ebenso berufen und meistens fähiger, ihren Kopf und ihr Herz zu entwickeln sowie Fähigkeiten, aus denen sich im Alter etwas machen läßt. Haben sie ihr Leben zu zweien gelebt, als Eheleute oder als Freunde: Jetzt ist die Zeit, noch intensiver miteinander zu leben. Hatten sie Familie: Jetzt ist die Zeit der großzügigen Selbstlosigkeit, die befreit. Leider geben viele Menschen die Chancen, die sie ursprünglich hatten, während ihres Lebens preis. Sie können ihr Alter nicht als sinnvolles letztes Stadium eines sinnvollen Lebens erfahren. Diesem bestimmten individuellen Leben ein vorletztes Stück eigener Prägung hinzuzufügen – das letzte wird das Sterben sein –, ein

Stück, in dem sich viel aus dem gelebten Leben erhält, ja befreit und erweitert werden kann: das ist die Form, in der ein Leben am Ende sinnvoll in seine vollere und reichere Wahrheit kommen kann.

Das kann aus dem Beruf geschehen; aber nicht jeder Beruf eignet sich dazu. Wollte ein pensionierter Postbeamter Postamtschef spielen, so wäre er eine Karikatur. Wessen Beruf abbricht, der muß und mag an andere Elemente seines Lebens anknüpfen. Hat er sich in seinem Leben engagiert, als Gläubiger in der Kirche, als politischer Zeitgenosse im politischen Leben, so wird er gut daran tun, sich an den heißen Kern seiner Überzeugungen zu halten, sie in jener Bilanz mit zu reinigen, sich so für sie noch freier zu machen. Manche Berufe haben ihre natürliche Fortsetzung. Wer ein guter Sozialarbeiter gewesen ist, wird auch in den späteren Jahren seines Lebens von selbst Aufgaben finden, die ihm das Alter sinnvoll und deshalb auch leichter machen. Leider erschwert es der Generationsbruch vielen Lehrerinnen und Lehrern, als alte Leute Kindern zu dienen und zu helfen – wie gut könnte man sie brauchen. Auch aus ernsthaft betriebenen Hobbys lassen sich Altersleistungen entwickeln.

Nein, die Chancen der alten Leute liegen nicht in Mallorca und für den 62jährigen gesunden Frührentner auch nicht auf der Bank in der Anlage. Sie liegen noch lange in aktiver Betätigung und dann allerdings in Sicherheit und Ruhe und auch auf der Gartenbank. Unter »aktiv« verstehe ich hier übrigens nicht nur die Tätigkeit, sondern auch die Meditation. Stark meditativ lebende Menschen haben es im Alter sogar leichter als die Leistungstypen, zu vertiefen, was sie früher geübt haben.

Die Zahl der Alten wird in wenigen Jahren einen erheblichen Teil der Bevölkerung, übrigens auch maßgebliche Prozente der Wählerschaft umfassen. Daß alte Leute konservativ wählen, was immer das auch sei und welche Partei in welchem Lande immer dies auch sei, ist kein Naturgesetz, sondern oft eine Folge von Resignation und Ressentiments, von nicht bewältigtem Alter – manchmal allerdings auch ein Ergebnis von Besonnenheit. Es kommt darauf an, was man unter »konservativ« versteht. Aber nicht nur als potentielles Wählerkontingent sind die alten Leute wert, daß man über ihr Bewußtsein und über ihre Chancen nachdenkt, sondern schon ganz einfach, weil sie ein so stattlicher Haufen sind. Wären sie wach, so könnten sie geradezu eine soziale Reserve-Armee bilden; die könnte auf fast allen Gebieten des gesellschaftlichen Lebens Menschen stellen, die einspringen. Vom Babysitten angefangen bis zur Hilfe für ihresgleichen, zur Altenpflege, können sie helfen; aber auch weit qualifiziertere Leistungen für die Gesellschaft und ihre Glieder sind vorstellbar. Das gilt natürlich im abnehmenden Maß gemäß dem eigenen Alter. In die Zeit zwischen dem faktischen Ende der Berufsarbeit und der großen Müdigkeit müßte jedenfalls eine Stufe halber Arbeit oder noch kürzerer Teilarbeit eingeschaltet sein. Dergleichen hat man schon öfter vorgeschlagen; aber da müßte eigentlich noch vorher etwas passieren; nicht nur die Einsicht der Arbeitgeber und der Jüngeren müßte wachsen, sondern auch die Solidarität der Alten selbst. Schon um als Konsumenten und als Staatsbürger mit Aussicht auf Erfolg wirksam werden zu können, müßten sie sich ihrer potentiellen Macht bewußt werden – und um vom Partner angenommen werden zu können, müßten sie aus solcher Solidarität souveräner werden. Ich fürchte, daß Urlaubs- und Feierabends-Solidaritäten nur selten erste Stufen dieser wirklichen auf Aktion gerichteten Solidarisierung sind. Eher glaube ich, daß Laienaktivitäten für einige Wissenschaften, so für Botanik, Zoologie, Metereologie und dergleichen, einen Solidarisierungseffekt haben könnten, denn nützliche Liebhabereien verbinden noch enger als spielerische Hobbys, die manchmal auch vereinzeln.

Nun sollten sich allerdings die Alten, die dies lesen, nicht wiederum gehetzt fühlen. Sie sind lange genug gehetzt worden. Alles, was nach dem offiziellen Ende des Berufs- und Arbeitslebens an Aktivitäten angeboten wird, sollte freiwillig angenommen sein. Noch besser: Es sollte von den Alten selbst freiwillig angeboten werden. Das gilt zum Beispiel für die Teilzeitarbeit im Beruf. Vor allem aber haben ganz alte Menschen in steigendem Maße, ich erlebe es an mir selber, ein Bedürfnis nach Ruhe. Daß die heutige Industrie- und Leistungsgesellschaft den Alten sogar die Erholung schwer macht, ist bekannt. Noch nicht einmal Fußgängerwege werden eingeplant, wenn bisher begehbare Dorfverbindungsstraßen verbreitert und asphaltiert werden. Dafür verführen Trimm-Dich-Pfade die alten Knochen zu gefährlichen Leistungsproben. Die vielen Bemühungen, im Kleinen nachzuholen, was die allzu tüchtige Gesellschaft der Leistungsfähigen den Alten versagt hat, sind bekannt. Da gibt es Seniorenclubs, Spezialreisen, offene Häuser, helfend einspringende Jugend. Das ist gut: Hier stecken mindestens passive und auch aktive Chancen für viele. Manches davon hat aber zu sehr den Charakter der Betreuung, und zuweilen wird es peinlich, wie man dem »Opa« oder der »Oma«, wie man sie zu nennen beliebt, oder den »Senioren« auf die Schultern klopft. Von dem Elend normaler Altersheime, dem kaum vermeidlichen auch der erträglichen unter ihnen, will ich schweigen. Hier sind ausgereifte Lösungen selten und dazu teuer. Ob die Alten noch einmal in die Kleinfamilie integrierbar sind, ist zweifelhaft geworden. Der Generationsbruch hat alle Beteiligten sensibilisiert, und zwar leider mindestens zunächst einmal nicht für-, sondern gegeneinander. Als Babysitter sind Großeltern oft – aber keineswegs immer – willkommen, doch eine Wohngemeinschaft gilt als unzumutbar, und sie ist es wohl auch meist, vor allem eine erzwungene. Mindestens würde es zu den Chancen des Alters gehören, in der Nähe eines der eigenen Kinder und Enkel leben zu dürfen. Eine besondere Chance ist es, wenn lange Freundschaften im Alter zu Wohngemeinschaften werden können.

Vernünftige alte Menschen sollten die Chance wahrnehmen, die ihnen die zuständige Industrie bietet, den Körper zu pflegen und sich anständig anzuziehen – vorausgesetzt, ihre wirtschaftliche Lage macht ihnen diese Chance nicht kaputt. Aber man weiß, daß sich manche alte Menschen in diesen Hinsichten durch Übertreibung lächerlich machen. Ich jedenfalls möchte kein adretter alter Herr sein. Alte Männer sollten wie alte Männer aussehen, alte Herren wie alte Herren, gepflegt und ordentlich, nicht aber wie Gecken. Daß alte Frauen und Männer gut daran tun, keinen Narren aus sich machen zu lassen, gilt auch gegenüber manchen Angeboten der Senioren-Freizeit-Industrie und der Werbung überhaupt. Gewiß liegen hier viele kleine Chancen für das Alter, aber sie sind zu bekannt, als daß ich sie, die mir ohnehin zweifelhaft erscheinen, eigens aufzählen müßte.

Wenn ich noch einmal ein ganz persönliches Beispiel bringen darf, so kann ich berichten, daß ich zur Zeit mit Hilfe von Schallplatten unermüdlich Kammermusik von Gabriel Fauré höre und mit Rückblicken auf den »Tristan« und einem zufälligen Vorblick auf Schönbergs »Verklärte Nacht«, die der Rundfunk gerade zur rechten Zeit in meine Stube gebracht hat, seinen kompositorischen Verfahren nachgehe, vor allem den Mikro- und Kleinstrukturen. Niemals im Leben standen so viel Zeit, Ruhe und Muße für dergleichen Ernst-Spiel zur Verfügung. Das Reich der Musik ist so unvorstellbar groß, daß selbst ein Rundfunkhörer, der sein Leben lang mit der Musik gelebt hat, in den letzten Jahren seines Lebens alle paar Tage neue Entdeckungen machen kann. Ich denke mir, daß für viele andere die bildende Kunst, für noch viel mehr die Literatur eine solche Funktion haben kann. Leider aber gilt auch hier, daß nur ein musisches Leben die Chance eines von der Kunst erfüllten Alters gibt. Doch mit der Blumenzucht und anderen anspruchsloser erscheinenden Freuden ist es ebenso. Die jungen Leser sollten aus diesen Erfahrungen eines Alten den Appell heraushören: »Lebt, lebt intensiv, lebt nicht bequem, lebt nicht zu behaglich, setzt euch ein, setzt so viel wie möglich daran, im Ernst und im Spiel – es wird sich im Alter lohnen!«

Das gelebte Leben und dann das daraufhin gelebte Alter muß, so denke ich mir, auch die Chancen verbessern, die den Tod betreffen. Da bin ich allerdings noch nicht zuständig. Es gibt Tage, an denen er mir sehr akzeptabel erscheint: Man sehnt ihn geradezu herbei, »es ist alles zuviel«, man will endlich seine Ruhe. Und es gibt Tage, da durchzuckt einen der Gedanke an ein nahes Ende wie ein Schreck, der lähmt. Wenn es durch den Tod mit der Zeit schlechthin aus sein wird, hat das Wörtchen »nach« keinen Sinn mehr. Vom Leben »nach« dem Tode habe ich also nichts zu sagen. Doch halte ich mich dennoch an den Kern dessen, was ich gelernt habe und von dem mich zu trennen mir zum Glück nicht gelungen ist. Das, was wir Glauben nennen, läßt mich von der »Vollendung« meines und unseres Lebens sprechen, statt nur von seinem »Ende«. Was geschieht und wie es geschieht, wenn der Tod nicht ein Kaputtgehen ist, sondern der letzte und vielleicht wichtigste sinnvolle Teil eines auf Sinn hin gelebten Lebens, das kann ich nicht wissen. Daß ich es mir vorstellen darf, in menschlichen, also auch räumlich-zeitlichen Bildern – andere stehen uns nicht zur Verfügung – etwa als den großen Frieden oder als die große Zärtlichkeit – »Ich werde eure Tränen abwischen von euren Wangen«, läßt Johannes Gott sagen – schon das ist gnädig. Vielleicht wird dennoch, wenn es einmal soweit ist, die kreatürliche Angst stärker sein als die Hoffnung auf Vollendung. Jedenfalls ist sie die Chance, dem Rätsel Tod in einer wenn auch anfechtbaren Souveränität entgegenzugehen. Ich weiß, daß solche Souveränität auch auf andere Weise erreichbar ist – so in der Tapferkeit der Stoiker.

»Was braucht der Mensch?« Braucht der Mensch etwa

auch das Alter? Wir haben vor einiger Zeit einen Test erlebt an einer Figur des öffentlichen Lebens. Als Kardinal Döpfner im Alter von 62 Jahren starb, ging mir unter den vielen Gedanken, die da zu denken waren, auch der durch den Kopf: »Er ist um sein Alter betrogen.« Das war der Gedanke eines 75jährigen. Jüngeren Menschen wäre er kaum gekommen. Hinzu kommt, daß dieser Mensch lernfähig gewesen ist und deshalb zeit seines Lebens gelernt hat. Er hätte ein so profiliertes Alter gehabt, wie er stets profiliert gewesen ist. Er wäre auch im Alter kaum stärker geworden, als er war, aber auch kaum starr geworden, sondern sensibel und robust – in dieser beachtlichen Mischung hätte er aus seinem Leben einen eindrucksvollen Altersstil entwickelt.

Das Bild des Torso, der Gedanke an den Tod des jungen Menschen kann etwas Rührendes und Bewegendes haben, obwohl er in anderem Licht schrecklich ist und sich wie ein lasziver Unsinn ausnimmt. Der Tod des Menschen auf der Lebenshöhe wirft uns kaum weniger aus dem Gleichgewicht: Ratlos sinnt man darüber nach, was da abgebrochen werden mußte. Der Tod desjenigen, dessen Alter eben zu beginnen schien, macht den gleichen erschreckenden Eindruck auf uns wie der Tod junger Menschen. Sind diese um die Fülle des Lebens betrogen, so jener um die Chance des Alters. Es scheint also, daß wir es tatsächlich brauchen, das Alter. Wir haben die Chance – viele haben sie, leider nicht alle –, es zu einem wesentlichen Teil unseres Lebens zu machen, ohne den unsere Existenz nicht ganz wäre.

Robert Jungk
Lebensgewinn durch Bescheidenheit

Zu oft ist die Forderung nach *Bescheidenheit* von denen erhoben worden, die damit mehr Freiraum für ihre eigene Unbescheidenheit gewinnen wollten. So hat der Begriff einen repressiven Charakter erhalten. Zu oft ist das Bekenntnis zur Bescheidenheit von denen ausgesprochen worden, die zu schwach, zu ängstlich oder zu feige waren, über sich selbst hinauszuwachsen. So hat der Begriff einen duckmäuserischen Beigeschmack bekommen. Zu oft ist das Bekenntnis zur Bescheidenheit von denen vorgebracht worden, die sich einschmeicheln, um ihre Großmannssucht zu verbergen. So haftet dem Begriff etwas Heuchlerisches an, das ihn entwertet.

Es gilt also, diese Tugend von einem Makel zu befreien, dem sie durch unverschuldeten Mißbrauch anheimgefallen ist, ein Schicksal, das die Bescheidenheit mit vielen anderen hohen Werten und Zielen teilt, deren Wahrheit durch skrupellose Verwendung zur Lüge wurde, zum Betrug, auf den man nur noch mit Ärger oder Spott reagiert.

Eine solche Ehrenrettung ist dringend, weil die Ablehnung der Bescheidenheit, die man heutzutage bei Jugendlichen besonders oft trifft, zur Verweigerung einer historisch gebotenen, unerläßlich gewordenen Kurskorrektur führt. Es ist nun einmal so, das besagen fast alle Zukunftsprognosen, auch wenn sie in vielen anderen Punkten einander widersprechen, daß der unbekümmerte, einseitige Entwicklungs-Elan der letzten hundert Jahre gebremst und umgelenkt werden muß, wenn die Menschheit auf diesem enger und ärmer gewordenen Planeten überleben will. Möglich wird dies nur sein, wenn die übermäßig gewachsenen materiellen Ansprüche, die alle Grenzen überschreitenden technischen Zielsetzungen und der Hang zu immer neuen Höchstleistungen als gefährlicher Übermut erkannt werden.

»Small is beautiful« – »Klein ist schön« – diese dem zur Gewohnheit gewordenen Gigantismus der Epoche entgegengesetzte Parole von E. F. Schumacher muß ergänzt werden durch die Erkenntnis »Klein ist notwendig«. Schumacher, Sohn eines berühmten deutschen Nationalökonomen, wanderte in den dreißiger Jahren nach England aus und erreichte dort einen hohen Posten im verstaatlichten Kohlenbergbau. Aufgrund seiner Lebenserfahrung wendet er sich gegen die verhängnisvoll gewordene »Tendenz zur unmenschlichen Größe«, gegen die »Tendenz zu unmenschlicher Komplexität« und die damit zusammenhängende »Tendenz zu immer gesteigerter Gewalttätigkeit«. Für ihn bedeutet »Bescheidenheit« nicht nur »Entwicklung eines Konsumstils ..., bei dem die echten menschlichen Bedürfnisse mit einem Minimum von Verbrauch befriedigt werden können«, sondern vor allem eine entschiedene Umstrukturierung von *Wirtschaft* und *Technik.* Er kann – wie nach ihm auch Ivan Illich – nachweisen, daß Betriebe und Apparaturen, die zu groß und unübersichtlich wurden, unwirtschaftlich sind und zudem die Beschäftigten ihres Rechtes auf schöpferische, sinnvolle Arbeit berauben. Deshalb tritt er für »die Entwicklung einer dezentralisierten Wirtschaftsstruktur mit vorwiegend kleinen Betrieben« und eine weitgehende »Selbstversorgung kleiner kohärenter Gruppen« ein, die »eine radikal vereinfachte Lebensweise« erproben sollten.

Der große Widerhall, den die Gedanken von Schumacher und Illich seit kürzerem gerade in den USA gefunden haben, dem Lande, das die Bescheidenheit der puritanischen Pilgerväter als altmodisch abtat, um sich einem immer ungehemmteren Drang nach ständiger Leistungssteigerung hinzugeben, ist ein erfreuliches Zeichen. Es fügt sich in jene bemerkenswerte Grundströmung ein, die Ende 1945 in der westlichen Welt einsetzte und seither immer stärker wurde.

Sie begann erstmals deutlich sichtbar zu werden, als die Atomforscher, erschrocken über die Gewalt der von ihnen gebauten Waffen, sich ihrer grenzüberschreitenden Maßlosigkeit bewußt wurden und diese Zweifel öffentlich aussprachen. Ich habe darüber vor nunmehr zwanzig Jahren in meinem Buch »Heller als tausend Sonnen« folgendes geschrieben: »Während dreier Jahrhunderte glaubte der Naturwissenschaftler, er könne sich aus der Welt herausstellen, nun aber beginnt er sich als ein Teil von ihr zu sehen: bedingt, begrenzt und mit dieser Einsicht auf dem Weg zu einer neuen Bescheidenheit.« Seither hat diese Haltung besonders bei der jüngeren Generation der *Naturforscher* aller Sparten Anhänger gefunden. Sie bekennen sich zu der von Richard Feynman geforderten »Demut des Intellekts«, zu einer gesellschaftlichen Verantwortung, die bereit ist, dem eigenen Streben, die Natur zu beherrschen, Fesseln anzulegen, wenn daraus Gefahren für Mensch und Umwelt entstehen können. Das gewiß noch ungenügende, aber doch bezeichnende Abkommen von Asilomar (Kalifornien), mit dem die Genforscher sich seit 1975 einer Selbstkontrolle unterwerfen, ist ein vielleicht noch zu zaghafter, aber doch schon deutlicher Schritt in diese Richtung.

Die Ahnung kommender Verknappungen zwingt heute sogar die langjährigen Promotoren und Manager wirtschaftlicher Produktionssteigerung zur Warnung vor unkontrolliertem Wachstum. Es ist Furcht, die solche Haltungsänderung herbeigeführt hat, nicht etwa tiefere Einsicht. Der Gipfelsturm wird nicht aufgegeben, sondern nur aufgeschoben. Prometheus muß nicht in den Orkus hinab, nur seine Gangart muß er etwas verlangsamen. Das ist keine neue Bescheidenheit – obwohl es auf den ersten Blick so aussehen könnte –, eher ein vorübergehendes Zögern, ein Provisorium, das man früher oder später wieder aufzugeben hofft. Daß derartiges Taktieren das Rennen in den Abgrund bloß bremst, aber durchaus nicht anhält und abbricht, muß erkannt werden, wenn man sich nicht falschen Hoffnungen hingeben will. Da wird Sparsamkeit verlangt, aber doch stets nur als zeitweilige Notmaßnahme deklariert. Da wird Rüstungskontrolle angestrebt, um nicht radikal abrüsten zu müssen. Da werden hier und dort Rationierungsmaßnahmen durchgeführt, ohne daß das Abhängigkeitsverhältnis des Zeitgenossen vom Konsum sich ändert. Da werden Verbote aller Art erlassen, um die ungezügelte Verbauung und Verschmutzung der Umwelt zu verhindern, doch sind es meist nur äußere Hindernisse, die zuerst von einigen Privilegierten, dann von immer mehr Nachahmern und Neidern umgangen werden. Denn schließlich will niemand »zu kurz kommen«. Vom reißenden Strom der zum Leitmotiv der Erwerbsgesellschaft erhobenen Habgier werden alle Sperren überschwemmt oder unterspült. Bescheidenheit ist etwas für die Dummen, die Braven, die Träumer. Selbst noch im Zeitalter beginnender Verknappungen gilt die inzwischen weltweit aufgenommene Parole der bürgerlichen Aufsteiger des neunzehnten Jahrhunderts: Bereichert euch!

Mahnungen zur Selbstdisziplin und Aufrufe zur Askese, Predigt und Beschwörung werden da so wenig ausrichten wie Drohung und Strafe. Notwendig wären neue Überzeugungen und andere Strukturen. Weniger negative als positive Motive, sich bescheiden zu verhalten. Bescheidenheit nicht länger nur unter dem Aspekt des Verzichts gesehen, sondern vor allem unter dem des Gewinns. Als ein Schlüssel, der nicht nur Zugänge verschließt, sondern viele neue Tore öffnet.

Erster und oft schwerster Entschluß für jeden *Einzelnen:* sich selbst erkennen, seine Schwächen nicht mehr verstecken, sondern ohne Beschämung annehmen, seine Stärken erkennen, sie aber nicht überschätzen. Die Verlockung, etwas anderes sein zu wollen, als man ist, einem Beruf oder einer Rolle nachzustreben, die nicht ausgefüllt werden kann, Prestige höher einzuschätzen als Zufriedenheit, ist heute größer denn je. Berufsforscher sind sich einig darüber, daß ein hoher Prozentsatz, manche meinen sogar die Mehrheit, der Beschäftigten auf Posten arbeiten, in denen sie entweder über- oder unterfordert werden.

Eine bescheidene Haltung macht sicher, sie entspannt, sie öffnet den Menschen für Freundlichkeit, Brüderlichkeit und Zusammenarbeit. Im künftigen Arbeitsprozeß wird mehr noch als im heutigen die Gruppe, das »Team« wichtig, weil nur so die verschiedensten Spezialkenntnisse einander ergänzen. Solche tägliche Einübung von Solidarität ist auch Voraussetzung demokratischer Teilnahme im politischen Prozeß, sie sollte zur Lebensmaxime in einer Welt werden, die im Laufe des nächsten Vierteljahrhunderts die doppelte Anzahl von Menschen ernähren, bekleiden und behausen muß.

Nur der bescheidene Mensch kann auch ein toleranter Mensch sein. Er ist bereit, dem anderen seinen ihm zustehenden Platz zu lassen, seine ihm eigene Art und besonderen Gewohnheiten zu ertragen. Dafür kann er erwarten, daß man auch ihm gegenüber Rücksicht übt. Liebe ist ohne Bescheidenheit unmöglich. Ergreift sie Besitz, fordert und zwingt sie, so muß sie vergehen.

Voraussetzung solchen Verhaltens ist menschliche Nähe, Nachbarschaft, der überschaubare Kreis, in dem man einander kennt. Die Stadtväter von Bologna, das heute als italienische Ortschaft mit der höchsten Lebensqualität gilt, erkannten das und teilten im September 1960 ihre Stadt in fünfzehn Quartiere auf, in denen die Bürger sich durch eigene demokratische Organe weitgehend selbst verwalten. Altersfürsorge, Sozialhilfe, Erziehung werden zu einem nicht unerheblichen Teil von den Bürgern selber in nachbarschaftlicher Hilfe übernommen. Frühere Wachstumsziele wurden aufgegeben. Bologna erklärte, es wolle sich mit seiner gegenüber früheren Plänen wesentlich herabgesetzten Einwohnerzahl begnügen und den Zuzug neuer Unternehmen nicht fördern, sondern eher erschweren. Der Bau großer Supermärkte wurde abgelehnt, um die kleinen »Tante Emma-Läden« zu erhalten, das sorgsam erneuerte historische Zentrum wurde nicht wie anderswo den Banken, Luxusgeschäften, Nobelwohnungen überlassen, sondern blieb Wohn- und Arbeitsort der Handwerker und kleinen Gewerbetreibenden, die während der Renovationsarbeiten in städtischen Behelfswohnungen vorübergehend Unterkunft fanden.

Resultat: Bologna wird heute weithin als das Modell einer humanen Stadt angesehen, so konnte man es auf der »Habitat«-Konferenz der Vereinten Nationen über die Probleme der menschlichen Siedlungen hören, in der »die Menschen endlich wieder miteinander reden und das Glück eine Wohnung gefunden hat«.

Glück – das beginnen wir auf Grund der Erfahrungen der letzten Jahre zu ahnen – kann nicht erjagt werden. Weder die Anhäufung von Geld und Gut noch hemmungslose Völlerei setzen sich in Glücksgefühl um. Besitz wird von einer bestimmten Größe an zur Belastung, zur Verantwortung, zum Gegenstand ängstlicher Sorge. Schrankenloses Genußstreben bewirkt Übersättigung und Langeweile. Erich Fromm zieht in seinem neuesten Werk »Haben oder Sein« eine vorläufige Bilanz: »Wir führen gegenwärtig das größte je unternommene Experiment zur Beantwortung der Frage durch, ob Vergnügen (als passiver Affekt im Gegensatz zu den aktiven Affekten Wohlbefinden und Freude) eine befriedigende Lösung des menschlichen Existenzproblems sein kann. Zum ersten Mal in der Geschichte ist die Befriedigung des Luststrebens nicht bloß das Privileg einer Minorität, sondern mindestens für die Hälfte der Bevölkerung real möglich. Das Experiment hat die Frage bereits mit nein beantwortet.«

Trotz solcher Einsichten, die längst nicht mehr nur von einigen wenigen Nachdenklichen geteilt werden, sondern die viele beschäftigen und bedrücken, bleiben Bemühungen um Begrenzung eher Ausnahme als Regel. Menschen, die sich von der Verschwendungsgesellschaft abwenden, wie zum Beispiel die Mitglieder von Landkommunen, werden heute zwar etwas weniger verketzert und verfolgt als noch in jüngster Zeit; aber wirklich ernst genommen, anerkannt als Pioniere von Existenzformen, deren Erprobung für alle wichtig sein könnte, werden sie noch nicht. Wer sich in seiner Lebensführung aus freiem Willen einschränkt, kann zwar gelegentlich mit Sympathie oder sogar Bewunderung anderer rechnen; aber es wird ihm nur selten gelingen, seine Mitbürger zu einem ähnlichen Schritt aus dem »normalen Leben« ins »Außenseitertum« zu veranlassen.

Nach Ansicht der drei jungen Amerikaner Duane S. Elgin, David C. MacMichael und Peter Schwartz vom »Center for the Study of Social Policy« am Stanford Research Institute in Kalifornien könnten aber die Vorläufer eines bescheidenen und brüderlichen »Life Style« – sie nennen sie die »frugals«, die »Frugalen« – durch ihr Beispiel allmählich Einfluß gewinnen. Sie würden demnach in den achtziger Jahren »allgemein akzeptierte Subkultur« werden, Ende der neunziger Jahre aber sogar »einen beherrschenden kulturellen Status« erlangen.

Diese Zukunftsvision, die den Titel »Reise zur Transzendenz« trägt, ist neben anderen »Szenarios« möglicher Entwicklungen im Auftrage der staatlichen USA-Umweltbehörde entworfen worden und sieht für das nächste Vierteljahrhundert folgende Entwicklungen voraus: Ende der siebziger Jahre setzt sich zwar die Auffassung durch, daß ungehindertes Wachstum nicht ständig weiterwuchern könne. In der Praxis werden aber Pläne, die ein verringertes Wachstum durchsetzen wollen, nur widerwillig befolgt und sind Anlaß zahlreicher Dispute. In der folgenden Dekade verbessert sich diese Situation zunächst nur wenig. Verzichte werden durch weltweite Wetterverschlechterung und wirtschaftliche Krisen zwar hier und dort erzwungen, aber von den meisten nur widerwillig ertragen. Ein einziger hoffnungsvoller Trend zeigt sich: Eine langsam zunehmende Anzahl von Menschen lernte es, die veränderten, materiell verschlechterten Bedingungen schöpferisch zu nutzen, indem sie erfolgreich ein »neues Menschenbild« entwickeln und vorleben, das auf ihre zunächst noch anders orientierten Zeitgenossen zunehmende Anziehung ausübt.

Die Historiker einer veränderten Zukunft (sie leben vielleicht nicht zufällig in Menlo Park, wo Edison viele seiner für das vorhergehende, das industrielle Zeitalter so wichtigen Erfindungen machte) versuchen die »Bescheidenen« von morgen aus der Sicht von übermorgen im Rückblick folgendermaßen zu schildern:

»Die Individuen gestalteten ihr Leben bewußt so, daß sie äußerlich möglichst einfach leben konnten. Besitz war unwichtig, Tätigkeiten und Institutionen waren nebensächlich im Verhältnis zu dem eigentlichen Hauptzweck, der darin bestand, gemeinsam mit anderen die Horizonte innerer menschlicher Möglichkeiten zu erforschen... Wenn wir zurückschauen, scheint es uns, daß die Kraft, die sie trieb, weniger aus der Notwendigkeit stammte, auf die schwierigen äußeren Probleme eine Antwort zu finden. Sie entsprang vielmehr der Bemühung um die allmähliche, aber unablässige Evolution eines wachsenden, sich weiterentwickelnden Menschen. Dazu kam wohl noch die Erkenntnis, daß diese Gelegenheit sofort genützt werden müsse; denn sonst würde es noch viele Jahre dauern, ehe die Menschheit imstande wäre, solche inneren geistigen Möglichkeiten endlich offen zum Ausdruck zu bringen.«

Bemerkenswert an diesen kalifornischen Zukunftsspekulationen, die übrigens auf gründlichen soziologischen und sozialpsychologischen Forschungen fußen, ist die Erkenntnis, daß eine echte Wandlung weniger durch Verzicht auf das Bisherige als vielmehr durch die Zuwendung zu etwas Anderem, Verheißungsvollerem zustande kommen muß. Auch ist man sich klar darüber, daß Zwang von außen und von oben, wie er in einigen Zukunftsentwürfen technokratischen und soziokratischen Zuschnitts (Gruhl auf der einen, Harich auf der anderen Seite) als unerläßliches Krisenmanagement vorgeschlagen worden ist, keine tiefgreifende Wirkung haben kann, sondern wie jede mit Mitteln einer Tyrannei aufgezwungene Gesellschaftsform früher oder später abgeschüttelt werden würde. Erstrebenswert erscheint eine innere Motivierung, die von vielen aus innerer Überzeugung befolgt wird, eine völlig andere Lebensform mit anderen Lebenswerten, deren Anhänger die Selbstbeschränkung selber wählen, ja als die einzige würdige Art der Existenz erkennen, wie seit langem die christlichen und buddhistischen Mönche oder noch in unserem Jahrhundert die Anhänger der Jugendbewegung.

Es läßt sich an zahlreichen historischen Beispielen zeigen, daß äußere Bescheidenheit und inneres Wachstum einander bedingen. Immer wieder begann der Weg geistiger Erleuchtung mit dem Verzicht auf materielle Fülle. Es wäre unsinnig, ja grotesk, zu meinen, ein solcher tiefgreifender Beschluß, sein Leben zu ändern, sei primär aus Sparsamkeit oder in Befolgung von Regierungsdekreten gefaßt worden. Er war stets stärker von dem neuen Zustand bestimmt, den man erreichen, als dem alten, den man hinter sich lassen wollte.

Dies darf aber nicht darüber hinwegtäuschen, daß solche spirituell motivierten Entschlüsse von den vorrangig an Besitz und Macht Interessierten ausgenützt wurden. Es kam den Feudalherren, Industriebaronen, den großen und kleinen Fürsten in Asien, Afrika und Lateinamerika und nicht zuletzt in unseren Breiten sicherlich zugute, wenn ihre Untertanen sich mehr für ihr Seelenheil oder meditative Entzückungen interessierten als für den ihnen zustehenden Anteil an den Gütern der Welt.

»Armut ist ein großer Glanz von innen.« Mit dieser sarkastischen Verhöhnung einer als Betrug erkannten Herrschaftsmaxime haben die Benachteiligten dieser Erde sich gegen eine ihnen von mächtigen Interessen aufgezwungene Bescheidenheit gewehrt. Wenn sich nun der Zirkel zu schließen beginnt und die vom Besitz und Verbrauch zeitweilig Verführten, aber unbefriedigt Gebliebenen nicht länger im Konsum Glück sehen, sondern in anderen, weder durch Geld noch Gut erfüllbaren Bedürfnissen, dann ist das etwas ganz anderes. Bescheidenheit aus eigener Erkenntnis und freiwilligem Entschluß unterscheidet sich grundlegend von dekretierter oder erzwungener Bescheidenheit.

Von ausschlaggebender Bedeutung wird es künftig aber sein, ob auch die Privilegierten bereit sein werden, auf ihre Vorrechte und Vorteile weitgehend zu verzichten. Denn solange die Güter der Welt und die Genüsse der Macht so einseitig verteilt bleiben, wie es heute in allen politischen Systemen der Fall ist, bleibt die Forderung nach Bescheidenheit verdächtig. Es wird daher zur Aufgabe der »Frugalen«, nicht nur jene für sich zu gewinnen, die vergleichsweise wenig aufgeben müssen, sondern auch die reichen und vor allem die Neureichen zu überzeugen, daß die Plätze an der Sonne nicht erstrebenswert sind, weil es dort heiß werden kann wie in der Hölle, während der Blick für das Wesentliche geblendet wird.

Sind solche Überlegungen angesichts der Wirklichkeit der politischen und wirtschaftlichen Auseinandersetzungen vielleicht nur Träumerei? Gewiß, wenn man nur die Oberfläche der Geschichte sieht und die darunter sich entwickelnden langfristigen Tendenzen nicht wahrnimmt. Es gibt durchaus – auch wenn die »harten Realisten« eine solche Veränderung der bis heute noch vorherrschenden Haltung noch nicht anerkennen wollen – Anfänge eines Umdenkens. Das zeigt sich bisher am deutlichsten in dem heranwachsenden Umweltbewußtsein, das beginnt, die Natur zu respektieren, statt sie zu beherrschen und zu zerstören. Wann und in welchem Ausmaß sich das Bekenntnis zu einem bescheideneren Leben und die Erkenntnis, daß es andere Reichtümer bescheren kann, durchsetzen wird, sollte der Zukunftsforscher nicht mit selbstsicherer Unbescheidenheit zu prophezeien versuchen. Auch er darf sich und seine Erkenntnisse nicht überschätzen, nicht zum seligmachenden Programm erklären.

Die Beschäftigung mit anderen menschlicheren Zukünften ist allerdings notwendig. Denn der Entwurf befriedigenderer Lebensmöglichkeiten bei geringeren Ansprüchen kann eher dazu führen, daß die Gefangenen der Überflußgesellschaft sich von dem Plunder, den sie in ihrem Tretmühlendasein ansammeln – ansammeln müssen –, befreien, daß sie ihre Angst vor der Unordnung und der Not, die einem solchen Befreiungsakt folgen könnten, ablegen.

Zukunftsmodelle können gefährlich werden, wenn sie nicht als Anregungen, sondern als Vorschriften verstanden werden. Empfehlungen sollten nicht zu Befehlen werden. Besonders mit dem künftigen Schicksal der Menschen hat man bescheiden umzugehen. Das haben nicht nur manche politische Führer vergessen, sondern auch die Prognostiker, die ihnen beratend zur Seite stehen. Zukunftsentwürfe und Zukunftspläne müssen stets offen für Einwände und Verbesserungen bleiben.

Eine experimentelle Haltung kommt diesen Vorstellungen wahrscheinlich am nächsten. Denn der echte Experimentator wird stets bereit sein, die von ihm gemachten Annahmen auf Grund ihrer Erprobung an begrenztem Modell zu revidieren und sie auf Grund der Beweislage sogar als teilweise unrichtig oder falsch anzuerkennen. Er sollte selbst mit den besten Absichten die Wirklichkeit nie zu vergewaltigen versuchen, sondern sich ihr aus neuer Erfahrung lernend beugen. Er wird tolerant, er wird bescheiden sein müssen, wenn er guten Einfluß auf Leben und Überleben gewinnen will.

Siegfried Melchinger
Schule des Durchschauens

Was wir brauchen, ist immer wieder: Distanz. Das klingt banal, wie alles, was einfach ist und oft gesagt werden muß, weil es eben stimmt. Und es muß immer wieder gesagt werden, weil es schwer ist, vielleicht das Schwerste. Die Einstellung, die uns eine Entfernung von den nahen und stets auch dringenden Dingen abverlangt, unterliegt unausweichlichen Störungen. Die Optik verzerrt sich schon mit unserer Sensibilität; Temperament und Engagement mischen sich ein. Wer sich in Distanz versetzen will, braucht Kälte, einen kühlen Kopf, wie man so sagt; und doch darf das nicht heißen, daß Fühlen und Wollen ausgeschaltet werden: Auch die Empfindung kann sich klären, auch das Wollen bedarf der Vorsicht.

Manche glauben, es sei doch gar nicht so schwer: Mit der Erfahrung, mit dem Alter, mit dem, was man »Reife« nennt, stelle es sich von selber ein. Stimmt das wirklich? Glücklich der, den das Alter weise macht; aber wie oft ist, was weise scheint, nur müde. Erfahrung macht nicht nur klug, sondern auch bitter. Die Skepsis wächst; man zieht sich zurück. Ist solche Distanz nicht eher die Folge von Verletzlichkeit, flügellahm gewordenes Temperament, Versagen des Engagements? Die Verstörungen haben sich nicht gemindert; was dem alten Blick ferner gerückt ist, hat sich der Wahrheit nicht genähert.

Nein, die Distanz, die wir brauchen, kommt nicht von selbst. Sie ist eine vorsätzliche Übung des Bewußtseins, in der Jugend beschlossen und dann durch all die Jahre trainiert; sie entzieht sich der Automatik wie der Automation. Es gibt mancherlei Methoden, diesen Vorsatz zu üben. Eine von altersher wohlbekannte ist die Philosophie. Nicht die der Metaphysik oder der Spekulation. Sondern der Blick in die Welt, als ob wir draußen wären, in die vergehende Zeit, in das Leben aller und unser eigenes, als lebten wir es eine Zeitlang nicht mit – dieser Blick aus der Distanz, wie ihn Paul Valéry geübt hat, der jeden Morgen vor der Dämmerung am Schreibtisch saß, um die Windungen seines Nachdenkens zu observieren und die Gedanken darüber einem erst im Tod endenden Journal anzuvertrauen, in der Stille, ehe der Lärm des Tages anhob, und allein, der Störungen nicht enthoben, aber selbst ihnen gegenüber wach und, so gut es ging, immun: auf Distanz.

Noch vor ein paar Jahren hätte ich neben dieser und ähnlichen Methoden ohne zu zögern eine andere empfohlen: die des Theaters. Zum Beispiel den Umgang mit Shakespeare. Eine Schule des Durchschauens.

Sollte ich heute zögern? Auf unseren Bühnen »probiert ein jeder, was er mag«. Schon die Ehrwürdigkeit des Zitats (1792) sollte beweisen, daß das wohl immer so war. Die Frage lautet jetzt: *Was* mag ein jeder? Die neuen Stücke sind dürftig; sie werden, wenn sie gut sind, immer kürzer. Um so üppiger werden die Protuberanzen, die wie Schlangen den Gehirnen der Regisseure entrollen. Sagte ich: Shakespeare? Ach ja, hübsches Material, Stimulans für Halluzinationen, Reizstoff für Suffisanz. Ein Regisseur sagte neulich, er habe ein bestimmtes Stück (ich nenne es nicht) schon mal »gemacht«: perfekt, aber langweilig. Jetzt also war das Stück nicht mehr langweilig, weil es das Stück nicht mehr war. Was langweilte da wen? Das Stück den Regisseur. Denn das Publikum war und ist niemals »perfekt«, weder damals noch heute. Aber lassen wir das. Was als »das letzte Wort« gilt, ist immer momentan. Während es ausgesprochen wird, ist es schon passé. Das »letzte Wort« ist niemals das letzte Wort. Das Einzige, was zuletzt ist und bleibt, ist der Wechsel.

Wieder eine Banalität, die einfach und wahr ist, weil sie stimmt. Wer ein Leben lang Theater mitgemacht hat, kann sie modifizieren. In diesem Wechsel wirkt etwas wie ein Gesetz. Man hat es challenge und response genannt, aber ich meine es anders. Der stereotype Modus der Wiederholung, der eine Welle hochwirft, um sie bald wieder in sich versacken zu lassen und eine neue Welle in Bewegung zu setzen, die ebenso in sich versacken wird, ist das Resultat einer grundmenschlichen Verhaltensweise. Alles Neue regt an und auf; allem Neuen ist bestimmt, daß es veraltet und durch anderes Neues ersetzt wird; aber das Verblüffende ist, daß in jedem Neuen das Veraltete, das dem gewesenen Neuen vorangegangen war, wiederkehrt. Nein, ich rede nicht von der »ewigen Wiederkehr«. Nicht alles wird wieder so, wie es war; die Entwicklung, die das Neue in seinen Veraltungsprozeß genommen hat, setzt sich im nächsten Neuen fort, und sei es nur in der Art, daß es als Aggressionsobjekt, als Privativum weiterwirkt. Eine fortschreitende Veränderung ist unverkennbar: Keiner steigt in den gleichen Fluß. Dieser »Evolution« haben Generationen ihre vordringliche Aufmerksamkeit gewidmet: Sie nannten es Fortschritt. Jetzt mehren sich die Zeichen, daß uns Fortschritt und Wachstum kaum einer besseren Welt näher bringen. Das mag ein Anlaß sein, sich der anderen Seite des Entwicklungsprozesses zuzuwenden: dem Phänomen der Wiederholung, und sei es nur, um es endlich als Korrektiv zur Geltung zu bringen. (Was natürlich ebenso umgekehrt gilt: Auch die Wiederkehr im Wechsel sollte nicht ohne das Korrektiv der immanenten Veränderung betrachtet werden.)

Der Rückblick auf ein Leben lang mitgemachtes Theater läßt das »letzte Wort« von heute, das vorhin angesprochen worden ist, in einem sonderbar bekannten Licht erscheinen. Wenn ich mich jetzt in Widerspruch dazu setze, muß ich einräumen, daß ich mich damit gerade zu dem bekenne, dem ich einstmals widersprochen habe. (So ist auch der Widerspruch jenem Modus der Wiederholung unterworfen.)Was ich ins Visier des Rückblicks nehme, ist nur ein halbes Leben mit dem Theater, die Zeit nämlich, in der ich anfing, die Erfahrungen des Kritikers zusammenzufassen (ich war fünfzig damals) und durch der Erscheinungen Flucht hindurch das Phänomen selbst ins Auge zu fassen. Also eine Phänomenologie des Theaters. Ich meinte zunächst nur das »Theater der Gegenwart«, das ich über Sprachen und Kontinente hinweg zusammenzuschauen suchte als »Modernes Welttheater«. Die Chinesen bedeuteten mir soviel wie die Franzosen, die Englischsprechenden soviel wie die Negertänzer, die Strindberg-Schweden soviel wie die Tschechow-Russen. Gegenwart war das ja alles: Es kam jeden Tag gleichzeitig auf die Bühnen. Bald sah ich dann ein, daß ich der Gegenwart nicht auf den Grund kommen konnte, wenn ich mich nicht in das Gebirge der Geschichte eingraben würde, auf dem alles wurzelt und wächst, was heute wirkt. Shakespeare, die Spanier, die commedia dell' arte, die Griechen. Theater ist eben nicht nur »von heute«.

Alles, was ich da wahrnahm und nun ebenfalls zusammenzuschauen suchte, widersprach dem »letzten Wort«, das die Spatzen damals von den Dächern pfiffen. Die Älteren werden sich erinnern. Das allerletzte Wort hieß: »Aussage«. Man schrieb Thesenstücke, Lehrstücke. Theater war vor allem und über allem das engagierte Wort. Die Regisseure arrangierten die Positionen so, daß die Schauspieler über die Rampe sprachen. Andere »instrumentierten« die Dialoge. Vor allem grassierten bei uns die Nachwehen der expressionistischen Krankheit: der Schrei und das Brüllen. Die Körper waren erstarrt. Aktionen waren tunlichst zu unterlassen. Emotionen wurden eingefroren, Seelen und Nerven in der Garderobe abgelegt. Phantasie war verpönt.

Dem setzte ich meinen Widerspruch entgegen, der natürlich wenig nützte. Theater ist reicher, sagte ich; es ist zuerst und vor allem »Spiel«. Und wenn schon Beispiel, dann Bei-*spiel*. Auch unsre Träume, Wünsche, Visionen, ja Halluzinationen, das Unbewußte und das Unsichtbare, aber ganz besonders das Unsagbare, das Leibhaftige, Mimus und Tanz, Rhythmus und Musik, der bildhaft bewegte Vorgang – das alles ist Theater. Habt ihr es vergessen? Ich wollte Harlekin wieder auf den Brettern haben, denn ich sah ihn in seinen modernen Möglichkeiten: im Bip von Marcel Marceau, in Moretti bei Strehler.

Versteht man schon, worauf der Rückblick zielt? Die Parolen, die ich damals ausgegeben habe, sind das »letzte Wort« von heute. Kenner der – wie sagt man doch jetzt? – »Szene« der Szene (so schlägt die ursprüngliche Metaphorik des Phänomens durch die Kontroversen durch), Kenner also wissen, was gemeint ist. Eine internationale Bewegung. Namen als Stichworte: Zadek, Ronconi, Chéreau, Grüber, Wilson. Was gestern noch als formalistisch, als purer Ästhetizismus, als Introversion ins Private, als Vernebelung und Bluff verpönt war, wird nun mit Aplomb inszeniert und gefeiert. Die Spatzen pfeifen es von den Dächern: Es ist das total Neue, das Junge, die Zukunft, die begonnen hat. Nun, daß es weder neu noch jung ist und gewiß nicht das Einzige bleiben wird, weiß natürlich der, der lange genug zurückzublicken imstande ist, in sein eigenes Leben mit dem Theater und in dessen Geschichte. Aber müßte es eben diesem nicht eigentlich zusagen, da er doch damals, als das andere das letzte Wort war und das Phänomen Theater in der

»Aussage« zu verkümmern drohte, dafür plädiert hatte: für das alles, was dort anfängt, wo das Wort endet, das nicht mehr Sagbare, aber Zeigbare, das Sinne und Lust und den Traum in Bewegung setzt, und natürlich auch das »Orgiastische«, das nun einmal zu Dionysos, dem Theatergott, gehört?

Aber der Grund, der damals den Widerspruch herausgefordert hatte, ist der gleiche, der ihn heute fordert: Auch das »letzte Wort« von heute reduziert das Phänomen auf eine seiner Manifestationen, indem es die anderen unterdrückt. Mag die Wurzel des Theaters in der Urzeit und im Urwald des Tam-Tam das Orgiastische gewesen sein und mag ihm von daher eine fortwirkende Kraft geblieben sein bis auf den heutigen Tag (wie sich eben jetzt wieder zeigt), so ist doch nicht wegzuwischen, daß es, als definitives und definierbares (das heißt abgrenzbares) Phänomen erst in die Geschichte eingetreten ist, als es sich von den Dämonen und Schamanen emanzipierte, in jenem abenteuerlichen Prozeß, den Bruno Snell als »Die Entdeckung des Geistes« beschrieben und ins 6./5. Jahrhundert der Griechen datiert hat. Denn von nun an war das Theater nicht mehr »heilige Handlung«, wiederholbar und alljährlich wiederholt wie die »dromena« der Mysterien von Eleusis (oder später, nach dem Theaterverbot durch die Kirche, die Passionsspiele des Mittelalters); es war »drama«, Handlung, Darstellung. Auf der Bühne wurden gezeigt: ein Stück Welt, ein Fall der Existenz, ein menschenmöglicher Konflikt; das erstrebte weder die Trance noch den Rausch (obwohl mit beiden als Mitteln gearbeitet wurde); es appellierte an das Mit-leiden und an das Mit-denken der Zuschauer; es wurde ein Spiel, das mehr bedeutete, als Regel und Willkür wollten; es inszenierte sich als Schein, um aufzudecken, was dahinter war, nämlich hinter dem Schein der Welt: die Wahrheit. Nicht die offizielle, versteht sich, so wenig wie die gängige, und immer dort, wo es nicht in den Maschen der Vordergründigkeit hängenblieb, auch nicht die des eben jetzt ausgesprochenen »letzten Wortes«: Wie könnten wir sonst heute noch die »Bakchen« spielen oder die »Antigone« oder die »Perser«, um bei den Griechen zu bleiben?

Das zuletzt genannte Stück des Aischylos bietet sich als Beispiel an, um zweierlei zu belegen. Einmal ist in dieser frühesten Tragödie, die wir besitzen, der Zusammenstoß zwischen der dionysischen Orgiastik und dem, was Snell die »Entdekkung des Geistes« genannt hat, geradezu ablesbar. Denn die

»Perser« waren einerseits ein Zeitstück, dessen Held (Xerxes) noch lebte, als es in Athen zum erstenmal gegeben wurde, und sie mündeten andererseits in die Orgie einer Klage und Selbstanklage, die wir uns, getanzt und gestampft, gesungen, mit zerrissenen Kostümen und blutigen Masken, in überbordendem Schreien und Jammern nicht exzessiv genug vorstellen können: »action theatre«, in das die Zuschauer hineingerissen werden sollten, freilich in Versen rhythmisiert und in Strophen gefaßt – Aristoteles nannte das später »Katharsis«, also Reinigung durch Enthemmung, Psychotherapie, Massenpsychotherapie, denn Vierzehntausend saßen mindestens in diesem Theater. Aber was Aischylos wollte, war mehr als das: Indem er den dialektischen Sinn des Stückes, wie er zuvor in drei mächtigen Demonstrationen entwickelt worden war, zu einer vierten steigerte, wünschte er Einsicht in Affekt zu übertragen und so zu aktivieren; denn die Griechen wußten (anders als manche Politiker heute), daß das verwirklichende Handeln (im Wortsinn das »drama«) der Emotionalisierung bedarf, um die Person ganz zu erfassen: logos allein ist nicht genug; er muß in »pathos« verwandelt werden (oder aus diesem, nennen wir es Leiden oder Leidenschaft, hervorgehen). So demonstriert die Ambivalenz der »Perser« die volle Virulenz des Theaters: Sie ist geradezu das Wesen des Phänomens.

Dieses Stück ist nicht für die Ewigkeit geschrieben worden. Sein Sinn zielte mitten in die damalige Gegenwart der Polis, die es sehen wollte, denn das Theater war (wie man gesagt hat) die Polis. Politisches Theater also. Eine Warnung. Athen hatte sich damals dem gleichen Imperialismus in die Arme geworfen, der die Invasion der Perser in das Desaster gestürzt hatte. Die Warnung war in den Wind geschrieben. Auch das gehört zu den historischen Erfahrungen: Politisches Theater hat selten die Gegenwart und noch niemals die Welt verändert.

Diese bittere Erfahrung hat möglicherweise das »letzte Wort« provoziert, das heute die Spatzen von den Dächern pfeifen. Es ist nicht zu leugnen: In den sechziger Jahren erreichte das Theater der Aussage, des Engagements, der Weltveränderungs-Proklamationen einen Höhepunkt. Es war ein Jahrzehnt der großen Stücke, wie es in der Theatergeschichte nicht eben häufig anzutreffen ist. Doch ist ebensowenig zu leugnen, daß nicht nur die Enttäuschung das Ende dieser Phase herbeigeführt hat. Das Thema selbst hatte sich abgenützt. Was immer auf das

Gleiche hinauslief, interessierte nicht mehr: Zuerst wurde das Publikum müde, bald spürte man es auf der Bühne, und schließlich ließen auch die maschinenschreibenden Finger davon. Passé. Für immer? Aber wie denn das? In der »Geschichte des politischen Theaters« habe ich nachzuweisen versucht, daß dies nicht nur – wie das Beispiel der »Perser« beweist – das älteste, sondern auch das dauerhafteste Thema des Theaters seit jener »Entdeckung des Geistes« geworden und geblieben ist. Es war ein törichtes Mißverständnis des »letzten Worts« der sechziger Jahre, es für das neueste und eben jetzt erst entdeckte auszugeben, so wie es eine vorschnelle und nicht minder törichte Folgerung ist, ihm aus der Enttäuschung und dem Überdruß heraus die Zukunft abzusprechen. Im Gegenteil: Es ist wieder an der Zeit, dem »letzten Wort« zu widersprechen.

Ich widerspreche dem Theater des »letzten Worts« von heute im Hinblick auf das Repertoire, das noch immer nicht von der »Szene« der Szene verschwunden ist und, worauf vieles deutet, wohl auch nicht verschwinden wird: im Hinblick auf das Theater der Stücke von Aischylos bis, sagen wir, Beckett. Das heißt, um Gottes willen, nicht, den Klassikern das Wort reden, um sie gegen die Heutigen auszuspielen; es heißt vielmehr, der von den Stückeschreibern seit mehr als zweieinhalbtausend Jahren geübten Methode den Vorzug geben: nämlich ein Stück Welt auf die Bühne zu bringen, glaubwürdig und erkennbar, eingespannt in einen Ablauf von Zeit zwischen Anfang und Ende und aufgebaut in einem überschaubaren Raum, ohne eine vierte Wand, also einsehbar und, worauf ich hinaus will, durchschaubar. Damit ist nicht Realismus gemeint und schon gar nicht der »sozialistische«. Realismus ist eine mögliche, aber nicht die einzige und, historisch gesehen, eine späte Ausdrucksmöglichkeit des Phänomens Theater, das seine frühesten Impulse ohne Zweifel aus dem Bedürfnis, das Unsichtbare, aber Wirkliche sichtbar zu machen, empfangen und nie aufgehört hat, diesen auch zu folgen. Denken wir nicht nur an Götter und Dämonen, ob es sie nun gibt oder nicht (oder ob sie nur wirklich sind, weil Millionen an sie glauben), denken wir zum Beispiel an Eros, dieses Mysterium zwischen uns mit dem Orgiastisch-Bacchantischen darin, das sich entfesseln will gegen law and order. Oder, um noch konkreter zu werden, denken wir an die Geister der Ermordeten, die umgehen, bis die Mörder zur Strecke gebracht worden sind: Agamemnons Beschwörung und Klytaimestras Erscheinung in der Orestie, Hamlets Vater und Macbeths Visionen. Wie durchsichtig wird der Schein der Wirklichkeit, wenn sich in den Stücken des »Realisten« Tschechow die Dimension der Zeit öffnet, worin Gegenwart, Vergangenheit und das Kommende gemeinsam konzertieren, oder wenn der Tod eintritt, oder wenn die Bäume gefällt werden und der alte, geliebte Garten für immer dahingeht, wenn die Wünsche absterben und das Stück Welt nichts mehr übrig läßt als Verzweiflung.

Theater als Welt und Wahrheit, als unsre Welt in der Zeit, die wir erleben, und darin die Wahrheit, der wir entgegengehen, wie die Personen, denen wir zusehen. In mehr als zweieinhalb Jahrtausenden sind viele Arten erprobt worden, das auf die Bühne zu bringen, doch ist der Ansatz der gleiche geblieben, wo immer »Stücke« entstanden sind. Nur Stücken ist die Wiederholungsmöglichkeit eingegeben. Nicht um ihretwillen, nicht für die »Ewigkeit« sind sie geschrieben worden. Die Stükkeschreiber haben an ihre konkreten Bühnen und an die Zeitgenossen gedacht: Sie haben ihre Gegenwart gesucht, und daß oder wie sie wiederholbar wurden – das verrät die Methode, deren sie sich alle, ohne Ausnahme, bedient haben. Was es auch immer war, das sie auf die Bühne brachten: Es spielte auf doppeltem Boden. Es war zugleich Leben und Spiel, Mythos und Wirklichkeit, Wahrheit und Möglichkeit. Dem Aristoteles verdanken wir ein tiefsinniges Wort: »Der Historiker berichtet, was geschehen ist, der Dichter, was geschehen könnte.« Da jedes Spiel (oder Stück) einen Anfang hat, der auf ein Ende hinausläuft, unterscheidet es sich prinzipiell von der Wirklichkeit, in der die Zäsuren von Geburt und Tod Unwiederholbares beginnen und beenden. Das Spiel (das Stück) wird wiederholbar dadurch, daß es Wirklichkeit überschaubar zeigt und das Gezeigte anwendbar macht.

Nur was überschaubar geworden ist, kann durchschaut werden. Ein Stück Leben, ein Stück Welt, ein Stück Zeit, ein Stück von unser aller Existenz. Ja, so erkennen wir es: als ein Stück von uns, über uns, für uns. Wir glauben, daß es so gewesen sein könnte, daß das, was dort eben geschieht, immer wieder so menschenmöglich wäre, irgendwo in der Welt, in der Zeit, gestern, heute, morgen. Wir sehen es mit anderen Augen als wir in unserem täglichen Leben, in der Aktualität der Zeit, in der Umwelt der Nachrichten und Schlagzeilen die Dinge sehen, die geschehen. Wir sind draußen, gegenüber, aber nicht weit weg, sondern auf eine unübersehbare Weise näher dran, weil uns das Ganze gezeigt wird. (Darum unter anderem stimmt die berühmte Metapher, Theater sei der Spiegel der Welt, nicht.) In diesem Stück Leben sind die Dimensionen sichtbar, fühlbar, einsehbar gemacht, die uns, da wir selbst mit drin sind, nur bewußt werden, wenn wir uns quasi auf den Standpunkt stellen, den wir vor der Bühne einnehmen. Wenn also die Welt, wie es die großen Dramatiker immer wieder gezeigt haben, zum Theater wird: die Welt als Bühne, Welt-Theater. Da muß dann freilich alles Zufällige, jeder vage Einfall, die bloße Phantastik oder gar das Halluzinatorische draußen bleiben. Der Dramatiker hat den gleichen Standpunkt eingenommen, den er uns einzunehmen auffordert. Nur daß er mehr gesehen, mehr mitgelitten, Tieferes erkannt hat als uns das gewöhnlich vergönnt ist. Es waren eben keine gewöhnlichen Leute, diese Aischylos oder Shakespeare oder Tschechow. Sie versagten es sich, irgend etwas von sich selbst bewußt in die Stücke hineinzunehmen; sie ließen die anderen reden, handeln, leiden, erkennen. So »objektiv« – das ist nun einmal die Haltung der Distanz – erscheint uns das, was auf der Bühne vor sich geht; aber eben diese Objektivität reißt die Dimensionen auf, die sonst verdeckt, verborgen oder verdrängt sind. Es sind dieselben Dimensionen, die auch das aufweist, worin wir sind, wenn wir leben; *wir lernen, sie zu durchschauen*. Wir lernen, kritisch in die Welt und die Zeit um uns herum und in uns hinein zu blicken. Das Theater, wie es seit der »Entdeckung des Geistes« immer wieder gegeben worden ist, freilich nicht jeden Tag, sondern doch wohl in jenen Sternstunden, in denen sich das Außergewöhnliche zu ereignen pflegt – dieses Theater ist aufdeckerisch. Es enthüllt. Es macht den Schein durchsichtig. Das ist die tiefste Wahrheit des Phänomens: daß die Masken aufgesetzt werden, um die Menschen zu demaskieren, daß ein Spiel angesetzt wird, um die Wahrheit herauszubringen, daß durch die fadenscheinigen Vordergründe hindurch sichtbar, fühlbar, erkennbar wird, was dahinter ist.

Theater, das solcherart ein Geschehen, eine Handlung, ein Stück Existenz auf die Bühne bringt, bedarf einer Darstellung, die in doppelter Hinsicht zwingend ist: streng in der Logik und streng in der Form. Auch in dem reichsten Beiwerk ist dann nichts Beliebiges; alles ist konzentriert auf die Wahrheit, die den kritischen Zuschauer zwingen soll, sich einen, seinen Vers darauf zu machen. Das ist nur erreichbar, wenn das Geschehen nicht einfach abrollt »wie im Leben«, sondern zusammengefaßt ist wie ein Konzentrat von Leben, Zeit, Welt. Dazu gehört, daß zwar »Illusion« (im Wortsinn »Ein-spielung«, also mehr als Einfühlung) aufgebaut wird, daß diese aber ständig, sozusagen vom Hintergrund her, zersetzt, durchlöchert, aufgehoben wird. Es wird etwas gespielt, aber daß dieses »etwas« eben nur gespielt ist und nichts anderes vortäuscht, ergibt sich aus der Strenge des Kalküls. Autor und Spieler verfügen stets über mehrere Möglichkeiten des Arrangements oder der Abfolge, unter denen sie die logischste, die notwendigste, eben die zwingende wählen. Auch die Auswahl der Personen läßt viele Möglichkeiten zu; das »Leben« kennt nur die der Zufälligkeit; das Drama sucht die Konfiguration, in der sich Typisches zum Bild einer bestimmten Menschenansammlung zusammensetzt, sei es einer Gesellschaft oder der Gesellschaft oder der condition humaine schlechthin. Auch die Spannung, die der Anfang weckt, um auf ein bestimmtes Ende gerichtet zu werden, setzt jeweils sowohl die Glaubwürdigkeit, daß es so sein könnte, voraus, wie es, vom nur dem Autor und den Spielern bekannten Ende her, jene durchgehende Linie fordert, die es im gewöhnlichen Leben nicht gibt oder die höchstens in der Rückschau erkennbar wird. Hamlet, sagte Gründgens, spielt sein Leben nach seinem Tode, um der Nachwelt zu berichten, wie es gewesen ist und wohl nicht anders sein konnte.

Das entscheidende Mittel, ein Stück Leben unter Menschen auf der Bühne durchschaubar zu machen, ist die Sprache. Prosa ist die späteste, Poesie als Vers und Rhythmus die ursprüngliche und, genaugenommen, die wahrste Form einer Sprache, die sich zwar stets verständigt und verständlich macht, aber doch stets zugleich nur in *eine* Richtung gesprochen ist: in die des Publikums. In dieser gerichteten Ausdrucksart wird die zwingende Veränderung vernehmbar, der die Sprache auf der Bühne unterworfen werden muß, selbst wenn es sich um ein Gespräch zwischen Liebenden handelt; denn auch Intimität wird nur bühnenwirklich, wenn sie hörbar ist. Um diesem doppelten Boden gerecht zu werden, hat Shakespeare den Dialog der schönsten Liebesszene, in »Romeo und Julia«, nicht nur in Versen, sondern in Strophen verfaßt. Fast alle hochdramatischen Kulminationen der griechischen Tragiker haben die Form des »kommos«: sie sind strophisch, gesungen, oft getanzt. Selbst Prosa, wie gesagt spät für das Theater entdeckt, kann nicht die der Alltäglichkeit sein. Noch im Konversationsstück ist das Salz der »Konversation« der Witz: die Pointe. In Tschechows Prosa spricht das durch viele ... (Punkte) oder durch die Regieanweisung »Pause« markierte Schweigen meist mehr als die Rede. Vom »Woyzeck« weiß man, daß Büchner die Sätze seiner Personen immer weiter verkürzt hat. Ähnlich ist die Methode Becketts, anders, aber auf nichts anderes hinauslaufend, die Brechts. Allein die zwingende, das ist konzentrische Schlagkraft, mit der sich Personen hier im Sprechen »gestisch« (wie er sagte) äußern, indem sie zugleich sich selbst ausdrücken und zu den Zuschauern reden, sichert einigen Stücken dieses heute lächerlicherweise totgesagten Dichters die Zukunft.

So sitzt man denn ein Leben lang im Theater, immer wieder der Dinge harrend, die geprobt worden sind, um das Interesse zu wecken und die Spannung auf den Ausgang nicht einschlafen zu lassen, mit weiß Gott unterschiedlichem Erfolg; man ist auf Distanz gesetzt, denn wie anders könnte man sonst den Blick frei machen von den trübenden Eindrücken und Sorgen der täglichen Existenz? Und nun, am Ende, die Summe all dieser Summen, die wir zu ziehen hatten: Hat man wirklich etwas gelernt in dieser Schule des Durchschauens, etwas für die Kunst des Lebens, die »höchste aller Künste« (wie Brecht sagte)?

Darauf gibt es wohl nur eine persönliche Antwort. Gut also, es hat jene Sternstunden gegeben, in denen die Wahrheit über Glück und Elend unseres Lebens durchsichtig wurde bis in die tiefsten Gründe (und es sind dann meistens Abgründe gewesen). Dazu bedurfte es nicht der »großen Gegenstände« und der »überragenden Helden«; auch das Gewöhnliche konnte exemplarisch werden, wenn seine Wahrheit in der Optik des Durchschauens »auffallend« gemacht worden war. Und auch die »großen Gegenstände« und die »»überragenden Helden« zeigten uns durch die Ungewöhnlichkeit hindurch doch immer noch das Menschenmögliche, Opfer und Empörung zum Beispiel, was doch das Gewöhnliche sein sollte. Daraus lernen? Ach, das »fabula docet« war doch meist zu simpel und fast immer zu direkt. Wo nichts doziert wurde, wie bei den Objektivisten von Shakespeares Art, waren wir tiefer betroffen. Da wurden die durchschaubar gemachten Dimensionen so wie die unsrigen, wenn es uns gelingt, uns und unser Dasein ebenso zu durchschauen. Da waren dann Macht und Ohnmacht, Krieg und Frieden, Gewalt und Liebe, Sorge und Freude, Glück und Elend, Pomp und Armut, schließlich der Tod. Ich vergaß das Kind. In den Troerinnen« wird das Köpfchen von Hektors

Sohn an der Mauer Trojas zerschlagen, denn die Griechen löschten so den möglichen Rächer aus; der Mann, der die zerschmetterte Leiche des Kindes auf die Bühne brachte, war ein Grieche, Euripides. Ich meine, daß es darauf ankommt, in allem, was wir treiben, wir, diese Menschheit, den Schein zu zerreißen und aufzudecken – nicht, was dahinter ist, sondern *daß da noch etwas dahinter ist,* was nicht in den Zeitungen steht, nicht an den Börsen gehandelt wird und nicht in der sogenannten Öffentlichkeit zutage tritt, was aber dennoch »veröffentlicht« werden muß, wenn diese Existenz nicht nur im Provisorischen und an der manipulierbaren Oberfläche verlaufen soll. Das geschieht gewiß nicht jeden Tag, aber es ist doch jederzeit möglich.

Unzählige Male diese Erwartung, bevor der Vorhang aufging. An zwei Händen zu zählen die Sternstunden. Aber es hat sie gegeben. So war es wohl doch der Mühe wert. Wenigstens das blieb uns aus der Schule des Durchschauens: die Erinnerung.

William G. Niederland

Bedingungen einer harmonischen Ehe

Ich beginne mit einigen Bemerkungen darüber, was die Ehe *nicht* ist und auch nicht sein kann: Die Ehe ist – im Gegensatz zu früher oft vertretenen Auffassungen – nicht eine Heilstätte für seelisch gestörte oder von Haus aus innerlich zermürbte, mit sich selbst und der Welt in ständigem Unfrieden lebende Menschen. Ebenfalls ist sie kein sicherer Ruhehafen für chronisch verstimmte, an tiefgehender Rast- und Ruhelosigkeit, neurotischer Verstört- und Gereiztheit oder sonstwie psychisch in erheblichem Maße Leidende.

Es erschien geboten, hierauf gleich mit einigem Nachdruck hinzuweisen, da man bis vor wenigen Jahrzehnten oft geneigt war – und es mitunter wohl auch heute noch ist –, in der Ehe eine Art von Allheilmittel für solche Zustände zu sehen. Ich werde nachher noch auf diese Bezüge zurückkommen.

Es gibt wohl wenige unter uns, die daran zweifeln dürften, daß ein harmonisches Eheleben zu den stabilisierenden Grundelementen unseres gerade in der heutigen Zeit so wechselvollen Daseins gehört; gleichzeitig wohl auch wenige, die nicht wissen, daß die hiermit verbundene Problematik sich mit stets wachsener Intensität und Häufigkeit in unserem modernen Leben manifestiert, es aufs stärkste beeinflußt und ihm geradezu den Charakter eines glücklichen oder unglücklichen Daseinsablaufes aufprägen kann. Um diese Fragen etwas schärfer zu präzisieren, gestatten Sie mir, sie so zu stellen:

Wie kommt es, daß es so viele unbefriedigende und brüchige Ehen gibt? Woraus erwächst die Vielzahl der Störungen im Liebes- und Eheleben, der Ehekrisen und Ehenöte, der Zerrüttung ganzer Familiensituationen von innen heraus, der Ehescheidungen und dergleichen mehr?

Wenn ich versuche, diese Fragen aus der Sicht des Psychologen zu beantworten, so lassen Sie mich in Kürze die folgenden Hauptthemen Punkt für Punkt besprechen: Liebe und Liebesfähigkeit – Sexualität – Gattenwahl – Ehedauer und Eheglück.

Liebe und Liebesfähigkeit. Unzählige Male wird von Liebe gesprochen, recht selten jedoch von der Fähigkeit zur und dem seelischen Geschehen in der Liebe. Was Sigmund Freud, der große Seelenforscher, mit dem lateinischen Wort Libido nannte, nämlich die innere Kraft zu lieben, nach Liebe zu streben und Liebe zu spenden – diese Kraft wohnt ursprünglich uns allen inne. Libido und Liebe sind auch sprachlich nahe verwandt. Sie ist eine in unserem Menschentum tief verankerte Energie körperlich-seelischer Art, die wir in der Kindheit einst alle voll besaßen und auch in unserem Leben als Erwachsene, wenn oft auch in abgewandelter, ja unerkennbarer Form in uns tragen.

Schon in unseren Entwicklungsjahren kann es da zu Abweichungen und Störungen kommen. Gerade die Gefühlssphäre des Kleinkindes ist eine hochempfindliche, den Einflüssen der Umwelt zugekehrte Lebensseite, und die Angst des Kindes vor dem Rohen und Bedrohlichen, den vermeintlichen oder tatsächlichen Gefahren des Verlassenwerdens, Ausgeliefertseins und der Bestrafung, obschon vom Kinde nicht selten selbst provoziert, kennt oft keine Grenzen, da eben dem Menschenkind in seinen Frühjahren kaum Wege zur Angstbewältigung zur Verfügung stehen. Mutter- und Kindesliebe sind hier die großen Heilkräfte, und wenn sie fehlen oder – umgekehrt – im verwöhnenden Ausmaß angewandt werden, sind spätere Fehlhaltungen und Schwierigkeiten im Sinne neurotischer Entwicklungsstörungen oder -hemmungen fast unvermeidlich. Eine dieser Störungen äußert sich in einer Beeinträchtigung der natürlichen Liebesfähigkeit des jungen Menschen. Wer von Beginn an in der gefühlskalten Beziehungswelt von lieblosen, rohen, verbitterten oder ständig verärgerten und sich streitenden Erwachsenen aufwuchs – woher sollte er um Liebe und Zärtlichkeit wissen, wenn er sie selbst persönlich nie erlebt hat? Aus Büchern und Konversationslexika läßt sich die Liebe nicht erlernen. Man muß sie selbst als Kind erlebt und erfühlt haben.

Die innere Erlebniswelt des sich verstanden und geliebt fühlenden Kindes setzt sich im Laufe gesunder Entwicklungsjahre allmählich in ein Gefühl der Selbstsicherheit um, das seinerseits die Liebesfähigkeit trägt und fördert. Nicht daß sie jemals gänzlich fehlte. Dafür ist die im Innern wirkende Libido zu stark. Aber sie mag im Falle von Frühversagung in Enttäuschung, chronische Entfremdung und Verbitterung oder gar Haß umschlagen und dann Wege nehmen, die späterhin nicht einem harmonischen Eheleben dienen.

Sie mag auch, statt vorwärts in die normale sexuell-genitale Reifung zu führen, sozusagen rückwärts gehen, nämlich regressiv-rückläufig wieder in das Kindhafte führen und auf Lebenszeit im unausgereift Infantilen haften bleiben – eine nicht ganz seltene Fehlentwicklung, die wir in der Psychologie Infantilismus nennen.

Ein Versagen der natürlichen Liebesfähigkeit mag auch aus anderen Gründen erfolgen. Denn sie ist aufs engste mit einem weiteren Grundelement unseres körperlich-psychischen Seins verknüpft. Damit komme ich zu meinem nächsten Hauptpunkt, zur

Sexualität. So ausgiebig das Sexuelle in der heutigen Zeit besprochen und frei, oft allzu frei ausgeübt wird – man redet ja jetzt fast in allen Ländern von einer »sexuellen Revolution« –, so wenig wird die Sexualität verstanden und noch weniger in ihrem eigentlichen Wesen erfaßt. Auch auf diesem Gebiet haben psychologische Studien manches Neue zutage gebracht. Die Sexualität ist zwar seit Jahrtausenden als die ursprüngliche Lustquelle alles menschlichen Seins wohlbekannt, aber sie kann auf die Dauer im individuellen Dasein diese Lustquelle nur sein, solange sie mit dem Liebesbedürfnis und Liebesaustausch zwischen zwei Menschen, die sich finden, eng verbunden bleibt. Hierin liegt der Kern dauernden Eheglücks: Sexualität und Liebe als tief verbunden zu verstehen und zu erfüllen.

Die Abwertung der Sexualität zu einer einfachen Körperfunktion – ohne wirkliche Liebe, ohne tiefgehende und seelisch mitteilnehmende Wärme – ist wohl heute die häufigste Fehlerscheinung in der Geschlechtsbeziehung zwischen zwei Partnern, die sich sexuell paaren. Sie ist die Folge einer Abspaltung des körperlichen Sexualvorgangs vom seelisch getragenen Liebesgeschehen zwischen den beiden Geschlechtern. Kurzdauernde Lusterlebnisse lassen sich aus vielen Beziehungen gewinnen: Alltagsbekanntschaften, offene oder heimliche »Stelldicheins«, impulsive Begegnungen zwischen den Geschlechtern, die sich durch Zufall treffen und dann prompt sexuell verkehren. Derartige Beziehungen gibt es heutzutage viele, sehr viele sogar. Doch wie lange Zeit bleiben sie wohl bestehen?

Fast allgemein wird angenommen, daß der Jüngling und das in ihrer Pubertätszeit wohlbehütete junge Mädchen aus ihrer Adoleszenz in ihren physischen und seelischen Reifezustand normal erwachsen und jene sexuelle Entwicklungsstufe erreichen, die eine der Vorbedingungen zu einem harmonischen und glücklichen Eheleben bietet. Dies ist jedoch bei weitem nicht immer der Fall. Mancher junge Mensch – unlustig gestimmt, konfliktbesetzt, mürrisch, eigenartig und vielleicht neurotisch von Kindheit an – gerät in sogenannte »schlechte Gesellschaft« und findet seine oder ihre Befriedigung in der Eigenliebe oder wendet sich in neurotischer Abkehr vom anderen Geschlecht der gleichgeschlechtlichen Sexualität zu. Sie werden damit Homosexuelle, und eine glückliche Ehe bleibt ihnen dann oft für immer verschlossen.

Auch ein solches Geschehen ist zumeist kein unabänderliches »Schicksal«, das organisch beziehungsweise somatisch bedingt und verursacht ist, sondern hat oft tiefere Gründe in früh entstandenen Entwicklungsstörungen und später fortgesetzten seelischen Fehlhaltungen zum Sexuellen. Auch kann die uneingestandene Furcht davor zum Totalverlust der Liebes- und Sexualfähigkeit, das ist zur psychischen Impotenz beim Manne und zur geschlechtlichen Frigidität bei der Frau führen. Ernstere perverse Geschlechtsbeziehungen sadistischer, masochistischer, fetischistischer und sonstiger Art gehören ebenfalls in diesen Bereich. Auf der anderen Seite kann die krankhafte und zügellose Steigerung des Geschlechtstriebes beim Manne zur Satyriasis, bei der Frau zur Nymphomanie führen. Ehebruch ist eine häufige Folge dieser Erscheinungen.

Je unausgeglichener und seelisch labiler ein Mensch ist, je stärker die innere Halt- und Ziellosigkeit – gewöhnlich aufgrund einer langwährenden Psychoneurose –, desto leichter gewinnt die rein triebhafte, durch keine höhere Empfindung gemilderte Sexualität die Oberhand.

Manche Ehe geht durch solche fehlerhaften sexuellen Praktiken in Trümmer, da das Geschlechtsleben als persönlichste und intimste Erlebnisform beider Ehepartner in enger Wechselwirkung zum Gesamtgeschehen in der Ehe so steht, daß Störungen, Irrungen, Perversitäten auf sexuellem Gebiet deren ganzen Ablauf nachhaltig beeinflussen können.

Schon vor einem Jahrhundert sagte der große französische Nervenarzt Charcot, bei dem Sigmund Freud als junger Arzt in die Lehre ging: »*C'est toujours la chose sexuelle, toujours*«, speziell mit Sicht auf zahlreiche Ehenöte.

Auch auf diese heute noch gültige, obschon etwas generalisierende These haben neuere tiefenpsychologische Studien viel Licht geworfen. In der modernen psychoanalytischen Trieblehre unterscheiden wir den Geschlechts- und Liebestrieb vom Bemächtigungstrieb. Falls der letztere im Seelenleben überwiegt, wird die Sexualbeziehung zwischen den Partnern nicht dadurch bestimmt, daß sie als Ergebnis der gegenseitigen libidinös-geschlechtlichen Attraktion zustande kommt, sondern als das der persönlichen Machtgewinnung des einen über den andern. Die eigentliche Quelle der sexuellen Erregung und Leidenschaft ist dann nicht der Liebespartner oder die Liebespartnerin als Mensch, sondern anstatt des liebenden Gebens und Empfangens im Geschlechtsverkehr der stete Drang, dem Partner vor allem Macht und Stärke zu zeigen beziehungsweise selbst darin zu schwelgen. Bis zu einem gewissen Grade und bis in unsere Zeit hinein war ein derartiges Verhalten beim Manne nicht unverständlich oder als normal angesehen.

Jedoch mit Recht wehren sich Vertreter der modernen Frauenbewegung dagegen. Sie sträuben sich insbesondere gegen eine Erniedrigung des Weibes zum »Sexualobjekt«, wie sie es nennen, und den dominierenden Anteil des Mannes im Sexualleben. Der Zeitgeist hat sich in der Tat gewandelt, und auch vom psychologischen Standpunkt aus ist nichts dagegen einzuwenden, daß dort, wo der männliche Bemächtigungstrieb zum überwiegenden und zwanghaften Motiv der Sexualfunktion wird, Wandel geschaffen wird – in der Erziehung, in der Gesellschaft und vor allem auch im ehelichen Zusammenleben. Denn wo es nicht geschieht, sind daraus sich entwickelnde Spannungszustände und mitunter auch schwererwiegende Folgen zu erwarten.

Ohne auf alle diese Sexualprobleme hier im einzelnen eingehen zu können, mag es genügen, darauf hinzuweisen, daß solche Störungen und Spannungen keineswegs unvermeidlich sind; selbst in Fällen, in denen sie schon seit langem bestehen, sind Eheschwierigkeiten nicht unabänderlich. Es ist die Aufgabe beider Partner, darauf bedacht zu sein, daß der sexuelle Liebesakt beiderseits volle Befriedigung bringt. Der Mann, der nur für die eigene Befriedigung sorgt und seine Partnerin auf halbem Wege im Stiche läßt, handelt als egoistischer Mensch und schadet auf die Dauer ihr und sich. Der leibseelische Mechanismus des Weibes arbeitet im Ganzen feiner und in komplizierteren Nervenbahnen als der gröbere des Mannes. Es bedarf, um diesen einzigartigen Mechanismus zur vollen Bewegungsentfaltung zu bringen, eines warmen Herzens und einer liebenden Einstellung. Von solcher Hand behutsam geführt und mit solchem Herzen warm betreut, gelangt auch das Geschlechts- und Liebesleben des Menschen über mancherlei Klippen, Fährnisse und Hemmungen hinweg zu der Höhe, wo das Sinnliche eben die Brücke bildet zu dauernden seelischen Werten und Gütern.

Wo dies nicht gelingt, ist an seelische Heilbehandlung zu denken. Die Forschungsergebnisse der Psychonanalyse haben gezeigt, daß es sich in den meisten Fällen um die störende Einwirkung bestimmter psychischer Prozesse handelt, die sich der Kenntnis der betroffenen Personen entziehen, da sie in deren Unbewußtem wirken, aber durch ihr Bewußtwerden in der analytischen oder psychotherapeutischen Behandlung allmählich reversibel werden. Nicht immer ist eine längere analytische Heilmethodik – obwohl sie die gründlichste ist – erforderlich.

Wenn sich sexuelle Schwierigkeiten einstellen, die den Geschlechtsverkehr verhindern oder einen vollen Geschlechtsgenuß verringern, so gibt es heute Methoden – von den Sexualärzten Master und Johnson in Amerika eingeführt –, die auf eine Verbesserung der Sexualtechnik im Liebesakt zielen und auf eine Erhöhung des beiderseitigen Genusses gerichtet sind. Ich bin sicher, daß sorgsame fachärztliche Beratungen dieser Art auch hier im europäischen Kulturkreis vorhanden und in geeigneten Fällen hilfreich sind.

Gattenwahl. Vielfach steht die Gattenwahl unter dem Einfluß der bereits besprochenen Faktoren. Gleich und gleich gesellt sich gern, sagt ein altes Sprichwort; aber das Endergebnis einer, sagen wir, ehelichen »Gleich-Gesellung« ist nicht immer das beste. Zumal, wenn sich neurotisch-gleich mit neurotisch-gleich bei der Gattenwahl zusammenfindet, geht es gewöhnlich später nicht gut aus.

Um dies an einem einfachen Beispiel zu erläutern, gestatten Sie mir, auf den eben erwähnten Fall eines stark überwiegenden Bemächtigungstriebes zurückzukommen: Falls etwa dessen Einfluß bei den Ehepartnern unbewußt das psychische Feld beherrscht und schließlich in beiderseitige Machtgier ausartet, kann die Ehe selbst zu einem veritablen Schlachtfeld werden und heftige persönliche Zusammenstöße – ohne scheinbaren Anlaß oder geringfügigste äußere Anlässe – herbeiführen. Die wirkliche Ursache liegt in derartigen Fällen in der im Unbewußten vorherrschenden Machtgier und kann gewöhnlich nur auf psychoanalytischem Wege ergründet und beseitigt werden.

Bei der Gattenwahl sind stets weitere psychologische Vorgänge im Spiele, wobei ich von den allbekannten Faktoren materieller, finanzieller und sozialer Herkunft ganz absehe. Worauf ich mit Sicht auf etwaige spätere Schwierigkeiten in der Ehe jedoch besonders verweisen möchte, ist eine Gattenwahl, die nicht aufgrund der Charaktereigenschaften zweier Menschen und der tieferen Verbundenheit ihrer Persönlichkeiten geschieht, sondern impulsiv als Ausdruck ihrer psychischen Unreife zustande kommt. Der schon erwähnte Infantilismus spielt hier eine Hauptrolle.

Als Beispiel führe ich ferner jenen männlichen Typus der Gattenwahl an, den die sinnliche Liebesbezeugung der Partnerin allein, ihre außergewöhnliche Leidenschaft und geschlechtliche Hingabe zum Eheschluß bringen. Forscht man hier nach den psychologischen Hintergründen, so findet man, daß der Mann, der eine solche Gattenwahl traf, ursprünglich in hohem Maße an die eigene Mutter gebunden war, ja bis in die Zeit der Gattenwahl überstark an sie gebunden blieb. Die Befriedigung seines Bedürfnisses, sich an die gewählte Ehepartnerin zu ketten, entstammte unbewußt einem inzestuös getönten Wunsch zur Mutter, was unter anderem in mancherlei Fehlleistungen offenkundig wird.

Ich hatte vor Jahren einen Patienten, einen stattlichen, hochgewachsenen, athletisch gebauten Mann, der im Augenblick des orgastischen Sexualgenusses bei der ehelichen Umarmung die Laute »Mutter« oder »Mammie« ausstieß. Auch hier verbleibt es gewönlich nicht bei dergestaltigen isolierten Vorgängen. Der Patient verlangte von seiner Ehefrau die gleiche mütterliche Verwöhnung, die er einst als einziger Sohn von seiner Mutter überreichlich erfahren hatte. Als zusätzlich erschwerender Faktor trat in diesem Falle die außerordentliche Eifersucht des Patienten hinzu. Sie wurde geradezu zu einer Vorbedingung seiner Liebe und Gattenwahl. Erst wenn er große Eifersucht in sich erwachen fühlte, erreichte seine Leidenschaft volle Höhe, was dem psychologisch geschulten Beobachter unschwer verständlich wird, wenn man in Betracht zieht, daß diese Eifersucht ursprünglich dem eigenen Vater und dessen Liebesbezeugung zur Mutter galt. Mit anderen Worten: Der Patient – obgleich zur Zeit, als er in psychoanalytische Behandlung trat, im mittleren Mannesalter stehend – war seiner kindlichen Gebundenheit an das Elternhaus, vor allem an die Mutter, psychologisch nie entwachsen.

Die nicht überwundene libidinöse Bindung an die Mutter kann sich auch auf eine ältere Schwester erstrecken. Dann wird die letztere das unbewußt bestimmende Objekt der Gattenwahl beim Manne. Beim überstark an den eigenen Vater gebundenen Mädchen liegt der Vorgang nicht viel anders. Falls im Laufe der Entwicklungs- und Reifungsjahre eine innerliche Befreiung aus dieser Beziehung nicht erfolgen konnte, wird sie geneigt sein, den späteren Ehepartner als »Vaterfigur« zu betrachten und zu behandeln. Wenn es gelingt – in der allenfalls gebotenen Psychotherapie oder verstehenden Eheberatung –, diese Wiederholung der Kind-Geschwister-Eltern-Situation in der Ehe ausfindig zu machen, ist der Weg zu einem mehr harmonischen und von inneren Konflikten dieser Art befreiten Eheleben geöffnet.

Wie bereits eingangs kurz erwähnt, knüpfte man bis vor wenigen Jahrzehnten oft irrtümliche Heilerwartungen an einen Ehebund. Beispielsweise glaubte man, daß es für eine junge hysterische Frau oder einen sadistisch eingestellten Mann genügend wäre, eine Ehe einzugehen und dann geduldig abzuwarten in der (früher fast sicheren) Hoffnung, daß von der Ehegemeinschaft selbst eine Wesensveränderung kommen würde. Natürlich war hier der Wunsch der Vater des Gedankens. Nichts dergleichen trat ein. Auf der anderen Seite wurden vielfach gewisse Personengruppen für eheuntauglich gehalten und damit von einer vermeintlich rational fundierten Gattenwahl ausgeschlossen, darunter

a) Triebabweichungen, zum Beispiel Homosexuelle, Sadisten, Masochisten, Fetischisten, Hypochondrische.

b) Psychopathische Charaktertypen, bei denen man unheilbare psychische Defektzustände am Werke sah.

c) Hysterische Frauentypen.

d) Männliche Impotenz oder weibliche Frigidität schwerer Art.

Dieses Ausschließen beruhte auf einem weitverbreiteten Irrtum, wonach derartige Störungen unheilbar und daher so gestörte Menschen gewissermaßen für immer eheuntauglich seien. Dank den Erkenntnissen der Psychoanalyse wissen wir heute, daß die meisten dieser Störungszustände einer seelischen Heilbehandlung durchaus zugänglich sind und daß der früher auf diesem Gebiete vorherrschende Pessimismus unberechtigt ist. *Vor* der Ehe ist in so gelagerten Fällen systematische Psychotherapie geboten, und sie vermag – wenn methodisch und sachgemäß durchgeführt – hier vielfach heilend zu wirken.

Ehedauer. Mit diesem Punkt kommen wir zu dem wohl wichtigsten unserer heutigen Betrachtung. Gerade in der Lebensmitte ist Ehescheidung eine ziemlich häufige Erscheinung, und auch falls es nicht immer zu einer formellen Scheidung kommt, so ist doch nicht zu verkennen, daß die Lebensmitte gewöhnlich ihre eigenen, mitunter folgenschweren Sorgen und Probleme mit sich bringt. Hierauf hat schon Nietzsche hingewiesen, als er von der Langeweile als dem Wurmfraß aller Ehen sprach, und mit Recht hat Alexander Mitscherlich die Altersgruppe der Vierzig- bis Sechzigjährigen und deren Problematik neuerdings zum Gegenstand eines wichtigen Forschungsstudiums am Frankfurter Sigmund-Freud-Institut gemacht. Er betont unter anderem, daß die Lebenserwartung im alten Athen nur 19 Jahre war, und natürlich wissen wir alle, daß Frauen und Männer heute durchschnittlich ein bis zwei Jahrzehnte länger leben, als es um die Jahrhundertwende der Fall war. Ich selbst zähle die Zunahme der durchschnittlichen Lebensdauer zu den bedeutsamsten Entwicklungen unserer Zeit. Nahezu ein Fünftel der Gesamtbevölkerung der Vereinigten Staaten von Amerika wird in Kürze ein Durchschnittsalter von über 65 Jahren erreichen. Hand in Hand damit ist naturgemäß eine erhebliche Verlängerung der durchschnittlichen Ehedauer gegangen, und die Zunahme von Ehekrisen während desjenigen Zeitabschnitts, den man die Lebensmitte nennt, ist unverkennbar.

Wie dem zu begegnen sei, ist eine der noch im ganzen ungeklärten großen Fragen unseres Zeitalters. Die Antwort ist keineswegs leicht. Sie zentriert sich im wesentlichen auf Verständnis, Einsicht und Mitgefühl in psychologischer Sicht, nicht auf das Problem des Alterns in biologischer, obgleich auch hier das rein Psychische immer stark mitspielt. Das Gefühl des Alterns beziehungsweise Älterwerdens ist ein psychisches, das – gewollt oder nicht – oft ein allmähliches Erkalten der gegenseitigen Gefühlsbeziehungen mit sich bringen kann. Aber es muß nicht so sein.

Nicht jeder Ehestreit muß in eine Krise ausarten, an der die Ehegemeinschaft zerbricht. Auch brauchen die um die Lebensmitte einsetzenden Wandlungen keine tiefer einschneidenden Störungen auszulösen, die einen lange bestehenden, im ganzen harmonischen und durch Kindersegen zementierten Ehebund gefährden. Dies ist gemeinhin nur dann der Fall, wenn das Eheleben schon vorher – zum Beispiel aus den bereits angegebenen Gründen – brüchig und von innen her zerrüttet war. Oder auch wenn die verheißungsvollen Erwartungen, die die Gedanken- und Gefühlswelt des jungen Menschen beim Eintritt in die Ehe beherrschten (etwaige Erwartungen auf ununterbrochene Lebens- und Sexualfreude, fortdauerndes Verlangen nach Genuß und lebenslangem Hochgefühl), bis in die Lebensmitte hinein und darüber hinaus unverändert bestehen bleiben. Wenn diese Erwartungen um die Lebensmitte nicht mehr erfüllt werden können und in ihrer Maßlosigkeit als ein mehr oder weniger neurotisches Haftenbleiben in jugendtümlichen Zügen und Erfordernissen nicht erkannt werden, kommt es nicht nur zu mürrischer Verdrossenheit, chronischer Unlust und Gereiztheit in mancher Ehe, sondern auch zu Fluchttendenzen aus der Ehe selbst. Die äußere Symptomatik eines so gestörten Verhältnisses manifestiert sich gewöhnlich in körperlich-seelischer Niedergeschlagenheit – ohne organische Ursache – und persönlicher, nicht selten als quälend empfundener Ruhelosigkeit. Es ist ein innerer Prozeß, und wenn er anhält, bedarf er der erneuten Beratung und eventuell Behandlung durch den Psychotherapeuten, der dem Mittvierziger oder Fünfziger die Verbindung zwischen seinen chronischen Unlustgefühlen und dem Lebensabschnitt, in dem er sich befindet, klarmacht. Denn selten kommt ein depressiv verstimmter Mensch von selbst auf den Gedanken, daß der wirkliche Grund der von ihm als quälend empfundenen Erscheinungen und Konfliktsituationen in ihm gelegen ist: Wie er sie sieht und fühlt, ist es die Frau oder sind es die »mißratenen« Kinder, die ihm das Leben versauern, oder es ist die »schlechte« Ehe, aus der er heraus möchte. Kaum jemals kommt er auf den Gedanken, daß *sein* Verhalten in der Ehe, *seine* depressive Verstimmtheit etwas mit der mangelnden Harmonie in seinem Eheleben zu tun haben.

Ein weiterer Faktor, der mit der Zunahme der Lebens- und Ehedauer in der Gegenwart verknüpft ist und eine ursprünglich harmonische Ehe mit der Zeit in eine Art von inhaltsloser Leere absinken lassen mag, ist die ebenfalls in den Jahren der Lebensmitte zuweilen eintretende Tendenz zur

Lockerung menschlich-persönlicher Beziehungen sonstiger Art: Nachlassen von Geselligkeit und gemütlicher Zusammenkünfte, Schwinden von Freundschaft und freimütig offener Aussprache, Aufhören gemeinsamer Theater- und Konzertbesuche, Aufgeben zärtlicher Rücksichtnahme für die Schwächen des Partners oder der Partnerin, Vergessen von Geburts-, Namens- oder Feiertagen in der Ehe und dergleichen mehr. Da Älterwerden an sich kein leichtes Schicksal ist und die Sorge um die Kinder, Arbeit, Beruf, Einkommen, Wirtschaft undsoweiter den Großteil unseres Seins und Strebens in Anspruch nimmt, braucht es um so mehr der Pflege der soeben genannten Dinge, wozu angesichts der oft überwältigenden Alltagsnöte auch die harmonische Gestaltung der Freizeit als ein möglichst befriedigendes Faktum für beide Ehepartner gehört.

Ja, für ein harmonisches Dauerleben in der Ehe bedarf es vor allem verbindender Charaktereigenschaften: der Güte, der Wärme, des Verstehens, des Verzeihens, des Humors, der Zärtlichkeit und – *last but not least*, wie man bitte mir als Amerikaner es zu sagen gestatten wolle – der nie endenden, stets sich erneuernden Liebe. Ihr Zerfall in der Ehe bedeutet ein ernstes Lebensleid. Es zu verhüten und, falls bereits im Gange, die verlorengegangene Harmonie wieder aufzubauen ist eine der vornehmsten Aufgaben der neuen Seelenkunde.

Hans-Georg Gadamer

Die Kunst des Feierns

Das soll eine Kunst sein? Als ob der Feierabend sich nicht von selbst verstünde, das Sinkenlassen der arbeitenden Hände, das Aufhören des Leistungsdrucks, das Nichtstun. Das geregelte Arbeitsleben der modernen Industriegesellschaft hat mit dem Sirenenton der Freizeit laut gellende Akzente gesetzt, und nur wenige sehr erdnahe oder »geistige« Berufe richten ihre Zeit nach ihrem Ermessen ein und sind nicht mit befreit mit dem Beginn des Feierabends, weil die Dinge sie nicht loslassen: der Bauer auf dem eigenen Hof, der Künstler, der Forscher, der Unternehmer. Mit dem Feierabend beginnt die Freizeit. Aber schon das griffige Wort »Freizeit«, durch das das Freisein vom Druck der Arbeitszeit ausgedrückt wird, bindet unlöslich mit der berechneten und berechnenden Arbeitszeit zusammen. So wie die Arbeitszeit ein verfügbarer Zeitraum ist, der durch Arbeit ausgefüllt wird, so denkt man auch bei Freizeit zuerst an ihre Leere, die durch abermals geplante Gestaltung ausgefüllt werden will. Die Freizeitgestaltung ist das Gegenstück zu der bemessenen Arbeit des Tages und jedenfalls weit entfernt von aller Kunst des Feierns.

Ja zeigt nicht dieser Ausdruck »Kunst des Feierns« schon selber an, daß da etwas in Verlust geraten ist, was es ehemals gab? Schwer vorstellbar, daß Kulturen, deren festlicher Kalender den Jahreslauf, ja den Tageslauf mit feierlichen Riten gliederte, vom christlichen Morgengebet bis zum islamischen Anruf Allahs bei unter den Horizont sinkender Sonne, je hätten von einer Kunst des Feierns reden können. Erst der neuzeitliche Gott der Arbeit – nicht die Arbeit selbst, die es im Kampf um das Überleben immer gab, aber ihre gottgleiche Herrschaft im Bewußtsein des Menschen – nimmt der Feier, der Feierlichkeit, dem Fest den angestammten Platz im Rhythmus des Lebens und läßt die schmachtenden Sklaven der Zeit nach dem Außerordentlichen, dem Ausgezeichneten einer »Kunst« rufen, die das Feiern lehrt.

Dieser Ruf meint aber nicht einen Künstler, der anstelle der anderen und für sie Feste zu feierlichen Abläufen zu gestalten beauftragt wäre. Nicht der Zeremonienmeister alter Ordnungen, von denen vor allem im kirchlichen Kult etwas bis in unsere Epoche hineinragt, noch gar moderne Organisatoren wie der Propagandaminister der Reichsparteitage oder der Festleiter von Sportfesten und anderen Massenveranstaltungen, der heute Freizeit zu organisieren versteht, besitzt die Kunst des Feierns. Das ist es nicht, was da verlorengegangen ist. Es ist vielmehr die moderne Massengesellschaft selber, die sich den Mangel der Kunst des Feierns eingesteht. Jeder von uns fühlt es. Man kommt sich seltsam vor, wo gefeiert wird – außerhalb von Familie oder Dorf. Das läßt uns fragen, was da eigentlich verlorengegangen ist, das ehedem das Leben festlich gliederte und ordnete. Da solch eine Frage immerhin weiß, wonach sie fragt, wenn auch noch so vage, gilt es, sich dessen bewußt zu werden, wonach man da fragt.

Dazu gehört wohl als erstes, sich klarzuwerden, was hier Wissen und Bewußtsein meint. Der Ausdruck »Kunst des Feierns« und sein Anklang an Lebenskunst mag es erforderlich machen, sich von einer naheliegenden Verzerrung freizuhalten. Können und Wissen haben im neuzeitlichen Menschentum einen beständigen Beiklang von Machtgewinnung und Machtausübung. »Wissen ist Macht.« Selbst Lebenskunst ist im lebendigen Sprachgebrach am Ende nichts weiter als die Geschicklichkeit, sich nichts im Leben zu nahe kommen zu lassen und überall auf seine Kosten zu kommen. Es ist eine Versuchung des modernen Machtdenkens und seines technologischen Habitus, daß man auch noch die Kunst des Feierns, nach der man fragt, am liebsten als eine spezielle Bewährung von Lebenskunst verstehen möchte. Aber ist sie das? Ist der Ruf nach einer solchen Kunst wirklich auf die Steigerung von Könnerschaft gerichtet? Ist er am Ende nicht vielmehr Ausdruck eines Verlustes ganz anderer Art, eines Verlangens, das sich selbst nicht versteht?

Denken wir nach, erinnern wir uns. Was wir im Feiern tun,

ist ja nichts bloß negativ Bestimmtes oder Inhaltsloses. Wir feiern jemanden. Wir feiern etwas. Die Philosophen sagen dazu: Es ist ein intentionales Moment darin. Bewußtsein ist immer Bewußtsein von etwas. Wir meinen etwas Bestimmtes oder einen Bestimmten, wenn wir feiern – so wie jeder Akt unseres Bewußtseins etwas meint. Aber ist das wirklich dasselbe? Ist Feiern ein Akt des Bewußtseins, und ist das darin Gemeinte ein Gewußtes? Ist es nicht schon bezeichnend, daß wir unwillkürlich nie im Singular sprachen, wenn vom Feiern die Rede war, sondern immer von »uns«? Gewiß können wir sagen, einer feiert seinen Geburtstag, sein Arbeitsjubiläum oder dergleichen. Aber in Wahrheit meinen wir damit nicht, daß »er« das tut, sondern daß »er« gefeiert wird. Wieder sind es wir, die da feiern. Jemanden feiern heißt uns auf den Gefeierten hin und mit ihm versammeln. Selbst wenn einer etwa sagt: »Ich feiere dieses Jahr meinen Geburtstag nicht«, so meint er eben das, daß er wünscht, man möge von demselben keine Notiz nehmen und sich in keiner Weise bei ihm versammeln. Feiern heißt sich auf etwas versammeln. So ist es in Wahrheit mit den Festen auch sonst, die wir feiern. Das christliche Kirchenjahr ist durch solche Feste eingeteilt, die im modernen Arbeitsleben von Staats wegen Feiertage sind, an denen die Arbeit ruht – wie auch am 1. Mai oder in meiner Jugend an Kaisers Geburtstag oder später am Reichsgründungstag. Wie die Kirche solche Feste festlich begeht, kann auch der Staat aus solchen Anlässen Feiern veranstalten. Wenn dieselben einem einzelnen gelten, zum Beispiel Empfangsfeierlichkeiten oder Begräbnisfeierlichkeiten oder Trauer- und Gedenkfeiern – was ist es, was wir daran rühmen, wenn es eine gelungene Feier war, oder was wir beklagen, wenn es nichts war, wenn keine festliche Stimmung aufkam?

Wieder wird uns das Einzigartige des Feierns bewußt. Was man da können muß, kann man niemals für sich allein. Das bestätigt selbst noch die ausdrückliche Absonderung, in der einer für sich zu feiern beschließt, weil er allein ist oder allein sein will. Da sind immer die anderen, die an sich dazugehören, gerade als Fehlende oder als Ausgeschlossene »da«. – Was man da können muß, kann auch gar nicht als solches gewollt werden. Es muß da sein, aufkommen, sich ausbreiten wie eine Stimmung. Wie dagegen einer, der eigens dazu bestellt ist, Stimmung zu machen, in Wahrheit einen bestehenden Mangel bezeugt, so gilt es auch von der Kunst des Feierns, nach der gerufen wird. Was fehlt da, woran mangelt es?

Der Mangel ist offenbar eben der der Gemeinsamkeit, des wirklichen Versammeltseins auf ein Gemeinsames hin. Ein solches war in der älteren christlichen Ordnung der Gesellschaft der religiöse Inhalt des Festes: Advent, Weihnachten, Ostern, Pfingsten und dann die für Kindergemüter so rätselhafte lange Reihe der »Sonntage nach Trinitatis« oder, in der Zeit meiner eigenen Jugend noch, die nationalen Feiertage aus der Geschichte des eigenen Volkes. Das Versammeltsein auf solche gemeinsamen Inhalte hin mochte oft genug zu erstarrten Wiederholungsformen verfallen. Aber in früheren Zeiten war es anders, und gar in frühen Kulturen gab es eine Durchordnung des gesamten täglichen Lebens der Gemeinschaft durch feste Sitten und Gebräuche. Das lebt bis heute fort in den Formen des Brauchtums, die sich oft weit länger erhalten als das Bewußtsein der Inhalte, denen sie gelten.

All dem ist unser Zeitalter nicht günstig. Zwar mag die Ahnung des eingetretenen Mangels dazu Anlaß geben, Brauchtum zu pflegen, wo ein solches noch lebt. Aber oft genug und mit steigender Unausweichlichkeit verkehrt sich eine solche Pflege von Brauchtum in ein Schauspiel für die Touristen. Tatsächlich sind die Lebensformen der modernen Massengesellschaft in extremem Ausmaß der wahren Versammlung auf das Gemeinsame hin abhold. Zwar gibt es Massenveranstaltungen, auf politischem wie auf sportlichem Gebiet, die viele Tausende zusammenführen. Aber eben das Massenhafte dieser Erscheinungen nötigt jeden Einzelnen in eine Art teilnahmsloser Teilnahme hinein, die ihn als solchen Einzelnen überhaupt nicht mitzählen läßt. Wenn die moderne Sportbegeisterung etwa dazu führt, daß zur Stunde großer Weltmeisterkämpfe die Städte und Straßen veröden, weil alles beim Fernsehen sitzt und niemand etwas versäumen will, so führt dieses Schauspiel im Massenmedium des Fernsehens zwar in gewissem Sinne zu einer Art Versammlung auf das Gemeinsame – aber buchstäblich in der Form extremer Vereinzelung. – Ähnlich ist es mit dem anderen großen Hilfsmittel für leichte Versammlung am beliebigen Ort, dem Auto. Es verkürzt nicht nur alle Wege, sondern schließt auch die Pilger oder die Reisenden in einem Maße voneinander ab wie nie zuvor.

Die natürlichen Kommunikationsformen von Gespräch, Rede und Antwort, Brief und Buch werden auf die Befriedigung von Informationsbedürfnissen reduziert und verarmen. Die neue Eintönigkeit des moderierten Rundfunksprechers hüllt alles ein. Die neue Nähe alles Fernen, die man Fernsehen nennt, rückt uns alle in einen namenlosen Abstand zur Wirklichkeit. Mir scheint sogar, daß auf geheimnisvolle Weise kaum etwas so ohne Leben ist wie im Fernsehen gezeigte Festlichkeiten. An ihnen auf die Weise eines Voyeurs teilzubekommen läßt einen gähnen.

Das wird hier nicht ausgeführt, um irgendeine kulturkritische negative Bilanz unserer Zeit zu ziehen. Daß die Formen unseres gesellschaftlichen Lebens nicht mehr die selbstverständlichen Solidaritäten früherer, religiös gebundener Zeiten ausdrücken, in denen Feste ihren natürlichen Platz hatten, ist eine gegebene Tatsache, und ebenso, daß daraus Probleme und Orientierungsnöte in unser Leben kommen, denen früher ein fester Kanon von Verhaltensnormen und sittlichen Begriffen entgegenstand. Es wäre sinnlos, Solidaritäten, die fehlen, durch vorgebliche Gemeinsamkeiten oder gar durch eine technische Organisationskunst des Feierns zu verkleiden. Aber es ist ja nicht so, als ob das Feiern und das Fest ganz aus unserem Leben verschwunden wären und als ob es nicht auch heute noch hier und da gelänge. So kommt es darauf an, sich die Bedingungen solchen Gelingens bewußt zu machen – und dann auch zu lernen, sie herbeizuführen.

Wenn die wesentliche Bedingung für das Feiern von Festen, und sei es auch nur für die festliche Stimmung des Feierabends, in dem Versammeltsein auf Gemeinsames besteht, so ist doch das wirkliche Feiern von Festen noch etwas anderes: Es verleiht der Gemeinsamkeit sichtbare Darstellung. Das aber schließt ein, daß es unter Umständen auch eine bestehende, aber vielleicht nicht immer genügend eingestandene Gemeinsamkeit eben dadurch bewußt macht, daß es sie zur Darstellung bringt. Darstellung ist nicht eine überflüssige Zutat zu bestehenden Gewißheiten und Gewußtheiten, sondern bringt ein neues Moment hinein, durch das erst Erkenntnis und Wiedererkenntnis des Bestehenden ermöglicht werden. Man wird des Gemeinsamen inne, wenn es vor den zum Feiern Versammelten zu überzeugender Darstellung kommt. So wird einem etwa bei einer Trauerfeier die volle Bedeutung des Verstorbenen an der Fülle und Vielfalt derer bewußt, die an ihr teilnehmen und durch ihr Dasein oder auch auf ausdrücklichere Weise von dieser Gemeinsamkeit Zeugnis ablegen. Ähnlich ist es etwa bei einem politischen Festakt, zum Beispiel dem Staatsfeiertag, an dem sich eine Staatsgründung jährt. Da kommt bei solcher feierlicher Gelegenheit die Stärke oder Schwäche der Staatsgesinnung heraus, die alle verbindet. Das ist aber nicht nur ein Erkenntnisgewinn. Es ist zugleich eine Bekräftigung und Stärkung des Gemeinsamen, das da gefeiert wird und alle verbindet – oder seine Beirrung. Darstellung ist eben keine bloße Äußerlichkeit, die man zum Unwesentlichen zählen dürfte. Sie ist ein Zuwachs an Sein.

Dem widerspricht nicht, es ist vielmehr geradezu eine Bestätigung, daß es selbst zum politischen Kalkül gehören kann, solche Feste zu veranstalten. Der Kalkül, etwa die Berechnung von Popularitätsgewinn durch solche Veranstaltung, geht ja nur auf, wenn etwas wahrhaft Verbindendes zur Darstellung und zum Bewußtsein kommt.

Wir erkennen die Verarmung und Verödung des modernen Massendaseins gerade auch an der Schwierigkeit solcher Darstellung. Es fehlt an Symbolen, an denen sich eine Gemeinschaft erkennt und bestätigt. Ja das Symbolische selbst, der Anspruch, anerkannt und wiedererkannt zu werden, findet Widerstand. Fahnen, Nationalhymnen, Orden und andere Auszeichnungen wirken schon fast befremdlich, erwecken oft Verlegenheit oder gar Spott.

Doch wieder muß man das Ambivalente daran sehen. Gewiß fehlt uns überall die naive Identifikation mit dem Symbol. Wir empfinden das etwa angesichts der feierlichen Berufstracht, der Paradeuniform, dem Talar des Geistlichen, des Richters, in früheren Zeiten des Professors oder des Arztes. Aber gerade das letztere Beispiel des Arztes ist vielsagend genug. In unserer demokratischen Gesellschaft hat der weiße Kittel des Arztes selber wieder eine Art Nimbus gewonnen. Man sieht daraus: Wo ein Bedürfnis nach Erhöhung und Verehrung stark genug ist, wie das beim Hilfe suchenden Patienten der Fall ist, schafft es sich auch seine Darstellung. Das gleiche gilt aber auch für die andere Seite. Die Tracht oder die Uniform, in der sich ein Beruf darstellt, verleiht auch umgekehrt deren Träger das Bewußtsein einer kollektiven Verantwortlichkeit aus Zugehörigkeit zu einem Stand. Selbst für die Titel gilt das. Die Beliebtheit des Professortitels in der Bevölkerung beruht, wie differenzierte Statistiken beweisen, auf dem Prestige des Arztes allein. Nur er ist der Professor, auf den man hofft.

Die Symbolnot und das Symbolbedürfnis unserer Zeit ist lehrreich. Es betrifft zwar nicht direkt die Kunst des Feierns, wohl aber eine ihrer entscheidenden Voraussetzungen. Auch das Feiern hat solche Doppelseitigkeit: Es bringt Gemeinsames zur Darstellung und schließt eben damit die Teilnehmer zusammen.

So läßt sich an dem Allgemeinen das Speziellere zeigen. Das Allgemeine, das allen Symbolgebrauch mit dem Wesen von Fest und Feier zusammenbindet, ist, was ich »Darstellung« nannte. Darstellung aber ist nicht ein sekundärer Vorgang von Abbildung. In der Darstellung geschieht ein Seinszuwachs. Eine geheimnisvolle Mehrung. Der Widerstand und die Ablehnung, die Symbole und Feierlichkeit heute so leicht finden, zeigt ihrerseits die Vorherrschaft eines Denkens an, das nur noch auf Zwecke hin gerichtet ist. Es findet das Zwecklose nichts als zwecklos, das Überflüssige nichts als überflüssig und als bloße Zeitverschwendung. Damit nähern wir uns langsam den Grundhaltungen, um deren Korrektur es geht, wenn wir unser Leben richtig leben wollen und wenn die Kunst des Feierns unter uns zu ihrem Recht kommen soll.

Gewiß kann es nicht so sein, als ob man künstlich Gemeinsamkeiten schaffen oder gestorbene Bräuche wieder zu beleben empfehlen sollte. Unser Nachdenken kann sich nicht vermessen, Empfehlungen zu geben oder praktische Vorschläge zu machen. Es kann nur das Bewußtsein dessen wecken, was ist. Daher vermag es zwar nicht Gemeinsamkeiten zu schaffen, wohl aber verleugnete Gemeinsamkeiten bewußt zu machen und ihrer Darstellung gleichsam das gute Gewissen zurückzugeben. Was Nachdenken leisten kann, ist, gegen ein falsches Bewußtsein ein richtigeres zu gewinnen. Es ist aber ein falsches Bewußtsein, welches alles auf pragmatische Zwecke – und gar auf ökonomische Interessen – zu beziehen sucht. Es ist ein falsches Verhältnis zur »Zeit« darin. Gewiß ist Zeit auch etwas, womit wir zu rechnen haben, etwas, was wir berechnen müssen und in alle unsere Tätigkeiten einbeziehen. Unsere Tätigkeiten sind ja planvolle Tätigkeiten. Planvoll schließt aber ein, daß Zukünftiges vorweggenommen, Gegenwärtiges dem Zukünftigen untergeordnet wird. Solche Unterordnung geschieht in der Weise, daß wir das Gegenwärtige als ein bloßes Mittel ansehen, es als Mittel behandeln und benutzen. Das aber heißt, daß wir über es hinweggehen und hinwegsehen. Nur so öffnet sich ja der Freiraum des Planentwurfs und seiner zukünftigen Ausfüllung und Ausführung. Es ist ein Freiraum, denn wer zu gefaßten Plänen und Zwecken Mittel sucht, nimmt Abstand vom unmittelbaren Andrang des Gegenwärtigen. Es ist eine Art

Freiheit, die sich darin betätigt, mit Hegel zu reden: Hemmung der Begierde, Arbeit.

In der abstrakten Formulierung des Aristoteles erscheint dies als Sinn für Zeit. Natürlich ist das nicht als solches ein falsches Bewußtsein und ein falsches Verhältnis zur Zeit, daß wir vorausschauen und auf die Zukunft hin leben und tätig sind. Der Mensch ist ein prometheisches Wesen. Die mythische Gestalt des Prometheus, des Dämons der Töpferkunst, des Spenders des Feuergebrauchs und aller Kunstfertigkeit, verkörpert nicht nur eine griechische, nicht nur eine abendländische, sondern eine für alles Menschliche gültige Wahrheit. Das hebt den Menschen aus der ganzen Reihe der natürlichen Lebewesen heraus, daß er Abstand zu sich selbst besitzt, Freiheit gegenüber der Unmittelbarkeit der Naturzwänge, aber auch Freiheit gegenüber den Zwängen seiner eigenen Triebe. Darin besteht seine Exzentrizität, wie Hellmut Plessner es genannt hat. Daß der Mensch »in der Zukunft« lebt, macht ihn zum Menschen. Man kann das mit dem Alten Testament oder mit Heidegger »Sorge« nennen, mit dem Neuen Testament oder mit Bloch das Prinzip Hoffnung. Nicht das ist ein falsches Bewußtsein, sich dessen bewußt zu sein.

Aber ist Zeit nur das, worauf die Sorge hinaussieht und über das die Hoffnung hinwegfliegt? Ist Zeit für uns nur der leere Raum, in den wir unsere Entwürfe stellen und den wir durchmessen, um uns immer weiter hinaus auf neue Möglichkeiten zu entwerfen? Sind wir nicht selber in noch ganz anderem Sinne als in dem, in dem wir in der Zukunft sind, »in der Zeit«: zwischen Geburt und Tod ausgespannt, der eigenen Zeitbestimmtheit in Kindheit, Jugend, Reife, Alter anheimgegeben? Das ist unsere Zeit, und das wissen wir. Wenn wir weise genug sind, gestehen wir es uns ein. Wie ist da Zeit? Wir möchten es eine erfüllte Gegenwart nennen und meinen damit, daß Zeit je anders begegnet, nicht als die leere Dimension der Zukunft, die sich mit wechselnden Inhalten, immer anderen, füllt, sondern als eine bleibende Bestimmtheit, die uns eine Weile, eine kurze oder lange Zeit, trägt.

Doch soll uns das hier nur ein erster Wink sein, auf eine andere Artikulation von Zeit aufmerksam zu werden als die des Verfügens über die verfügbare Zeit. Denn das liegt auf der Hand, daß Feier und Fest dem allein auf Tätigkeit Gerichteten als die reine Zeitverschwendung erscheinen. Goethe hat die Einseitigkeit dieses Titanentums der modernen Welt in seinem

Pandora-Drama gestaltet. Die Handlung dieses Stückes läßt an der Gestalt des Prometheus die tragische Grenze und Enge einer Weltsicht offenbar werden, die sich ganz auf die zweckbewußte Tätigkeit und die Autonomie des Selbstbewußtseins stellt. Darin ist kein Platz für Fest und Feier. Prometheus verschließt sich dem Geschehen von Pandorens Wiederkehr: »Was kündest Du für Feste mir. Sie lieb ich nicht.« Die Zeit des Festes, wann immer sie kommt oder wiederkehrt, ist eine andere Zeit als die nach Zukunft und Vergangenheit hin ausgestreckte Zeit des tätigen Bewußtseins. Wir haben einen sehr bezeichnenden Ausdruck dafür. Wir sagen: Feste werden begangen. Begehen und Begehung ist ein tiefsinniges Wort. Gehen scheint immer Bewegung auf ein Ziel hin und von einem Ausgangspunkt weg. Diese Richtungsbestimmtheit des Gehens wird in Begehung aufgehoben. Man begeht ein Fest, wie man ein Gelände begeht: nicht um irgendwohin zu kommen, sondern um allseitig da zu sein und das, was da ist, ganz zu erfassen. So ist das Feiern eines Festes wie die Begehung eines Zeitgeländes. Die Zeit des Festes ist von sich selbst erfüllt und nicht auf irgendein Ziel- oder Zweckhaftes bezogen.

Was aber heißt das, daß die Zeit des Festes von sich selbst erfüllt ist und daß Feiern eben der Vollzug dieser Erfüllung ist? Wir erinnern uns unserer Feststellung, daß Feiern Auf-etwas-versammelt-Sein meint. Diese Versammlung und Sammlung faßt die auseinanderlaufenden Schicksalslinien und Lebenstendenzen aller Versammelten einheitlich zusammen. Es ist ein gesammeltes Dabeisein aller, was erst die Feierlichkeit eines Festes ausmacht.

Es wäre aber ein Irrtum, zu meinen, daß das Fest und seine Feierlichkeit sich im Rhythmus der Tage deshalb als das Außerordentliche abhebt, weil es die Zeit des Festes ist. Gewiß, Feste werden begangen, und man muß die Feste feiern, wie sie fallen. Aber wir fragen ja gerade, auf welche Weise man das kann, Feste feiern. Da aber zeigt sich, daß es nicht eigentlich das Außerordentliche einer vorgegebenen Festordnung ist, das uns feiern läßt. Es ist umgekehrt. Wir müssen feiern können, und das heißt, wir müssen auf etwas Gemeinsames und Verbindendes hin versammelt sein, um feiern zu können. In Goethes Pandora, einem dramatischen Fragment, erscheint die Morgenröte als Sprecherin der festlichen Botschaft allgemeiner Versöhnung und leitet den Tag ein. »Denn des Tages hohe Feier / allgemeines Fest beginnt.« Die Festlichkeit des Tages wird hier begrüßt, weil sie von der Vereinzelung der Nacht und des Dunkels befreit und das alle verbindende Licht feiert. Das ist das mythische, das kosmische Vorbild allen Feierns überhaupt: Teilhabe an der Gemeinsamkeit des Lichtes.

Gewiß, wir feiern jeweils etwas Bestimmtes, und nur wenn es Bestimmtes ist, das alle eint und auf das sich alle vereinigen können, kann es so etwas wie Feier geben. Und doch ist die Feierlichkeit selber und als solche mehr wie das Licht selbst als wie im Lichte stehende Objekte, ausgegossen über alles und alle verbindend. Der höchste Ausdruck der Feierlichkeit sind daher nicht feierliche Reden oder Aktionen. Denn alle Rede sagt Bestimmtes und vereinzelt auf das Bestimmte hin. Der eigentliche Ausdruck von Feierlichkeit ist das Schweigen. Bekanntlich ist feierliches Schweigen zwar ein Verstummen, aber doch weit mehr als das. Es ist wie ein Anhalten des Atems, und wir sagen ja auch, daß Schweigen uns befällt. Es ist die überwältigende Gegenwart, zum Beispiel angesichts eines großen Werkes der Kunst oder im Vollzug eines religiösen Kultvorgangs, die solches feierliches Schweigen ausströmt.

Was lehren uns also unsere Überlegungen über die Kunst des Feierns? Gewiß nicht eine neue Technik oder zu empfehlende Verhaltensweisen. Was Nachdenken leisten kann, ist Berichtigung des Bewußtseins. Das Bewußtsein unserer eigenen Zeitlichkeit steht zwischen den Extremen von Hast und Weile: Das hohe Ethos rastloser Tätigkeit stellt nur den einen Aspekt unseres Daseins dar. Und wenn es auf sich selbst gestellt wäre, verfiele es in die Hast und Hetze eines immer neuen Zielen nachjagenden Dranges. Die Bereitschaft, feiern zu können und Feste zu begehen, entspringt ihrerseits nicht einem bloßen Bedürfnis nach Ruhe und Ausspannung, sondern setzt eine eigene Spannung: die Anerkennung dessen, was uns verbindet und wobei wir zu weilen und zu verweilen bereit sind. Wir kennen solche Bereitschaft vor allem aus der Erfahrung der Kunst. Sie gewährt uns erfüllte Gegenwart und ist ein Fest. »Jeder eignet sich's zu!« So gehört die Kunst des Feierns am Ende wohl zur Kunst des Lebens, wenn man darunter nicht Lebens-Kunst versteht, sondern eine Richtung des Lebens selber, das sich zu seiner eigenen Fülle und erfüllten Gegenwart bekennt.

Ulrich Schmidhäuser

Einübung in Freiheit

Was der Mensch braucht, das ist vor allem anderen Freiheit. »Vor allem anderen« – damit ist eine gewagte Behauptung aufgestellt, die Behauptung: Wenn wir frei sind, wirklich frei, dann ergibt sich daraus alles andere, was wir brauchen. An der Freiheit hängt alles. Mit ihr ist alles gegeben. Sie ist unsere Möglichkeit, wahrhaft menschlich zu existieren.

Auch in unserer Zeit ist von Freiheit viel die Rede. Allerdings nicht so sehr im emphatischen Sinne: Was man heute mit Freiheit meint, bezeichnet man lieber mit den Begriffen »Emanzipation« oder »Demokratisierung«. Emanzipation meint die Befreiung von Abhängigkeiten, von inneren und äußeren Zwängen; Demokratisierung meint den Abbau autoritärer gesellschaftlicher Strukturen. Immer ist dabei auch ein Positives mitgedacht: die freie Selbstentfaltung dessen, der sich emanzipiert, die Möglichkeit, an der Bildung des gemeinsamen Bewußtseins und des gemeinsamen Willens mitzuwirken. Aber der Ansatz dieser Begriffe ist zunächst einmal eher negierend: Be-freiung von Zwängen und ungerechtfertigten Herrschaftsstrukturen. Darin verrät sich eine Unsicherheit: Wir wissen eher, was wir überwinden wollen, wir sind in Verlegenheit, wenn wir sagen sollen, was Freiheit im vollen und positiven Sinne ist.

Wo der Begriff der Freiheit, wie etwa im Wahlkampf der Parteien, noch in diesem emphatischen Sinne gebraucht wird, da weckt er eher Emotionen und Ängste, bezeichnet er kaum klare Einsichten und konkrete Handlungsziele. Es scheint darum notwendig, genauer zu erfassen, was Freiheit eigentlich ist, was zu ihr gehört, was die »Einübung in Freiheit« verlangt.

Daß an der Freiheit für den Menschen alles hängt, haben einzelne und ganze Völker durch ihr Verhalten immer wieder bewiesen. Im Zeichen der Freiheit haben sie Tyrannen bekämpft oder ihre Heimat verteidigt, haben sie durch ein mutiges Wort die angemaßten Autoritäten entlarvt, haben sie Beruf und Familie verlassen oder Aufstände und Revolutionen durchgeführt. »Lieber tot als Sklav« – nur in der Freiheit ist menschliches Leben lebenswert.

In der Tat: Es ist vor allem die Bestimmung zur Freiheit, die den Menschen von den Tieren, von aller übrigen Kreatur unterscheidet. Das Tier kennt für sein Verhalten keine Alternativen; es ist darin bestimmt durch seine Instinktorganisation und seine Umwelt. Es ist, was es ist; es stimmt immer schon mit sich überein, mit sich, den Artgenossen und aller übrigen Kreatur, ob es nun heranwächst, frißt, zeugt, kämpft, flieht oder stirbt. Anders der Mensch. Er findet sich vor in einer immer noch offenen Situation, zwischen Möglichkeiten gestellt, die seine Wahl und Entscheidung herausfordern. Er muß sich erst denkend orientieren, tritt darin in Distanz zu seiner Umwelt; die Kluft zwischen ihm und allem, was nicht er selbst ist, bestimmt sein ganzes Geschick: die Kluft nicht nur zu aller bloßen Natur, sondern auch die zu anderen Menschen, ja die Kluft zwischen ihm und ihm selbst, der Riß, der durch ihn selbst hindurchgeht. Denn die Übereinstimmung zwischen ihm und allem anderen, auch die Übereinstimmung mit sich selbst, wird ihm nicht geschenkt. Er ist nicht, der er ist; er muß erst noch werden, der er ist, der er sein kann und sein soll. Leben wird ihm zu einer unendlichen Aufgabe. Und er geht diese Aufgabe an, so oder so, indem er sich zu allem in ein Verhältnis setzt: zu seinen Eltern und Geschwistern, seinem Volk und seiner Geschichte, zum Staat und zur Natur, zum anderen Geschlecht und zu sich selbst, zu allem, was überhaupt für ihn ist.

Dies ist seine spezifisch menschliche Existenzweise, Ausdruck seiner Bestimmung zur Freiheit. Sie ist es, die ihn auszeichnet, die ihn fordert und immer auch überfordert, die sein höchstes Glück und seine Verzweiflung vorgibt. Denn der Mensch ist »zur Freiheit verurteilt« (Sartre). Die eine Möglichkeit hat er nicht: die Bestimmung zur Freiheit loszuwerden. So muß er sich in ein *freies* Verhältnis setzen zu allem anderen und zu sich selbst und dies sein Verhalten selbst verantworten.

Aber in diese unsere Freiheit müssen wir uns erst noch einüben. Der Titel dieses Beitrags, nicht meine Formulierung, ist gut gewählt. Denn auch noch zu unserer Bestimmung zur Freiheit, zu unserem Bestehen *in* der Freiheit, müssen wir uns in ein freies Verhältnis setzen. Wir können dieser Bestimmung auch zu entfliehen suchen. Wir haben die Möglichkeit, die Kluft, in der wir existieren, zum Selbstwiderspruch geraten zu lassen, die Möglichkeit, in Freiheit diese Freiheit zu verraten, als Menschen zugleich unmenschlich zu sein.

Versuchen wir, die Momente zu bezeichnen, die zur Freiheit gehören und die eine »Einübung in Freiheit« zu beachten hätte.

Frei sein – so haben wir gesehen – heißt sich selbst in ein freies Verhältnis setzen sowohl zu allem anderen, was nicht ich selbst bin, wie auch zu mir selbst. Freiheit geschieht in diesem Akt. Freiheit ist nicht ein Bestand, der einfach vorhanden wäre; Freiheit ist nur in diesem Vollzug. Er ist aktiv, Ausdruck schöpferischer Selbstbestimmung und Selbstverwirklichung. In ihm denke und handle ich aus mir selbst, aus meinem unverwechselbaren und einmaligen Wesen heraus, und in ihm komme ich zugleich zu mir selbst, werde ich meiner selbst gewiß. Dieser Vollzug meiner Freiheit ist eigenartig dialektisch: Ich verwirkliche mich selbst und kann dies nur, indem ich mich zugleich beherrsche. Ich behaupte mich als frei gegenüber allem, was mich unter Zwang setzt, und handle darin gerade nicht willkürlich, sondern gehorche meiner persönlichen Einsicht und Verantwortung. Ich bin frei, indem ich über mich hinausgehe und grenzenlos offen bin, und ich bin doch nur frei, wenn ich mich in der konkreten Situation entschieden habe. Frei werde ich nur, indem ich alles einzusetzen wage; nur wenn ich mich hingebe, kann ich mich finden.

Wie kann man sich – und andere – in diese Freiheit einüben?

Daran zeigt sich bereits die ganze Schwierigkeit: In unserer Fähigkeit, wirklich frei zu werden, sind wir zunächst einmal abhängig. Andere – die, von denen wir in unserer kindlichen Unselbständigkeit abhängig waren – müssen uns als Freie gewollt haben, als frei zu unserem eigenen Leben, damit wir wagen können, uns selbst zu entfalten. Sie müssen uns als Freie gewollt, und das heißt, sie müssen uns geliebt haben. Sie müssen fähig gewesen sein, uns nicht für sich selber haben, gar für sich selbst verbrauchen zu wollen, sondern freizugeben. Freiheit gibt es nur auf dem Grunde dieser Bejahung, auf dem Grund der Liebe.

Denn daraus allein kann wachsen, was zur Freiheit untrennbar gehört: die Kraft, sich selber zu bejahen und anzunehmen. Diese Selbstbejahung ist absolut lebensnotwendig. Es muß einer glauben können, daß er im Grunde recht ist und daß er so, wie er ist und sich vorfindet, leben darf. Nur dann kann er sich selber trauen, kann er seinem eigenen Gefühl, seinem eigenen Denken und Wollen folgen. Und nur wenn er dies wagt, kann er immer mehr frei und er selbst werden. Das Gegenteil eines freien Menschen ist der, der sich in seinen Gefühlen, seinen Gedanken und Wünschen gängeln und manipulieren läßt, der sich darin bestimmen läßt, statt sich selbst zu bestimmen: nur ein Abklatsch dessen, was man so fühlt, denkt und will. Nur wer sich selbst vertraut, wer wagt, dem eigenen Fühlen und Denken zu folgen, der wird sich auch mit seinen eigenen Handlungen identifizieren. Es ist aber eine ständige Versuchung, sich anderen dadurch annehmbar machen zu wollen, daß man ihnen nach dem Munde redet, daß man sich bloß anpaßt, daß man sich ihren Vorstellungen und Wünschen einfach unterwirft. Will man sich auf solche Weise die Zuneigung anderer »verdienen«, so wird man kläglich Schiffbruch erleiden. Man wird unfähig werden zu eigenständigem und aktivem Verhalten; man wird immer nur noch reagieren, so, wie es die anderen scheinbar wünschen. Und um das eigene Wesen wird sich eine Kruste der Unechtheit legen, eine Kruste, die uns vor anderen und uns selbst verbirgt und die abfallen muß, wenn wir frei und wir selber werden sollen.

Darum gehört zur Einübung in Freiheit auch der Mut, echt zu sein. Man kann auch sagen: Es gehört Wahrhaftigkeit dazu, der Wille, sich selbst und anderen nichts vorzumachen, sich so zu geben, wie man ist, wie man wirklich denkt und empfindet. Solche Wahrhaftigkeit ist nur durch Selbstzucht möglich, auch durch die Bereitschaft, auf manche Zustimmung und Anerkennung und auf manch andere Vorteile zu verzichten, durch die Kraft, sich nicht zu Bedürfnissen, Handlungen und Vergnügungen verführen zu lassen, die wir nicht wirklich bejahen, zu denen wir uns nicht wirklich bekennen können. Einübung in Freiheit ist ein Wachstumsprozeß. Was wachsen soll, ist unsere Erfahrung von dem, was zu uns selbst gehört, was uns entspricht, was uns wesentlich ist, und was wachsen soll, ist unsere Entschlossenheit, dem zu folgen. Darum kann sich in Freiheit einüben nur, wer auch nein sagen kann, wer sich selbst und anderen in dem, was er nicht bejahen kann, zu widerstehen vermag. Nur so wird er auch seinen wirklich eigenen Weg finden.

Einübung in Freiheit heißt diesen wirklich eigenen Weg zu beschreiten. Es ist selten ein gerader Weg. Zu ihm gehört, daß wir erst dies und dann jenes erfahren, erproben, prüfen, daß wir auf diese Weise experimentierend herausbekommen, was an Lebens- und Handlungsmöglichkeiten uns interessiert, was wir als unsere eigene Sache und Aufgabe verstehen können. Dazu gehört, daß wir es ernst meinen, daß wir fragen, was uns als sinnvolle Aufgabe und als unsere Pflicht zugemessen sein könnte. Aber es gehört dazu auch so etwas wie Eros, Liebe, Leidenschaft: Wir müssen uns selber einbringen können mit dem, wozu gerade wir begabt sind, was uns Spaß und Freude macht, was wir gerne tun und was wir guten Gewissens verantworten können. Arbeit kann zwar nicht immer nur lustvoll und lustig sein. Ohne entschiedenen Einsatz, ohne Überwindung der eigenen Trägheit läßt sich nicht wirklich etwas erreichen. Aber frei sind wir in unserer auf sachliche Ziele und Aufgaben gerichteten Tätigkeit nur, wenn wir sie bejahen können, wenn sie uns wirklich interessiert, wenn die Arbeit befriedigt, nicht immer und nicht immer in gleicher Weise, aber doch so, daß wir uns im wesentlichen mit ihr identifizieren können.

Im übrigen gehört dazu dreierlei. Das eine ist die Haltung der Sachlichkeit. Wir nehmen sie ein, wenn wir uns ganz nach der Sache richten, sie wahrnehmen, sie in ihren eigenen Gesetzen zum Zuge kommen lassen. Dazu gehört wiederum Selbstdisziplin: Wir müssen absehen von unserem bloß eigenen und subjektiven Interesse; wir müssen unsere eigenen Bedürfnisse und Wünsche zunächst einmal einklammern und nur fragen, wie es um die Sache selbst steht und was sie von uns verlangt. Wenn wir diese Haltung der Sachlichkeit einnehmen, verhalten wir uns als die vernünftigen Wesen, die wir sein können und sollen. Seit Platon weiß man, daß Freisein etwas mit dem Gebrauch der Vernunft zu tun hat. Denken und handeln wir nach unserer Vernunft, so überschreiten wir uns auf die Wirklichkeit hin, wie sie an sich ist, unabhängig von uns und unserem egoistischen Eigeninteresse. Wir »erheben uns zum Allgemeinen«, wie Hegel sagt; wir betreten den Boden, auf dem die Realität in allgemein erkennbarer Weise erscheint, auf dem sich darum auch alle verständigen können, die sich zu dieser Haltung der vernünftigen Sachlichkeit entschließen.

Das zweite ist: Wir versuchen, in unserem Denken offen und konsequent zu sein. Unser eigener Weg, auf dem wir die uns zugemessenen Möglichkeiten und Aufgaben ergreifen, ist immer auch ein Denkweg, ein Weg des Erkennens. Wer sich in Freiheit einüben will, muß ihn entschlossen beschreiten und er muß zugleich offenbleiben: Er darf sich keine Gedanken, auch keinen Zweifel verbieten, er muß beweglich bleiben und sich den Konsequenzen öffnen, die sich aufdrängen, er muß auch Neues und Ungewohntes zu denken wagen. Und er darf nicht stehenbleiben auf diesem Denkweg; er darf sich nicht beschränken lassen auf die Methoden und Kategorien spezialisierter Bereiche und theoretischer Konstruktionen; er muß überall weiterdenken und Zusammenhänge zu erkennen suchen. Zur Freiheit gehört ein freier und das heißt ein philosophischer Geist, die Entschlossenheit, den Prozeß der eigenen Erkenntnis an keiner Stelle willkürlich abzubrechen, sich nicht in abgeschlossene Systeme, Weltanschauungen und Ideologien einsperren zu lassen, der Versuchung zu widerstehen, die in dieser scheinbaren Möglichkeit liegt, sich durch Ideologien und Heilslehren alle Fragen beantworten zu lassen und eindeutige Rezepte für das Handeln zu erhalten.

Und es gehört drittens zu dem Weg, auf dem wir erkennend und handelnd unsere eigenen Möglichkeiten und Aufgaben wahrnehmen, daß wir uns nicht nur mit unserem Intellekt und nicht nur mit unseren Händen betätigen, sondern uns selber, uns als Person einbringen; daß wir in sachbezogener Arbeit zugleich uns selbst verwirklichen. Freie Tätigkeit ist im Grunde schöpferische Tätigkeit. Wenn wir frei sind, können wir auch kreativ sein. Aber das ist schwierig in einer Zeit und Gesellschaft, in der es meist nur partikulare Zwecke sind, die unserer Tätigkeit gesetzt werden, in der wir auf Arbeitsmöglichkeiten angewiesen sind, wie sie die arbeitsteilige und in Schichten und Machtstrukturen gegliederte Gesellschaft anbietet. Einübung in Freiheit muß hier heißen: sich den mit dieser Gesellschaft und Arbeitsorganisation verbundenen Zwängen nicht einfach unterwerfen, sich nicht mit ihnen identifizieren und jede Möglichkeit persönlicher und kreativer Tätigkeit ergreifen, sich selbst ins Spiel bringen, wo es darum geht, eine Arbeit auf ihren menschlichen Sinn hin zu prüfen und zu bestimmen.

Eine weitere Dimension unserer Freiheit ist unser Verhältnis zum anderen Menschen. Denn wenn die Erfahrung zeigt, daß einer frei und er selbst werden kann nur auf dem

Grund der Bejahung, die er in seiner Abhängigkeit erfahren hat, und daß er nur frei ist, wenn er sich selbst bejahen und annehmen kann, dann verwirklicht er seine eigene Freiheit immer auch in seinem positiven und freien Verhältnis zum anderen. Die Freiheit ist unteilbar. Ich kann nicht frei sein und frei bleiben, wenn nicht auch der andere frei ist. Darum hängt meine eigene Freiheit daran, daß ich auch den anderen als Freien will.

Auch in diese Freiheit müssen wir uns einüben, unter Kämpfen und Schmerzen. Wir brauchen den anderen ja, und wir sind ständig in Versuchung, ihn für uns zu gebrauchen, ihn auszubeuten. Wir haben Bedürfnisse, die wir nur durch den anderen erfüllen können: nach Produkten seiner Arbeit, nach Kooperation und Hilfe, nach Anerkennung und Bestätigung. Die Versuchung ist groß, sich dies zu erzwingen: durch körperliche oder institutionelle Gewalt, durch seelischen oder moralischen Druck. Was wir uns auf solche Weise holen, mag uns im Moment genügen; weil es ohne Liebe gegeben und genommen ist, zerstört es aber die Beziehung zum anderen und verstärkt nur meine heimliche Angst vor ihm. Darum gehört zur Einübung in Freiheit, sich diese Versuchung einzugestehen und sie dadurch zu überwinden, daß ich ebenso wie mein eigenes Leben auch das Leben des anderen will, ihn in seinem eigenen Recht, in seiner eigenen Art, seinen eigenen Bedürfnissen; daß ich ihn liebe wie mich selbst. Es gehört dazu, daß ich die Verantwortung für mein Leben selbst übernehme und daß ich zu wachsen suche in meinem Vertrauen; denn nur so kann ich auch die Angst überwinden und die Versuchung, den anderen für mich auszubeuten. Offene, wahrhaftige, vertrauensvolle Beziehung, das ist das Ziel. Sie erwächst aus Freiheit, und zugleich macht sie frei.

Daß das nicht einfach ist, wissen wir. Wer ist schon seiner selbst so gewiß, daß er den anderen wirklich bejahen kann, daß er Gemeinschaft sucht, ohne sie zu erzwingen, daß er offen ist, ohne die wunden Stellen des anderen zu ignorieren, daß er bestätigt und fördert, ohne solche Zuwendung und Bestätigung selbst zu verlangen? Wer kann schon geben, ohne es dem anderen zu leicht zu machen, wer kann ihn auch fordern, wer kann konstruktiv kritisieren und zugleich Kritik ertragen, ja sie ausdrücklich wünschen? Das alles ist schwierig, und es ist doch nötig, wenn wir freie Beziehungen verwirklichen wollen. Es gehört dazu das unwahrscheinliche Kunststück, zu lieben und Liebe anzunehmen, ohne den anderen und ohne sich selbst unter Zwänge zu setzen. Auch nicht sich selbst; denn weder vom andern noch von sich selbst kann man echte Zuwendung, Freundschaft und Liebe verlangen. Meine eigene Liebe ist so unverfügbar wie die Liebe des anderen. Sie kann sich nur in Freiheit entfalten. Worum wir uns bemühen können, ist nur, uns wechselseitig offen wahrzunehmen, uns das zu geben und voneinander zu nehmen, was sich mit unserem Freibleiben vereinbaren läßt. Auch hier ist der Mut zum Nein unerläßlich. Wir geben niemandem wirklich, den wir über unsere wahren Gefühle im unklaren lassen und dem wir die Möglichkeit lassen, uns seelisch auszubeuten.

Was sich so im persönlichen Verhältnis zeigt, gilt genauso und um kein Haar weniger in der gesellschaftlichen und politischen Dimension. Auch hier geht es um freie Gemeinschaft, um Gemeinschaft in Freiheit. Das Maß der Freiheit und der positiven Beziehung, das zwischen einzelnen gilt, gilt genauso als Maß der politischen Verhältnisse. Es gilt, sehr aktuell, als kritisches Maß. Daran muß erinnert werden in einer Zeit, in der mit dem Begriff der Freiheit immer auch Schindluder getrieben wird, in der die Beschwörung von »Freiheit« oft genug dazu herhalten muß, Prozesse und Verhältnisse von Ausbeutung zu verschleiern. Wenn es wahr ist, daß Freiheit und Gemeinsamkeit untrennbar zusammengehören, dann gibt es heute keine Gesellschaft, in der sowohl die Freiheit wie die Gemeinsamkeit optimal verwirklicht sind, ja es gibt noch nicht einmal eine Verfassung, die beides in gleicher Weise verbürgte. Wir hier reden von Freiheit, und wir meinen zumeist die Freiheit des isolierten und egoistischen einzelnen, nicht die, die zugleich die solidarische Beziehung enthielte. Die dort reden von sozialistischer Gemeinsamkeit, und sie meinen zumeist eine Gemeinsamkeit ohne Freiheit, ohne die Offenheit und Wahrhaftigkeit, ohne die die einzelnen nicht wirklich zustimmen und mit sich selbst identisch bleiben können. Das Maß der freien Gemeinschaft, der Gemeinschaft in Freiheit ist heute kritisch nach beiden Seiten. Wer diese Kritik nicht zulassen, nicht ausdrücklich wünschen kann, wer sie unterdrückt, der tut dies nie im Namen der wirklichen Freiheit, sondern aus anderen Interessen: am Besitz, am Profit, an Geltung und Macht, aus Interessen heraus, die nur partikulare Interessen sind und die, wenn sie zu den herrschenden Interessen werden, die freie und solidarische Gemeinsamkeit korrumpieren.

Denn wir sind verführbar, auch durch die Angebote und

Machtverhältnisse der Gesellschaft. Wenn Konkurrenz und Wettbewerb, Erfolg, Karriere und Macht und in alledem das Geld das gesellschaftliche Leben bestimmen, wenn sie die primären Organisationsprinzipien der Gesellschaft sind, dann wird mit der Solidarität auch die Freiheit gefährdet. Die wirklichen Lebensinhalte und Lebenserfüllungen können nicht nur private sein. Wenn die herrschenden Spielregeln die Frage nach der Humanität ausklammern, wenn Freiheit wesentlich als formale Freiheit verstanden wird, als die Freiheit, zu tun und zu lassen, was einem beliebt, dann entsteht ein Gefälle in der Richtung, in der die Macht als solche vergötzt und die geistige und moralische Substanz des gesellschaftlichen Lebens entleert wird. Unsere Verführbarkeit läßt sich verwerten. Man kann die Sucht nach dem Haben, nach dem Wachstum an Besitz und Bequemlichkeit so ausnützen, daß die Verführten immer abhängiger werden von denen, die diese Sucht zu stillen scheinen.

Nach welchen Prinzipien die Gesellschaft sich organisiert, ist darum nicht gleichgültig. Es wirkt sich aus auf die Bereitschaft und die Möglichkeit der einzelnen, in der Solidarität mit anderen wirklich frei zu sein. Es ist darum notwendig, die gesellschaftlichen und politischen Verhältnisse immer aufs neue dahin zu korrigieren, daß die bloß partikularen Bedürfnisse und Machtgruppen nicht zur Herrschaft kommen, sondern auf das gemeinsame Ganze und auf die guten Bedürfnisse aller bezogen bleiben. Und es ist jedem einzelnen aufgegeben, selbst kritisch zu bleiben und sich nicht verführen zu lassen, sich einzuüben in Verzichte, in Genügsamkeit und Selbstbescheidung, aufmerksam zu bleiben für das, was er wirklich braucht, sich auf die Güter zu konzentrieren, die ihn wirklich befriedigen.

Was der Mensch braucht – so haben wir gesagt –, ist vor allem anderen Freiheit. Die Möglichkeit, frei zu sein, liegt zunächst einmal an uns selbst: Wir sollten uns selbst entfalten und unseren eigenen Weg finden, uns selbst vertrauen, aktiv und schöpferisch leben, sinnvoll arbeiten, offene und liebevolle Beziehungen eingehen und mit anderen eine gerechte Gesellschaft bauen helfen. Dies würde uns so erfüllen und befriedigen, uns so sehr unser selbst gewiß machen, daß wir nicht nötig hätten, neidisch zu sein, und Neid ist das Gegenteil von Freiheit. Aber wir haben gesehen, daß wir in unserer Fähigkeit, frei zu sein, auch abhängig sind: von denen, die uns prägten im Zustand unserer kindlichen Unselbständigkeit, von den gesellschaftlichen Verhältnissen, von den Mächten der Zeit und nicht zuletzt von unserer eigenen Kraft. Diese Abhängigkeit scheint unüberwindlich. Die Hoffnung, wir würden jemals wirklich frei sein und in wirklich freier Gemeinschaft leben können, scheint kaum gerechtfertigt. Denn wir selbst sind immer auch schwach und verführbar, und wir stoßen auch bei anderen immer wieder auf Verblendung, Lieblosigkeit und Unrecht. Wenn an der Freiheit aber alles liegt, dann ist die Unerreichbarkeit der Freiheit schwer zu ertragen.

Daß das so ist, zeigt sich am Zerrbild der Freiheit: an der Sucht. Sie ist ein Zeichen dafür, daß wir etwas nicht bekommen oder nicht geleistet haben, was wir eigentlich unbedingt brauchen. Alles, was in Freiheit und durch sie verwirklicht werden sollte, kann auch Inhalt einer Sucht sein. Wir können süchtig sein nach uns selbst und nach dem eigenen Leben, nach dem anderen und seiner Anerkennung; wir können süchtig sein nach Gemeinschaft, nach dem anderen Geschlecht, nach Macht und Reichtum; wir können süchtig sein nach einem absoluten Gut und nach einem endgültigen Frieden und in solcher Sucht alles kritisieren und zerschlagen wollen, was uns nicht ganz genügen kann. Die Sucht ist immer auch ein Resultat der Angst: der Angst, zu kurz zu kommen und das Leben zu versäumen, der Angst, abgelehnt zu werden und nicht annehmbar zu sein, der Angst, mit allen eigenen Bemühungen doch zu scheitern und Sinn und Ziel des eigenen Lebens zu verfehlen. Solche Angst ist, um mit Kierkegaard zu reden, »der Schwindel der Freiheit«. Sie ist das Zeichen des Menschen, der zur Freiheit bestimmt, aber darum doch keineswegs schon wirklich frei ist.

Sucht und Angst haben nun dies eine gemeinsam, daß wir sie nicht einfach durch guten Willen und entschlossene Bemühungen überwinden können. Im Gegenteil: Wir können nur dann wirklich wollen und uns entschlossen bemühen, wenn wir schon aus der Sucht und aus der Angst heraus sind. Das ist ein Zeichen dafür, daß wir nur als freie Menschen wirklich leben können, und es ist ein Zeichen dafür, daß unsere Freiheit ihren Grund nicht nur in uns selbst hat. Ob wir unsere Bestimmung zur Freiheit wahrnehmen, ob wir frei werden, das liegt zwar ganz an uns selbst. Aber daß wir frei sind, liegt zugleich überhaupt nicht in unserer Macht: Damit wir frei sind und unsere Freiheit selbst vollziehen, müssen wir zur Freiheit schon befreit sein.

Einübung in Freiheit heißt darum zuerst und zuletzt, sich

für den Grund unserer Freiheit zu öffnen und ihn wahrzunehmen, für den Grund unserer Freiheit, der nicht in uns selber liegt. Damit wir den Mangel an uns selbst und an allem anderen zu erleiden und zu ertragen fähig sind, müßten wir unser entscheidendes Bedürfnis schon als befriedigt glauben können. Damit wir auch nach Freiheit nicht süchtig sind, sondern die uns zugemessenen und wohl oder übel begrenzten Möglichkeiten frei ergreifen und verwirklichen, müßten wir darauf vertrauen können, daß wir schon *vor* allen unseren Bemühungen bejaht und als Freie gewollt sind von der Macht, die die Wirklichkeit im ganzen bestimmt. Hätten wir diese Gewißheit, dann könnten wir uns als wirklich Freie verhalten. Dann wären wir frei für uns selbst und frei auch von uns selbst; wir wären fähig, bei aller Entschiedenheit zugleich gelassen und auch mit Humor auf uns selbst zu schauen. Dann wäre uns möglich, ohne Nötigung zu lieben und auch Liebe anzunehmen, das Glück der Stunde zu genießen und in dem Augenblick, in dem wir gefordert sind, uns der Aufgabe zu stellen. Wir könnten handeln ohne Illusionen und ohne auf unseren eigenen Vorteil fixiert zu sein, denken ohne Scheuklappen, arbeiten ohne Entfremdung. Wir wüßten uns verbunden mit allen, die Menschenantlitz tragen, und wären bereit, uns hier und überall für eine wahrhaft freie Gemeinschaft einzusetzen. Die Freiheit, die ihres eigenen Grundes gewiß ist, sie enthält die Kraft, aus der wir uns und unser Leben selbst verantworten, und sie bewährt sich schließlich, wo sie die Furcht vor dem Tode besiegt. Wir sind zum Leben frei, wenn wir auch sterben können. Daß unsere Freiheit ihren Grund nicht in uns selber hat und daß dieser Grund doch immer schon gegeben ist, das ist die Wahrheit, die uns wirklich frei macht. Sie erst enthält die unverkürzte und nur noch positive Wirklichkeit der Freiheit. Sie besagt, daß wir immer schon zur Freiheit befreit sind, damit wir in Freiheit leben.

Ernst Simon
Dank an Freunde

Zu Beginn möchte ich zwei wahre Geschichten erzählen, um den Rahmen der Betrachtungen abzustecken. Die erste: Ein kleines Mädchen von ungefähr sieben Jahren hat als einzige in der zweiten Schulklasse noch immer keine »beste Freundin«. Die Mutter ist bekümmert: Das Kind schließt sich so schwer an! Schließlich kommt es mit der guten Botschaft nach Hause: »Mutti, ich habe jetzt eine beste Freundin.« Doch so recht froh ist sie auch jetzt nicht. Nach dem Grund ihrer Verstimmung gefragt, sagt sie: »Ich kann sie aber nicht leiden.«

Die zweite Geschichte handelt von meinem verstorbenen Vater. Er hatte uns Kindern gelegentlich erzählt, daß sein eigener Vater, der schon lange tot war, zu ihm und den Geschwistern an seinem siebzigsten Geburtstag gesagt habe: »Ihr seid mir zu Freunden geworden.« Das Wort blieb im Gedächtnis aufbewahrt und tat seine unterirdische Wirkung. Als Vater selbst siebzig wurde, schon in der Hitlerzeit, wiederholte er es, aber jetzt ging es von ihm zu uns. Das war nicht etwa eine sentimentale Szene, eher eine Art Rangerhöhung. Wir hatten sie nicht ganz verdient, durften sie aber immerhin mit gutem Gewissen annehmen.

Die erste Geschichte ist ein Beispiel für den Mißbrauch des großen Wortes »Freund«, die zweite für seine Erfüllung. In der ersten ist Freundschaft zu einer Institution verdinglicht, an die jedes Kind in der Klasse seinen Beitrag liefern muß, ob gern oder ungern; in der zweiten ist das kostbare Gefäß voll von den Erfahrungen langer Jahre in Nähe und Ferne, Krisen und Versöhnungen. Und nun, am festlichen Tage in schwerer Zeit, werden die erwachsenen Söhne, selber schon Väter, von dem alten Vater als Freunde anerkannt.

Zwischen diesen beiden extremen Polen liegen die vielen Möglichkeiten der Freundschaft.

Es gibt Liebe auf den ersten Blick; Freundschaft braucht Zeit. Nicht jede Liebe wird erwidert. Goethe läßt in »Wilhelm Meisters Lehrjahren« Philine sagen: »Wenn ich dich lieb habe, was gehts dich an?« Der Dichter wußte natürlich, was sein Geschöpf nicht weiß, daß hier auf einen Satz Spinozas angespielt wird: »Wer Gott recht liebt, muß nicht verlangen, daß Gott ihn wieder liebe.« Als Goethe sich in »Dichtung und Wahrheit« darauf besinnt, nennt er diese seine Maxime, aus dem Munde des leichten Mädchens, ein »freches Wort«, und doch wendet er es auf die Freundschaft an. Mir scheint: mit Unrecht.

Freundschaft ist zwar die uneigennützigste aller menschlichen Beziehungen; aber sie setzt Gegenseitigkeit voraus und gedeiht nur in ihrer Luft. Niemals allerdings darf sie ins Rechenhafte ausarten. Das Geben und Nehmen in der Freundschaft ist nicht gleichmäßig verteilt, aber, unabhängig von der Quantität, von gleicher Gefühlsqualität.

Ein weiterer Unterschied zwischen Freundschaft und Liebe besteht darin, daß diese, gerade in ihren höchsten Augenblicken, völlige Ausschließlichkeit verlangt; sie spricht, zum mindesten gleichzeitig, nur im Singular. Freundschaft hingegen wird meist im Plural dekliniert, auch deshalb ist die Frage oder Suche nach dem »besten Freund« so kindisch, wie nur altmodische Schulmeister sein können.

Wir haben in der Regel nicht nur einen Freund, sondern mehrere. Eifersucht sollte dem Freundeskreis fern bleiben; die Liebe aber kennt, um mit Schleiermacher zu sprechen, jene »Leidenschaft, die mit Eifer sucht, was Leiden schafft«. Deshalb wird ihr die Untreue eines der Partner so gefährlich, und sie muß schon sehr groß und opferwillig sein, um nicht dadurch zerstört oder doch versehrt zu werden.

Die entsprechende Gefahr für die Freundschaft ist der Verrat. Gerade ihr freiwilliger Charakter, ihr Verzicht auf Vertrag und Siegel, erfordert Vertrauen als Grundlage des Bundes, welches sich in kritischen Stunden, die kaum je ausbleiben, zu bewähren hat.

Ein Beispiel aus eigener Erfahrung: Gegen einen politischen und persönlichen Freund von uns, ein aktives Mitglied der Friedensbewegung in Israel, wurde ein schwerer Vorwurf erhoben. Es kam zu einem Prozeß. Sofort traten einige Gesinnungsgenossen, vor allem Martin Buber, öffentlich für ihn ein. Trotzdem wurde er zu fünf Jahren Gefängnis verurteilt. Das Oberste Gericht ermäßigte als Berufungsinstanz die Strafe auf die Hälfte, und nach einiger Zeit verfügte der soeben neu gewählte Staatspräsident, Salman Shazar, in Ausübung seines Begnadigungsrechtes die sofortige Freilassung. In weiten Kreisen der Öffentlichkeit war bereits ein Meinungsumschwung eingetreten, und sehr viele überzeugten sich nun von der Unschuld des Angeklagten, der einem Justizirrtum zum Opfer gefallen war.

Wer uns damals fragte, wie unser kleiner Kreis von vorneherein so fest an dessen Unschuld überzeugt sein konnte, erhielt etwa die folgende Antwort: Wenn es sich um einen fremden Menschen oder um einen flüchtigen Bekannten gehandelt hätte, wäre nichts anderes übrig geblieben, als nach den Symptomen zu urteilen. Bei einem Freund aber soll man die Symptome nach dem Menschen beurteilen.

Das gilt übrigens auch für die Beziehung zwischen Lehrern und Schülern. »Liebe und Haß« aber »verderben«, nach einem Talmudwort, »die gerade Linie des Rechts«.

Gibt es Freundschaft zwischen Männern und Frauen? Die heutige Umgangssprache, in der die Bezeichnungen »Freund« und »Freundin« als sehr scheinbare und ebenso überflüssige Euphemismen für intime Beziehungen gebraucht werden, liefert kein positives Argument zur Beantwortung dieser Frage, eher das Gegenteil. Die Beteuerung, es handle sich wirklich um »reine« Freundschaft, ist oft nicht nur unglaubwürdig, sondern stets unwürdig, als wären sexuelle Beziehungen an und für sich »unrein«. Hier hilft keine Semantik; es gilt, die nackten Tatsachen zu sehen und zu analysieren.

Freundschaft ist nicht ohne Distanz denkbar und haltbar. Zwei Situationen heben die Distanz mindestens zeitweilig auf: Krieg und Geschlechtsverkehr. Beide steigern und mehren sich gegenseitig. Mit der katastrophalen Verkürzung der Lebenserwartung wird das Wartenkönnen und Wartenwollen, durch die Pille sowieso schon sehr beschränkt, zur seltenen Ausnahme. Jemand, der es wissen mußte und der keineswegs ein letzter Puritaner war, der englische Schriftsteller Somerset Maugham, schreibt bei der Schilderung eines ostasiatischen Bordellviertels den erstaunlich wahren Satz nieder: »Lust is sad.« Mit anderen Worten: Isolierte Lust, die kaum mehr etwas mit Liebe zu tun hat und den beseelten Leib zum bloßen Körper erniedrigt, ist traurig.

Eine Sonderfrage ist die nach der Rolle der Freundschaft in der Ehe. Handelt es sich um eine gute, haltbare Ehe, die, vielleicht nach mißlungenen Experimenten, mit dem Willen zur Dauer und dem Entschluß geschlossen wurde: Diese soll die Mutter, dieser der Vater unserer Kinder werden – eine solche Ehe wird der Freundschaft einen um so größeren Platz einräumen, je länger sie währt. Selbst ein Autor wie Balzac, der mit 51 Jahren starb, schreibt in seinem Buch mit dem Titel »Physiologie (nicht die Psychologie) der Ehe« den Satz nieder: »Die Ehe besteht aus Gesprächen.« Gespräch ist ein unentbehrliches Element jeder Freundschaft; es schließt allerdings auch die seltene Kunst ein, miteinander schweigen zu können; das Schweigen gehört zu ihm wie die Fermate zur Melodie.

Max Weber war schon 56 Jahre alt, als er 1920 den ersten Band seiner großen »Religionssoziologie« veröffentlichte. Er widmete ihn seiner um sechs Jahre jüngeren Frau Marianne mit einem Selbstzitat aus dem Jahre 1893, wahrscheinlich dem Jahr ihrer Verheiratung: »Bis ins Pianissimo des höchsten Alters«. Ich habe das vor 57 Jahren als junger Heidelberger Student gelesen und nie vergessen.

Eine Freundschaft zwischen einem Mann und einer Frau, die nicht zur Ehe führt, wird, mindestens zeitweilig, unterbrochen, wenn sie sich in Liebe verwandelt: eben wegen des Distanzverlustes. Beide Partner sollten wissen, was sie vorziehen. Wollen sie Freundschaft, so sollten sie die unvermeidliche erotische Anziehung so weit sublimieren, daß der Limes, die Distanzgrenze, nicht überschritten wird, also zum Beispiel jede Situation vermeiden, welche vom »Sie« zum »Du« führen müßte.

In gleichgeschlechtlichen Freundschaften ist es besser, so lange beim »Sie« zu bleiben, bis die Distanz sich beiderseitig auf ein Duzen vermindert hat. Ein verfrühtes Du zeigt sich darin, daß einer der beiden Freunde oder Freundinnen – immer nur diejenige Person, der weniger am Wechsel der Anrede lag – sich dauernd verspricht und ins »Sie« zurückfällt. Tritt eine solche echte Fehlleistung auf, darf sie nicht verdrängt werden. Die Freunde müssen dann den Mut aufbringen, den mißlungenen Versuch aufzugeben. An einem falschen »Du« ist schon manche gute Freundschaft gescheitert.

Und umgekehrt: Ein echtes »Sie« kann sie nur stärken, besonders in einer Umgebung, wo alle sich duzen müssen, wie zum Beispiel in der Armee. Der Soldat Franz Rosenzweig schrieb im Ersten Weltkrieg einmal nach Hause, er habe einen sehr gebildeten »Einjährigen« kennengelernt, und sie seien bald »vom strengen kameradschaftlichen Du zum vertraulichen Sie übergegangen«.

Damals kannte ich Rosenzweig noch nicht. Wir trafen uns erst 1920, als er nach Frankfurt am Main kam, um dort das »Freie Jüdische Lehrhaus« aufzubauen und an Rabbiner A. N. Nobels täglicher Talmudstunde teilzunehmen, wie auch ich. Er zog mich bald zur lehrenden Mitarbeit an seiner neuartigen Stätte der Erwachsenenbildung heran, nicht obwohl ich noch so wenig wußte, sondern gerade deshalb. Später fand ich die Begründung seines paradoxen Entschlusses in dem talmudischen Satz: »Wer lernt, um zu lehren, dem wird dabei geholfen.« Außerdem machte er mich auf vielen Spaziergängen zum Genossen vertrauter Gespräche. Das verdrehte mir den Kopf so, daß »Franz«, wie ich einmal seine übliche Anrede »Ernst« am Telefon erwiderte, mir ihn zurechtrücken mußte. Mit vollendeter Höflichkeit ging er auf »Herr Simon« über. Erschrocken rief ich in den Apparat: »Herr Doktor, um Gottes willen!« und erhielt den entzogenen Vornamen sofort zurück. Aus der künftig bewahrten Distanz hat sich dann eine Freundschaft entwickelt, natürlich nicht in voller Gegenseitigkeit zwischen dem genialen Mann und dem geweckten Jungen, aber aus viel Empfangen und etwas Geben fest gefügt.

Auch später hielt Rosenzweig mit seiner Kritik an mir nicht zurück. Er schrieb mir einmal: »Sie haben sich schon ein recht achtbares Sprachbewußtsein erworben, besitzen aber kein unmittelbares Sprachgefühl.« Immer sind mir die eher negativen Äußerungen meiner großen Freunde am nützlichsten gewesen. Nobel zum Beispiel, der nicht nur ein bedeutender Talmudgelehrter, ernster Goethekenner und hinreißender Kanzelredner war, sondern auch eine weitere, höchst selten gleichzeitig mit diesen Gaben auftretende Eigenschaft besaß: geistige Anmut, sagte mir einmal: »Es gibt Klügere als Du, und es gibt Fleißigere als Du. Aber die Klügeren sind meistens fauler, und die Fleißigeren sind meistens dümmer.« Ich leckte den Honig begierig auf, aber der Stachel in diesem Stich hat mich mehr gefördert.

Auch von gleichaltrigen Freunden bekam ich von Zeit zu

Zeit derartige Ermunterungen. Mein Studienfreund Adolf Leschnitzer, der bekannte Literaturhistoriker in New York und an der Freien Universität Berlin, jetzt Professor Emeritus, reagierte auf eine kleine literarische Arbeit mit den Worten: »Ernst! Wenn man einen Aufsatz von Dir über eine Dichtung gelesen hat, weiß man ganz genau, was der Verfasser eigentlich hat sagen wollen. Man fragt sich nur, warum er den überflüssigen Umweg über ein Kunstwerk gemacht hat, statt gleich Deinen Artikel zu schreiben.« Das traf ins Schwarze. Noch heute muß ich meine vorwiegende Neigung, ideengeschichtliche Zusammenhänge ins Zentrum zu stellen, bewußt einschränken, um Aufmerksamkeit und Raum für die formalen, und eben nicht nur formalen, Ausdrucksqualitäten zu gewinnen.

Schon auf der Schule, dem Realgymnasium in Berlin-Grunewald, der heutigen »Walter-Rathenau-Schule«, gab es Lehrer, von deren Kritik ich bis heute lerne. Professor Richard Haage, unser Deutschlehrer in Sekunda, erlaubte mir einmal, statt eines Hausaufsatzes eine Auswahl eigener Verse abzugeben. Bei der Rückgabe fand ich die Bemerkung, ich überlasse mich zu unbedenklich meinen Einfällen. Anschließend zitierte er Goethes Urteil über Johann Christian Günther mit der Warnung, sie möge nicht einst auf mich zutreffen: »Er wußte sich nicht zu zähmen, und so zerrann ihm sein Leben wie sein Dichten.« Das war niederschmetternd, aber was folgte, richtete mich wieder auf:

Item, seien Sie recht streng gegen Ernst Simon!

In der Mitte der letzten Reihe stand, statt der Zensur, mein Name, nicht nur Befürchtungen und Gefahren, sondern auch Hoffnungen und Möglichkeiten vorwegnehmend.

Entscheidenden Einfluß auf mich hat Martin Buber geübt. Er war damals Rosenzweigs nächster Freund und stand auch Nobel nahe. Rosenzweig schreibt einmal, er habe Buber das Lehren beigebracht, und das war vielleicht nicht unnötig. Der Mann der dialogischen Theorie hatte eine gewisse Neigung zum Monolog. Wie manche große geistige und sittliche Leistungen war auch die seine eine Geburt aus innerer Not, Frucht ihrer schmerzlichen Erkenntnis und Zeuge ihrer teilweisen Überwindung.

Bubers Lehrhausvorträge an den Sonntagvormittagen eines Wintertrimesters fanden in einem großen Saale statt. Viel Jugend war schon mit den Rodelschlitten gekommen, und gleich nachher ging's in den Taunus. Auch Rabbiner Nobel war da; er hatte Buber und mich zum Mittagessen eingeladen. Wir waren die einzigen Gäste. Vor dem rituellen Händewaschen, dem der Segen über das Brot folgt, sagte der Rabbiner zu seiner Frau Julia, die er bei solchen Gelegenheiten gern »Xenia«, die Gastliche, nannte: »Du hast wohl ein ganz kleines Käppchen für unseren verehrten Gast«, aber nach einem Blick auf dessen Gesicht fügte er schnell hinzu: »Oder ist vielleicht das kleinste Käppchen noch zu groß für ihn?« Darauf Buber: »Herr Rabbiner! Bei jedem anderen Gastgeber hätte ich natürlich die Regeln der Höflichkeit befolgt; bei Ihnen aber will ich das Gebot« – er sagte: »die Mizwa« – »nicht am Zipfelchen fassen.« Und Nobel verstand.

Das war, bei einem orthodoxen Rabbiner und religiösen Zionisten, ein erstaunliches Stückchen »Frankfurt« jener Tage, zugleich auch ein Beweis für Bubers »Verantwortlichkeit vor dem Wort« und für seine religiöse Scheu, eine Gesetzesvorschrift, die ihn, den unzeremoniell Gottesgläubigen, nicht band, aus Konventionsgründen scheinbar zu erfüllen, wenn er es mit einem Mann wie Nobel zu tun hatte.

Obwohl niemals dogmatisch orthodox geworden, habe ich den jüdischen Lebensweg als auch mich weitgehend verpflichtend zu gehen versucht: in seinem Rhythmus von Werktagen und Sabbaten, Gebet und Lernen, und in seinem Ethos einer partiellen Askese, die kein Lebensgebiet ausschließt, aber auch keines so aufnimmt, wie es »von Natur« ist, sondern ein jedes formt und heiligt.

Ein gläubiger Jude tut nicht alles, was er tun kann, und eine jüdische Gemeinde und Volksgemeinschaft, bis hinauf zum Staat, sollte sich in ihren Zielsetzungen und in der Wahl der Mittel zu deren Verwirklichung die Grundlage »partieller Askese« zur Richtschnur machen. Während in der Gestaltung meines persönlichen Lebens Nobel und Rosenzweig meine Lehrer waren, wurde es Buber im Politischen. Nach Nobels frühem Tode – im Februar 1922 – verließen wir gemeinsam den Friedhof, und er sagte zu mir: »Dieser Verlust wird uns noch enger zusammenführen.« Er hat das Versprechen in den fast fünfzig Jahren unserer Werkgemeinschaft treulich gehalten.

Nicht lange danach kam Gerhard Scholem für ein paar Monate nach Frankfurt, kurz vor seiner Einwanderung ins Land Israel. Wir hatten uns in Berlin bei einer Massenversammlung zionistischer Jugend kennengelernt. Zwei große

Bewegungen erörterten die Möglichkeit einer Fusion: der Wanderbund »Blau-Weiß«, unter der charismatischen Führung des später in Tel-Aviv verstorbenen Walter Moses, und das »Kartell Jüdischer Verbindungen« (K.J.V.). An seiner Spitze standen Männer wie Kurt Blumenfeld und Felix Rosenblüth, als Pinchas Rosen der erste Justizminister Israels.

Der »Blau-Weiß« hatte sich in einer allgemeinen Bundestagung in ländlicher Umgebung, dem Willen seines Führers entsprechend, für die Fusion entschieden und sich gleichzeitig ein »Gesetz« gegeben. Das geschah unter dem Einfluß der deutschen Jugendbewegung und des George-Kreises. Im Gegensatz zu solch totaler Verpflichtung und gebundener Marschroute kamen wir Studenten zwar auch nach einem gleichfalls bejahenden Mehrheitsbeschluß unseres Präsidiums, doch ohne ein imperatives Mandat für jeden einzelnen Teilnehmer zu dem gemeinsamen Treffen. Es war kein Delegiertentag, sondern eher ein Versuch direkter Demokratie, eine Art »nordischer Thing«. Die ablehnende Minorität innerhalb des K.J.V. war noch in sich selbst gespalten: Ein Teil, meist aus »alten Herren« bestehend, war gegen einen organisatorischen Zusammenschluß mit Nichtakademikern, ein anderer Teil, mit mir als Wortführer, verweigerte ihn aus ganz entgegengesetzten Gründen. Die Standesfragen interessierten uns nur negativ. Es ging uns um viel mehr: Wir ahnten, mehr als wir es wußten, daß hier eine doppelte Gefahr für den deutschen Zionismus und den Palästina-Aufbau am Horizont aufstieg.

War hier nicht, so mußten wir uns fragen, eine kollektive Assimilation an totalitäre Vorbilder – kurz nach Mussolinis Marsch auf Rom – im Anzug? Andererseits, und doch damit im Zusammenhang, herrschte damals im Blau-Weiß eine kritiklose Übernahme spezifisch deutscher, jugendbewegter Gemeinschaftsformen mit Landsknechtsliedern und bündischem Ritual. Das bedeutete natürlich die Hintansetzung aller ernsten Versuche, Hebräisch zu lernen und sich mit der eigenen jüdischen Erbschaft lernend auseinanderzusetzen.

Vor diesen Tendenzen warnte ich in meiner langen und scharfen Rede. Sie scheint selbst auf die Blau-Weißen einigen Eindruck gemacht zu haben. Später hörte ich, daß einer der Führer einen Zettel von Hand zu Hand und von Reihe zu Reihe gehen ließ, auf dem stand: »Ernst Simon ist ein großer Redner, aber ein kleiner Mensch« – ein zwar objektiv spaßhaftes, aber nicht spaßhaft gemeintes Sympton.

Die Fusion kam mit großer Mehrheit zustande, ging aber nach einigen Monaten wieder auseinander, nicht gerade aus den Gründen unserer Oppositionsgrupppe, die das K.J.V. damals verließ und sich ihm erst viel später, schon in Israel, wieder angeschlossen hat.

Unter den Zuhörern war Gerhard Scholem. Er ist nur anderthalb Jahre älter als ich, aus fast ebenso assimiliertem Milieu stammend, war aber schon damals, wie auch heute noch, mir an jüdischem Wissen weit überlegen. Wir gingen zusammen fort, und plötzlich fragte er mich, ob es wohl sinnvoll sei, wenn er für einige Monate, die er zwischen Berlin und Jerusalem einschieben würde, nach Frankfurt komme, um mit mir und meinen Freunden zu lernen. Ich war begeistert; ein höheres Honorar für einen Vortrag ist mir weder vorher noch nachher angeboten worden. Nobel lebte nicht mehr; wir waren geistig verwaist. Scholem trat, in seiner ganz eigenen Art, an die Stelle unseres Lehrers. Wir lernten zwar nicht Talmud, aber Stücke aus dem Grundbuch der jüdischen Mystik, die schon damals sein spezielles Forschungsgebiet war, dem »Sohar«, außerdem prophetische Texte, Kapitel aus dem Buche Hiob und dichterische Prosa von Agnon. Seit diesen reichen Wochen bin ich Scholems – manchmal rebellischer – Schüler. Neben allem anderen bin ich ihm dankbar für die neue Dimension, die er uns allen für das Verständnis jüdischen Werdens und Seins eröffnet hat.

Bei seinem Abschied von Frankfurt sagte er mir, natürlich in reinstem Berlinisch: »Sie werden die Erfüllung des Gesetzes predigen, ich werde Vokabeln lehren – wolln' mal sehen, wobei mehr rauskommt!« Er durfte diese rhetorische Frage stellen und hat recht behalten, aber in Gottes Haus sind viele Wohnungen. In diesem Glauben sind wir ganz einig. Auch gingen wir lange Jahre zusammen in der aktiven Arbeit für jüdisch-arabische Verständigung in Palästina auf; aber in der Stellung zu Buber hatten und haben wir Meinungsverschiedenheiten. Wir sind dennoch Freunde geblieben. Eine Freundschaft ist wie eine Brücke: stark nur, wenn elastisch.

Werner Kraft, einem erst in Israel gewonnenen nahen Freunde, danke ich es vor allem, daß meine Hebraisierung und Judaisierung mich der europäischen und deutschen Kultur nicht entfremdet hat. Wir verständigen uns gut über Buber, weniger leicht über Karl Kraus, dessen Erforschung und Darstellung er zwei bedeutende Bücher gewidmet hat. Für Gesprächsstoff ist also gesorgt, und manchmal geht es heiß her.

Wenn ich nun versuche, diesen – sehr unvollständigen und überaus ergänzungsbedürftigen – »Dank an Freunde« mit einer Zusammenfassung abzuschließen, so muß ich Bubers Namen noch einmal nennen: Niemand hat stärker, dauernder und entscheidender auf mich gewirkt. Von ihm habe ich gelernt, politische Verantwortung überhaupt und insbesondere in der Sache des Friedens als eine Glaubenspflicht zu verstehen und zu üben, obwohl ich heute leider in ihrer Erfüllung müder und lässiger geworden bin als Buber in weit höherem Alter jemals war. Weiterhin habe ich von ihm gelernt, in religiösen, moralischen, sozialen und politischen Konfliktsituationen auf die »Demarkationslinie« achtzugeben, oder genauer: sie selbst zu ziehen. Das »Bis hierher und nicht weiter!« ist in keinem religiösen Kanon oder weltlichen Gesetzbuch verzeichnet. Ihre kürzeste Formel lautet: Tue nicht mehr Böses, als nötig ist, um zu leben, und so viel Gutes wie irgend möglich! Das gilt für das öffentliche Leben nicht weniger als für das private. Es ist ein sehr unkategorischer Imperativ, der die Ausnahme zur Regel macht, oder, wie Bubers Jugendfreund Gustav Landauer in seinem »Aufruf zum Sozialismus« vom biblischen Jobeljahr sagte: den »Aufruhr zur Verfassung«.

Buber war der erste bedeutende Israeli, der nach dem Ende des Zweiten Weltkrieges wieder Beziehungen zu deutschen Menschen und später auch zu Institutionen in Deutschland aufnahm. Das dialogische Prinzip galt für ihn auch zwischen den Nationen, trotz allem Furchtbaren, was in diesem Falle sich zwischen ihnen ereignet hatte. Gegen Ende des Jahres 1951, als er sich als Gastprofessor am Jewish Theological Seminary in New York aufhielt, gelangte die Mitteilung des Rektors der Universität Hamburg, Professor Bruno Snell, über die Verleihung des Hansischen Goethepreises nach Jerusalem. Auch aus diesem Grunde vergingen zwei Wochen, bevor er antwortete, aber wohl auch deshalb, weil er sich unterdessen brieflich mit einigen Freunden in Israel beriet, unter anderem auch mit mir. Obwohl ich die reinen Absichten des als Antinazi bekannten Professors Snell und seiner Kollegen nicht bezweifelte, riet ich Buber ab, den Preis anzunehmen. Ich schrieb ihm etwa das Folgende: Unsere Gruppe, die für jüdisch-arabischen Frieden und Ausgleich kämpft, hat die Funktion auf sich genommen, an der Heilung unseres tödlich verletzten Volkes mitzuwirken. Gerade deshalb dürfen wir nicht den Anschein erwecken, als spürten wir die Wunden weniger als die andern.

Nur durch die vollkommene Solidarität des Leidens würden wir die moralische Berechtigung behalten und vielleicht die praktische Möglichkeit gewinnen, gleichzeitig an zwei Fronten für den Frieden zu wirken: sowohl an der arabischen wie an der deutschen. Buber antwortete mir, daß unter den verschiedenen gleichsinnigen Antworten, die er bekommen hatte, meine Argumentation den stärksten Eindruck auf ihn gemacht habe. Aber, so fuhr er fort, er müsse jetzt die »Reifeprüfung bestehen«. Um die Welt zu retten, und Israel in ihr, müsse die vertikale Scheidung zwischen den Staaten und ihren Feindschaften hinter die horizontale Bindung mit allen Menschen guten Willens zurücktreten, wo immer sie leben. Buber nahm die Ehrung an, stellte aber die gesamte Summe unserer Friedensorganisation in Israel zur Verfügung. Er hat mir dieses Bedenken und andere, die ich zum Teil, besonders als junger Mensch, in viel schärferer Form geäußert habe, niemals übelgenommen. Von allen bedeutenden Männern, denen ich begegnet bin, war er, mit Ausnahme Franz Rosenzweigs, der am wenigsten ressentimentale.

Ich halte heute noch Bubers damalige Haltung für taktisch falsch; aber sie war eine konsequente Fortsetzung seines großartigen Kampfes für die Reinerhaltung des jüdischen Volkes während der nationalsozialistischen Verfolgung. Er hat damals ein Werk für Erwachsenenbildung und Lehrerumschulung aufgerichtet, das den Namen »Mittelstelle für jüdische Erwachsenenbildung bei der Reichsvertretung der Juden in Deutschland« trug. Wie er mich einst, 1923, in die Redaktion seiner Monatsschrift »Der Jude« berufen hatte, so bat er mich nun, der ich schon seit 1928 in Palästina lehrte, für ein Jahr nach Deutschland zurückzukommen und ihm bei dieser pädagogischen Tätigkeit zu helfen. Ich konnte mich diesem Rufe nicht entziehen und war mit meiner kleinen Familie, meiner Frau und dem vierjährigen Uriel, von Frühjahr 1934 bis Anfang 1935 wieder in Frankfurt. Ich lernte von Buber, gewiß auch durch seine Worte und Schriften aus jener Zeit, vor allem aber durch seine menschliche Haltung, zwei große Wahrheiten erkennen und leben. Die eine: Das Vorurteil des Erwachsenen, erzogen zu sein und keiner weiteren Arbeit an sich selbst zu bedürfen, wird nur in einer tiefgreifenden Lebenskrise beseitigt, sowohl bei Einzelnen wie bei einer Gemeinschaft. Die Krise zerbricht die harte Schale des scheinbaren Fertigseins und stellt den nun wieder ganz ausgesetzten Menschen vor die Probe des inneren Überlebens. Das gilt für Erwachsenenbildung auf höherer Ebene bei jedem Volk. Für das jüdische aber, und dies ist die zweite Wahrheit, welche Buber bewährte, darf die Antwort auf den barbarischen Chauvinismus der Umgebung keine »Identifikation mit dem Angreifer« sein, um mit Bettelheim zu sprechen. Ich glaube, sagen zu dürfen, daß es uns damals gelungen ist, vielleicht niemals vorher und nachher im gleichen Maße wie in der Hitlerzeit, gleichzeitig gegen den Strom und mit ihm zu schwimmen: gegen den Strom des braunen Nationalismus und mit dem Strom unserer verfolgten jüdischen Brüder. Wir durften ihnen und uns selbst helfen, keine reaktiven Antworten zu geben, sondern aktive, die aus der Tiefe des wiederentdeckten jüdischen Erbes durch den Druck der Verfolgung in unsere Herzen heraufgepumpt wurden.

Das letzte Wort gebührt dem Lehrer. Im Jahre 1947, also nicht lange nach dem Ende der Katastrophenzeit, schrieb Buber eine kleine Abhandlung über »Bücher und Menschen«. Ihr Beginn und ihr Schluß zeigen ihn als den dankenden Freund wie als den Freund, dem wir Dank schuldig sind:

»Wenn man mich in meiner frühen Jugend gefragt hätte, ob ich es vorziehen würde, nur mit Menschen oder nur mit Büchern zu verkehren, hätte ich mich zugunsten der letzteren ausgesprochen. Später hat sich das mehr und mehr geändert, nicht als hätte ich so viel bessere Erfahrungen mit Menschen als mit Büchern gemacht – im Gegenteil, rein erfreuliche Bücher kommen mir noch immer weit öfter als rein erfreuliche Menschen in den Weg –, aber die vielen schlechten Erfahrungen mit Menschen haben mein Lebensmark genährt, wie es das edelste Buch nicht vermöchte, und die guten haben mir die Erde zum Garten gemacht.«

Und nun der Schluß: »Es gibt eine untrügliche Probe. Denk dich nur in einen Ursprung hinein, wo du allein wärst, ganz allein auf Erden, und du könntest eins von beiden bekommen, Bücher oder Menschen. Wohl höre ich manchen seine Einsamkeit preisen; aber das bringt er nur fertig, weil es doch eben die Menschen auf der Welt gibt, wenn auch in räumlicher Ferne. Ich habe nichts von Büchern gewußt, als ich dem Schoß meiner Mutter entsprang, und ich will ohne Bücher sterben, eine Menschenhand in der meinen. Jetzt freilich schließe ich zuweilen die Tür zu meiner Stube und ergebe mich einem Buch, aber nur, weil ich die Tür wieder öffnen kann, und ein Mensch blickt zu mir auf.«

Karl W. Deutsch
Der einzelne und der Friede

Zunächst sollten wir uns fragen, was wir uns unter dem Wort »Frieden« vorstellen. Was ist dieser Friede eigentlich? Ich schlage eine sehr bescheidene Definition vor: Der Friede ist die Abwesenheit des Krieges. Unter einem Krieg verstehe ich die organisierte Tötung von sehr vielen Menschen, mindestens tausend oder mehr, nach einer langen Vorbereitung durch einen Staat oder ein staatenähnliches Gebilde, mit präparierten Waffen, bereits aufmarschierten Truppen, nach vorgefaßten Plänen und noch dazu als legitim erklärt. Man sagte einmal, ein kleines Kind ins Feuer zu werfen sei ein Verbrechen; Feuer auf viele Kinder zu werfen sei eine militärische Operation. Das kommt irgendwie an das Wesen des Krieges heran. Und Friede ist also ein Zustand, in dem es das nicht gibt. Das meint nun keineswegs einen Anbruch der Vollkommenheit. Manche Menschen haben das Wort Friede gummiartig ausgedehnt auf alles, was sich die Menschen nur jemals – oft mit Recht – gewünscht und ersehnt haben: Gerechtigkeit, Wohlstand, Freiheit. All das gehört dazu. Die Menschen leben eben nicht nur von einem Wert, sondern von vielen. Aber Friede heißt zuallererst die Abschaffung des planmäßigen organisierten Tötens im großen Maßstab.

Eine zweite Vorbemerkung: Die Erfahrung zeigt, daß im allgemeinen der Friede nicht einseitig erzielt werden kann. Man sagt: Es kann der Beste nicht in Frieden leben, wenn es dem bösen Nachbarn nicht gefällt. Man kann nicht in einem Lande völlig abrüsten, ohne im rivalisierenden Nachbarland eine fast unerträgliche Versuchung zu schaffen. In jedem

Lande glauben die Menschen ja, daß ihre Einrichtungen und ihre Ideen gut und richtig sind und daß die Nachbarländer, die es anders machen, schlecht, dumm, unwissend oder verbrecherisch regiert werden. Es ist also unerhört naheliegend, zu sagen: »Wenn wir die Waffen haben und die andere Seite nicht, warum verwenden wir nun nicht diese herrliche Überlegenheit, die wir haben, um mit Gewalt das Gute, Richtige und Wahre, so wie wir es verstehen, den anderen aufzunötigen?« Und das geht dann auf beiden Seiten so. Man kann also nicht einseitig abrüsten, aber man kann versuchen, sich so zu verhalten, daß die kriegerischen Zusammenstöße immer weniger wahrscheinlich werden.

Heutzutage ist die Frage nicht, ob ein Land oder eine Regierung planmäßig den Angriffskrieg vorbereitet, sondern ob die Menschen in einen Krieg hineinschlittern. Es ist fast so wie mit den Verkehrsunfällen. Man plant kein Eisenbahnunglück, und man kann ein Eisenbahnunglück nicht gewinnen. Man plant meistens auch keine Zusammenstöße großer, schnellfahrender Wagen auf unseren Fernstraßen; aber sie geschehen immerzu. Das Wichtige ist nun, dafür zu sorgen, daß diese Gefahr verringert wird – die Gefahr, daß die Menschen nicht direkt den Krieg wollen (jeder Staatsmann heutzutage beteuert, daß er's nicht wolle), aber sich so verhalten, daß der Krieg dennoch resultiert, daß sie in ihn hineintreiben, bis er da ist, und dann stehen sie vor dem Totenfeld und sagen: »Ich habe es nicht gewollt.« Der einzelne muß nun fragen, was er tun kann, um diese Risiken zu vermindern.

Ich kann mir, wenn ich darüber nachdenke, vielleicht sieben Arten vorstellen, mit denen einzelne sich gewehrt haben, oder sagen wir: den Krieg nicht zur vollen Schärfe haben kommen lassen. Zuerst nenne ich die Gruppen der Märtyrer. In der langen Geschichte der Menschheit werden sie häufig als Heilige im Gedächtnis bewahrt. Da gab es einen römischen Offizier, der drei Legionen kommandierte und von dem verlangt wurde, auf Befehl seines Kaisers ein Massaker durchzuführen. Er weigerte sich, seine Soldaten weigerten sich mit ihm, und sie wurden dann von einem folgsameren römischen Heer umzingelt und alle getötet. Der Mann hieß Mauritius. Man nennt ihn heute den heiligen Mauritius, und in der schweizerischen Kirche von Sankt Maurice im Tale Wallis gibt es Reliquien und Geschenke, die bis zu Kaiser Karl dem Großen zurückgehen. Das war einer der ersten selektiven Dienstverweigerer, er war ja Offizier, aber er weigerte sich offenkundig, ungerechte Befehle durchzuführen. Das geschah nach der Überlieferung um 400 nach Christus. Anderthalb Jahrtausende später, im Jahre 1914, wurde die englische Krankenschwester Edith Cavell auf Anordnung der deutschen Militärgerichtsbarkeit in Brüssel erschossen; denn sie hatte englischen Offizieren zur Flucht verholfen und sie vor der Gefangennahme geschützt. In der Welt gab es einen Aufschrei der Entrüstung, daß man eine Krankenschwester erschoß; aber was man in der Welt nicht so zur Kenntnis genommen hatte, ist mir ein unvergeßliches Erlebnis geblieben: Als ich 17 Jahre alt war, im Jahre 1929, kam ich nach Brüssel und sah dort am Grabe der Schwester Cavell eine Fotografie. Man hatte – so zeigte das Foto – bei der Öffnung des Grabes einen deutschen Soldaten darin gefunden neben der Krankenschwester. Der Mann hieß Heinrich Rammler und hatte sich geweigert, auf die Krankenschwester zu schießen. Er war auf der Stelle von seinem Offizier erschossen worden. Aber die Belgier haben ihn nicht vergessen und die Engländer nicht, und ich habe ihn auch nicht vergessen. Als im Vietnamkrieg die amerikanischen Truppen auf den Befehl eines kleinen Leutnants, dessen weitere Vorgesetzte im Dunkeln geblieben sind, die Frauen und Kinder des Dorfes MyLai massakrierten, hat sich ein amerikanischer Soldat selbst ins Bein geschossen, um nicht an diesem Massaker teilnehmen zu müssen. Ein anderer Soldat machte Fotoaufnahmen, die später zum Beweismaterial im Prozeß gegen die Urheber dieser Greueltat verwendet wurden. Ein dritter Soldat sammelte all die Tatsachen, und als er aus dem Militärdienst ausschied, schrieb er an die Kongreßleute, an die Senatoren, an die Regierung, und ruhte nicht, bis der Fall vor ein Gericht kam. Im Fall MyLai haben einzelne viel dazu beigetragen, nicht nur eine Greueltat aufzudecken, sondern auch eine Umorientierung der öffentlichen Meinung Amerikas zu unterstützen.

Das sind seltene Fälle. Die meisten Menschen sind nicht so aktiv oder so einsatzbereit, sich zu Märtyrern zu machen. Aber es gibt in allen Ländern Tausende von Individuen, die immer wieder die Härten des Krieges und die Härten der Gewaltherrschaft mildern durch ihre eigenen Handlungen. Ich hatte einen Schulfreund, einen Dr. jur., der zum Todestransport ins Lager Auschwitz bereits im Eisenbahnwaggon saß, als ein SS-Mann durchkam und fragte, wer denn hier gelernter Elektroschweißer sei. Mein Freund wußte, wo die Reise hinging, dachte, er habe nichts zu verlieren, und meldete sich. Er wurde aus dem Todeszug herausgeholt, nach Breslau in eine Werkstatt zum Elektroschweißen geschickt, und innerhalb der ersten drei Minuten wußte der Meister, der der Werkstatt vorstand, daß der gute Mann vom Elektroschweißen keine Ahnung hatte. Er deckte ihn unter eigener Gefahr. Er brachte ihm die Grundlagen des Handwerks bei und rettete ihm das Leben. So hat es in Deutschland und in anderen Ländern immer wieder Menschen gegeben, die dort, wo sie ein bißchen Entscheidungsraum hatten, ihn nutzten, um milder, freundlicher, freiheitlicher oder friedliebender zu handeln. So bewahrten einzelne doch noch ein Stückchen Menschlichkeit in der Unmenschlichkeit, ein Stückchen der Milderung des furchtbaren Geschehens. Und obwohl man das riesige Geschehen nicht im Augenblick aufhalten kann, kann man es wenigstens für den einzelnen im Einzelfall mildern.

Das dritte ist dann die politische Aktion. Da kann man sich mit anderen Menschen zusammenschließen. Man kann das durch bestehende Organisationen tun. Da gibt es die Organisationen der großen Parteien, der Gewerkschaften, der Interessenverbände, der Berufsverbände, der Kirchen und anderer Zusammenschlüsse dieser Art, die sich sehr oft gegen eine Sache einsetzen können. Im Jahre 1905 wollte die damalige Regierung Schwedens einen Krieg gegen Norwegen führen, da Norwegen gerade erklärt hatte, es wünsche, sich von der Einheit der Kronen, also der Monarchien oder Königshäuser von Norwegen und Schweden, loszusagen. Die schwedischen Gewerkschaften erklärten, sie würden einen Generalstreik ausrufen. Der Krieg fand nicht statt; Norwegen und Schweden sind heute Freunde, und die skandinavische Zusammenarbeit ist bekannt.

Im Jahre 1968 begann ein Protest in Amerika gegen die Riesen-Eskalation des Kriegs in Vietnam. 1970 waren die Proteste noch stärker. 1972 rühmte sich Präsident Nixon, nicht völlig zu Unrecht, er habe nun wirklich den Krieg beendet. Es war klar, daß die Änderung der öffentlichen Meinung zwei Präsidenten, erst Lyndon Johnson und dann Richard Nixon, ganz beträchtlich mit dazu bewogen hatte, den Krieg zu beenden. Das waren wohl Chancen, die es in der Welt noch gelegentlich geben wird.

Eine weitere Form ist die Zieländerung in der Politik. Das heißt, daß das, was Menschen zu einer Zeit als lebenswichtiges

Interesse verfolgen, ihnen zu anderer Zeit weniger lebenswichtig erscheint. Indien galt als das herrlichste Juwel in der britischen Krone. Die Engländer haben im Lauf der Geschichte mehrere Kriege darum geführt, die Landwege und Seewege nach Indien unter ihrem Einfluß zu halten. Aber als Indien sich 1947 unabhängig erklärte, sagte der damalige britische Premierminister Clement Attlee, dies sei nun der stolzeste Tag der englischen Geschichte. Und die Engländer haben wirklich nicht wieder versucht, Indien zu erobern.

Andere Länder haben solche Dinge früher gemacht. Die Schweizer waren eine Großmacht in der Lombardei, führten Machtkriege bis 1515. In diesem Jahr riefen sie die permanente Neutralität aus und erklärten, sie seien nun nicht mehr bereit, unbezahlt in europäische Händel einzugreifen. Die Schweden hatten ein großes Reich an der Ostsee und haben es aufgegeben. (Noch Ernst Moritz Arndt wurde auf der Insel Rügen als schwedischer Untertan geboren.) Seitdem die Schweden den Ehrgeiz nach Imperien aufgegeben haben, geht es ihnen besser. Ich muß hinzufügen, seit die Engländer ihr Weltreich verloren haben, sind sie im Durchschnitt um einen Zoll größer geworden; denn die jungen Leute in England bekommen jetzt bessere Nahrung. Außerdem sind sie auch gebildeter. Es ist also nicht so, daß nach einem Krieg, wenn man ein Weltreich aufgibt, ein Niedergang stattfindet. Das sieht man ja auch hier in der Bundesrepublik. Ich vermute, wenig Leute in Deutschland glauben heute, daß man Kolonien und ein Weltreich und eine Riesenflotte haben muß, um einen Platz an der Sonne zu bekommen. Die meisten wissen, daß man mit einem Platz im Volkswagen auch auskommt. Sie wissen, daß es eine menschenwürdige und ordentliche und freiheitliche Gesellschaftsordnung geben kann ohne riesige Eroberungen. Diese Zieländerungen, diese Änderungen dessen, was man sich als nationales Interesse vorstellt, sind in der Vergangenheit erfolgt und erfolgen immer wieder. Sie beginnen mit einzelnen; aber sie enden mit der Handlung der vielen.

Wenn das nicht geht, wenn ein Staat darauf besteht, immer weiter den kriegerischen Mustern nachzuleben, dann kann es immer noch passieren, daß die einzelnen Menschen ihnen die Unterstützung entziehen. Sie werden dann unpünktlich, sie werden ungenau, sie machen nicht mit, sie werden schlechte Soldaten, während sie früher gute Soldaten waren. Das römische Volk hat seinerzeit die Welt erobert; aber 400 Jahre nach

Christus streikt es, es gab eine halbe Million waffenfähiger Italiener, aber sie ließen 50000 germanische Söldner die Halbinsel erobern, ohne Widerstand, denn die kaiserlichen Steuereinnehmer waren ihnen nicht sympathischer als die Gotenkönige und die Rugierführer von damals. Auf den Schlachtfeldern Nordafrikas im Zweiten Weltkrieg hat die italienische Armee noch einmal ihr Streikrecht zurückgewonnen; da haben die Soldaten sich auch geweigert, für Mussolinis Politik zu sterben. Diese Zurücknahme der politischen Unterstützung ist eine furchtbare und folgenschwere Waffe gegen den Krieg.

Außer Änderungen im Verhalten gibt es aber auch noch Änderungen im Meinungsklima. Das, was die meisten Menschen für vernünftig, für gegeben, für selbstverständlich halten, beeinflußt nachher die Entscheidungen, die sie treffen. Die Gelehrten, die Friedensforscher, die Pädagogen und viele andere einzelne bringen es dagegen nicht fertig, eine laufende Entscheidung zu beeinflussen. Als die großen Industrieländer 1933 von der Arbeitslosigkeit der Massen geschüttelt wurden, hatten die Ideen des Lord Keynes, der staatliche Maßnahmen mit dem Ziel der Vollbeschäftigung forderte, fast keinen Einfluß auf die Entscheidungen der damaligen Regierungen. Zwanzig Jahre später fing in Europa die Vollbeschäftigungspolitik an. Lord Keynes hat einmal gesagt: »Ein praktischer Geschäftsmann, der nicht viel von Theoretikern hält, ist in Wirklichkeit der Sklave eines toten Theoretikers, dessen Namen er vergessen hat.« Das ist auch heute wahr. Wir beeinflussen mit Gedanken nicht die Entscheidungen, wir beeinflussen aber womöglich die Voraussetzungen der Entscheidungen, die Entscheidungsprämissen. Wir beeinflussen daher nicht, was heute entschieden wird, sondern das, was in zehn oder zwanzig Jahren entschieden werden wird. Und da hat jeder einzelne die Möglichkeit, etwas zu tun. Er kann zum Beispiel sagen: »Ich weiß, wir können nicht einseitig abrüsten; aber das heißt nicht, daß wir einen Rüstungswettlauf mitmachen müssen. Wir müssen die Eskalation, das Sich-gegenseitig-Übersteigern, nicht unterstützen. Wir können in jedem Augenblick fragen: Ist das eine Politik, die einen Zusammenstoß weniger oder mehr wahrscheinlich macht?«

Die Kriege von heute ähneln Massenunfällen, nur daß sie viel, viel mehr Leute umbringen. Ich spreche jetzt von den Kriegen unter den Großstaaten hoher industrieller Entwicklung. Kein modernes Industrievolk ist vom Hunger oder vom

Elend getrieben, über seinen Nachbarn herzufallen. Die Kriege der modernen Großstaaten, besonders jener, die Kernwaffen haben oder haben könnten, sind Kriege der Unwissenheit, des Dahintreibens, des Zusammenstoßes. Wenn man eine Regierung hat, die mit Vergnügen am Rande des Abgrunds spazierengeht (das sogar oft noch in etwas angeheitertem Zustand), dann ist die Gefahr besonders groß. Und vom Rande des Abgrunds sollte man vernünftigerweise stets einige Schritte wegbleiben, besonders, wenn man nicht ganz sicher zu Fuße ist. Und keine Regierung ist das heute.

Wenn ich sage, daß Regierungen fehlbar sind, meine ich das sehr konkret. Von 1815 bis 1910 wurden vier Fünftel aller Kriege von jenen Ländern gewonnen, die sie angefangen haben. Das Krieg-Anfangen war also ein rationales Geschäft. Die Staatsmänner jener Zeit, wie etwa Bismarck und Cavour, wußten, was sie taten. Nur wenige Unwissende, wie Napoleon III., haben den Durchschnitt etwas gesenkt. Seit 1911 sind drei Fünftel aller Kriege von jenen Ländern verloren worden, die sie angefangen haben. Das gilt für kapitalistische und kommunistische Länder, es gilt für Länder westlicher Kultur und nichtwestlicher Traditionen. Sie sind alle fehlbar geworden. Die Irrtumshäufigkeit ist dreimal so hoch wie im 19. Jahrhundert. Woher kommt das? Die Regierungen sind wahrscheinlich nicht dümmer geworden als früher; aber die Staatsmänner sind wahrscheinlich mehr überfordert von Komplexitäten der Lage und von den Problemen der Innenpolitik, die heute auf ihnen viel schwerer lasten als auf dem Fürsten Metternich oder dem Fürsten Bismarck. Und außerdem ist die Welt unübersichtlicher geworden. All dies zuammen hat dazu geführt, daß der moderne Staat mehr als die Hälfte Chancen hat, einen Krieg, den er beginnt, zu verlieren.

Die wenigen einzelnen, die im 19. Jahrhundert ausschließlich handeln konnten, wurden auch im letzten Moment von ihren Völkern nicht gehindert, einen Krieg anzufangen. Was die Völker Europas damals rettete, war die relative Unwirksamkeit der Waffen. Man kann zwar mit dem Bajonett viele Menschen umbringen, es ist aber doch eine ziemlich langwierige Beschäftigung. In Hiroshima hat eine einzige Bombe in Sekunden das Todesurteil für 200 000 Menschen bedeutet. Etwa 100 000 starben sehr bald, der Rest starb später an den Folgeauswirkungen der Bombe. Das Massentöten ist also heute viel leichter, aber die politische Voraussicht ist schwerer geworden. Die

Menschen überlassen die Schwierigkeiten der Außenpolitik im allgemeinen gerne einigen Fachleuten. Der Wähler liest lieber den Sportteil der Zeitungen und ärgert sich, wenn da in die Olympischen Spiele noch etwas Politik hineinkommt. Doch da die Vernichtungsmittel so ungleich größer geworden sind – wir rechnen nach Ansicht des früheren Verteidigungsministers McNamara in der ersten Woche eines Atomgroßkrieges mit 100 Millionen toten Amerikanern –, können die Menschen es sich nicht mehr leisten, diese Sachverhalte aus ihrem Bewußtsein zu verdrängen. So wie die öffentliche Meinung heute den verwegenen Fahrer auf den Landstraßen eher entmutigt und ihm sagt, wenn er so weiterfährt, können wir ihm keine Versicherung geben und ihm auch den Führerschein nicht lassen – ebenso muß man heute den Abgrundwandlern, den Randsiedlern der Abgründe den Führerschein für die Außenpolitik wegnehmen. Man darf die Menschen nicht mehr so nahe an den Rand des Untergangs heranführen; denn wenn sie einmal tot sind, gibt's keine Revision des Irrtums.

All die anderen Werte, die uns auch sehr, sehr wichtig sind, sind nur für die Lebendigen sinnvoll. In der Vergangenheit war ein Soldat jemand, der sein Leben aufgab um der anderen willen, deren Überleben und deren Freiheit er schützen wollte. Heute können Soldaten ihre Völker rächen; aber schützen können sie sie nicht mehr. Das ist eine ganz entscheidende Veränderung. Und es ist unerhört wichtig, daß unsere öffentliche Meinung und jeder einzelne Wähler in jeder Budgetdebatte und in jedem Wahlkampf immer wieder auch die Frage stellt neben vielen anderen Fragen: »Werden uns diese Leute das Minimum an nationaler Sicherheit gewähren, so daß wir nicht einseitig abgerüstet sind; aber werden sie auch alles tun, um das Risiko des Krieges zu verringern, nicht zu vergrößern?« Auf diese Weise, glaube ich, kann der Krieg in unserer eigenen Zeit unter den großen Industrieländern Schritt für Schritt abgeschafft werden und zu Lebzeit unserer Kinder und Enkel, vielleicht Urenkel, dann auch in Südasien, in Afrika, in jenen Ländern, die heute erst ihre neuen Staaten mühsam bilden und wo die Gefahr des Blutvergießens nicht viel geringer ist, als sie es zur Zeit der Balkanstaaten und zur Zeit des Herausbildens des Nationalstaatensystems in Westeuropa war. Aber für die großen Länder der Welt, für Nordamerika, für Westeuropa, für die Sowjetunion, für all diese Länder ist es schon heute eine Lebensfrage, daß es große Kriege nicht wieder geben darf.

Man fragt sich manchmal, ob es möglich wäre, die Leute nach besonderen Maßstäben auszuwählen, die dann Außenpolitik machen. Wir wissen heute noch nicht, ob man ein Individuum so erproben kann. Die Welt ist zu kompliziert, um einfache Nachahmungen zuzulassen. Aber bestimmte Regelmäßigkeiten des menschlichen Verhaltens kann man beobachten. Es gibt unter den Spieltheoretikern, die die mathematische Struktur von Gesellschaftsspielen analysieren, eine Gruppe von Leuten, die ein besonderes Spiel analysiert haben, das heißt »Das Dilemma der Gefangenen«.

Dieses Spiel beginnt mit einer Anekdote: Zwei Gefangene sitzen im Gefängnis einer orientalischen Stadt, und der lokale Gouverneur holt sich einen in sein Büro und sagt ihm: »Wir können euch nicht verurteilen, es hat neulich eine Reform im Rechtswesen gegeben. Wir können euch auch nicht foltern, wir brauchen ein Geständnis. Aber ich mache einen Vorschlag: Gestehen Sie als Kronzeuge so, daß wir Ihren Mitgefangenen verurteilen können. Wenn Sie das tun, lasse ich Sie frei und gebe Ihnen noch aus meinem Dispositionsfonds eine schöne Summe Geldes mit.« »Exzellenz«, erwidert der Gefangene, »das klingt sehr verlockend. Was wird dann aus meinem Mitgefangenen?« »Ach«, sagt der Gouverneur, »der wird natürlich gehängt.« »Und, verzeihen Sie«, sagt der Gefangene weiter, »was geschieht, wenn ich nicht gestehe?« »Ja«, sagt der Gouverneur, »ich mache natürlich das gleiche Angebot Ihrem Mitgefangenen. Wenn der gesteht, bekommt er die Freiheit und das Geld, und Sie werden aufgehängt.« »Und was geschieht, Exzellenz«, sagt der Gefangene, »verzeihen Sie, wenn ich so viele Fragen stelle, aber was geschieht, wenn wir nun beide gestehen?« »Ja, dann müssen wir natürlich beide verurteilen, weil jeder den anderen belastet, und man wird euch nicht aufhängen, weil ihr ja gestanden habt, so bekommt jeder zehn Jahre Zuchthaus, das ist immerhin noch besser, als gehängt zu werden.« »Und was geschieht, Exzellenz«, sagt der Gefangene, »wenn ich fragen darf, wenn wir beide nicht gestehen?« »Ja, dann«, sagt der Gouverneur, »dann werde ich wohl beide freilassen müssen; aber ihr bekommt keinen blutigen Pfennig von mir als Reisegeld. Und möchtest du wirklich dein Leben deinem Mitgefangenen, diesem alten Gauner, anvertrauen? Geh zurück in deine Zelle und überlege es dir. Morgen früh gib deine Antwort.« In der Nacht sitzen die beiden Gefangenen in ihren Einzelzellen, und durch einen freundlichen Gefängniswärter schmuggeln sie einen Zettel hinaus an einen Mathematiker, der in der Stadt lebt, und bitten ihn, er möge ihnen ihre rationalen Chancen ausrechnen. Was sollten sie tun? Der Mathematiker sagt: »Es ist klar, daß, wenn du gestehst, du schlimmstenfalls zehn Jahre Zuchthaus kriegst und bestenfalls die Freiheit und Geld. Wenn du nicht gestehst, wirst du schlimmstenfalls aufgehängt und erhältst bestenfalls die Freiheit, aber keinen Pfennig. Es ist klar, daß die Lösung des Geständnisses besser ist. Dein rationelles Interesse ist, zu gestehen und also nicht mit deinem Mitgefangenen solidarisch zu bleiben.« Beide Gefangene bekommen diesen Bescheid, beide gestehen, und beide verbringen dann die nächsten zehn Jahre im Zuchthaus, um über die Rationalität ihrer egoistischen Kalkulation nachzudenken.

Das ist eine Anekdote. Denken wir daran, daß das, was für diese beiden Gefangenen gilt, ebenso für zwei Nationen zutrifft, die ein Abrüstungsabkommen haben. Wenn das eine Land abrüstet und das andere nicht, könnte das andere Land einen unerhörten Machtvorteil gewinnen. Wenn das Land auf der anderen Seite vertrauensselig abrüstete und von dem anderen Land betrogen würde, könnte es seine Freiheit und seine Existenz verlieren. Das wäre seinen Einwohnern wohl unerträglich. Scheinbar am vernünftigsten wäre es also, wenn beide einander betrögen und beide das Abrüstungsabkommen nicht einhielten. Dann allerdings sind sie eingekerkert in einer Spirale von Furcht, von Mißtrauen und von ständigen, sehr beträchtlichen Militärausgaben. Schließlich könnten sie beide sich solidarisch verhalten, dann könnten sie beide unabhängig bleiben und so sich gegenseitig mit beträchtlich geringeren Beträgen in militärischem Respekt halten. Dann wäre die Rüstungsminderung für beide Seiten möglich.

Wie verhalten sich die wirklichen Menschen? Die Gelehrten haben Versuchspersonen gegeneinander spielen lassen und haben das ungefähr 100000 mal gemacht. In jedem Experiment mußte jede Versuchsperson – manchmal wurden auch Gruppen eingesetzt – 300 mal das gleiche Spiel spielen, denn man wollte sehen, was die Menschen aus dieser Spielsituation lernen können. Sie konnten nicht miteinander reden, sie konnten nicht verhandeln, und sie hätten einander sowieso nicht geglaubt. Es kam nur darauf an: Was taten sie? Nun hat sich etwas Interessantes herausgestellt: Die Heiligen, die Leute, die wie die frühen Christen die andere Wange darbieten wollen, verlieren im Spiel ganz entsetzlich. Sie bringen die ärgsten Eigenschaften ihres Gegenspielers zum Blühen; denn der beutet sie nun rücksichtslos und ungestraft aus. Die Leute jedoch, die sagen: Dies ist eine schrecklich schlechte Welt, ich werde ganz sicher nie solidarisch sein, den letzten beißen die Hunde – verlieren auch. Denn sie kommen in eine Spirale der Vergeltung hinein, man ruiniert sich gegenseitig, und zwar mit Erfolg. Was am besten funktioniert, ist Kooperation anzubieten, und wenn sie nicht auf Gegenleistung stößt, sie abzubrechen, aber dann sofort abermals anzubieten. Man wehrt sich also, man vergilt mäßig, man übersteigert nicht. Man sollte auf einen Schelm nur dreiviertel Schelme setzen und nicht anderthalb. Und immer wieder eine Zusammenarbeit offerieren. Auf diese Art haben sehr viele, nämlich dreiviertel der Spieler, Erfolge, also Kooperationen erreicht und dann gemeinsam die Bank ausgebeutet. Beide sind reicher geworden durch das Spiel. Aber es dauert eine beträchtliche Zeit, es dauert fünfzig bis hundert Erfahrungen. Das kann man im Laboratorium machen, aber nicht mit Kernwaffen. Soweit die menschliche Natur. Einseitigkeit im Nachgeben bewährt sich also nicht; aber der ständige Wettkampf, das ständige Mißtrauen sind nicht weniger verderblich. Diese beiden Extremtaktiken sind jeweils Taktiken des gemeinsamen Ruins.

Schrittweise aber kann man lernen. Man kann Übel abschaffen. Das Menschenfressen war vor fünftausend Jahren bereits üblich; man hat angenagte Menschenknochen in Höhlen gefunden mit Spuren von Menschenzähnen an ihnen. In Nordeuropa, in Skandinavien, hat das Bluttrinken so ungefähr um das Jahr 1000 aufgehört. Da gibt's noch ein Gedicht in der Edda, wo ein Wikingerheld nach einer langen Seeschlacht das Blut der Erschlagenen aus seinem Helm trank und dafür am dänischen Königshof sehr schief angesehen wurde. Der Kannibalismus kam aus der Mode. Der Inzest war wahrscheinlich einmal normal, wie hätten sich sonst die kleinen Horden der Höhlenbewohner in der Eiszeit erhalten können? Wir können heute nicht in jede Familie einen Polizisten setzen, um dafür zu sorgen, daß die Eltern ihre Kinder nicht zu lieb haben oder umgekehrt. Aber man tut das nicht mehr. Man hat sich den Inzest im allgemeinen abgewöhnt, er ist eine Ausnahme geworden. – Die Sklaverei galt für den weisen Aristoteles als in der menschlichen Natur verankert. Man hat Sklaven noch vor 110 und 120 Jahren, um 1860 herum, verkauft. Jetzt ist die Sklaverei verschwunden; es gibt nur noch ganz kleine Ausnahmen. Was früher eine soziale Institution war, ist heute ein Kleinverbrechen.

Der Krieg ist heute noch eine soziale Institution. In unserer Zeit muß der Großkrieg abgeschafft werden. Kleinverbrechen werden übrigbleiben, und kleinere Kriege in den rückständigen Ländern wird es sicher noch einige Generationen lang geben. Aber sie werden auch verschwinden. Die wichtigste Einsicht lautet: Wenn man das Menschenfressen aufgeben kann, den Inzest aufgeben kann, die Sklaverei aufgeben kann, dann können die Menschen auch den Krieg aufgeben.

Wenn wir den Krieg nicht abschaffen, schafft er uns ab. Aber wir können ihn abschaffen, und das beginnt mit Änderungen im Denken und Fühlen jedes einzelnen. Dann ändert sich, was politisch vorteilhaft ist, dann ändert sich, was den Zeitungen Leser bringt, dann ändert sich, was den Parteien Stimmen einträgt, dann ändern sich die Budgetverhandlungen, dann ändern sich die gegenseitigen militärischen Großsituationen. Aber es fängt bei uns an, bei jedem einzelnen von uns.

Und dann gibt's noch etwas: Als die germanischen Stämme langsam seßhaft geworden waren und die Krieger sich gegenseitig privat immer noch befehdeten, hat die Kirche sie langsam überredet, so im 11. Jahrhundert, das kriegsfreie Wochenende einzuführen, das war der sogenannte Gottesfrieden. Das hieß zunächst, man solle die Leute am Sonntag nicht umbringen, später auch am Samstag nicht, man hat das langsam bis zum Donnerstag ausgedehnt. Dann ist die Aktion leider steckengeblieben. Und heute ist es keineswegs sicher, daß das Wochenende frei ist. Aber es ist einmal bereits gelungen, Kriegsgewohnheiten zu ändern und zurückzudrängen.

Es hat mich immer beeindruckt, daß das erste Buch über das Völkerrecht, das erste große, wirklich wissenschaftlich erstklassige Buch, von Hugo Grotius „De iure belli ac pacis", im Jahre 1625 geschrieben wurde, mitten im Dreißigjährigen Krieg. Der Gedanke, daß man den Frieden haben und daß es Recht auf der Welt geben könne, wurde ausgerechnet im Kopf eines Menschen lebendig, als die Not am größten war. Ähnlich wurde Kants Schrift »Vom Ewigen Frieden« in der Zeit zwischen der amerikanischen Revolution und den Napoleonischen Kriegen geschrieben. Die Menschen geben das Hoffen nicht auf und gehen von der Hoffnung eben doch Schritt für Schritt zur Handlung über.

In einem alten Gedicht von Klabund, es entstand nach dem

Ersten Weltkrieg und heißt »Die Ballade des Vergessens«, kommen die Zeilen vor: »Ihr sprecht von der Krieg- und Friedensschuld der anderen und wollt euch erfrechen, euch selbst von jeglicher Schuld frei und ledig zu sprechen?« Das ist eine Frage, die man an alle Völker und alle Länder richten kann. Denn es ist, wie gesagt, in den Kriegen ähnlich wie bei den großen Verkehrsunfällen. Es kommt selten vor, daß ein ganz unschuldiger Fahrer von einem ganz besonders boshaften oder verbrecherischen Verkehrspartner angefahren wird. Es kommt vor, aber nicht oft. Der Krieg, den Hitler und Göring gegen Polen planten, war ein geplanter Überfallskrieg. Aber das passiert selten. In diesem Sinne war Nürnberg eine Ausnahme, nicht eine Regel. Normalerweise sieht es so aus, daß sich Staaten eben an einen Rand des Krieges begeben, daß sie bewußt höhere und immer höhere Risiken eingehen, waghalsiger und immer waghalsiger fahren, um in dem Verkehrsbild zu bleiben, bis dann irgend jemand den letzten Millimeter noch überschreitet und es plötzlich zu spät ist. Das Unglück ist da. Und es werden bei unseren Versicherungssystemen heute bereits viele sagen: »Es steht nicht dafür, vor allem nach der Schuld zu fragen; fragen wir lieber nach der Bewahrung der Sicherheit und nach der Vermeidung untragbarer Risiken.« Ich glaube, daß die Strategie der Risikoverminderung am besten geeignet ist, uns zum Frieden zu führen. Aber das heißt, daß die Individuen lernen müssen, im Begriff des Risikos und der Risikoverminderung zu denken und zu wissen, daß wir – so wie auf der Landstraße für das Leben unserer Familie in unserem Wagen – auch für das Leben der anderen verantwortlich sind. Es heißt, daß wir lernen, daß wir für das Leben aller Völker auf der Welt verantwortlich sind und daß es unsere Aufgabe ist, wo immer es möglich ist, die Verwicklungen und die Eskalationen zu verhindern und jede Vergrößerung des Kriegsrisikos zu vermeiden. Und das ist möglich.

Nietzsche hat einmal gesagt: »Die größten Änderungen in der Geschichte der Menschheit erfolgen nicht in unseren lautesten, sondern in unseren stillsten Stunden.« Wir ändern uns in unserem Denken, wir ändern uns in unserem Handeln, und die Erfahrungen des Handelns haben dann eine Wirkung auf unser Denken. Wer einmal in Hiroshima war und weiß, wie Hiroshima aussieht, der denkt nie wieder über den Krieg ganz genauso, wie er vorher über ihn gedacht hat. Ich war in Hiroshima. Und diese Eindrücke helfen uns; sie helfen uns, das Klima des menschlichen Denkens zu ändern. Und das ändert sich heute. Oft merken wir es gar nicht, weil wir mitten darin stehen. In der Welt hat sich in den letzten dreißig oder fünfzig Jahren vielleicht mehr geändert als in vielen Jahrhunderten zuvor.

Ich sprach einmal mit dem Vorsitzenden der Philosophieabteilung einer Katholischen Universität, Father Gerald Walsh hieß er, Kleriker-Theologe. Und es fragte ihn jemand, ob er einen Dritten Weltkrieg für unvermeidlich halte. Da antwortete er, den Dritten Weltkrieg für unvermeidlich zu halten, hieße, gegen die Güte Gottes zu lästern. Obwohl ich mich anders ausdrücken würde, glaube ich, daß er recht hatte.

Ludwig Raiser
Umgang der Generationen

Leben heißt: unter Mitmenschen leben. Dabei stellt uns die Notwendigkeit des Zusammenlebens verschiedener Generationen vor besondere Aufgaben. Es ist eine Notwendigkeit, die jedem Menschen in seinem Lebensbereich vorgegeben ist: in der Familie zunächst, in der Eltern und Kinder, meist auch Großeltern, aufeinander verwiesen sind, zusammenhalten oder auseinanderstreben; in Schulen und Ausbildungsverhältnissen aller Art, wo typischerweise erwachsene Lehrende und junge Lernende aufeinandertreffen; im Arbeits- und Berufsleben, wo die Zusammenarbeit von Alten und Jungen gefordert und oft durch rangmäßige Über- und Unterordnung geregelt ist. Zusammenleben müssen wir auch in der politischen Öffentlichkeit, wo selbst quer durch das Gefüge der Parteien Solidarität und Spannung zu spüren sind, Solidarität der Älteren in der Behauptung von Positionen, die auf Erfahrung gegründet sind, und in der Spannung dazu Solidarität der Jüngeren, die solchen Autoritätsverhältnissen mißtrauen und für sich das Recht einer anderen Sicht der Dinge und entsprechender Handlungsstrategien in Anspruch nehmen. Durchgängig stoßen wir auf ein Problem, das man, etwas zugespitzt, das der Gleichzeitigkeit des Ungleichzeitigen nennen kann. Wie lösen wir es?

Vorweg sollten wir uns über den hier verwendeten Begriff der Generation verständigen. Er wird auch in der Umgangssprache über seinen ursprünglichen, rein biologischen Sinn hinaus erweitert und schematisiert. Diesem Gebrauch folgen wir, obwohl es strenggenommen in keiner Gesellschaft das einfache Gegenüber zweier Generationen von Jungen und Alten oder, nach einem verfeinerten Schema, dreier Generationen von Kindern und Jugendlichen, Erwachsenen und den aus dem Arbeitsprozeß ausgeschiedenen Alten gibt. Vielmehr begegnen wir Menschen jeden Alters mit ihren je besonderen Lebensläufen, die im Altersaufbau einer Gesellschaft Gleichaltrige, Ältere und Jüngere neben, über oder unter sich wissen und deren Zuordnung zu einer der zwei oder drei als gleichzeitig lebend angenommenen Generationen nur bei grober Vereinfachung möglich ist. Gleichwohl ist solche Zuordnung, so zweifelhaft sie im Einzelfall sein mag, doch aufs ganze gesehen nicht bloß Willkür einer auf die Analyse von Gruppenverhalten ausgerichteten Soziologie. Vielmehr entspricht ihr auch außerhalb der biologischen Ordnung einer Familie wenigstens annähernd ein durch gemeinsame Erlebnisse und Erfahrungen einer Altersgruppe geprägtes Bewußtsein, das ebenso schematisiert. Wir rechnen uns selbst, vielleicht je nach der Situation mit verschiedenem Ergebnis, zu den Alten oder den Jungen, oder wir bemerken mit Unbehagen, daß Jüngere, denen wir uns in unseren Überzeugungen noch nahe fühlen, den Trennungsstrich schon gezogen und uns in ihrem Bewußtsein auf die Seite der alten Generation geschoben haben. Objektive und subjektive Kriterien der Zuordnung decken sich also nicht durchweg; aber sie konvergieren in der Mehrzahl der Fälle deutlich genug, daß es uns erlaubt erscheint, in dieser Vereinfachung vom Umgang der Generationen als einer uns allen in vielfältigen Zusammenhängen gestellten Aufgabe zu sprechen.

Offenbar fällt es uns heute schwer, Regeln für den rechten Umgang aufzustellen. Das war nicht immer so. Durch lange Perioden der Menschheitsgeschichte hindurch entsprach es nicht nur im europäischen, christlich geprägten Kulturkreis, sondern auch in anderen Hochkulturen einer allgemeinen sittlichen Überzeugung, daß in der Familie die Elterngeneration, regelmäßig in der patriarchalischen Ordnung der Vater über die Nachkommen ein Bestimmungsrecht und diese eine Folge- und Gehorsamspflicht haben. Das galt selbst dann, wenn die Nachkommen im biologischen Sinn nicht mehr schutz- und erziehungsbedürftige Kinder oder Jugendliche, sondern Erwachsene waren, jedenfalls so lange, als sie sich nicht durch wirtschaftliche Verselbständigung oder – bei Mädchen – durch Verheiratung aus dem Hausverband gelöst hatten. Ob das vierte Gebot im Dekalog des Alten Testaments, den auch die christliche Tradition übernommen hat, also das Gebot, Vater und Mutter zu ehren, eine solche Gehorsamspflicht umfaßt oder ursprünglich nicht eher den Sinn hatte, die alten, nicht mehr arbeitsfähigen und darum auf den Unterhalt durch die Kinder angewiesenen Eltern, somit die Großelterngeneration zu schützen, kann hier offenbleiben; die christliche Tradition jedenfalls, namentlich auch Luther im Kleinen und Großen Katechismus, hat das Gebot in der weiten, die Gehorsamspflicht einschließenden Bedeutung verstanden. Sie ist darin vom weltlichen Recht unterstützt worden, das aus römischer und germanischer Wurzel den noch ins BGB eingegangenen Begriff der väterlichen oder elterlichen Gewalt als ein notfalls mit Zwangsmitteln ausgestattetes Bestimmungsrecht entwickelt hat. Es besteht bis heute, freilich ausgewogen und inhaltlich beschränkt durch die Fürsorge-, Unterhalts- und Erziehungspflicht der Eltern, und es endet mit der seit kurzem auf das 18. Lebensjahr vorverlegten Volljährigkeit. Im Zuge dieser Tradition lag es auch, und Luthers Katechismus vollzieht den Schritt ausdrücklich, das Bestimmungsrecht der älteren und die Gehorsams- und Ehrerbietungspflicht der jüngeren Generation vom Eltern-Kinder-Verhältnis auf vergleichbare Situationen auszudehnen, so auf das Verhältnis des Lehrers zum Schüler, des Lehrherrn zum Lehrling und umgekehrt.

Ich erinnere an diesen Komplex sittlicher und rechtlicher Vorstellungen und Normen nicht, weil ich meine, daß sie zeitlose Gültigkeit beanspruchen können, sondern einmal, weil sie in die Gegenwart hineinwirken, insofern sie einer noch weit verbreiteten Überzeugung der alten Generation entsprechen, zum anderen deshalb, weil sich an ihnen der Widerstand der jungen Generation entzündet, der heute die Spannung zwischen den Generationen bedrohlich verschärft. Verschärft – nicht erzeugt –, denn eine Spannung hat auch unter der unangefochtenen Herrschaft jener alten Normen immer bestanden und sich dann und wann in der Geschichte so angestaut, daß es zu Entladungen kam, als Aufkündigung des Gehorsams und Auszug Einzelner oder ganzer Gruppen oder als politische Revolution, wenn soziale Mißstände der Jugend Gelegenheit gaben, breitere Volksschichten für ihre Parolen zu gewinnen. Es ist die Spannung, die nach den heutigen Einsichten einer biologisch und psychologisch bestimmten Anthropologie fast notwendig entsteht, wenn der junge Mensch beginnt, sich von der inneren Bindung an seine Eltern und die ihm von ihnen vermittelten Werte und Anschauungen loszulösen, um seine Identität, sein Selbst zu finden und zu entwickeln. Mißlingt diese Loslösung, so ist seine Entwicklung zum reifen Menschen in Frage gestellt. In diesem für beide Seiten schmerzhaften Vorgang wird die Suche nach eigenen Wertmaßstäben und Orientierungen oft erlebt als innere Auflehnung gegen tradierte Werte und Normen, bis im reiferen Alter eine Synthese gelingt, in der der Mensch auf Grund der inzwischen gemachten und verarbeiteten eigenen Erfahrungen die Tradition unbefangen annehmen kann, weil er sich jetzt sicher genug fühlt, Eigenes korrigierend und ergänzend hinzuzufügen.

Indessen stehen wir heute weithin vor einer Konfliktsituation zwischen alter und junger Generation, die wir nicht dadurch verharmlosen können, daß wir sie auf die eben geschilderten Erscheinungen im Generationswechsel zurückführen und danach darauf vertrauen, daß sich die Spannung mit dem Älter- und Milderwerden der Alten und dem Einrücken der heute Jungen in verantwortliche Positionen von selbst lösen, daß also Tradition einerseits und Wertwelt der Jungen andererseits sich wie bei früheren Generationswechseln im Fortgang der Geschichte zur Einheit verschmelzen werden. Vielmehr besteht aller Grund zu vermuten, daß wir Zeugen oder besser: aktiv und passiv Betroffene eines schärferen Konflikts und eines Traditionsbruches sind, der nicht von selbst heilen wird. Die Anzeichen dieser Lage sind uns allen aus vielfältigen Erfahrungen vertraut, Erfahrungen in der Familie, in den Schulen und Hochschulen, in Betrieben und Dienststellen, im politischen Leben. Der Konflikt äußert sich im Widerstand der Jungen nicht nur gegen die alte Gehorsamspflicht, sondern gegen alle Autoritäts- und Altersvorrechte, im tiefen Mißtrauen gegen überkommene Werte und die sie verkörpernden Einrichtungen und Personen – »Trau keinem über 30« geht als Parole um. Der Konflikt wird akut in den immer wieder aufflackernden Protestbewegungen, in öffentlichen Demonstrationen und im Zerreißen von Familienbindungen; er verfestigt sich zum Traditionsbruch, wenn junge Menschen sich der Kommunikation mit der alten Generation entziehen und entweder in eine Bindungs- und Orientierungslosigkeit beliebig gebildeter Gruppen Gleichaltriger ausweichen oder ideologisch bestimmte »Systemveränderung« fordern und betreiben, um für sich eine in Utopien nur erahnte neue Welt zu schaffen. Die Folge auf seiten der alten Generation ist Unverständnis, oft Zorn und Trotz, noch häufiger Schmerz und Resignation, die das Feld räumt, sei es aus Müdigkeit und Enttäuschung, sei es aus Unsicherheit über den Wert der bisher fraglos gelebten Tradition.

Ich bin mir bewußt, daß das hier gezeichnete Bild, ebenso wie schon die Aufteilung der Gesellschaft in zwei oder drei Generationen, die sehr viel komplexere Wirklichkeit grob vereinfacht. Es gibt neben zerstörten noch »heile« Familien, es gibt Schulen, in denen Lehrer, Eltern und Kinder zwar nicht problemlos, aber gutwillig zusammenwirken; es gibt neben aufsässigen oder gammelnden auch wie eh und je viele kritisch lernbereite Studenten, und es gibt in allen Arbeitsverhältnissen und Berufen auch junge Menschen, die, ohne die radikal kritischen Anfragen ihrer Generation zu vergessen, doch darum bemüht sind, den erwähnten Vorgang der Verschmelzung von Tradition und neuer Wertwelt bei sich und ihren Altersgenossen zu befördern. Manchmal sind es starke gemeinsame Erlebnisse oder besondere Aufgaben, die Gruppen aus verschiedenen Generationen zusammenbinden. Der scharfe Generationskonflikt ist also an vielen Stellen gemildert und gewissermaßen auf sein Normalmaß zurückgeführt. Aber das bei der unvermeidlichen Typisierung in die Augen springende, tief beunruhigende Kennzeichen unserer Zeit sind nicht diese Beispiele, sondern ist der harte Konflikt und der gewollte Traditionsbruch.

Läßt man die oft bitteren gegenseitigen Vorwürfe und Anklagen beiseite und versucht man ohne alle Affekte zu fragen, wie es dahin kommen konnte, so bieten sich zwei Gründe an. Sie ergänzen sich gegenseitig und machen zugleich verständlich, warum diese Situation nicht auf unsere Gesellschaft in der Bundesrepublik beschränkt ist, sondern sich mit ähnlichen Symptomen in allen Industrieländern, jedenfalls der westlichen Welt, bemerkbar macht.

Der eine Grund liegt in der seit dem Zweiten Weltkrieg in dieser westlichen Welt vorherrschenden Entwicklung zur Wohlstands- und Überflußgesellschaft. An ihren Segnungen nimmt auch der größte Teil der seit dem Krieg aufgewachsenen jungen Generation mit einem unverhohlenen Anspruchsdenken teil. Aber diese Generation spürt auch deutlicher als die Alten, die überall in Europa noch Notzeiten gekannt haben, die Leere der materialistischen Gesinnung, die sich zugleich mit diesem Wohlstand breit gemacht hat. Viele junge Menschen fühlen sich davon in ihren moralischen Impulsen abgestoßen; sie sehen für sich keine Aufgaben, die ihren Einsatz lohnen, oder wenden ihr Interesse und ihren Drang nach mitmenschlicher Solidarität enttäuscht den Randgruppen unserer Gesellschaft und den in Armut, Not und Übervölkerung verstrickten Völkern der Dritten Welt zu. Wer ihr Konfliktverhalten gegenüber der älteren Generation kritisiert, darf die hier sich auswirkenden ethischen Antriebskräfte nicht übersehen.

Ein zweiter Grund für die verschärfte Generationsspannung und den Traditionsbruch liegt in der Unsicherheit über die Zukunft der Menschheit, die zwar politisch in viele Lager gespalten ist, aber dennoch in ihrem Wirkungszusammenhang zur einen Welt zusammenwächst, und darin eingeschlossen der Unsicherheit über die Zukunft des eigenen Volkes und jedes Einzelnen von uns. Wir stehen unter dem Eindruck, daß die großen weltpolitischen Umwälzungen der letzten 30 – 40 Jahre und die unter dem wachsenden Einfluß von Wissenschaft und Technik eingetretene und rasch fortschreitende Umgestaltung aller Lebensbereiche das politische und soziale Gefüge der Menschheit im ganzen und jedes Volkes in der zweiten Hälfte unseres Jahrhunderts radikaler verändert haben und verändern werden, als das im langsameren Fluß der Geschichte früherer Jahrhunderte der Fall war. Die Folge ist, daß die Erfahrungen der Vergangenheit und die aus ihnen gewonnenen Regeln sozialen Verhaltens sich nicht ohne weiteres auf die Gegenwart übertragen lassen und uns wenig Orientierung bei dem Versuch liefern, uns auf die mögliche weitere Entwicklung einzustellen. So gesehen ist der Traditionsbruch, von dem ich sprach, nicht ein willkürlicher Akt einer aufsässigen jungen Generation, sondern die Konsequenz radikal veränderter und weiter rasch sich verändernder Lebensbedingungen. Von Margaret Mead, der hochgelehrten und gescheiten amerikanischen Anthropologin und Ethnologin, stammt ein auch bei uns viel zitierter theoretischer Deutungsversuch dieses Vorgangs. Sie bezeichnet kulturelle Epochen, wie sie hinter uns liegen, in denen von der jeweils jungen Generation erwartet werden konnte, daß sie sich an den Erfahrungen und Verhaltensweisen der alten Generation orientiert, mit einem Kunstausdruck als »postfigurativ«, vielleicht, weil hier die Vaterfigur zum Leitbild wird. Im Gegensatz dazu seien wir heute in eine »präfigurative« Epoche eingetreten, in der die alte Generation der jungen keine solche verläßliche Orientierung mehr zu bieten vermöge, sondern beide, Junge und Alte, nach neuen Leitbildern Ausschau halten und sich den Weg in eine ungewisse Zukunft erst ertasten müssen. Dieser Vorgang, so meint sie, erklärt den Verfall hergebrachter Traditionen, Verhaltensmuster und Autoritätsverhältnisse, auch sittlicher Wertvorstellungen und begründet und rechtfertigt den Anspruch der für solche Veränderungen hochgradig sensiblen jungen Generation, sich ihre Welt in politischer und sozialer, auch in sittlicher Hinsicht neu zu schaffen.

Die Frage, ob alle von Margaret Mead gezogenen Konsequenzen ganz überzeugen, sei für einen Augenblick zurückgestellt. Ihr Deutungsversuch macht jedenfalls verständlich, warum heute das Alter allein keinen Vorrang an Autorität mehr gewährt und die Berufung auf Tradition nicht ausreicht, um bestehende Ordnungen und eingeführte Verhaltensregeln zu rechtfertigen. Die Deutung erklärt aber auch die in unserer Gesellschaft weit verbreitete Unsicherheit, ja Angst in bezug auf die Zukunft. Sie durchzieht als Grundstimmung die Gesellschaft in allen Altersstufen. Aber sie verschärft zugleich die Generationsspannung. Denn während sie in der alten Generation die Neigung verstärkt, das bestehende, nach vergangenen Katastrophen mühsam wieder aufgebaute Ordnungsgefüge unter allen Umständen zu bewahren und bestehende Besitzverhältnisse zu verteidigen, treibt sie die junge Generation dazu, das Bestehende radikal in Frage zu stellen und revolutionären Doktrinen Glauben zu schenken, die in ihren Utopien Sicherheit verheißen.

Es ist in diesem Moment nicht meine Aufgabe, die Argumente für und gegen die bestehende Ordnung, für und gegen revolutionäre Doktrinen gegeneinander abzuwägen und Vermutungen über den zukünftigen Gang der Weltgeschichte anzustellen. Unsere Frage ist, was geschehen kann, um dem Konflikt zwischen den Generationen etwas von seiner gegenwärtigen Schärfe zu nehmen und das in vielen Bereichen gestörte Verhältnis zwischen Alten und Jungen zu entkrampfen. Das Ziel müßte sein, wieder ein Zusammenleben zu ermöglichen, das bestehende Spannungen aushält, sie fallweise mit produktiven Lösungen überwindet, und das jeder Seite ihren Platz und ihre eigene bewahrende oder kritische Funktion in einer geschichtlich sich wandelnden Gesellschaft zubilligt.

Indem ich das Ziel so formuliere, weise ich für den rechten Umgang der Generationen zwei entgegengesetzte Haltungen als verkehrt und bedenklich ab, die sich in karikierender Übertreibung so kennzeichnen lassen: eine alte Generation von Männern und Frauen, die alle Machtpositionen in Politik, Gesellschaft, Wirtschaft, auch in der Familie besetzt halten und von den Jungen nur widerspruchslose Ein- und Unterordnung erwarten, oder eine junge Generation, die sich anmaßt, sich eine neue Welt aus eigener Kraft zu schaffen, und die von der alten nur fordert, schleunigst Platz zu machen und abzutreten. Das Zusammenleben der Generationen erfordert die Einsicht beider Seiten, daß sie, selbst im Konflikt, aufeinander angewiesen sind. Auch in einer Zeit raschen und radikalen sozialen Wandels bleibt der Erfahrung und der bewahrenden Kraft der alten Generation eine wichtige, das Ungestüm der Jungen dämpfende und korrigierende Aufgabe. Sollte Margaret Mead in ihrer Schilderung der »präfigurativen« Kultur, in der sie nur die Rolle der Jungen betont, anders zu verstehen sein, so müßte ich ihr widersprechen. Jedoch ist an der Welt, auf die sich die Erfahrung der alten Generation bezieht, so vieles fragwürdig und brüchig geworden, daß die Alten der Kritik der Jungen nicht ausweichen können und sie deren Mitwirkung bedürfen, um gemeinsam wieder eine menschengerechte, lebenswerte Welt zu schaffen. Diese Gemeinsamkeit erfordert eine moralische Anstrengung auf beiden Seiten mit der Bereitschaft, den anderen als gleich betroffen und gleich berechtigt gelten zu lassen. Der Einsicht der Alten, daß sie die Jungen als Partner nötig haben, muß die Einsicht der Jungen entgegenkommen, daß sie Gefahr laufen, die Zukunft zu verlieren und ihre Utopien in bitteren Enttäuschungen enden zu sehen, wenn sie nicht bereit sind, im Beistand der alten Generation notwendige und fällige Veränderungen aus dem Bestehenden heraus zu entwickeln.

Solche Gemeinsamkeit aus unterschiedlichen Positionen heraus wird sich nur schrittweise und gegen allerlei Widerstände erreichen lassen. In den stürmischen Anfängen der studentischen Protestbewegung in der zweiten Hälfte der sechziger Jahre entwickelten wir in den Beratungen der Westdeutschen Rektorenkonferenz die Parole der »kritischen, aktiven Toleranz«. Ich halte sie auch jetzt noch für unser allgemeineres Problem des rechten Umgangs der Generationen für geeignet, um die Haltung zu kennzeichnen, die beiden Seiten als Anfang jener moralischen Anstrengung geboten ist. Wohl weiß ich, daß Geduld und Toleranz von den vielen, jungen oder alten, Fanatikern, die im Besitz der einen Wahrheit zu sein glauben und für sie zu kämpfen entschlossen sind, als unerträgliche Zumutung abgelehnt werden. Aber solcher Fanatismus endet, wenn er sich durchsetzt, in der totalitären Diktatur. In einer freiheitlich verfaßten Gesellschaft müssen wir einander zugestehen, daß politische Programme nur relativen Wahrheitsgehalt haben, daher auch ständiger Kritik zugänglich und bedürftig sind. Aktive Toleranz meint auch nicht ein schwächliches oder resigniertes Hinnehmen aller Forderungen und Aktionen der anderen Seite; wo sie offenbar unvernünftig sind und auf Zerstörung ausgehen, ist entschiedener Widerstand geboten. Aber diese Haltung der Toleranz mutet jeder Seite zu, sich um ein Verstehen der Ziele und Motive der anderen Seite zu mühen, eigene Vorurteile abzubauen und statt dessen die offene Auseinandersetzung zu suchen. Dabei setzt das Verstehen eine Bereitschaft zum Lernen voraus, das oft damit beginnen muß, wieder eine gemeinsame Sprache für die beide Seiten bedrükkenden Probleme und die Möglichkeiten ihrer Bewältigung zu finden. Dieser Anstrengung dürfen sich die aufeinander angewiesenen Generationen nicht entziehen. Es wäre auch falsch, sie nur der Seite aufzuerlegen, die mehr Macht hat, in unserer Gesellschaft also einseitig der älteren Generation. Gewiß erfordert das Gebot der Toleranz inhaltlich je nach Lebensalter, Einsichtsfähigkeit und gesellschaftlicher Stellung etwas Verschiedenes; aber im Grundsatz richtet es sich an alle, an die oft so ungeduldigen jungen Menschen ebenso wie an zornige Väter und Vorgesetzte.

Toleranz kann allein freilich nicht mehr leisten, als den Weg zur Zusammenarbeit zu ebnen. Der Versuch einer Auseinandersetzung kann auch scheitern, weil eine Brücke der Verständigung, oft schon in der Sprache, nicht mehr erkennbar ist. Dann enden Ansätze zum Gespräch zwischen den Generationen in der Trostlosigkeit des Nichtverstehens, in Schmerz und Verbitterung. Was eine aus Glauben genährte hoffende Liebe auch dann noch zu bewirken vermag, liegt jenseits des Bereichs rationaler Erwägung. Aber auch junge Menschen, Eltern und Lehrer, denen der Zugang zu solchem Glauben in unserer säkularen Gesellschaft verschüttet ist, handeln unrecht, wenn sie die ihnen anvertrauten und nahestehenden Menschen auf der anderen Seite des Generationsgrabens loslassen. Auch der scharfe Konflikt zerstört das Verhältnis der Generationen zueinander nicht an der Wurzel. Sie sind ja nicht nur durch die biologische Abstammungskette aneinander gebunden, auch nicht nur aus Gründen wirtschaftlicher Nützlichkeit aufeinander angewiesen. Die jeweils junge Generation ist ebenso wie die alte in eine bestehende gesellschaftliche Kultur hineingewachsen und durch sie geprägt; sie könnte diese Prägung nur um den Preis des Verlustes der Identität verleugnen. Andererseits sind die Nöte, die ihr unsere Zeit schafft, die Angst und Unsicherheit, die sie erzeugen, der alten Generation nicht fremd, auch wenn sie verschieden erlebt und verarbeitet werden. Der Traditionsbruch, den viele Junge glauben vollziehen zu müssen, bleibt auch den Alten als Vorgang langsamerer, gleichwohl schwierig zu vollziehender Verwandlung nicht erspart. So ist der Boden der Gemeinsamkeit breiter, als es die Konflikthandlungen vermuten lassen; er umfaßt auch einen Kernbestand sittlicher Normen, deren Anerkennung alle Abbrüche überdauert, und stützt darum die Zumutung einer moralischen Anstrengung, an der Brücke der Verständigung zu bauen.

Am vierten Gebot, das ich eingangs erwähnte, läßt sich das Gemeinte verdeutlichen. Als starres Gesetz gehandhabt und als Verlangen fraglosen Gehorsams gegenüber elterlicher Autorität verstanden, ist uns das Gebot fremd geworden. Aber als sittliche Pflicht, Vater und Mutter zu ehren, hat es auch für uns Bestand. Wer sich von ihr lossagt, zerstört sich selbst und verlegt sich den eigenen Weg in die Zukunft.

Theodor Ebert
Mut zur Gewaltlosigkeit

Wer sich mit Politik befaßt, wird früher oder später auch auf die Lehre des Thomas Hobbes stoßen: Der Mensch sei dem Menschen ein Wolf. Nur ein starker Staat, den er nach einem biblischen Ungeheuer Leviathan nannte, könne für Frieden unter den Menschen sorgen. Im Blick auf die Außenpolitik wäre heute modern zu formulieren: Nur ein Gleichgewicht des Schreckens kann Kriege verhindern. Diese politische Philosphie sieht den Menschen als einen Egoisten, der geleitet ist von dem Streben nach dem eigenen Vorteil, also dem Besitz möglichst vieler Güter in der Welt. Der Naturzustand ist nach Hobbes der Kampf aller gegen alle – nur zu beseitigen durch die freiwillige oder erzwungene Unterwerfung des einzelnen unter den Staat und seine Fürsorge.

Thomas Hobbes, der von 1588 bis 1679 in England und zeitweise im französischen Exil lebte, war nun zwar ein Anhänger der absoluten Monarchie; aber er wurde im 19. Jahrhundert wiederentdeckt von den Vertretern eines Absolutismus der Parlamentarier. Kein demokratischer Politiker wird sich zwar heute auf den Leviathan berufen; aber mit der politischen Philosphie des Thomas Hobbes läßt sich das Handeln deutscher Landesväter von Brokdorf bis Wyhl durchaus erklären.

Wenn Bürger staatliche Energieplanungen oder militärische Sicherheitsvorkehrungen kritisieren, werden ihnen ganz im Geiste von Thomas Hobbes Chaos und Katastrophen prophezeit. »Wenn die Kernkraftwerke nicht gebaut werden, dann gehen in den achtziger Jahren die Lichter aus.« »Wenn der Westen mit der Abrüstung einseitig Initiativen ergreift, dann kommen die Russen.« Mit diesen Wenn-dann-Sätzen werden tiefsitzende Ängste ausgesprochen. Um der Sicherheit willen, aus Angst um recht und schlecht Erworbenes ist man bereit, sich in Abhängigkeit zu begeben und darin zu verharren.

Die Behauptung von Hobbes, daß der Naturzustand der Spezies Mensch der Kampf aller gegen alle sei, ist empirisch nicht zu überprüfen, und auch die Frage, ob ein Abbau staatlicher Gewalt nach innen und außen unweigerlich zu Chaos, Bürgerkrieg und Fremdherrschaft führen würde, entzieht sich einer sicheren Prognose. Möglich ist dieser schlimme Fall; denn schließlich ist Thomas Hobbes zu seiner pessimistischen Beurteilung menschlichen Verhaltens gekommen, indem er die Wirren seiner Zeit aufmerksam und leidgeprüft beobachtete. Wenn man heute auf den Libanon blickt, könnte man sich durchaus fragen, ob nicht nur ein Leviathan im Sinne von Thomas Hobbes dort den Bürgerkrieg hätte verhindern können. Ich will dieser Frage jetzt im einzelnen nicht nachgehen, weil man dann nach verschiedenen Ansätzen für gewaltfreie Konfliktlösungen bis weit zurück in der Kolonialzeit des Vorderen Orients forschen müßte, und in der Gegenwart müßte man wohl nach gewaltfreien Strategien zur Schaffung eines Palästinenserstaates fragen. Vielleicht könnte dann ein neuer Ansatzpunkt für eine gewaltfreie Strategie in den israelisch besetzten Gebieten gefunden werden.

Wenn man sich mit der hobbesianischen Sicht der Politik kritisch auseinandersetzt, sollte man sich vor allgemeinen Gegenthesen hüten, sich also nicht einfach auf einen anarchistischen Theoretiker wie Pjotr Kropotkin berufen, der den Menschen ein herrschaftsfreies, auf gegenseitiger Hilfe basierendes Zusammenleben zutraut und dafür auch nach Beispielen im Tierreich sucht. Ein Hobbes und ein Kropotkin würden jeweils ihre Beispiele finden, und keiner könnte damit den anderen überzeugen.

Eine von niemand zu bestreitende Tatsache ist jedoch zunächst einmal, daß alle Menschen ihr Zusammenleben gerne so gestalten würden, daß sie weder Gewalt erleiden noch sie androhen müßten. Daß Menschen sich gegenseitig töten, wurde in der Geschichte der Menschheit nie als selbstverständlich akzeptiert. Es bedurfte spezieller religiöser oder politischer Rechtfertigungen, die doch nie so dicht waren, daß nicht irgendwie die Frage durchgedrungen wäre: Kain, wo ist dein Bruder Abel?

Der Mensch ist das einzige Säugetier, das Artgenossen tötet; aber als Mensch ist er auch nicht in der Lage, das ein für allemal als eine unumgängliche Verhaltensweise zu akzeptieren. Immer wieder, in jeder Kultur wird auch die Frage gestellt: Muß das sein, dieses »homo homini lupus«, der Mensch ist dem Menschen ein Wolf? Können wir dem Mitmenschen nicht auch ohne Gewalt begegnen? Können wir ihn durch entsprechendes Verhalten nicht davon überzeugen, daß wir auch sein Wohl mit im Auge haben? Aber ist das Risiko, bei diesem Versuch dann selbst vernichtet zu werden, nicht untragbar groß?, lautet die Gegenfrage.

Eine konsequente christliche Ethik beruht auf der Vermutung: Immer und überall gibt es eine Erfolgschance für ein gewaltfreies Vorgehen. Es entzieht sich meiner Kenntnis, ob man diese Aussage genauso kategorisch von den anderen Hochreligionen machen könnte; praktische Versuche in dieser Richtung lassen sich auch in nichtchristlichen Kulturkreisen nachweisen. Heute ist es ohnehin so, daß auch nichtchristliche Vertreter gewaltfreier Politik mit den ethischen Vorstellungen des Christentums einigermaßen vertraut sind. Gandhi hat zwar Wert darauf gelegt, ein Hindu und kein Christ zu sein; aber die Bergpredigt empfand auch er als eine für ihn gültige Richtschnur des Handelns.

Man kann wohl davon ausgehen, daß die Frage nach der Möglichkeit gewaltfreien Verhaltens sich in der Geschichte immer wieder stellt, aber auch zu jeder Zeit und an jedem Ort neu und anders. Man kann die Erfahrungen eines Gandhi, eines Martin Luther King und ihrer Mitarbeiter zwar studieren und daraus lernen; aber man wird das Experiment der gewaltfreien Aktion immer wieder neu wagen müssen, und der Ausgang wird meist ungewiß sein. Wenn heute Bürgerinitiativen gewaltfreien Widerstand gegen Kernkraftwerke leisten, dann wissen sie nicht, ob sie damit Erfolg haben, oder ob sie über den Rand des beschmutzten Nestes gedrängt werden; sie wissen nicht, ob vielleicht auf die Unterdrückung ihres gewaltfreien Ansatzes der Gegenterror von Enttäuschten und noch schärfere Unterdrückung folgt. Jede gewaltfreie Aktion ist eine abenteuerliche Entdeckungsreise auf der Suche nach dem Menschen in sich und im Gegenüber.

Es ist natürlich sinnvoll, sich mit Fallstudien früherer Expeditionen zu befassen. Die lehrreichsten Beispiele bieten wohl Gandhis Schriften über den Unabhängigkeitskampf Indiens und seine Studie »Satyagraha in Südafrika« und seine Autobiographie. Ferner wären zu nennen die Bücher von Martin Luther King über die Bürgerrechtsbewegung, insbesondere sein autobiographischer Bericht über den Busboykott in Montgomery. Es müssen nicht Erfolgsgeschichten sein. Die Untersuchung des Exil-Tschechen Vladimir Horsky über den Prager Widerstand gegen die russische Okkupation im Jahre 1968 ist die eindringlichste Darstellung verpaßter Chancen der Gewaltfreiheit, die ich in letzter Zeit gelesen habe.

Alle diese Geschichten über gewaltfreie Siege und Niederlagen sind gewiß historisch und abgetan; dem Skeptiker beweisen sie gar nichts – und er wird immer Gegenbeispiele wissen. Aber im Sinne von Friedrich Nietzsches unzeitgemäßen Betrachtungen über »Nutzen und Nachteil der Historie für das Leben« halte ich dieses monumentalische Schildern von Kampagnen, nicht nur von Siegen, sondern auch von tragischen Niederlagen, für die einzige Möglichkeit, dem Leser Mut zu machen, es seinerseits zu versuchen. Als Heinrich Albertz 1975 von der Liga für Menschenrechte die Carl-von-Ossietzky-Medaille verliehen bekam, bat er seine Zuhörer dringend, nicht zu resignieren »in einem Land, das dabei ist, das große Angebot der Freiheit seines Grundgesetzes in einem Netz ängstlicher Schnüffelei unglaubwürdig zu machen, in einer Welt, die immer tiefer in die Abhängigkeit ökonomischer und militärischer Systeme versinkt«.

In einer solchen Zeit brauchen wir wider die Resignation die monumentalische Geschichtsschreibung, über deren Grundgedanken Friedrich Nietzsche sagt: »Das, was einmal vermochte, den Begriff ›Mensch‹ weiter auszuspannen und schöner zu erfüllen, das muß auch ewig vorhanden sein, um dies ewig zu vermögen. Daß die großen Momente im Kampfe der Einzelnen eine Kette bilden, daß in ihnen ein Höhenzug der Menschheit durch Jahrtausende hin sich verbinde, daß für mich das Höchste eines solchen längstvergangenen Moments noch lebendig, hell und groß sei – das ist der Grundgedanke im Glauben an die Humanität, der sich in der Forderung einer monumentalischen Historie ausspricht.«

Im Unterschied zu Nietzsche geht es mir allerdings nicht um den großen einzelnen, sondern um den Aufstand der vielen underdogs; es geht nicht sogleich um Höhenflüge der Humanität, sondern um die meist bescheidenen Anfänge des Widerstands scheinbar angepaßter, außengeleiteter Herdenmenschen. Sonderlich »monumental« werden diese Widerstandsgeschichten in der Regel nicht ausfallen können. Wo sollen die underdogs denn auch die Kunst des Widerstands erlernt haben? Ich kann die Szene nicht mit lauter Nachwuchsgandhis bevölkern, sondern muß mich an die Warnung von Theodor Adorno halten: »Die Glorifizierung der prächtigen underdogs läuft auf die des prächtigen Systems heraus, das sie dazu macht.«

Mich interessiert: Wo gibt es diesen Mut zum gewaltfreien Handeln hier und heute in unserem Land, und welche Perspektiven eröffnet dieses Engagement im Falle seines Erfolges?

Es gibt diesen Widerspruch gegen Thomas Hobbes, gegen sein Bild des gierigen, nur staatlich gezähmten Erwerbsmenschen in der Bundesrepublik am deutlichsten in der Ökologiebewegung, das heißt in den Bürgerinitiativen zum Umweltschutz, und bei den Kriegsdienstverweigerern. Der Mut zur Gewaltlosigkeit besteht bei den Ökologiegruppen darin, daß sie sich dem Konsumzwang widersetzen und mit dem Einsatz ihrer ganzen Person auf die Grenzen des industriellen Wachstums und auf die Verantwortung gegenüber künftigen Generationen hinweisen. Wenn es zum äußersten kommt, ist ihr Einsatzort die Baustelle industrieller Großprojekte, ob in Markolsheim, Wyhl, Kaiseraugst oder Brokdorf.

Bei den Kriegsdienstverweigerern wird der Mut zur Gewaltlosigkeit nicht so unmittelbar auf die Probe gestellt. Sie schlagen zwar das Angebot des Leviathan aus, sich militärisch zu verteidigen, aber sie haben praktisch gar keine Möglichkeit, ihre Bereitschaft zum gewaltfreien Widerstand als Mittel der Verteidigungspolitik unter Beweis zu stellen. Die etwa 30000 jungen Männer, die sich in der Bundesrepublik jährlich zur Kriegsdienstverweigerung entschließen, bilden zwar in ihren Motiven und politischen Zielvorstellungen keine Einheit; aber aus empirischen Untersuchungen ist zu entnehmen, daß die Mehrheit von ihnen nicht schlicht und ergreifend für einseitige Abrüstung eintritt, sondern die innenpolitisch erprobten Methoden der gewaltfreien Aktion auch gegen auswärtige Aggressoren einsetzen möchte. Sie wären durchaus bereit, sich im gewaltfreien Widerstand auszubilden; aber die gegenwärtige Form des Zivildienstes bietet ihnen dafür keine Gelegenheit, was sie frustriert und in Einzelfällen sogar zur Zivildienstverweigerung motiviert.

Aber zunächst bleibt es ein leidiges Faktum, daß man

Kriegsdienstverweigerer als Drückeberger oder gar Feiglinge bezeichnen kann und daß sie ihren Mut dann nur durch die Berufung auf ein theoretisches Konzept der gewaltfreien Verteidigung andeuten können. Sie sprechen von Sozialer Verteidigung und meinen damit im Unterschied zur mehr territorialen militärischen Verteidigung eine gewaltlose Verteidigung der Selbstbestimmung in den sozialen Institutionen einer Gesellschaft. Massenhafter ziviler Ungehorsam soll es dem Aggressor trotz Unterdrückungsversuchen unmöglich machen, sich durchzusetzen. An diesem Konzept der Sozialen Verteidigung haben in den letzten zwölf Jahren eine ganze Reihe von europäischen Friedensforschern gearbeitet, und es gibt zu dieser Thematik ein halbes Dutzend Taschenbücher. Darin sind die Erfahrungen im Widerstand gegen Besatzungsregime und Staatsstreiche sorgfältig ausgewertet. Eine wichtige Rolle spielten dabei der Widerstand in Norwegen und Dänemark im Zweiten Weltkrieg, der Kapp-Putsch von 1920, der Ruhrkampf von 1923, die Okkupation der Tschechoslowakei 1968 und der Staatsstreich gegen Allende. Hier wurden Siege und Niederlagen untersucht, und das Konzept der Sozialen Verteidigung läuft jetzt darauf hinaus, daß Szenarios möglicher Gefahren entworfen und dann aus den erfolgreichen Elementen vergangener gewaltloser Kampagnen umfassende Widerstandskonzepte entwickelt werden. Die Grundidee ist, aus dem unvorbereiteten Widerstand der Vergangenheit eine vorbereitete Soziale Verteidigung zu machen. In der Vergangenheit kam es häufig dann zum gewaltlosen Widerstand, wenn man keine Waffen hatte oder militärisch weit unterlegen war. Im Konzept der Sozialen Verteidigung wird nun versucht, aus dieser Not eine Tugend zu machen.

Der Erfolg der Sozialen Verteidigung beruht allerdings auf der Voraussetzung, daß sie nicht von oben verordnet wird, sondern aus einer allgemeinen politischen Kultur oder Widerstandsbereitschaft erwächst. Nach den berühmten Labortests von Milgram und Mantell, in denen sie Versuchspersonen aufforderten, Unsichtbaren im Interesse eines wissenschaftlichen Experiments Elektroschocks auszuteilen, könnten allerdings Pessimisten sich darin bestätigt sehen, daß wir ein Volk von Untertanen sind. Bei diesen Tests zeigte sich nämlich, daß die meisten der Versuchspersonen bereit waren, schmerzhafte und lebensgefährliche Stromstöße auszuteilen. Sie ließen sich auch durch die imitierten Schmerzensschreie ihrer Opfer nicht bewegen, dem Wissenschaftler im weißen Kittel den Gehorsam zu verweigern. Ein Film mit dem Titel »Abraham« ist ein erschütterndes Dokument der deutschen Variante dieses Versuchs. Auf Freizeiten von Kriegsdienstverweigerern wird dieser Film häufig gezeigt, und er löst natürlich die Frage aus, ob die Deutschen heute in der Lage sind, auf ihren eigenen Verstand zu vertrauen und etablierten Autoritäten zu widersprechen.

Der Labortest von Milgram wird zur Zeit in freier Wildbahn wiederholt am Exempel der Energiepolitik. Es geht mir jetzt an dieser Stelle nicht um eine Entscheidung pro und contra Kernenergie. Ich halte es nicht für ausgeschlossen, daß es in Zukunft gelingt, sichere und umweltfreundliche Kernkraftwerke zu konstruieren. Unter dem Gesichtswinkel der Kultur der Widerstandsbereitschaft scheint mir jedoch das Bemerkenswerte und Ermutigende am Widerstand der Bürgerinitiativen in Wyhl und Brokdorf zu sein, daß die Bürger heute bereit sind, nicht nur für gesicherte Überzeugungen, sondern auch für Zweifel auf die Straße zu gehen. Die Betreiber der Kernkraftwerke gaben sich alle Mühe, wissenschaftliche und politische Autoritäten für sich ins Feld zu führen und deren Meinungen auf Glanzpapier und in teuren Annoncen zu verbreiten. Und da sollen nun einfache Bürger, die keine Physiker und keine Wirtschaftsfachleute sind und die das auch noch unter die Nase gerieben bekommen, es wagen, Widerstand zu leisten, weil sie doch von Gefahren gehört haben und nicht recht einsehen wollen, daß es uns auf die Dauer gut tut, wenn sich der Stromverbrauch alle Dutzend Jahre verdoppelt?

Wir wissen heute, daß Bürger Widerstand geleistet haben, und zwar in erheblicher Zahl – und der Leviathan hat schon Federn bzw. Schuppen lassen müssen. Man entdeckte, daß die Bedarfsprognosen überhöht, auch die Kernenergie ziemlich teuer, sichere Mülldeponien nicht vorhanden und sogar Stromeinsparungen durchaus im Bereich des Menschenmöglichen sind. Das macht anderen Mut; aber dieser Mut mußte vor Ort erst einmal bewiesen werden. Mich hat der Bericht einer 32jährigen Bäuerin und Stadträtin aus Oberrotweil im Kaiserstuhl sehr beeindruckt. Unter der Überschrift »Panik erfaßt unsere Herzen« schreibt sie über ihre Erfahrungen im gewaltlosen Widerstand in Wyhl anläßlich der ersten Platzräumung am 20. Februar 1975:

»Wir waren etwa 150 Menschen auf dem Platz ... Wir waren in diesen Stunden eine eingeschworene Einheit. In solchen

Stunden kommt das ›Du‹ leichter über die Lippen. Wir standen in Gruppen zusammen und bestärkten uns gegenseitig in unserem Willen zu völliger Gewaltlosigkeit.

Fünf Uhr dreißig ... Im Wald war es noch dunkel. Wie Schemen zuerst leuchteten die weißen Helme vieler Polizisten durch die Dunkelheit. Panik erfaßte unsere Herzen, und mancher von uns hätte sich vielleicht gerne irgendwo verkrochen angesichts dieser Übermacht, die da auf uns zukam.

Immer mehr weiße Polizistenhelme rückten in unseren Gesichtskreis. Es waren ungefähr 650 Mann mit Hunden, Wasserwerfern und Panzerfahrzeugen, die da einen Ring um einen Haufen mutig um ihre Heimat kämpfender Leute legten. Die Polizisten standen da in Reih und Glied, die Allmacht der Landesregierung symbolisierend ...

Auf Kommando rückten nun die Polizisten in dichten Reihen gegen uns vor. Voraus Polizeihunde. Wir setzten uns dichtgedrängt zusammen und hakten uns fest ein. Der Boden war naß und wir froren. Jemand mit Gitarre stimmte die ›Wacht am Rhein‹ an. Und wir sangen alle, Strophe für Strophe, immer wieder dasselbe Lied. Es einte uns. Oft schon hatte man erzählen gehört, daß Soldaten an der Front beim Angriff des Feindes in höchster Not sangen. Ich hatte es nie glauben wollen, da Singen im allgemeinen ein Ausdruck von Fröhlichkeit ist. Aber nun spürte ich es am eigenen Körper, wie es half, diese unerträgliche Spannung loszuwerden. Immer wieder schallte die Aufforderung durch den Lautsprecher, den Platz zu verlassen. Doch wir übertönten den Ruf mit unserem Singen. Ich dachte an die Kinder zu Hause, und daß wir ihretwegen diesen Platz besetzt hielten. Natürlich taten wir es auch für uns selbst. Es ging schließlich um unsere ureigensten Interessen. Wir kämpfen hier um unsere Gesundheit und Existenz und um die Zukunft unserer Kinder.

Doch lange kam ich nicht mehr zum Nachdenken, denn nun begannen die Polizistentrupps einige von uns gezielt herauszuzerren. Sie suchten sich vorwiegend junge Leute mit langem Haar und Bärten heraus ... Sie zerrten junge Mädchen an den Haaren durch das abgebrannte Feuer. Einer jungen Elsässerin entrissen sie brutal ihr kleines zwei- oder dreijähriges Kind. In dem Gerangel wurde es fast an einen Baumstamm geschleudert. Es war eine furchtbare Szene. Ich heulte vor Wut und Scham vor so viel Unmenschlichkeit. Noch heute kommen mir Tränen in die Augen, wenn ich an diese Stunde denke. Unsere Leute ließen sich wegtragen, ohne sich zu wehren. 54 Personen wurden festgenommen ...

Nun fuhr der Wasserwerfer vor. Wir deckten uns notdürftig mit Plastikfolien ab, aber die Polizisten entrissen sie uns. Ungeschützt waren wir nun dem Wasserwerfer ausgesetzt. Mich traf die volle Wucht des Wasserstrahls ins Gesicht ...

So trieben sie uns wie eine Herde Tiere vom Platz. Niedergeschlagen, durchnäßt, müde und ausgebrannt traten wir den traurigen Weg zur Natorampe an. Dort warteten unsere Leute, die nicht mehr hatten zu uns vordringen können. Weinend fielen wir uns in die Arme. Da weinten ausgewachsene Männer vor Wut und Ohnmacht. Wir unterhielten uns schluchzend über die unglaublichen Vorkommnisse. Wir waren alle restlos fertig.«

Soweit Annemarie Sacherer in einer Dokumentation der badisch-eslsässischen Bürgerinitiativen. Frau Sacherer und die Kaiserstühler haben sich im übrigen durch diese schockierende Behandlung nicht entmutigen lassen. Ein Jahr später hielt sie eine Rede zum Jahrestag der Platzbesetzung: »D' Empörung isch wia großi Welle übers ganze Land gange – und am Sunndig druf sin 28000 Lit kumme un han dr Platz g'stürmt.« Ich habe im vergangenen Monat oft an ihren Bericht gedacht, weil ich in einer Berliner Bürgerinitiative mitarbeite, die sich gegen die Errichtung eines riesigen Kohlekraftwerkes im Spandauer Forst wendet. Am Oberjägerweg sollten dem Kraftwerk noch vor dem 1. Januar 1977 mindestens 20000 Bäume zum Opfer fallen. Die Bürgerinitiative hatte erklärt: »Weil wir hier und jetzt die Grenzen des Wachstums erkennen ... sind wir bereit zum aktiven gewaltfreien Widerstand.«

Aber was dies praktisch bedeuten sollte, war keinem von uns richtig klar. Es war ausgemacht: Wenn die Bulldozzer anrollen, um den Wald zu roden, wird Alarm ausgelöst. Dann war auch damit zu rechnen, daß mehrere Tausend Demonstranten innerhalb von zwei Stunden zum Bauplatz kommen und sich vor die Bäume stellen würden. Aber was sollten die Demonstranten tun, wenn sie wie in Brokdorf rings um den Bauplatz auf eine dichte Kette von Polizisten treffen würden? Vor diesem Problem standen die Befürworter der gewaltfreien Aktion und auch ich ziemlich ratlos. Wir wußten von ähnlichen Situationen nur: Verharrt die Menge untätig vor der Polizeikette, wächst die Gefahr, daß militante Gruppen die Polizisten beschimpfen, mit irgendwelchen Gegenständen bewerfen und dann die Kette zu durchbrechen suchen. Das aber würde die Polizei mit dem Einsatz von Schlagstock, Wasserwerfer oder Chemical Mace beantworten. Auch zunächst friedliche Demonstranten würden von diesem Einsatz mit betroffen.

Das Dilemma der gewaltfreien Akteure ist, daß sie diese Gefahr sehen und sich doch in sie begeben müssen. Hielten sie sich zurück, käme es vielleicht gar nicht zu dem für notwendig erachteten Widerstand, oder aber gewalttätige Gruppen gingen von vornherein in Führung, und es käme erst recht zur Eskalation. Engagieren sich jedoch Vertreter der gewaltfreien Aktion in einer Bürgerinitiative, dann müssen sie auch damit rechnen, daß diese bei der Zuspitzung des Konflikts und verstärkter öffentlicher Aufmerksamkeit Zulauf von Personen bekommt, die zu einer gewaltfreien Verhaltensweise kaum mehr verbindlich verpflichtet werden können. Ich war nie im Zweifel: Die Kerngruppe der Berliner Bürgerinitiative würde zusammenhalten wie das Häuflein der 150 Aufrechten, von denen Annemarie Sacherer berichtet; aber was würden die paar Tausend anderen tun, die ohne den monatelangen Gruppenkontakt in den Wald kämen? Hier bedeutet Mut zur Gewaltlosigkeit, daß man sich auch auf die Phantasie und den Einfallsreichtum dieser Unbekannten verläßt. Der Verlauf einer solchen Demonstration ist nicht zu planen; man kann allenfalls für Kommunikation mittels Handlautsprechern und für eine gewisse Gruppenstruktur sorgen, indem sich Sprecher der Bürgerinitiative auf die Menge verteilen. Dann muß man es aber der Situation und der Stimmung überlassen, wie man sich von der Konfrontation mit der Polizei löst und dann eventuell ein eigenes Lager errichtet, Zufahrtswege blockiert, sich zu einem Go-in bei den Verantwortlichen organisiert oder eine Prozession mit Zweigen zusammenstellt. Im Grunde genommen hat es wenig Sinn, das dann Mögliche im vorhinein auszumalen, da die Stärke von gewaltfreien Gruppen ihre Spontaneität und die sofortige Umsetzung von Einfällen in die Praxis ist. Wie phantastisch kreativ ein Volk im Widerstand sein kann, wurde uns Konfliktforschern bei der Beobachtung des Prager Widerstands in der letzten Augustwoche des Jahres 1968 deutlich. Die Prager haben in wenigen Tagen mehr Widerstandsformen erfunden, als wir uns in Jahren ausgedacht hatten.

Dennoch, immer besteht das Risiko, daß es spontan auch zu expressiven Gewaltakten kommt, und der Vorwurf an die gewaltfreien Organisatoren lautet dann: Ihr seid verantwortlich, ihr hättet dies doch vorhersehen müssen. Ich war jedenfalls sehr erleichtert, als Mitte Dezember das Berliner Verwaltungsgericht entschied, daß vor einer Klärung der Zulässigkeit des Kraftwerks der Wald nicht abgeholzt werden dürfte. Ich erinnerte mich an die Anekdote von dem Müller in Sanssouci, der Friedrich II. vor einer Enteignung gewarnt hatte: Es gibt noch Richter in Berlin. Die Bürgerinitiative hatte also Zeit gewonnen für einen Dialog mit den Berlinern und ihrem Leviathan im Rathaus Schöneberg über die Grenzen des Wachstums – und dieser Dialog scheint auch im Interesse der Polizisten zu sein, denn die Berliner Gewerkschaft der Polizei hatte Ende November klipp und klar und öffentlich gefordert, daß nicht abgeholzt werden solle, bis über die Zulässigkeit des Kraftwerks grundsätzlich entschieden sei.

Aus der neuerlichen Steigerung der Zahl der Bürgerinitiativen kann man nicht ohne weiteres schließen, daß wir in der Bundesrepublik schon eine politische Kultur der Widerstandsbereitschaft und der konstruktiven politischen Problemlösung durch Beteiligung der Bevölkerung hätten. Aber man muß auch nicht mehr so pessimistisch sein wie ein Thomas Hobbes. Wir stehen heute zwar vor den Grenzen des industriellen Wachstums, aber nicht vor den Grenzen der Entwicklung der menschlichen Gesellschaft. Die Möglichkeiten des Menschen zu gewaltfreien Konfliktlösungen sind noch ein unentdeckter Kontinent, der auf wagemutige Pioniere wartet.

Fritz Riemann

Suche nach Glück

Glückserwartungen haben die Menschen wohl schon immer gehabt; so verschieden dabei die Vorstellungen vom Glück auch sein mögen – insgeheim schwebt uns meistens etwas wie ein Dauerzustand vor, den wir einmal erreichen zu können hoffen. Viele Märchen klingen deshalb in die Worte aus: »So lebten sie glücklich und zufrieden bis an ihr seliges Ende, und wenn sie nicht gestorben sind, so leben sie noch heute.« Und wenn es uns nicht gelungen ist, hier auf Erden das Glück zu finden, verlegen wir es in den Himmel und erhoffen uns nach dem Tode die ewige Glückseligkeit im Jenseits.

Die griechische Mythologie hat uns die Legende von Endymion überliefert: Dem schlafenden Jüngling Endymion drückte die Göttin Selene einen Kuß auf die Stirn, der ihn mit solchen Glücksgefühlen überflutete, daß er den Göttervater bat, ewig leben zu dürfen, in ewigem Schlaf und ewiger Jugend – Zeus erfüllte ihm die Bitte.

Diese Legende schildert unseren Wunsch nach dem Glück als einem Zustand zeitloser und unveränderter Glückseligkeit unübertrefflich – aber sie zeigt uns auch, um welchen Preis das allein erreichbar wäre: Wir müßten unsterblich sein, dürften nicht altern, nicht einmal zum Bewußtsein unser selbst erwachen, sondern nur in passiver Erwartung das Beglückende von außen erhoffen. Das Wissen um die Vergänglichkeit, das Bewußtsein unserer Sterblichkeit sowie die Begegnung mit der harten Wirklichkeit des Lebens scheinen somit die größten Feinde des Glücks zu sein. Aber sind sie das vielleicht nur, solange wir an der Vorstellung des Glücks als einem Zustand zeitloser und unwandelbarer Glückseligkeit festhalten und damit an einer Illusion, die im Rahmen eines Menschenlebens nicht erfüllt werden kann? Und vielleicht will uns die Legende auch zeigen, daß wir durch das Festhaltenwollen des Glücks es gerade erst gefährden, wie wir alles gefährden, was wir unverändert festhalten und dem Fließen der Zeit entziehen wollen.

Aber wie kommen wir überhaupt zu solcher Erwartung eines unverändert anhaltenden Glücks, an der wir so hartnäckig festhalten, obwohl wir es immer wieder erfahren, wie zerbrechlich Glück ist? Wir gehen wohl nicht fehl, wenn wir annehmen, daß diese Glückserwartung aus unserer Kindheit stammt und die Erinnerung an das verlorene Paradies unserer frühesten Kindheit ist, das wir wiederfinden wollen. Die Erinnerung an eine Zeit also, in der wir noch ohne Zeitbewußtsein lebten und insofern tatsächlich gleichsam unsterblich waren, weil wir von Tod und Sterben nichts wußten; an eine Zeit zugleich, in der es noch kein gut und böse gab, keine Angst und keine Schuld, und in der uns alles, dessen wir bedurften, ohne eigenes Bemühen gegeben wurde, in der wir wie traumhaft und ohne Bewußtsein unser selbst lebten in schlichter Daseinsfreude. Ist somit unsere Glückserwartung die Erinnerung an einen Paradieszustand, der zwar nur allzu kurz währte, dennoch lang genug, um in uns nachzuklingen als die Sehnsucht, ihn wiederzufinden, dann ist unsere Sehnsucht nach einem solchen Glück von unwandelbarer Dauer, das uns ohne eigenes Bemühen geschenkt wird, sicher eine kindliche Vorstellung; aber deshalb brauchen wir auf das Glück doch nicht völlig zu verzichten – nur wird es offenbar anders aussehen müssen als jene kindliche Vorstellung.

Aber was meinen wir eigentlich, wenn wir von Glück sprechen? Ist es etwas, das uns zufällt, oder ist es eine Gnade? Können wir selbst etwas dazu beitragen, oder kann es uns nur geschenkt werden? Liegt es in der Liebe oder in Macht, Erfolg und Ruhm; macht Besitz uns glücklich oder der Verzicht auf irdische Güter? Ist damit die Heiterkeit des Gemütes gemeint oder die Zufriedenheit mit unserem Schicksal? Liegt es in der Übereinstimmung mit uns selbst, mit den anderen oder mit der Welt? Wir sehen, es ist gar nicht leicht, das Glück allgemeingültig zu fassen, obwohl jeder von uns zu wissen glaubt, was er damit meint. Wenn wir uns noch einmal an die Legende von Endymion erinnern: Was uns an ihr so berührt, ist doch wohl gerade, daß sie in krassem Widerspruch zur Realität unsres Lebens steht. Das heißt aber mit anderen Worten, daß wir uns bewußt sind, daß in der Wirklichkeit Glück ein Gefühlserleben ist, das nicht ewig anhält, das uns nur für Augenblicke geschenkt wird, sosehr wir uns auch wünschen, es möge dauern. Vielleicht versuchen wir deshalb, unsere Glückserwartungen an konkrete Dinge anzuheften, weil wir dann hoffen, deren Besitz würde uns die ersehnte Dauer verschaffen können. Fragen wir jemanden, was er sich unter Glück vorstellt, versucht er es daher zu konkretisieren, gleichsam zu materialisieren, um es benennen zu können. Aber vielleicht spürt er im gleichen Augenblick, wo er das versucht, daß er dieses Konkrete gar nicht meint, sondern eben jenes schwer faßbare Glücksgefühl, das das eigentlich Beglückende ist.

Versuchen wir dennoch, etwas Allgemeingültiges über das Glück auszusagen, scheint es letztlich, daß unsere Suche nach Glück sich zwei Zielvorstellungen zuwendet. Die eine können wir mit dem Begriff der Selbstverwirklichung benennen, die andere mit der Liebe im weitesten Sinne. Jeder Mensch hat den Wunsch, das Bestmögliche aus sich und seinem Leben zu machen, es so reich und erfüllt zu gestalten, so sinnvoll zu leben, wie es ihm möglich ist. Worin er dabei diesen Sinn und diese Erfüllung sieht, das kann sehr verschieden aussehen, so verschieden, wie eben unsere Vorstellungen von der Selbstverwirklichung sind. Und jeder Mensch hat die Sehnsucht nach Ausweitung seiner ihn isolierenden Ichgrenzen in verstehendem und liebendem mitmenschlichen Austausch, der ihn aus der Einsamkeit des Individuums erlösen soll, und wieder kann sich diese Liebesfähigkeit den verschiedensten Objekten zuwenden. Ohne den Wunsch nach der Selbstverwirklichung oder, wie man sie auch genannt hat, nach der Individuation blieben wir dumpfe Massenmenschen und lernten das Glück nicht kennen, das in der Entfaltung und Entwicklung unserer Persönlichkeit liegt; und ohne die Fähigkeit zu lieben bliebe unser Leben trostlos und nicht lebenswert.

Selbstverwirklichung und Liebesfähigkeit sind also die beiden Ziele auf unserer Suche nach Glück, und beide ergänzen sich, sollten sich ergänzen; es kann für uns nicht heißen: Selbstverwirklichung *oder* Liebesfähigkeit, sondern das Glück, nach dem wir suchen, hat sehr viel mit dem Finden einer Synthese zwischen diesen einander scheinbar widersprechenden Zielen zu tun.

In Krisenzeiten, wie unsere Gegenwart in vieler Hinsicht

eine ist, erfahren die Bereiche der Selbstverwirklichung und der Liebesfähigkeit eine Erschütterung, und wir fühlen uns zu einer Neuorientierung gedrängt. Die Bedrohtheit unserer Existenz verschärft zunächst die Neigung zu egozentrischem Egoismus; wir berufen uns darauf, daß jeder sich selbst am nächsten ist, und suchen dann die Selbstverwirklichung in vermeintlich selbstverständlichem Anspruch auf unser persönliches Glück, das damit immer ausschließlicher in Lust und Genuß, in Macht, Erfolg und Besitz gesehen wird, worin die einzig realen und sicheren Glücksmöglichkeiten zu liegen scheinen. Unsere Gegenwart verführt uns besonders leicht dazu, weil die Güter der Welt uns uneingeschränkt zur Verfügung zu stehen scheinen. In dem Schlagwort von der Konsumgesellschaft kommt das zum Ausdruck, noch schärfer in dem der Wegwerfgesellschaft, die nach Genuß wegwirft, was sie benutzt hat, was erschreckenderweise sogar auf unsere mitmenschlichen Beziehungen übergreifen droht. So scheinen wir Selbstverwirklichung mit Egoismus zu verwechseln und zu glauben, daß das Glück in immer unbeschränkterem Habenwollen besteht. Technik und Industrie verleiten uns durch neue und reizvolle Angebote zu immer neuen Anschaffungen und suggerieren uns, sie würden uns glücklich machen. Wir kommen kaum einmal auf den Gedanken, uns zu fragen, was wir zu *geben* bereit sind für unser so uneingeschränktes Nehmen, höchstens daß hier und da einmal eine warnende Stimme hörbar wird, wir müßten uns nach neuen Energiequellen umsehen, womit aber auch nur angedeutet wird, daß wir hoffen, dann unbesorgt so weiterleben zu können wie bisher.

Offenbar müssen wir es wieder lernen, uns in gesunder Selbstbeschränkung zu üben und dankbar zu sein. Geben ist seliger als Nehmen – das gilt auch für uns noch. Wenn wir statt dessen immer nur nehmen und verbrauchen, drohen wir an unseren Ausscheidungen zugrunde zu gehen, wofür ja schon genügend Anzeichen bestehen. In früheren Zeiten kannten die Menschen die Dankbarkeit; es gab Dankopfer und Erntedankfeste als Zeichen dafür, daß man sich bewußt war, beschenkt worden zu sein von der Natur oder den Göttern. Heute nehmen wir nicht nur alles, was uns geboten wird, selbstverständlich in Anspruch ohne Gegenleistung, sondern wir beanspruchen mehr, als wir brauchen, und beuten die Natur und uns gegenseitig aus. Wir zerstören damit unsere eigenen Lebensbedingungen, weil wir die Eigengesetzlichkeit der Natur nicht respektieren und nicht dafür sorgen, da, wo wir in natürliche Abläufe eingreifen, ihr lebendiges Gleichgewicht wiederherzustellen.

Wir müssen neu lernen, dankbar zu sein für das Empfangene, und es wieder erleben, daß Dankbarkeit ein Glücksgefühl vermittelt, weil sie uns in über uns hinausreichende Zusammenhänge sinnvoll eingliedert; Dankbarkeit wärmt das Herz und öffnet es für »gute« Gefühle; Dankbarkeit ist ein Teil der Liebesfähigkeit; wir erkennen in ihr unsere Abhängigkeit von allem an, was wir nicht »machen« können, besinnen uns darauf, daß wir bei aller Intelligenz, bei allem Wissen doch letztlich nur Nachschaffende sind, angewiesen auf Naturgesetzlichkeiten und geistige Wirklichkeiten, die uns vorgegeben sind.

Und das gilt nicht nur unserer »großen Mutter«, der Natur gegenüber, sondern ebenso im mitmenschlichen Bereich. Jeder von uns ist in der Erfüllung seiner Lebensbedürfnisse von anderen abhängig, deren Leistungen wir als selbstverständlich hinnehmen; unsere mitmenschliche Welt sähe schon sehr anders aus, wenn wir uns wieder auf das Aufeinanderangewiesensein besännen, wenn wir den Mitmenschen und auch den Untergebenen gegenüber Achtung und Anerkennung empfänden, von der wir uns durch Lohn und Gehalt glauben loskaufen zu können. Solche Trägheit des Herzens beraubt uns vieler Glücksmöglichkeiten; wenn wir versuchten, dankbarer, gütiger und gebender zu sein, könnten wir entdecken, daß darin Glücksmöglichkeiten liegen, die wir uns verbauen durch scheinbar selbstverständliche Ansprüche. Das selbstverständliche Fordern, Hinnehmen und Benutzen von allem, was nicht selbstverständlich ist, wird zum Ausgangspunkt unbedenklichen Mißbrauchs auf allen Gebieten. Wir lachen darüber, wenn ein sogenannter Primitiver sich bei dem Tier entschuldigt, das er für seinen Lebensbedarf töten muß; wir dagegen schießen auf organisierten Safaris sinnlos Tiere ab – beinahe sieht es so aus, als ob wir Glück im Zerstören fänden.

Wir suchen das Glück fast ausschließlich in Erfolg, Macht, Ruhm und Besitz; natürlich gehört solches Streben auch zu unserem Wesen, aber wenn wir es zum einzig erstrebenswerten Ziel machen, schaffen wir damit den Leistungszwang, wie uns alles zum Zwang wird, was wir erzwingen wollen. Das fördert dann einen einseitigen Wertmaßstab, dem wir uns alle unterordnen, ohne ihn in Frage zu stellen: wir beurteilen einander nach äußeren Erfolgen, nach den sogenannten Statussymbolen – der Mensch »dahinter« interessiert uns, wenn überhaupt, erst sekundär. Das beginnt schon in der Schule, wo die Leistung in Zensuren gemessen und damit der Leistungsehrgeiz gezüchtet wird, was sich mutatis mutandis durch unser ganzes Leben fortsetzt. Der Mitmensch wird uns dadurch zum Rivalen, den es auszustechen gilt, nicht in spielerischem Messen der Kräfte, sondern im harten Kampf darum, wer Hammer, wer Amboß ist. Damit züchten wir einen einseitig rational-intellektuellen Leistungstyp heran, was nur zu oft auf Kosten menschlicher Qualitäten geht und unsere Glücksfähigkeit mindert. Die ersten Weichen dafür werden meist schon in der Familie gestellt, und doch sollten wir gerade hier humane Werte lernen: Fairneß, Rücksicht, Gerechtigkeit, Hilfsbereitschaft und Kameradschaftlichkeit, und die darin liegenden Glücksmöglichkeiten erleben.

Im allgemeinen sprechen wir von Glück, wenn jemandem unerwartet etwas ihn Beglückendes begegnet, wofür das Finden des seltenen vierblättrigen Kleeblattes ein Symbol geworden ist; darin ist etwas Wichtiges über unsere Suche nach Glück ausgesagt: einmal, daß es nicht möglich ist, es zu erzwingen, sondern daß es uns letztlich zufällt; zugleich aber doch auch, daß das Suchen erst das Finden ermöglicht, wenn auch nicht garantiert. So können wir von einem Talent zum Glück sprechen, von Verhaltensweisen, die es anzuziehen vermögen, und das ist um so mehr erreichbar, je mehr unsere Glückserwartungen sich von konkret-materiellen Dingen abgelöst haben. Einen Lotteriegewinn können wir nicht erzwingen, und noch die bemühtesten mathematischen Berechnungen des Zufalls lassen uns bei Glücksspielen im Stich – hierin liegt der irrationale Charakter des Glücks, seine Unberechenbarkeit und das »Launische«. Gewiß, wer nie Lotterie spielt, kann auch keinen Losgewinn machen; aber es kann jemand auch jahrelang Lotterie spielen und nie einen Gewinn ziehen. Wir können auf solchen Gebieten also dem Glück bestenfalls eine Chance geben, aber daß es uns auswählt, dafür können wir nichts tun.

Es gibt offenbar verschiedene Arten von Glück, und sie hängen von der Entwicklungshöhe einer Kultur bzw. eines Individuums ab. Wir sprechen von Jagdglück, Kriegsglück, von einem glücklichen Fang, von Glück im Spiel, und wir nennen es Pech, wenn uns das Glück dabei nicht hold ist; solches Glück und Pech hat wenig mit uns selbst zu tun, und wenn wir es beeinflussen wollen, greifen wir daher nach magischen Beschwörungen und Zauberformeln, um es anzuziehen bzw. zu vermeiden. Bei allen diesen Formen des Glücks wird uns etwas geschenkt, was wir gern haben möchten, wir sind völlig abhängig vom Zufall oder von außermenschlichen Mächten. Sprechen wir dagegen von Suche nach Glück, meinen wir damit ein Glück, das auch mit uns selbst zu tun hat, das von uns, unseren Verhaltensweisen und Einstellungen abhängt, wie es am klarsten in dem Sprichwort ausgedrückt ist, daß jeder seines Glükkes Schmied sei. Hier wird das Glück ganz in unsere Hand gelegt. Lesen wir aus diesem Sprichwort nicht nur eine Illusion, die unser Bewußtsein, das Glück nicht wollen zu können, wunschgemäß als von uns selbst abhängig abwandelt, scheint es offenbar eine andere Art von Glück anzusprechen, vielleicht können wir sagen: eine geistigere Art, ein nicht nur materielles Glück.

Lösen wir unsere Glücksuche vom nur Materiellen und Quantitativen ab, vom Habenwollen und von vermeintlichen Ansprüchen, wird sie zum Suchen nach Harmonie, nach innerem Frieden, nach Übereinstimmung mit uns selbst, nach schenkender Liebe, nach Demut und Lebensfrömmigkeit, und die Vorstellung von Glück verschiebt sich vom Habenwollen immer mehr zum Gebenwollen. Gebenwollen liegt aber weitgehend in unserer Macht, und wenn wir es als Glück erfahren, sind wir tatsächlich die Schmiede unseres Glücks. Und zu geben haben wir alle etwas: Zuneigung, Liebe, Verständnis, Einfühlung, Achtung, Hilfsbereitschaft, Freundschaft, Mitgefühl, Dankbarkeit oder Interesse.

Wir leben in einer harten und gefährdeten Zeit, wir sind beruflich ungemein gefordert und viele, wenn nicht die meisten von uns, in Tätigkeiten, die lediglich dem Lebensunterhalt dienen, aber kaum Befriedigung, Sinnerfüllung und Freude vermitteln können. Doch die Technik hat uns mehr und mehr Freizeit ermöglicht gegenüber früheren Generationen, und die Gestaltung dieser Freizeit liegt weitgehend in unserer Hand. Wir haben meist weit mehr Begabungen und Interessen, als wir meinen – sie wurden nur nicht genügend angesprochen, wir haben sie in uns noch nicht entdeckt und erprobt.

So liegen auf der Seite der Selbstverwirklichung künstlerische und handwerkliche Betätigungen; sie fördern die Phantasie, entspannen und konzentrieren uns in einem, lassen uns uns selbst vergessen und zugleich neu finden in nicht zweckbestimmtem Tun. Sie geben uns, wenn auch in bescheidenem Maße, Schöpferfreuden und sind nicht mit großen Kosten verbunden; bei einigem Bemühen kann jeder eine Ausdrucksmöglichkeit finden, die ihm entspricht – Schaffensfreude ist eine der verläßlichsten Glücksmöglichkeiten, und sie steht nicht nur den Genialen offen.

Wir wissen von seelisch Kranken, wie helfend und heilend die sogenannte Beschäftigungstherapie für viele von ihnen geworden ist. Beim Malen, Töpfern, Musizieren und Basteln haben wir neben der Freude am Handwerklichen, die zu unserer Natur gehört, Erlebnisse des Könnens und Gestaltens, und diese haben eine innerseelische Auswirkung: Sie harmonisieren uns und können zum Ausdrucksmittel für vieles werden, das wir sonst ungelöst mit uns herumtragen; sie können ein Glücksgefühl und eine Zufriedenheit vermitteln, die an Heiterkeit grenzen, an eine stille Heiterkeit, die wir fast nicht mehr kennen und die auch in unseren Alltag und auf unsere Umgebung ausstrahlt.

Aber auch jedes andere Hobby, jede Liebhaberei enthält Glücksmöglichkeiten; ob wir Pflanzen oder Tiere studieren oder züchten, ob wir uns im uns möglichen Ausmaß mit Astronomie oder Gesteinskunde, mit Mythologie oder Graphologie, mit unseren Träumen oder mit Astrologie beschäftigen – wo immer wir die Natur und das Lebendige verstehen wollend betrachten, bereichert es uns, lehrt es uns wieder das Staunen und vermittelt uns Befriedigung und beglückende Erlebnisse. Es gehört zu unserer leistungsorientierten Einstellung, daß wir meinen, solche Betätigungen müßten etwas einbringen oder sie wären nur mit großem wissenschaftlichen Aufwand und für Fachleute möglich. Aber gerade daß wir solche Dinge zweckfrei und nicht um Geld oder aus Ehrgeiz, sondern um ihrer selbst willen betreiben, aus Freude am Tun, macht das Beglückende aus; vielleicht finden wir dabei auch »Wahlverwandte« mit ähnlichen Neigungen.

Wir müssen in vieler Hinsicht wieder »leben lernen«, weil wir in Lebensbedingungen gestellt worden sind, mit denen wir erst umzugehen lernen müssen. So beginnen wir, Gegenkräfte gegen die Hektik, Unrast und Oberflächlichkeit unseres Alltags zu entwickeln. Sammlungs-, Atem-, Konzentrations- und Meditationsübungen können uns wieder mit Wesensschichten in uns verbinden, zu denen wir den Zugang verloren haben. Zwar werden diese Wege oft mehr zur Weltflucht benutzt, zur Befriedigung eines unbestimmten Sensationsbedürfnisses oder Wunderglaubens, und sie münden nicht selten in subtilem

Selbstkult; aber die Suche nach etwas Sinngebendem und nach einer Bewußtseinserweiterung über unser banales materialistisches Denken hinaus entspricht doch einem echten menschlichen Ziel.

Was nun die Liebesfähigkeit anbelangt, die heute so oft zu verarmen droht, lassen sich doch auch neue Wege erkennen, unsere Erlebnisfähigkeit zu wecken und unsere mitmenschlichen Beziehungen zu bereichern. Wir haben unsere Partnerbeziehungen immer mehr sexualisiert; so ist aus der Liebe ein Leistungsproblem geworden, oder wir glauben modern und »fortschrittlich« sein zu müssen und suchen das Glück in immer neuen Abenteuern und im Partnerwechsel. Die Quantität droht die Qualität zu ersetzen, das ist eines der trübsten Symptome materialistischen Denkens; jeder Ersatz aber, der nicht das eigentlich Gesuchte befriedigt, führt zur Süchtigkeit.

Aber auch hier sind Gegenkräfte zu erkennen. Die verschiedenen Formen von Selbsterfahrungsgruppen, Ehepaargruppen und so weiter ermöglichen uns mitmenschliche Kontakte, in denen wir erfahren, wie sich unser Wesen in anderen spiegelt, mit der Chance, korrigierende Neuerfahrungen über uns selbst und über andere zu machen: Wir lernen es, Fassaden und Masken fallen zu lassen, und erfahren, daß andere ähnliche oder schwerere Probleme und Schicksale auferlegt bekommen haben als wir. Wir erleben das Befreiende des Sich-Mitteilens gerade auch in bezug auf Ängste, Leid und Schuldgefühle, die wir sonst vor anderen verbergen, und können es erleben, daß solche Gruppenerfahrungen – wenn wir sie nicht mit manchmal von ihnen erwarteter und vermittelter Promiskuität verwechseln – ein Vertrauen und eine Verbundenheit entstehen lassen, die über Familien-, Standes- oder sonstige Zugehörigkeiten hinausreichen und zu einer neuen Brüderlichkeit finden lassen. Auch die verschiedenen Formen von Wohngemeinschaften, die heute erprobt werden und die wir als Großfamilien auf der Basis von Wahlverwandtschaft ansehen können, sind Versuche mitmenschlichen Zusammenlebens, die vermutlich auch neue Formen des Wohnens entstehen lassen werden. Und nicht zu vergessen sind die vielen Hilfen, die wir einander geben können; ob Babysitten, Altenbetreuung und sonstige nachbarlich-mitmenschliche Hilfen – im Volke liegt ein ungenütztes Potential an helfenden Kräften, das wir oft nur nicht sehen, weil Begabung und Bereitschaft uns meist nicht genügen und wir Ausbildungsbedingungen bzw. Vorbildungen glauben fordern zu müssen, die vielen den Weg versperren; wissenschaftlich verbildet, wie wir sind, meinen wir, daß fähige und begabte Laien eben Laien und damit schon abgewertet sind.

Wir erleben es immer eindringlicher, daß die Machbarkeit der Dinge, der Fortschrittsrausch und der Wohlstand allein uns nicht glücklich machen. Wir leben in einer Zeit des Umbruchs, in der sich die Chancen und Gefahren die Waage zu halten scheinen: Große Entwicklungsmöglichkeiten stehen neben Vernichtungsmöglichkeiten, Humanität neben Unmenschlichkeit, Freiheit neben Chaos. Das stellt uns vor Aufgaben, die unsere Kräfte zu übersteigen drohen und die wohl nur mit Hilfe einer neuen Ethik und einer metaphysischen Bewußtseinserweiterung zu bewältigen sind. Durch eine Ethik, die uns nicht überfordert, indem sie Ansprüche an uns stellt, die unserer Natur nicht gemäß sind, die uns aber in eine neue Selbstverantwortung stellt; und durch eine Bewußtseinserweiterung zum Metaphysischen, Religiösen und Transzendenten hin, die uns wieder einfügt in überpersönliche Zusammenhänge und in das Bewußtsein unserer Abhängigkeiten. Öffnen wir also wieder unseren Blick für die Werte, in denen die eigentlichen Glücksmöglichkeiten liegen: für die Liebesfähigkeit, Verantwortung, Brüderlichkeit, für die Ehrfurcht vor dem Leben, für Dankbarkeit und für eine Freiheit, die keine Willkür ist, sondern die Möglichkeit, uns zu entwickeln innerhalb notwendiger Grenzen, die durch die Humanität gesetzt sind.

Heinrich Böll
Lob der Höflichkeit

Höflichkeit bei verschiedenen
unvermeidlichen Gesetzesübertretungen!

Es erscheint mir müßig, die selbstverständlichen Formen der Höflichkeit zu loben:
daß man natürlich einem Kind die Haustür aufhält –
ein Kind beim Einkaufen nicht nur nicht zurückdrängt, sondern vorläßt –
ein ermüdetes Schulkind, das streßgeplagt heimwärts fährt, friedlich seinen Sitzplatz in der Straßenbahn, in Bus oder Eisenbahn genießen läßt, ohne es verbal, oder sei es auch nur durch erzieherisch-moralisches Anstarren, in seinem wohlverdienten Frieden zu stören –
für selbstverständlich halte ich auch, daß man sein Kind, seine Katze, Hund oder Vogel nicht hungern läßt und notfalls zum Mundraub bereit ist, und natürlich sollte man auch seine Frau oder Freundin nicht hungern oder dursten lassen, und sie alle soll man auch nicht prügeln, auch dann nicht, wenn sie danach verlangen, wie ja überhaupt die Höflichkeit der Hände eine der wichtigsten Höflichkeiten ist –
auch soll man dem geehrten Gast nicht die erste, auch nicht die zweite, wenns eben geht auch nicht die dritte, sondern die vierte Tasse aus der Teekanne einschenken, eingedenk des chinesischen Spruches: Die Höflichkeit liegt nahe am Boden der Teekanne ...

Zu den selbstverständlichen Höflichkeiten gehört auch, daß man im Umgang mit Menschen beiderlei Geschlechts, die sich als Untergebene empfinden (denn *an sich* ist der Begriff der Untergebenheit natürlich unzulässig), ein paar Töne leiser, zurückhaltender sein soll als im Umgang mit denen, die sich für

Vorgesetzte halten; natürlich ist auch der Begriff des Vorgesetzten *an sich* unzulässig, denn man kann ja nicht einfach einen Menschen vorgesetzt bekommen, wie man etwa eine Suppe vorgesetzt bekommt, und man sollte ja zu diesen Vorgesetzten nicht etwa laut und grob sein, sondern nur ein paar Töne weniger leise und weniger höflich; dieses Vorgehen könnte die Strukturen ein wenig ändern.

Man sollte auch nicht jemandem, der einem unsympathisch ist, das einfach ins Gesicht sagen, etwa mit den Worten: Ihre Fresse gefällt mir nicht. Man kann sein Mißfallen auch höflich ausdrücken, etwa in folgender, möglichst schriftlicher Form, da die Mündlichkeit immer die Gefahr der Grobheit enthält: »Auf Grund unerfindlicher, nicht analysierbarer, ich will nicht sagen auf Grund kosmischer Konstellationen, denn ich will nicht die Gestirne und ihre Aszendenten allein verantwortlich machen – auf Grund also von Gegebenheiten, die weder allein schuld noch allein schicksalhaft sind, sind die – sagen wir – Sympathiestränge zwischen uns leider – ich bitte Sie, dieses »leider« als einen Ausdruck sowohl meiner Trauer als meines abstrakten Respekts vor Ihrer Persönlichkeit zu interpretieren – die Sympathiestränge zwischen uns haben sich als nicht belebbar erwiesen. Obwohl Sie eine *an sich* durchaus angenehme Person und Erscheinung sind, halte ich es deshalb für angebracht, ja geboten, die Anzahl unserer Begegnungen auf ein Minimum zu beschränken, jenes Minimum, das uns aus beruflichen Gründen zwingt, hin und wieder Hände zu schütteln, Details zu besprechen, die nun einmal bei der immer wichtiger werdenden Produktion von ... (hier kann das jeweilige Produkt eingesetzt werden, etwa: Romane, Muttern, Heringe in Aspik) unerläßlich sind. Über dies notwendige Maß hinaus wollen wir uns den Klang unserer Stimmen, den Anblick von Haut und Haaren, die Wahrnehmung der Gerüche, die wir ausstrahlen, ersparen. Ich teile Ihnen dies mit, nicht ohne Trauer, in der Hoffnung, daß jene unerfindlichen Konstellationen und Kombinationen sich ändern, die Sympathiestränge zwischen uns sich beleben, daß eine veränderte Gesamt-Sympathie-Lage uns möglicherweise in den Stand versetzen könnte, die notwendigen beruflichen Kontakte ins Private hinaus auszudehnen. Mit dem Ausdruck meiner vorzüglichsten Hochachtung ...«

Solche Formen der Höflichkeit erscheinen mir als zu selbstverständlich, als daß ich mehr als andeutungsweise auf sie eingehen möchte.

So schwierig wie notwendig dagegen erscheint es mir, auf Höflichkeit in unkonventionellen, ja sogar illegalen Situationen hinzuweisen. Es muß betont werden, daß die Handlungen, auf die ich eingehen möchte, *an sich* nicht nur unkonventionell oder unsittlich, sondern ausgesprochen kriminell sind. Nehmen wir etwa ein *an sich* so kriminelles wie unhöfliches Delikt wie den Bankraub oder den Banküberfall, und denken wir an jene bis dato so gesetzestreue, anständige, ehrenwerte Dame, die am hellichten Tag – genauer gesagt gegen 15.29 Uhr – im Vorort einer deutschen Großstadt eine Sparkasse um 7000 Mark erleichterte. Man muß sich das einmal vorstellen: Eine einundsechzigjährige Dame von der Sorte, die man zerbrechlich nennt, bei deren Anblick man an Patiencen oder Bridge denkt, Witwe eines Oberstleutnants, betritt die Filiale einer Sparkasse, um sich illegal in den Besitz von Geld zu bringen! Wenn diese Dame als die »höfliche Bankräuberin« bekannt geworden, sogar in den Polizeiakten als solche bezeichnet worden ist, so ist mit dem Adjektiv höflich ihre besondere Gefährlichkeit gemeint. Diese Dame hat instinktiv getan, was der höfliche Bankräuber tun muß: an Waffen, an Gewalt, an Geschrei gar nicht erst zu denken, solche plumpen Methoden gar nicht erst zu erwägen. Es ist ja nicht nur unhöflich, auch gefährlich, mit Pistolen oder Maschinengewehren herumzufuchteln und zu schreien: Her mit dem Zaster, oder es knallt! Und natürlich geht eine Dame wie die unsrige nicht einfach aus abstrakter Geldgier in die nächstbeste Bank, auch nicht, weil sie plötzlich aus dem Gleichgewicht geraten ist, sondern weil sie in einer vertrackten Situation ihr Gleichgewicht wiedergefunden hat. Sie hat sich diese Aktion sehr genau überlegt und hat ihre Motive!

Die Zwangslage, die diese Dame zu jener gelinde gesagt unkonventionellen Handlung zwingt, muß kurz skizziert werden: Sie hat einen Sohn, der, auf die schiefe Bahn geraten, verschiedene kleine Haftstrafen abgesessen, nun aber, wieder einmal aus dem Gefängnis entlassen, eine Freundin gefunden hat, die stabilisierend auf ihn wirkt und einwirkt, er soll eine Chance als Arzneimittelvertreter bekommen – seine Mutter hat ein kleines Vermögen an Telefon- und Portokosten ausgegeben, hat sämtliche Beziehungen – darunter solche zu zwei noch aktiven Generalen – spielen lassen, um ihm diese Chance zu verschaffen. Und nun kommt unerwartet und im letzten Augenblick die Forderung der Firma: 5000 Mark Kaution! Die

Mutter – jene Dame, die als die höfliche Bankräuberin bekannt geworden ist – hat ihm eine kleine Wohnung besorgt, sie hat Zuneigung zu seiner Freundin gefaßt, alles läuft bestens, und nun das Unvorhergesehene: Fünftausend Mark Kaution! Man muß sich das einmal vorstellen: Die Dame hat ihr Bankkonto schon erheblich überstrapaziert, ihre Pension ist auf ein Existenzminimum geschrumpft, der größere Teil geht in die Kasse der Bank zurück; sie hat angepumpt, wen immer sie anpumpen konnte, Bridgefreundinnen, alte Kameraden ihres Mannes, darunter zwei Obristen und ein General, lauter nette Menschen; sie hat schon das Frühstücksei von ihrem Menü gestrichen, und nun steht sie da in ihrer Wohnung, und es fällt ihr nur der Spruch ein: »Woher nehmen, ohne zu stehlen«, und dieser so beliebte Spruch wird der Sparkasse zum relativen Verhängnis. »Woher nehmen, ohne zu stehlen« – da bietet sich ja das Stehlen sozusagen von selbst an. Es muß hinzugefügt werden, daß die Dame nicht nur zerbrechlich, auch stolz ist. Immer wieder hat sie sich demütigen, hat sich belehren lassen müssen, sie hat einige tausend wohlmeinende Ratschläge über sich ergehen lassen, hämische Bemerkungen über ihren geliebten Sohn geschluckt, sie hat den größeren Teil ihrer Möbel verkauft, hat ihren Collie abgeschafft, an dem sie sehr hing, und sich darüber mit ihrer besten Freundin zerstritten, die tatsächlich sagte: »Ein Hund für einen Hund – das ist kein Geschäft«, sie hat ihren Sohn in einigen Gefängnissen besucht, Anwälte bezahlt, Reisekosten gehabt. Der einzige Luxus, den sie noch hat, ist das Telefon: damit ihr Sohn sie jederzeit anrufen kann, sie ihn, wenn er gerade Telefon hat. Es gibt sogar Augenblicke, wo sie ihn nicht nur zu verstehen *glaubt,* sondern sogar versteht. Die gesellschaftlichen Erfahrungen der vergangenen vier Jahre haben sie *innerlich* an den Rand der Asozialität gedrängt, äußerlich noch nicht: Sie ist eine gepflegte ältere Dame, sieht jünger aus als sie ist, und nun, nachdem ihr Sohn telefonisch Alarm gegeben hat, fällt ihr der verhängnisvolle Spruch ein: »Woher nehmen, ohne zu stehlen«, und die Moral dieses Spruchs hakt bei ihr an einer Stelle ein, die die Verbreiter solcher Sprüche nicht vorausgeahnt haben. Stehlen, denkt sie, das ist die Lösung, als ihr gegen 14.30 Uhr jene gepflegte kleine Sparkassenzweigstelle einfällt, die in einem benachbarten Vorort am Rande eines Parks liegt. Bevor sie das Haus verläßt, füttert sie noch ihre hübschen Zwergfinken, das sind winzige Vögel von der Größe eines halben Daumens, die sie sich noch leisten kann. Das Wort stehlen, ihr so unvertraut, wird ihr immer geläufiger, während sie sich dem Park im Nachbarvorort nähert, den sie ungefähr gegen 15.05 Uhr erreicht. Stehlen, denkt sie, wo stiehlt man Brot? In der Bäckerei. Wo stiehlt man Wurst? In der Metzgerei. Wo stiehlt man Geld? Aus einer Ladenkasse oder in einer Bank. Die Ladenkasse wird sofort ausgeschlossen, das ist ihr zu *persönlich,* sie will niemanden direkt berauben; außerdem: In welcher Ladenkasse sind schon 5000 Mark? Eine Ladenkasse zu berauben, kommt ihr auch zu zudringlich, fast aufdringlich vor. Gewissensbisse hat sie schon längst keine mehr, schon ist sie in taktischen und strategischen Überlegungen begriffen; sie blickt aus einem Gebüsch auf die kleine, sehr vornehme Sparkasse da drüben, von der sie weiß, daß sie um 15.30 Uhr schließt. Der Schalterraum ist leer, und es schießen ihr merkwürdige Dinge durch den Kopf: Sie hat natürlich hin und wieder ferngesehen, geht auch schon mal ins Kino, und sie denkt – nicht an Waffen, nicht einmal an Spielzeugwaffen, sondern sie denkt an den Strumpf, den man sich übers Gesicht zieht: Das hat ihr immer ein Schaudern verursacht, weil es ihr ästhetisches Gefühl verletzte, wie da ein menschliches Antlitz verunstaltet wurde; außerdem findet sie es unter ihrer Würde, hier in diesem Gebüsch eines ihrer Beine des Strumpfes zu berauben; das würde sie ja auch für eventuelle Verfolger kenntlich machen. In dieser Überlegung *treffen* sich – wie der geneigte Leser sofort feststellt – Ästhetik, Moral und Taktik in einmaliger Weise! In ihrer Handtasche hat sie eine riesige Sonnenbrille – ein Geschenk ihres Sohnes, der meinte, die würde ihr gut stehen –; sie setzt die Brille auf, zerwühlt sich das ansonsten so gepflegte Haar, tritt aus dem Gebüsch, überquert die Straße, betritt die Sparkasse: am rechten Schalter eine junge Dame, die mit Buchungsbelegen beschäftigt ist und ihr freundlich zulächelt, ein bißchen gequält, weil der Schalterschluß nur noch wenige Minuten bevorsteht; der mittlere Schalter ist geschlossen; am linken steht ein junger Mann von etwa vierunddreißig und zählt die Tageskasse; er blickt auf, lächelt sie höflich an und sagt das übliche: »Womit kann ich Ihnen dienen, gnädige Frau?« In diesem Augenblick greift sie in ihre Handtasche, zieht die Hand als geballte Faust heraus, tritt näher an den Schalter heran und flüstert: »Eine außergewöhnliche Zwangslage zwingt mich zu diesem leider unvermeidlichen Überfall. In meiner rechten Hand habe ich eine Nitritkapsel, die großes Unheil anrichten kann. Ich bedauere außerordentlich, daß ich

Ihnen drohen muß, aber ich brauche sofort 5000 Mark. Geben Sie sie mir. Sonst ...«

Die Tragik der Situation wird hier erhöht durch die Tatsache, daß auch der Bankbeamte – wie die meisten seiner Kollegen – ein höflicher Mensch ist, dem das »sonst« nicht den geringsten Schrecken einjagt, der die Not der Dame aber sofort begreift. Außerdem fordern Bankräuber nie bestimmte Summen, sondern alles. Er hält im Zählen – er ist ausgerechnet bei den Fünfhundertmarkscheinen! – inne und flüstert: »Sie bringen mich in eine peinliche Lage, wenn Sie nicht mehr Gewalt anwenden. Kein Mensch wird mir die explosive Kapsel glauben, wenn Sie nicht schreien, drohen, eine glaubwürdige Szene aufführen. Schließlich gibt es auch bei Banküberfällen Spielregeln. Sie machen das ganz falsch.« In diesem Augenblick verläßt die junge Dame ihren Schalter, schließt die Bank von innen ab, läßt aber den Schlüssel stecken. Die alte Dame, nicht etwa weniger entschlossen, sondern entschlossener denn je, erkennt ihre Chance. »Diese Kapsel«, flüstert sie drohend. »Nitrit«, sagt der Bankbeamte, »ist nicht explosiv, sondern nur giftig, wahrscheinlich meinen Sie Nitroglyzerin.« »Das meine ich nicht nur, das habe ich.« Man sieht schon, daß der Bankbeamte – beziehungsweise sein Geld – verloren ist. Anstatt einfach den Alarmknopf zu drücken, läßt er sich auf Diskussion ein, außerdem hat er doch inzwischen Schweißtröpfchen auf Stirn und Oberlippe und grübelt darüber nach, wozu die Dame das Geld wohl brauchen könnte: Trinkt sie? Ist sie süchtig? Hat sie Spielschulden? Einen rebellischen Liebhaber? Er grübelt zu viel, macht nicht von seinem Recht Gebrauch, und in diesem – man kann wohl sagen *stark* meditativen – Intermezzo greift die alte Dame einfach durch den Schalter, schlau genug, dies mit der linken Hand zu tun, ergreift soviel Fünfhundertmarkscheine, wie sie greifen kann, rennt zur Tür, schließt sie auf, überquert die Straße, verschwindet im Gebüsch – und erst als sie schon lange außer Sichtweite ist, gibt der Beamte Alarm. Es ist ziemlich sicher, daß *dieser* Bankbeamte einem unhöflichen Bankräuber viel energischer entgegengetreten wäre, er hätte ihm auf die geballte Faust geschlagen, Alarm gegeben.

Diese Sache hatte natürlich verschiedene Nachspiele. Die wichtigsten seien hier angedeutet: Die Dame wurde nie geschnappt, der Kassierer wurde nicht entlassen, nur an eine Stelle versetzt, wo er weder mit Geld noch mit Publikum direkten Kontakt hatte. Als die Dame feststellte, daß sie statt 5000

Mark 7000 erwischt hatte, überwies sie 1900 zurück; denn sie war raffiniert genug, das Geld nicht telegrafisch zu überweisen, was ja zu ihrer Identifizierung hätte führen können, sie erlaubte sich ein Taxi, fuhr zum Bahnhof, mit dem nächsten Zug zu ihrem Sohn – und das kostete sie etwa neunzig Mark, die restlichen zehn gebrauchte sie für Kaffee und Cognac, die sie im Speisewagen zu sich nahm – und verdient zu haben glaubte. Sie legte ihrem Sohn, als sie ihm das Geld übergab, die Hand auf den Mund und sagte: »Frag *nie,* woher ich's habe.« Sie telefonierte dann mit ihrer Nachbarin und bat sie, den hübschen Zwergfinken Futter zu geben. Fast überflüssig zu sagen, daß es mit ihrem Sohn ein gutes Ende nahm: Er las natürlich in der Zeitung von dem merkwürdigen Überfall der »höflichen Bankräuberin«, und dieser Akt der Solidarisierung durch eine kriminelle Handlung von seiten seiner Mutter wirkte moralisch stabilisierend auf ihn, mehr als einige tausend gute Ratschläge, mehr auch als seine stabilisierende Freundin; er wurde ein zuverlässiger Arzneimittelvertreter mit Aufstiegschancen, konnte sich allerdings nicht verkneifen, seiner Mutter bei mehreren Gelegenheiten zu sagen: »Daß du *das* für mich getan hast.« *Was,* wurde nie ausgesprochen. Nach längeren Beratungen mit sich selbst setzte die Dame die Rückzahlungsrate an die Bank auf eine Mark monatlich an, ihre Begründung für diese geringe Rate: »Banken können warten.« Dem Bankbeamten schickte sie hin und wieder Blumen, ein Buch oder ein Theaterbillett und vermachte ihm in ihrem Testament das einzige wertvolle Möbelstück, das sie noch besaß: eine geschnitzte Hausapotheke in neogotischem Stil.

Man sieht: Höflichkeit lohnt sich, für Bankbeamte und Bankräuber, und wenn Bankräuber Waffen oder Sprengkapseln, grobe Worte, grobes Auftreten völlig aus ihren Überlegungen ausschließen, wird man eines Tages vielleicht gar nicht mehr von Banküberfällen, sondern nur noch von erzwungenen Darlehen sprechen, bei denen nur von einem gewaltlosen Zweikampf zwischen zwei verschiedenen Erscheinungsformen der Höflichkeit gesprochen werden kann.

Nun muß hinzugefügt werden, daß Bankraub – wenn er gewaltlos und ohne körperliche Schäden verläuft – ein ziemlich populäres Vergehen ist: Jeder geglückte Bankraub, bei dem niemand verletzt wurde, löst Glücksgefühle und auch Neid bei denen aus, die jederzeit einen geglückten und gewaltlosen Bankraub ausführen würden, hätten sie den Mut dazu.

Viel schwieriger ist es, bei einem ebenfalls strafwürdigen Vergehen wie der *Desertion* Höflichkeit auch nur zu erwähnen. Seltsamerweise hält man Deserteure für feige, ein Urteil, das bei näherer Betrachtung nicht aufrechterhalten werden kann. Der Deserteur im Krieg riskiert, erschossen zu werden – von Freund oder Feind, denn er weiß ja nie, wem er sich da in die Hände gibt, wenn er auch zu wissen glaubt, aus wessen Händen er sich da entfernt. Wie immer man da welche nationalen Maßstäbe anlegen möchte – und seltsamerweise sind sich da alle Nationen einig –, der Deserteur im Krieg riskiert etwas – und man sollte sein Risiko respektieren. Doch hier soll vom *höflichen* Deserteur *im Frieden* gesprochen werden, von jenem unbekannten jungen Mann, der den Militärdienst verläßt, ohne von seinen Rechten – etwa das Recht der Verweigerung – Gebrauch zu machen; der abhaut, untertaucht, wenn möglich ins Ausland, weil er einfach keine Lust mehr hat und der Hauptbürde des Soldatenlebens – der Langeweile – überdrüssig ist, den weder die mehr oder weniger erzwungene Kameraderie noch der sogenannte Dienst locken, den Geld, Essen, Führerschein, Bildungschancen, Aufstiegsangebote gleichgültig lassen; ein netter deutscher Junge, der – sagen wir – seinen Eichendorff in der Schule gelesen hat – und ihn »umwerfend« fand; ein sympathischer Junge, der die Schule nicht absolvierte, weil sie ihm zu langweilig wurde; der Tischler wurde, eine Sache, die ihm Spaß machte; der kurz nach der Gehilfenprüfung zum Wehrdienst eingezogen wurde, an Panzern, Flugzeugen, Waffen aller Art völlig desinteressiert, auch an Politik nicht interessiert, sondern nicht ausschließlich, aber sehr stark an der Herstellung von Möbeln, wie er sie bei verschiedenen Aufenthalten in Italien in den Erdgeschoßwerkstätten von Rom oder Florenz, vielleicht auch Siena, beobachtet hat; moralische Probleme – daß da hin und wieder Möbel regelrecht gefälscht werden – interessieren ihn nicht – er will, er wollte dorthin und findet sich statt dessen unversehens in einer Infanteriekaserne in – sagen wir – Neu-Offenbach. Natürlich kann man diesem jungen Mann eine Menge ernsthafter Vorwürfe machen: daß er kein Staatsbürgerbewußtsein hat, daß er nicht nach, sondern besser vor der Einberufung hätte abhauen sollen, nach – sagen wir – Bologna; man kann ihm vorwerfen, daß er kein Pflichtbewußtsein hat – obwohl das nicht zutrifft, denn der Meister, bei dem er gelernt hat, der inzwischen ein Opfer wirtschaftlicher Strukturwandlungen geworden ist, hat ihm ein vorzügliches Zeugnis ausgestellt; seine Eltern, seine Lehrer, sogar seine Freunde haben ihm immer wieder beizubringen versucht, daß man *realistisch* denken muß, doch dieser sympathische junge Mann denkt *realistisch,* er denkt an abgelagertes Holz, an Leim und Schrauben, an Hobelbänke und geschweifte Stuhlbeine, er denkt natürlich auch an Mädchen und Wein und solche Sachen. *Nur:* Die Bundeswehr sagt ihm nicht nur nicht zu; sie sagt ihm nichts, sie gibt ihm nichts. Solche Fälle gibt es ja. Es nutzt nichts, das zu beklagen, wenn es auch *an sich* natürlich beklagenswert ist. Der Junge ist nun einmal so, und man muß ihm zugestehen, daß er sich relativ fair verhalten hat; denn er hat den sogenannten Grunddienst getreulich absolviert: Das hat er nicht etwa eingesehen, es hat seine Neugierde erregt, wenn auch nicht seine Einsicht geweckt. Nun aber hat er einfach die Nase voll – und er wendet sich nicht an irgendwelche Beratungsstellen – kirchliche, staatliche, überparteiliche –, nein, er haut einfach ab, da er aber ein höflicher Mensch ist, haut er nicht sang- und klanglos ab, er schreibt – aus sicherer Entfernung und mit irreführendem, nämlich Schweizer Porto, einen Brief an seinen Kompaniechef.

»Sehr geehrter Herr Hauptmann, daß ich Ihrem Beruf, den ich jetzt noch ein Jahr lang ausüben müßte, keinen Reiz abgewinnen kann, sollte Sie nicht kränken, wie ich Sie überhaupt bitte, meine Desertion nicht persönlich und schon gar nicht als beleidigend zu empfinden. Ich bin nun einmal kein Soldat und werde nie einer werden, und nichts läge mir ferner, als Ihnen einen Vorwurf draus zu machen, daß Sie kein Tischler sind und wahrscheinlich nicht wissen, was eine Zarge ist, und schon gar, wie man eine solche erstellt. Natürlich weiß ich, und ich bitte Sie, das immer vorauszusetzen, daß es zwar Gesetze gibt, die einen Menschen zwingen können, für eineinviertel Jahre Soldat zu sein, aber keine Gesetze, die einen zwingen, etwas von Zargen zu verstehen, und so weiß ich auch, daß mein Vergleich Soldat/Tischler hinkt. Lassen wir ihn also hinken, und wenn es dieses Gesetz gibt, das mich zwingt, mich ein weiteres Jahr auf eine fürchterliche Weise zu langweilen, so teile ich Ihnen hierdurch mit, daß ich dieses Gesetz eben breche. Was mich daran schmerzt, ist die Tatsache, daß Sie ein so netter, sympathischer, verständnisvoller Vorgesetzter waren, daß ich es natürlich vorziehen würde, einem miesen, biestigen Offizier den Schmerz zuzufügen, den ich Ihnen möglicherweise zufüge. Sie haben mich, der ich so wenig die absurden Dienstvorschriften begreife, einige Male vor Bestrafung geschützt, Sie haben zu so mancher Torheit, die meinen Unteroffizier und sogar meine Kameraden erregte, verständnisvoll gelächelt, so verständnisvoll, daß ich in Ihnen einen heimlichen Deserteur vermute, und das sollten Sie nun wiederum nicht als Beleidigung, sondern als Schmeichelei verstehen. Ich will mich kürzer fassen: *Als* Vorgesetzter waren Sie noch besser als mein Meister, aber *was* Sie – oder besser gesagt: die Armee – mir vorsetzte, war einfach unerträglich, es gilt weder dem Essen noch dem Taschengeld, sondern einfach dieser entsetzlichen Tätigkeit, die man »die Zeit totschlagen« nennt. Ich will einfach meine Zeit nicht mehr totschlagen, ich will sie zum Leben erwecken – mehr nicht – und auch nicht weniger. Das einzig Vernünftige, das einzige, was mir Spaß gemacht, war der viertägige Katastropheneinsatz bei den Überschwemmungen in Oberduffendorf: Das war wohltuend, mit dem Schlauchboot von Haus zu Haus zu paddeln und den Eingeschlossenen von Oberduffendorf heiße Suppe, Kaffee, Brot und die Bildzeitung zu bringen – da leuchtete so manches Gesicht in Dankbarkeit. Aber ich bitte Sie, Herr Hauptmann, wäre es nicht geradezu makaber oder gar frevelhaft, auf weitere Katastrophen zu warten, um im Wehrdienst einen Sinn zu sehen? In der Hoffnung, daß Sie einige meiner Gedanken verstehen, meine Motive nicht verachten, bin ich mit höflichem Gruß der Ihre.«

Hartmut von Hentig

Hoffnung aushalten

denkbar immerhin
wenn auch nicht glaublich
daß es ausbliebe
das vorgesehene verrecken
daß der frieden über uns käme
im ernst
sanftmütig
unerbittlich

erbleichend erbrächen wir den brief
mit der nachricht: schrottreif
die glorreichen werke
umsonst geschält
auf den kongressen
die dürren äpfel: spieltheorie
wahrscheinlichkeitsrechnung

vergebens geblickt
auf das letzthinnige
auf unser gerät
das unfehlbare
vor seinen opfern zunichte
die erbauer hilflos
ausgeliefert ihrer vernunft
lebenslänglich

verurteilt uns zu verstellen
ganz als wären wir menschen
denkbar immerhin
wenn auch nicht glaublich:
die katastrophe wäre da
wenn über uns käme die nachricht
daß sie ausbleiben wird
für immer

verloren wären wir: wir stünden am Anfang

Hans Magnus Enzensberger

Ich hoffe, du kommst bald wieder.
Hoffentlich haben wir gutes Wetter.
In der Hoffnung auf weiterhin gute Zusammenarbeit verbleiben wir …
Sie ist guter Hoffnung.
Mit dieser Sonde hoffen die Amerikaner, einen wichtigen Beitrag zu der Frage liefern zu können, ob es Leben auf dem Mars gibt.
Der Brief wird ihn hoffentlich noch rechtzeitig erreichen.
M. hat die in ihn gesetzten Hoffnungen nicht enttäuscht.
Mit der Einführung der gleitenden Arbeitszeit war die Hoffnung verbunden, daß …
Hoffentlich haben wir uns nicht verirrt.
Es besteht noch immer Hoffnung, die Überlebenden zu bergen.
Die Völker der Erde hoffen auf Frieden.

Hoffnung – das, meine ich, sagen diese Sätze aus unserem Alltag – ist eine Lebenstatsache wie Hunger und Müdigkeit, Liebe und Erinnerung, Wandlung und Furcht. Der Hoffnung fähig zu sein, ist keine Tugend. Sie zu haben, ist nicht Teil einer von klugen Leuten zu verordnenden Lebenskunst, nichts, was man den Menschen eigens bei- oder nahebringen müßte. Gewiß, der Mensch braucht Hoffnung, aber dadurch, daß er das weiß, wird er sie gerade nicht bekommen.

Welchen Grund gäbe es dann, die Hoffnung in einer zeitgemäßen »Lehre vom guten Leben« neu zu entdecken, neu vorzustellen, neu zu preisen? – Weil es heute viele Menschen gibt, die behaupten, alles sei »hoffnungslos«? Die hat es immer gegeben, zumal nach Zeiten gesteigerter Hoffnung. Und wenn das Hoffen tatsächlich einer besorgniserregenden Mehrheit der Menschen vergangen wäre – wie könnte einer hoffen, sie mit diesem meinem Geplauder wieder herzustellen? Ich hätte also meinen Auftrag zurückgeben sollen und in Umkehrung des bekannten Schülerschicksals dazu schreiben können: »Verfehltes Thema«.

Vollends verfehlt mußte das mir ursprünglich gestellte Thema erscheinen: »Hoffnung entfachen«. Hoffnung entfachen hieße doch: Da, wo einer keine Hoffnung hat – weil er keine sieht oder keine zu brauchen meint –, ihm eine *machen*. Es ist vernünftig und freundlich, ihn eine Chance sehen zu lassen, die er noch nicht wahrnimmt; ihn zu ermutigen, eine doch »hoffnungsvoll« begonnene Sache nicht jetzt schon wieder aufzugeben; ihm neue Ziele zu zeigen, die zu verfolgen sich lohnt. Aber das nenne ich nicht Hoffnung entfachen, sondern tun, was ich gesagt habe: Möglichkeiten eröffnen und Zuspruch geben, objektive und subjektive Hilfe. Ob daraus Hoffnung wird, habe ich nicht in der Hand – und er vermutlich auch nicht.

Dies ist einer Menschheit, die sich an die Machbarkeit ihrer Welt – der äußeren wie der inneren – gewöhnt hat, unheimlich. Und so verwechselt sie, nein, vertauscht sie den Gegenstand der Hoffnung mit dem Hoffen selbst. Das Hoffen aber ist ein Zustand meines Lebens, über den ich jeweils nicht mehr verfüge, nachdem ich mich auf ihn eingelassen habe. Eine verfügbare, eine herstellbar gemachte Hoffnung ist also nicht nur unernst, ein Selbstbetrug – sie widerspricht dem Wesen der Hoffnung. Denn Hoffnung willigt ein in die Abhängigkeit vom Erhofften. Wir setzen auf sie unter dem Risiko, daß sie sich nicht erfüllt.

Das Bedürfnis, diesen Gedanken darzustellen und wie es dazu kommt, daß wir Hoffnung mißbrauchen oder mißachten, unsere Kraft des Hoffens nicht nutzen, uns dem Wagnis der Hoffnung nicht stellen, hat mich an dem Auftrag festhalten lassen. Da es sich dabei zum Teil darum handelt, die Unklarheit von Gedanken an der Unklarheit von Wörtern zu überführen, kann selbst ein kurzer Beitrag dazu tauglich sein.

Hoffnung ist in Verruf geraten – Hoffnung steht hoch im Kurs. Das schließt sich nicht aus, das bedingt sich gegenseitig. Weil Hoffnung zu wenig ist im Angesicht der Abgründe von Schwierigkeit, vor denen wir stehen, steigert man sie zur Utopie. Zugleich wird »Utopist« zum Schimpfwort, weil so viele Utopien im Umlauf sind. Hoffnung lag schon immer in der

Nähe von Luftschloß, Schwärmerei, Illusion, wohlfeilem Optimismus, Schönfärberei, geistiger und moralischer Verführung. Wer will, daß die von ihm erhoffte Welt ernst genommen wird, nennt sie darum »konkrete« und meint »erreichbare« Utopie. Wo er anderen Hoffnung zu machen sucht, muß er darauf achten, daß er nicht *nur* Hoffnung macht: Es soll eine docta spes, eine aufgeklärte, sich selbst an der Erfahrung korrigierende Hoffnung sein, wie Ernst Bloch fordert. Auf der anderen Seite sind gerade ausweglose – im Volksmund »hoffnungslose« – Lagen auf Hoffnung angewiesen: Wer im Rettungsschlauchboot, im brennenden Haus, im verschütteten Schacht zu hoffen aufgibt, *ist* verloren; wer nicht aufgibt, *kann* gerettet werden.

In unserer rationalisierten und verwalteten, arbeitsteiligen und engverflochtenen, geplanten und vor allem sich beschleunigt verändernden Welt haben sich – gegen die naive Erwartung – die Lagen vermehrt, in denen wir nicht wissen, was zu geschehen hat. Als ich begann, mich mit Schulreform zu befassen, fiel mir als erster Unterschied zwischen einst und jetzt dies auf:

»In Zeiten, in denen heute so aussah wie gestern, bestand kein Grund, daran zu zweifeln, daß morgen so aussehen würde wie heute. Es wäre der schiere Übermut gewesen, das Bewährte nicht zu übernehmen und zu pflegen: man wußte, woraufhin es sich bewährt hatte und zu bewähren haben würde.«

In alten Zeiten hatte man weniger Wissen, aber man mußte auch nicht so viel haben. Und was man nicht wußte, war bei Gott gut aufgehoben: Er hatte seinen weisen Plan für die Welt.

In unserer Zeit haben die Menschen erfahren, wie unzuverlässig die Erfahrung ist. Die Komplexität und der Wandel der Verhältnisse zerstören nicht nur die Gültigkeit des gesunden Menschenverstandes, sondern auch den Boden für Hoffnung. Das Risiko der Hoffnung geht man ein, weil man *erfahren* hat, daß es faire Chancen der Erfüllung birgt, und weil man mehr Gewißheit über diesen oder einen anderen Weg nicht zu erlangen vermag; man geht das Risiko leichter ein, wenn man glauben kann, daß nicht alles sinnlos wird, wenn diese Hoffnung scheitert.

Es gibt prinzipiell drei Weisen, sich zur Zukunft zu verhalten:
- wissend, daß es so kommen werde
- glaubend, daß es so in jedem Fall richtig sei
- hoffend oder bangend, daß es so kommen möchte.

(Man kann auch blind tätig werden oder beliebig meinend oder von Schritt zu Schritt lernend; dies sind theoretische Möglichkeiten, die sich den drei genannten praktisch zuordnen.) Mit der dritten Weise lebt es sich nicht nur am schwierigsten, sie macht auch den größten Teil unseres Verhaltens zur Zukunft aus. Daß morgen die Sonne aufgehen werde, vielleicht von Wolken verdeckt, *weiß* ich. Daß man mich nicht überfährt, wenn ich bei Grün über die Kreuzung gehe, aber auch, daß die Bevölkerung der Bundesrepublik Deutschland den Krieg nicht will oder daß Gott barmherzig ist, *erwarte* ich (= daran *glaube* ich). Daß die Stimme, die ich für die Partei X abgebe, uns zu einer besseren Regierung oder besseren Politik verhelfen werde; daß die Investitionen, die die Firma Y in ein neues Produktionsmittel steckt, ihre Position auf dem Markt langfristig stärken; daß die Gelder, die der Staat für die freie Forschung aufwendet, sich für das Gemeinwohl auszahlen – dies wird jeweils *gehofft*. Bis zu einem bestimmten Punkt ist es begründbar, aber weder garantiert noch zu fordern. Und da sich diese Akte weder vermeiden noch wissenschaftlich oder moralisch sichern lassen, müssen wir dafür sorgen, daß Hoffnung nicht verpönt oder verniedlicht, umgangen oder pervertiert wird.

Das Wort »hoffen« verwenden wir nun häufig so, als handle es sich um eine schwächere Form von »wünschen«: »Wird er gewinnen?« »Ich hoffe!« – das kann so wenig meinen wie: »Ich gönne es ihm!«

Man kann einer sich lebend entwickelnden Sprache nicht vorschreiben, wie sie sich – der Logik zufolge – zu verhalten habe. Aber man kann sich den eintretenden Verlust an Unterscheidung und Pointe klarmachen. Genaugenommen ist es umgekehrt, ist »Hoffen« die stärkere, die zwingendere Form des Zukunftsanspruchs. Wünsche kann man sein lassen. Aber eine Hoffnung?

»Ich *wünsche* mir seine Rückkehr.« »Ich *hoffe* auf seine Rückkehr.«

»Er *wünschte* sich Ruhe.« »Er *hoffte* auf Ruhe.«

Man kann einsetzen, was man will: Geld, Glück, Gnade, Gerechtigkeit, ein Glas Wasser – man spürt, wie das Wünschen den Gegenstand beliebig, das Hoffen ihn notwendig macht.

Kant gibt am Anfang seiner Vorlesung über die Logik einen, wie er es nennt, »Begriff von der Philosophie überhaupt«, und zwar nach dem Schulbegriff (für die Philosophen) und dem Weltbegriff (für uns) getrennt. Das Feld der Philosophie, sagt er, lasse sich in der letzteren, der »weltbürgerlichen« Bedeutung auf folgende Fragen bringen:

»Was kann ich wissen?
Was soll ich tun?
Was darf ich hoffen?
Was ist der Mensch?«

Und er erklärt: »Die erste Frage beantwortet die Metaphysik, die zweite die Moral, die dritte die Religion und die vierte die Anthropologie.«

Das gibt nicht nur den Rang und den philosophischen Ort des Hoffens an – es sagt auch, daß das Hoffen eine ganz eigene Art oder Quelle der Erkenntnis ist. Sie legt die Grenze von Vernunft und Erfahrung fest und öffnet den Raum des Glaubens. Das Glauben aber gilt dem , »was zu wissen zwar unmöglich, aber vorauszusetzen moralisch notwendig ist«. Kant definiert die Hoffnung nicht. Sie erscheint mir als die subjektive Vorstufe zum Glauben; sie gilt dem, was zu wissen zwar unmöglich, aber für mich vorauszusetzen notwendig ist.

In dieser Spannung zwischen möglicher Gewißheit und notwendiger Voraussetzung unserer Erkenntnis entsteht der Zustand des Hoffens, und es wird begreiflich, daß er immer in das eine abzusinken oder in das andere sich zu versteigen in Gefahr ist – zumal heute!

Die Zahl der Situationen, in denen wir nicht wissen können, was richtig ist, und in denen bloß zu hoffen zu wenig ist, hat für den einzelnen wie für die Gemeinwesen ungeheuer zugenommen. Damit nimmt das Zutrauen in die vorgefundenen Abläufe unseres Lebens ab. Zugleich hat organisierte Planung die Unsicherheiten des Lebens in solchem Maß aufgehoben, daß die Menschen mit Recht erwarten, es sollten auch die verbleibenden Risiken der Gewißheit weichen. Sie sehen nicht, daß die »verbleibenden« Unsicherheiten zum großen Teil neue Unsicherheiten sind: solche, die auf dem Rücken der Sicherungsmaßnahmen entstanden sind. Und wo die Menschen dies sehen, sind sie nicht besser dran, tragen sie mit ihrer Skepsis zum gleichen falschen Ergebnis bei. Die einen verwandeln die mit Zweifel oder gar Furcht gepaarte Hoffnung in die kleine Münze von Ansprüchen um – in die Vorstellung von einem herstellbaren und darum geschuldeten absoluten Fortschritt. Die anderen zweifeln, ja verzweifeln an dem System unserer neuzeitlichen, auf methodischer Erkenntnis und aufgeklärter Politik beruhenden Lebensbewältigung; sie verlegen das Hoffen anderswohin: auf einen Heiland, einen Bewußtseinswandel, eine letzte große Revolution, eine heilsame Katastrophe. Damit sie und ihre Mitmenschen dies abwarten und bejahen können, malen sie sich einstweilen eine Welt aus, deren Hauptmerkmal ist, daß es sie nirgendwo gibt, einen wahren u-topos, einen Nicht-Ort, der von der Notwendigkeit befreit zu zeigen, wie man dorthin gelangt, oder zu beweisen, daß wir darin leben könnten.

Wir halten das Hoffen nicht aus, weil zu viel erhofft werden müßte und weil das Erhoffte unsere Realität, ihre dumme Emsigkeit und Kümmerlichkeit überführt. Wir fliehen rückwärts in die kultivierte Resignation (»keine Hoffnung«) oder nach vorn in den zum politischen Prinzip erhobenen Utopismus (»nur noch Hoffnung«, »verabsolutierte Hoffnung«, sozusagen »Hoffnung um jeden Preis«). Der Rest wandelt sich unter der Hand in den kalkulierten und einklagbaren Anspruch auf eine bestimmte Zukunft, die damit aufhört, Zukunft zu sein.

Ich hatte gesagt, dies alles sei eine Folge davon, daß sich die Menschen zu tief auf die Machbarkeit ihrer äußeren und inneren Verhältnisse eingelassen haben. Wir haben dies bis zu einem Punkt vorgetrieben, an dem den Menschen das Gegenteil, die radikale Abdankung (Re-signation), in den Sinn kommt und auch diese nur zu falschen Lösungen führen kann.

Es begann menschenfreundlich mit der »Befreiung von ...«, also: von Angst, Aggression, Tabus, Demütigung, ungerechter Ungleichheit, falschen Leitbildern, Vorurteilen. Aber das war nicht nur ein Bemühen ohne Maß, es verursachte, indem es Gewohntes fortnahm, ein Vakuum. Neue Nöte stellten sich ein: die drückende Verantwortung für die Nutzung der mir eingeräumten Chancengleichheit, das schlechte Gewissen wegen der Aggressivität, die sich trotz aller psychologischen Aufklärung einstellt, die Orientierungslosigkeit ohne Tabus und ohne gemeinsame Leitbilder, eine Art der Angst vor der Angstfreiheit. So ergänzt man die Negationen »Befreiung von ...« durch die Positionen »Befähigung zu ...«, also: zu Solidarität, Kreativität, Identität, zur Frustrationstoleranz und Kommunikationseffizienz, zu Partnerschaft und Rollenwechsel, zu Kritik und Politik, zum Lernen und Planen und Entscheiden.

Aber mit alledem droht die menschenfreundliche Absicht in einen unmenschlichen Aberwitz umzuschlagen. Aus der – bedürftigen und leidenden – Person wird ein Aggregat von »wartungsleichten« Funktionen:

eine Gemeinschaft, die nicht deshalb besteht, weil die Mitglieder sich gegenseitig wollen, sondern obwohl sie sich gegenseitig nicht wollen (die Gruppendynamik macht es möglich)

das fröhliche Erschaffen des Erschaffens, das Erfinden um der Erfindung willen – von gigantischen Collagen, kollektiven Knüpfwerken, Türmen von bemalten Persilkartons, kilometerlangen Tuchzäunen – ohne Anlaß in mir (das Kreativitätstraining macht es möglich) und ohne jegliches Mitteilungsbedürfnis (die visuelle Kommunikation macht es möglich)

ein Wille, den ich nicht gewollt habe (die Motivation macht es möglich)

mit solchen Errungenschaften haben wir prinzipielle Grenzen erreicht.

Dies zu *erstreben* waren die Menschen zwar immer schon verführt: »Lieber Gott, mach' mich fromm, daß ich in den Himmel komm« – damit bitte ich, daß Gott meinen Willen durch seinen ersetze und sich selbst um die Zuwendung der Seele betrüge, an der ihm liegt. Ich bin ziemlich sicher, daß Gott *diese* Gebete nicht erfüllt. Die modernen Sozialwissenschaftler erfüllen sie auch ungebeten.

Richtig ist es, Gott um die *Kraft* zu bitten, seinen Willen zu tun, und wohl auch, daß er diesen Willen deutlicher offenbare. Auch Menschen können wir um solche Hilfe angehen. Aber irgend jemanden – Gott oder Menschen – bitten, er möge veranlassen, daß mein Wille das Richtige wolle, hieße meine Selbstauflösung betreiben.

Genauso ist es mit dem Hoffen. Die mögliche Hilfe einer modernen Lebenskunst kann weder darin bestehen, daß sie uns zum Hoffen anleitet, noch daß sie uns hindert, uns falsche Hoffnungen zu machen. Das Hoffen oder Nichthoffen ist nicht verfügbar, und daß es enttäuscht werden kann, gehört zu seiner Definition. In einer »Lebenskunst« ginge es um die Frage: Was darf ich hoffen, weil ich es nicht wissen kann und weil es mir nicht ohnedies vorgeschrieben ist? Es geht um die Kraft, das auszuhalten. Es geht um die Entledigung von dem, was das leidvolle Hoffen vermeidbar, unaushaltbar, unnütz erscheinen läßt.

Von daher ist mir auch Ernst Blochs zum Prinzip erhobene Hoffnung unheimlich. Aus der Fülle des Unbewußten und Ungewußten, aus dem ständigen Wandel, der dauernden Geburt von Neuem, aus dem Dunkel der Materie, dem Dunkel der geschichtlichen Zukunft, dem »Dunkel des gelebten Augenblicks«, dem »dunklen Jetzt« mit dem »darin anschlagenden neuen Licht« leitet Bloch die Unendlichkeit des Noch-nicht-Gewordenen, eine prinzipielle Unfertigkeit der Welt ab und daraus das Prinzip Hoffnung: Das Universum – und mit ihm der Mensch – ist eine auf Entfaltung angelegte Chance, Möglichkeit der Möglichkeit, experimentum mundi.

Bloch wendet sich damit gegen jede dogmatische Festlegung der Welt, gegen chiliastische Abkündigung des zeitlichen und philosophischen Ziels der Geschichte, gegen idealistische Quacksalbereien aller Art, gegen eine »Reich-Gottes-Währung«, wie sie ein Mann in Berlin während der Inflation verkauft haben soll – »zahlbar am Tag des Jüngsten Gerichts«.

Bloch hätte uns eine immerwährende Romantik verschrieben, er würde uns etwas vorgaukeln, wenn er nicht auch sagte, wie die prinzipielle Offenheit der Welt mit unserem Bedürfnis nach Gewißheit, Beweis, Bloßstellung und Vermeidung des Betrugs vereinbar ist, wie man verhindert, daß aus dem Born der Möglichkeiten die Unmöglichkeiten von Auschwitz und Maidanek sprudeln.

Die echte Hoffnung ist die fundierte Hoffnung: die tendenzkundige, die mit dem Gang der Dinge vermittelt ist. Es gibt »eine *objektive* Phantasie als *Organ* realer Möglichkeit«. Das Noch-nicht-Gewordene deutet sich im Noch-nicht-Bewußten an, zum Beispiel in der Kunst, und hier zitiert Bloch Novalis: »Jede künstliche Gestalt, jeder erfundene Charakter hat mehr oder weniger Ansprüche und Hoffnungen des Lebens. Die Galerien sind Schlafkammern der zukünftigen Welt ...«, und Jean Paul, der von der Musik sagt, sie habe »eine Kraft des Heimwehs, nicht ein Heimweh nach einem alten verlassenen Land, sondern nach einem unbetretenen, nicht nach einer Vergangenheit, sondern nach einer Zukunft«.

So stellt Bloch die Verbindung zwischen unserer antizipierenden Phantasie mit dem »objektiv zur Verwirklichung Drängenden in der geschichtlichen Welt« her. Ja er geht konsequent weiter: Die echte Hoffnung, die an der Wirklichkeit entsteht und durch Schaden klug geworden ist, *kann nicht enttäuscht werden.* Als »konkrete Utopie richtet sie die miserable Faktizität«. Und schließlich: »Der Weltprozeß ist noch nirgends gewonnen, doch freilich auch noch nirgends vereitelt, und die Menschen können auf der Erde die Weichensteller seines ... Ganges sein.«

Das ist philosophisch und poetisch groß gesprochen. Aber

genau diese Offenheit und diese Verantwortung des Erkennens und Handelns halten die Menschen nicht aus: Hoffnung wird eine zu schwere Bürde, und so halten sie sich an das, was da auch steht und was ihnen erleichtert, aus dem Prozeß ein System, aus dem Prinzip Hoffnung eine Wissenschaft, aus dem Zustand des Hoffens eine dogmatisch ausgestattete und verteidigte Utopie, aus dem Anti-Idealismus einen Super-Idealismus zu machen. Welche Verführung: zu meinen oder doch zu sagen, man sei im Besitz der richtigen, der geprüften Hoffnung, die »das Wesenhafte der Sache« kennt, die es »besser weiß als irgendwer«, die die Abirrungen vom Weltprozeß wahrnimmt und die List der Vernunft durchschaut, die es sich mit Hegel erlauben kann zu sagen: Desto schlimmer für die Tatsachen!

Ich mißtraue freilich dem Bloch'schen Prinzip und seinen Wirkungen nicht nur, ich kann auch nichts damit anfangen. Ich brauche nicht Hoffnung auf Hoffnung, ich brauche die Kraft, es in der unvermeidlichen Unsicherheit auszuhalten, und wenn eine Hoffnung diese gewährt, gut! Tut dies eine Ernüchterung, eine Ent-täuschung, auch gut! Entscheidend ist, daß ich an einem noch so bescheidenen Maßstab erkennen kann, was Sinn hat. Das Prinzip Hoffnung behauptet, mir auch diesen zu zeigen. In Wahrheit erlaubt es mir nur zu sagen: »Daß es einen Sinn gibt, muß vorausgesetzt werden. Hoffe nicht zu wissen, was er ist. Hoffe, indem Du hoffend lebst, mit ihm übereinzustimmen.« Dies aber beendet in der lesenden, nachdenkenden und hier schreibenden Person eine der wichtigsten Hoffnungen – die auf eine bessere Erkenntnis von einem nicht zu gefährlichen, nicht zu widersprüchlichen, nicht mehr unwürdigen Leben.

Auf dem großen Maskenfest im zweiten Teil des Faust treten Furcht und Hoffnung auf. Die Hoffnung ist nicht die, daß mein Freund unversehrt heimkehre, daß ich den verlorenen Ring wiederfinde, daß ich mit diesem Einsatz gewinne, nicht die freudige Schwester des Trostes und nicht die bescheidene des Begehrs, sondern ein Weib »stehend, herrlich – hehr«, von Glanz umgeben, »der blendet mich zu sehr«, eine Hoffnung, die verspricht:

»Werden wir in heitren Tagen
Ganz nach unserm eignen Willen
Bald gesellig, bald alleine
Frei durch schöne Fluren wandeln,

Nach Belieben ruhn und handeln,
Und in sorgenfreiem Leben
Nie entbehren, stets erstreben.«

und die sehr genau weiß:

»Sicherlich muß das Beste
Irgendwo zu finden sein.«

Die Klugheit kommentiert diesen Auftritt. Sie hätte, um diese abgeschmackte Hoffnung zu vernichten, ganz einfach »Kitsch« sagen können. Aber – die Menschen richtig einschätzend – sagt sie: Einer der größten Menschenfeinde! In dem »irgendwo« und »muß sicherlich« und »das Beste« liegt ihre Tükke; damit verhindert sie, daß man ihre Versprechungen je an der Wirklichkeit mißt und *wissen* und *tun* will, was möglich ist. Hoffnung als Ausflucht wie auch die Nostalgie und beide wie eine Droge! Wenn dies auch noch philosophisch geadelt und zum Prinzip erhoben wird, wer kann den Menschen verdenken, wenn sie nicht mehr standhalten wollen!

Wie seine Vorgänger und Konkurrenten – das Prinzip Liebe (Jesus von Nazareth), das Prinzip Vernunft (Sokrates/die Aufklärung), das Prinzip Freiheit (Adam Smith und andere), das Prinzip survival of the fittest (Darwin) – ist das Prinzip Hoffnung zu weit gefaßt; ohne Katechismus und Institution bleibt es beliebig, und mit diesen wird es zu eng. Wenn ich nicht liebe, wenn ich nicht vernünftig, nicht frei und nicht stark bin, nützt mir das jeweilige Prinzip nicht; ich werde es also ablehnen, ja bekämpfen. Indem die Mehrheit der Menschen dies getan hat, hat sie jeweils das Prinzip als Prinzip erledigt. Der Klassenkampf als Prinzip der Weltgeschichte ist besser dran; er geht von einer Schwäche aus, die die meisten Menschen haben und für die sie einem anderen die Schuld geben möchten. Dieses Prinzip stellt sich dauernd selbst her.

Im folgenden will ich vier Geschichten erzählen, in denen Menschen mit einer Hoffnung leben. Das Hoffen ist – in der Sache, in der sie hoffen – die naheliegende, vielleicht gar unvermeidbare Lebensform: das Eingespanntsein in das Dreieck von Erkenntnis, Wunsch und sich nur allmählich erschließender Realität.

Die Geschichten sollen helfen, die im Anschluß aufgestellten Maximen zur Hoffnung, wie sie in einer allgemeinen Lebenskunst stehen könnten, besser zu verstehen und anzunehmen. Zwei handeln von einzelnen, zwei von Gruppen oder Institutionen; eine erzählt von einer sehr privaten Hoffnung, die anderen drei von mehr oder weniger öffentlichen Hoffnungen.

I.

Da liebt ein Mann eine junge Frau, und seine Hoffnung ist: sie möge ihn wiederlieben. Es ist eine im Wortsinne natürliche Hoffnung und zunächst auch vor seinem Bewußtsein geheim. Von Anfang an ist auch geheime Furcht dabei – die Furcht, dies könne ihr unmöglich sein; er ist in seinem Leben nicht viel geliebt worden. Der Mann erfährt bald, daß sie verheiratet ist. Sie spricht nicht davon, und das läßt ihn ahnen, daß die Ehe nicht sehr glücklich ist. Er denkt: Weder will sie durch ihre Ehe geschützt sein, noch schützt sie ihre Ehe. Solche Gedanken machen ihm seine Hoffnung bewußt. Er beginnt, sich zu beobachten. Er tut zwar nichts, seine Hoffnung auszutragen, aber er merkt, daß er abwartet, wartet auf ein Zeichen der Zuneigung, einen Blick des Erkennens, die Gelegenheit einer Probe. Der Mann und die junge Frau haben einen Beruf, der sie verbindet und dennoch nicht häufig zusammenbringt. Das genügt ihm einstweilen; er will sie nicht durch die Verwegenheit einer privaten Hoffnung erschrecken.

Zwei Jahre lang trägt die Vorsicht die Geduld, die Geduld die Hoffnung, die Hoffnung die Vorsicht. Es ist ja »nur eine Hoffnung«, und je weniger Gewißheit dies fordert, um so glücklicher, nein gelassener kann er mit der Hoffnung leben. Dann, eines Tages, ist die Gelegenheit da: sichere Zweisamkeit, Frohsinn am Rande des Leichtsinns, ein Gespräch über gemeinsame Aufgaben, bei denen jeder des anderen bedarf, der einfache Mut zu einer weiteren Verabredung. Diese ist von Übereinstimmung erfüllt. Seine Hoffnung beginnt sich gegen seine Wachsamkeit zu wehren. »Es ist doch alles in Ordnung; sie ist doch ein erwachsener Mensch; ich nötige doch niemanden ...« Bei der dritten Begegnung kommt es zur zufälligen Berührung. Sie löst kein Erschrecken aus – auch nicht als der Zufall entfällt.

In diesem Augenblick hat die junge Frau ihm Hoffnung gemacht, eine Hoffnung, die sie, wie sie selbst mit zunehmender Deutlichkeit versteht, nicht mehr zurücknehmen kann – es sei denn, sie zerstöre sie mutwillig. Sie hat das alles nicht gewollt, sie hat es auch nicht nicht gewollt. Und weil sie nicht weiß, wie sie sich fortan verhalten soll, verhält sie sich fortan gar nicht. Das legt ihn auf Hoffnung fest, und die Schlinggewächse, die auf ihrem Grund wachsen, erfassen ihn: Vermutungen, Äußerungen anderer, die Spiegelungen seiner eigenen Angst.

Nach dem Einverständnis ihrer ersten Begegnung haben sich bei ihm Erwartungen eingestellt: auf engere Zusammenarbeit, nicht häufigere, aber regelmäßige Besuche, auf den Austausch von Problemen, Gedanken, Dingen. Er ist unvorsichtiger im Schenken geworden; er schreibt nicht nur Gedichte, er liefert sie aus; er lobt ihre Fähigkeit vor anderen. Aber gerade da, wo er ihr Freude machen will, scheint sie sich zurückzuziehen. Für die Geschenke dankt sie nicht. Die Reise sei leider unmöglich wegen ihres Mannes. Die kleinen beiläufigen Verabredungen, die sie nicht einhält, mehren sich – und er fängt an, sie zu zählen. Vielleicht *ist* sie zaghaft; vielleicht ist sie *auch sonst* unpünktlich; vielleicht zeigt sie *auch anderen* gern ihre Unabhängigkeit; und daß ihr Mann der Reise im Wege ist, muß man doch verstehen – sie selber jedenfalls hätte wohl nicht abgelehnt ... So nährt sich die Hoffnung an ihren eigenen Niederlagen. So hält sie sich an sich selber fest. So ersinnt sie immer neue Beschwichtigungen, unterdrückt die keimende Einsicht in die Hoffnungslosigkeit, wendet Klugheit auf gegen die Klugheit, die ihr sagen möchte: »Quäl' dich nicht; es muß ja nicht sein; die Welt ist nicht leer, wenn dies aufhört!« Ja, die Hoffnung schwingt sich auf in die Moral: Der Mann erkennt, in welche Lage er die junge Frau gebracht hat, schreibt ihre Kühle einer verständlichen Notwehr zu, wirft sich vor: »Wäre ich zurückhaltender, sie könnte zugewandter sein.« Aber zugleich: »Lasse ich jetzt von ihr ab, dann verstoße ich uns beide aus der Möglichkeit einer Freundschaft, aus einer Hoffnung, die uns beiden gutgetan hat. Und«, denkt er, »so ganz ohne Gaben für sie bin ich doch auch nicht!« Ja, er denkt: »Vielleicht will sie mich nur schonen durch ihre Sprödigkeit – sie will mir helfen, meine Hoffnung zu überwinden.« – Aber es sind gerade solche Gedanken, die die Hoffnung am Leben erhalten.

So ist er hoffend-liebend hin- und hergerissen; er drängt auf Gewißheit und scheut sie zugleich wie die Pest, scheut, was allein der Qual ein Ende machen könnte:

Nicht mehr zu Dir zu gehen,
Beschloß ich und beschwor ich,
Und gehe jeden Abend,
Denn jede Kraft und jeden Halt verlor ich.

Ich möchte nicht mehr leben,
Möcht augenblicks verderben,
Und möchte doch auch leben
Für Dich, mit Dir, und nimmer, nimmer sterben.

Ach rede, sprich ein Wort nur,
Ein einziges, ein klares!
Gib Leben oder Tod mir,
Nur dein Gefühl enthülle mir, Dein wahres!

Georg Friedrich Daumer

II.

Ein junger Mann hat, nachdem er die Schule absolviert und eine praktische Arbeit gelernt hat, erkannt, daß beide, Bildung und Beruf, ihn nicht befriedigen. Sie haben ihn in tiefe Abhängigkeiten gestürzt, die Bildung hat ihm ihre Bruchstückhaftigkeit, der Beruf seine Blindheit und Sinnlosigkeit offenbart. Seine gebildeten und eingebildeten Freunde stoßen ihn ab, die ehrgeizigen und angepaßten Arbeitskollegen tun ihm leid.

Da erbt er eines Tages ein kleines Vermögen. Von dem kauft er sich hoch im Gebirge eine aufgelassene Alm mit einer Steinhütte und von Farnkraut und jungen Birken überwachsenen Matten. Er schafft sich erst zwei, dann weitere sechs Ziegen an und macht sich an die Arbeit. Anfangs geht er täglich, dann allwöchentlich einmal ins Tal hinunter und stapft mit großer Last den steilen Weg wieder hinauf: mit Brettern, Nägeln, Zement, Draht, Röhren, Brecheisen, Gerät, Eimern, Töpfen, Pflanzen, Samen …

Nach zwei Jahren ist neben dem Haus ein neuer Stall und ein kleiner Garten mit Gemüse entstanden; die Wiesen sind wieder frei, das Haus eingewohnt mit ein paar primitiven selbstgemachten Möbeln. Die Ziegen haben sich auf sechzehn vermehrt. Es ist ein Holzvorrat da. Er bringt Gemüse ins Tal und verkauft es. Es kommen Wanderer hinauf, ihn zu besuchen. Sie fragen ihn, wie es gehe und ob er's schaffe. Er antwortet: »Ich hoffe!« Und wenn sie weiterfragen, was er sich »überhaupt erhoffe«, dann sind es einfache, gar nicht so weltfremde Sätze: »Ich will unabhängig sein. Ich will nicht werden wie die anderen – nicht immerfort Angst um meine Laufbahn haben oder daß ich die Miete nicht mehr zahlen kann oder daß ich dem

Teufel diene.« – »Meinen Sie, daß Sie hier unabhängig sind? daß die großen Torheiten der Welt da unten Sie hier oben nicht erreichen?« – »Ich hoffe es.« – »Aber Sie werden doch registriert und müssen wahrscheinlich Wehrdienst leisten!« – »Ich bin sehr kurzsichtig; ich hoffe, sie werden mich untauglich finden.« – »Wird es Ihnen nicht zu einsam?« – »Manchmal schon. Es waren andere hier, die mitmachen wollten. Aber sie sind alle wieder gegangen. Ich habe in meiner Vaterstadt eine Freundin. Ich hoffe, sie wird einmal zu mir ziehen.« – »Ist es nicht unangenehm, zu wissen, daß man einer unter Millionen ist, der das Richtige tut, weil er rechtzeitig darauf gekommen ist?« – »Ich kann nicht hoffen, daß alle Menschen meinem Beispiel folgen. Jeder braucht etwas anderes. Aber ich hoffe wohl doch, daß einige merken, daß meine Entscheidung keine Spinnerei war, daß zu leben selbst der Sinn ist: seine Kraft zu spüren, sich zu helfen zu wissen, *mit* der Natur zu leben und nicht *gegen* sie, und niemandem etwas Böses zu tun. Warum kommen so viele herauf und sind gern hier? Ich denke, weil sie mich ein wenig beneiden. Das ist der Grund meiner Hoffnung: daß ich das Richtige tue und es darum schaffe.«

III.

Eine Gruppe von Freunden denkt sich eine Schule aus, in der Kinder zugleich glücklicher sein und mehr lernen können als in anderen Schulen oder ohne Schule. Sie erreichen mit viel Schreiben, Reden und Politik, daß man ihre Schule als einen Versuch genehmigt und bezahlt. Sie hoffen, an einer Stelle ein Beispiel für eine beschränkte, begründete und beweisbare Verbesserung nicht der Welt schlechthin, wohl aber dieser Gesellschaft zu geben. Die Kinder, die in diese Schule gehen, sind die Kinder ihrer Welt und ihrer Zeit und sind zum überwiegenden Teil viele Jahre an anderen Schulen gewesen. Dort wollten und sollten sie fort. Sie kamen hierher so, wie man sie gemacht hat oder hat werden lassen: gewohnt, sich ihr Recht erlisten oder ertrotzen zu müssen, im unklaren übrigens, was dieses Recht sei, aber durch das Verhalten der Erwachsenen belehrt, daß es mit Besitz, Bestimmenkönnen, Rechtbehalten zu tun hat; sie wüten gegen andere, wenn ihnen etwas mißlingt, und gegen sich selbst, wenn kein anderer dazu da ist; sie verstehen und achten ihren Körper nicht; sie sind laut ohne Grund – es sei denn aus Gewohnheit, weil man sie sonst wohl nicht wahrnimmt; sie streiten ununterbrochen um eine imaginäre Stellung im Ansehen ihrer jeweiligen Umwelt; sie haben zu Sachen und Menschen die flüchtige Beziehung von Verbrauchern; sie pflegen nichts; sie sind ohne Bosheit; Ärger verfliegt sehr schnell; einige bestehlen die anderen; keiner glaubt, daß sich etwas an dieser Welt ändern lasse; und sie scheinen an alledem überhaupt nicht zu leiden.

Die Lehrer der neuen Schule übernehmen diese Kinder in der Hoffnung, sie könnten ihnen helfen, freundlichere und freiere Menschen zu werden, Menschen, die die Welt, die – wie sie sagen– »wir mit unseren Erkenntnissen und Fähigkeiten nicht allzu gut gemacht haben, mit ihren Erfahrungen besser zu machen: mit der Umweltzerstörung, der Gewalttätigkeit, der Arbeitslosigkeit, der Inflation, der Bürokratisierung, der Bevölkerungszunahme anderswo und der Zunahme von Reichtum bei uns, mit der Veränderung und Komplexität besser fertig zu werden als wir«. – Haben sie diese Hoffnung wirklich? Sie sagen: »Ja, wie könnten wir uns sonst anmaßen zu erziehen – Kinder aus dem Leben heraus und in die Schule hinein zu holen? Es genügt, wenn sich unsere Hoffnung zu einem ganz kleinen Teil erfüllt.«

Die Lehrer in der neuen Schule haben außer ihrer Erfahrung pädagogische Theorien und Hypothesen. Diese sagen ihnen, daß diese Kinder eigentlich erst zu leben lernen müssen. Sie sagen ihnen auch, daß sie zu Freundlichkeit und Freiheit nur durch Freundlichkeit und Freiheit erzogen werden können. Sie setzen auf Vorbild statt auf Maßnahmen, auf Erfahrung statt auf Belehrung. Sie hoffen, daß ihre Kraft, ihre Geduld, ihr Ideenreichtum, ihre Solidarität, ihre Überzeugung nach innen und ihre Überredungskunst nach außen so lange halten, bis die Kinder verstanden haben, daß hier eine neue Lebensweise aufrichtig mit ihnen zusammen erprobt wird, daß es auf sie mit ankommt, daß dies kein neuer Trick ist, sie unter die Absichten der Erwachsenen zu beugen.

Nach einem halben Jahr wissen die Lehrer: Sie haben sich überschätzt und überfordert. Sie beginnen, die ersten Stützen einzuziehen, schließen die ersten Kompromisse, streiten sich untereinander, was Illusion und was reine Lehre und was Abfall von ihr ist. Die Schüler, bisher unbefangen in ihrer freundlichen Ausbeutung der Schule, werden skeptisch, die Eltern besinnen sich auf das, was danach kommt, die Behörde greift auf ihre Aufsichtspflicht, ihre Verantwortung für das Wohl der Kinder und leidige Präzedenzien anderswo zurück. Die Hoffnung bröckelt und mit ihr zugleich beides: die realen Aussichten auf ihre Erfüllung (wer besteigt schon ein sinkendes Schiff!) und die Möglichkeit, von ihr abzulassen (die Schule jetzt aufgeben hieße ihre Idee ins Unrecht setzen – ein für allemal und vor Leuten, die es nicht besser machen, nicht besser wissen, nicht einmal besser wollen). Im dritten Jahr stellt man im Kollegium gleichzeitig Anträge auf die Einführung rigoroser Ordnungen, verständiger Sanktionen, definierter Zuständigkeiten und Hierarchien – *und* Anträge auf Gleichverteilung aller Funktionen unter alle Mitarbeiter, das Ausmontieren aller Schlösser, die Verweigerung der halbjährlichen Berichte an die Behörde, weil die doch nur für den bürokratischen Moloch geschrieben werden und den Marsch zum großen, wie man doch weiß, sehr fernen Ziel aufhalten: die Gesellschaft zu ändern, indem man das Bewußtsein der kommenden Menschen ändert. Und dazwischen stehen Leute, die beides sehen und die wissen, daß ihre Hoffnung auf die mittleren möglichen Veränderungen scheitern müssen an den heftigen Hoffnungen auf Handlung jetzt oder Utopie dann; die wissen, daß man die Spannung aushalten muß, ohne nahe praktische und ohne ferne moralische Gewißheit.

IV.

Eine Institution X hat sich Napalm-verletzter Kinder aus dem Krieg in Vietnam angenommen. Aber dann war der Krieg in Südostasien vorbei, und die Menschen und ihr schlechtes Gewissen waren nicht mehr an dieses eine flagranteste Übel gefesselt. Die Personen, die die Institution X gegründet hatten und betrieben, konnten ihre unvollendete Arbeit an den vietnamesischen Kindern nicht abbrechen; sie wollten auch ihre an dieser Hilfe gewonnene Erfahrung über diese hinaus nutzen; sie mußten ihren Aufgabenbereich erweitern, wenn sie noch Geld bekommen wollten.

Sie sind nach Indien gegangen, sie arbeiten dort in den Slums der großen Städte, zu denen die Menschen aus dem übervölkerten Land strömen in der Hoffnung, sie könnten zu den wenigen Glücklichen zählen, die Arbeit finden und so der Nichtigkeit und Vernichtung ihres Lebens entrinnen. Aber die Städte sind nur für die Reichen reich; sie spucken die Armen aus; sie bekämpfen die Armut, indem sie die Armen bekämpfen, die in hoffnungslos großer Zahl kommen. Die großen erfolgreichen Industrienationen bringen es nicht fertig, den riesigen Kuchen ihrer Arbeit so zu teilen, daß alle etwas abbekommen – wie sollte Indien das können! So legen sich um Bombay, Kalkutta, Madras, Poona die Jahresringe des Elends. Die Summe der kleinen Hoffnungen schafft die große Hoffnungslosigkeit. Und die Helfer aus Europa geraten in tiefe Zweifel über die Menschlichkeit dessen, was sie selber tun: Sie »machen« Hoffnung und wissen, daß *sie* sie nicht erfüllen können. War nicht die Religion, die diese Menschen in Jahrhunderten entwickelt haben und die ihnen half, mit der Hoffnungslosigkeit für das Leben hier und der Hoffnung auf das Leben danach auszukommen, weiser als ihre pragmatisch begrenzten, für die Einstellung der Menschen unausdenklich folgenreichen Hilfen? Angesichts kranker, hungernder, im Dreck verkommender Kinder sind solche Skrupel graue, ja greuliche Theorie. Die Helfer helfen weiter. Aber sie stellen einige einschränkende Grundsätze auf:

Hilfe muß Hilfe zur Selbsthilfe sein. Die Menschen erfahren lassen, daß sie Kraft und Fähigkeiten haben, etwas an ihrem Schicksal zu ändern.

Hilfe darf kein Geld kosten: Das wäre die programmierte Vergeblichkeit.

Hilfe darf nicht zu Umsturz führen, weil Umsturz zu wenig von dem ändert, was geändert werden muß.

Und dann folgt der Satz: »Der revolutionäre Prozeß im Slum beginnt nicht mit der Weltveränderung; hier beginnt die Revolution damit, daß nicht mehr alles so hoffnungslos ist.«

Die Hoffnung ist, sagen sie, ein politisches, ein revolutionäres Prinzip. Wer sie den Elenden dadurch »macht«, daß sie lernen, ihre Exkremente und Abfälle in Biogasanlagen zu Brennstoff zu verarbeiten, so daß sie ihren Kuhmist zum Düngen der Felder und Gärten benützen können, oder dadurch, daß sie lernen, die Zahl ihrer Kinder drastisch zu verringern, oder dadurch, daß sie lernen, wie die Tausende von müßigen Händen des am Berghang gelegenen Slums auch Tausende von kleinen Stauanlagen bauen können zur Sicherung des Wasserhaushalts und zur Vermeidung von Überschwemmungskatastrophen –, wer durch so etwas Hoffnung macht, macht sie mit Recht: Solche Hoffnung hilft nicht nur zu überleben, sondern auch das Überleben allmählich in ein menschenwürdiges Leben zu verwandeln.

Aus diesen recht banalen Geschichten aus dem Weltalltag kann man vielerlei Lehren ziehen, je nachdem, wie man sie auslegt. Ich habe sie hier erzählt, um Urteile und Vermutungen zu stützen, die im Voraufgehenden enthalten waren. Dessen Grundgedanke war: Nicht die falschen Hoffnungen (die enttäuscht werden könnten) sind das Problem, mit dem es eine Lebenskunst aufnehmen muß, sondern das falsche Hoffen (das Ausweichen vor dem Risiko des Hoffens in die gesicherte Erwartung, eine Art »Versorgungsanspruch der Erkenntnis«, *oder* in die fertige, unerreichbare, nicht beweispflichtige Utopie).

Wir leben in einer Zeit »steigender Erwartung und sinkender Hoffnung«, sagte Ivan Illich – und die hoffnungslos unerreichbaren Visionen vollendeter Welten helfen dabei kräftig nach.

Die Lebenskunst sollte erkennen lassen (und dies ist es, was eine geredete oder geschriebene Lebenskunst allein vermag),

daß es sinnvoll ist, mit den Hoffnungen, die man hat, auszuhalten, und daß andere Lebenszustände oder Verhaltensformen weder besser noch beliebig dafür einsetzbar sind,

daß Hoffnung immer dann füglich zu Erwartung wird, wo man über Gewißheit verfügt,

daß es jedoch falsch ist, sie durch Erwartung zu ersetzen, wenn man damit die Hoffnung auf ein einlösbares Maß verstümmelt,

daß man eine wirkliche Hoffnung gar nicht aufgeben kann, es sei denn auf Grund endgültiger Gewißheit,

daß Hoffen – in diesem strengen Sinn – Kraft voraussetzt, nicht Kraft gibt und wir einer optischen Täuschung erliegen, wo uns dies anders zu sein scheint, ja

daß es Hoffnung gibt, die auszehrt; daß »Hoffnung aushalten« also heißt, den schmalen Grat zwischen Gewinn und Verlust, Verschleiß und Ermutigung einhalten,

daß gemachte Hoffnung – von mir selbst oder mir von anderen gemachte – eine Flucht vor der Realität ist; solche Flucht kann nötig sein, aber man sollte wissen, daß es eine Flucht ist, und sie irgendwo beenden können,

daß die Hoffnungen, die man meint anderen aus politischen, pädagogischen, psychologischen Gründen »machen« zu müssen, eigentlich keine Hoffnungen sind, sondern entweder ein Betrug oder etwas sehr Normales und Vernünftiges, das einen anderen Namen verdient: Gelegenheiten für diese Menschen wahrzunehmen, daß sie nicht allein, nicht ohne Freunde, nicht ohne Kraft, nicht ohne Sinn leben, daß daraus in der Tat Hoffnung werden kann, aber nicht werden muß,

daß man lernen kann, solche Kraft zu geben oder zu gewinnen,

daß es dabei meist darum geht »zu hoffen, daß *nicht* ...«, also: daß der geliebte Mensch sich nicht genötigt fühlt; daß man sich in sich selbst nicht getäuscht hat; daß die mühsamen Anstrengungen für eine bessere Zukunft nicht von den flinken Folgen der Fehler oder von der Rechthaberei des Bestehenden ereilt und gerichtet werden,

daß alle Hoffnung einmal als Aufgabe auf den Hoffenden zurückfällt: *Er* muß etwas tun, damit sie sich erfüllt.

Darf man nach dieser Definition von Hoffnung nicht mehr in Zeiten der Erniedrigung auf »das Schiff mit acht Segeln und fünfzig Kanonen« hoffen, das die Stadt beschießen, sie erobern, meine Peiniger umbringen wird – und »entschwinden mit mir«? Weh uns, wenn das nicht mehr möglich ist! Aber Jennys *Wunschtraum* ist keine *Hoffnung* und würde auch keine dadurch, daß er sich erfüllt. Wo wir Träume Hoffnung nennen, haben wir schon ein wenig kapituliert. Träume werden ohne mich wahr oder nicht – das Hoffen aber braucht *mich*, um sich zu erfüllen, und *das* macht seine Hilfe aus.

Hans Jürgen Schultz

Keine Angst vor Information

Das Korrelat von Information ist, nach Harry Pross, »Unkenntnis«. Was wir bereits kennen, sei keine Information mehr. Information verbessere unseren Kenntnisstand, indem sie unsere Unkenntnis verringere. Zu dieser Defintition von Information gehört also das Neue.

Dieser Bestimmung des Begriffs schließe ich mich gern an. Doch ich möchte ihr komplementär die Vermutung hinzufügen, daß Information nicht allein Unkenntnis, sondern überdies eine latente Kenntnis voraussetzt, die in manifeste Kenntnisse zu verwandeln ihre Aufgabe ist.

Einer talmudischen Geschichte zufolge erscheint, wenn ein Kind geboren wird, ein Engel und berührt dessen Stirn, auf daß es alles Wissen der Menschheit, mit dem es auf die Welt kam, vergesse. Das offene Wissen wäre nicht zu ertragen. Gleichwohl ist und bleibt es verborgen da. Wäre es anders, man könnte die Menschen nicht ansprechen, nicht erreichen. So gesehen, aktualisiert Information ein Grundwissen, ohne dessen Repertoir die Disposition zu ihrer Aneignung fehlen würde. Information könnte dann verstanden werden als die jeweilige Belebung des von dem Engel freundlich in Vergessenheit gebrachten Wissens. Die aufgehaltene Geburt wird stufenweise fortgesetzt und vollendet. Die Geburt des Menschen ist ja kein einmaliger Vorgang. Solange wir leben, werden wir geboren. Wir sind tot, wenn wir nicht mehr geboren werden.

Schon diese knappen Andeutungen genügen, um ahnen zu lassen, daß die Vorgänge, die man als Informationen bezeichnet, in Tiefen reichen, die kaum in Rechnung gestellt werden.

Üblicherweise hält man jene Bereiche, in denen Informationen berufsmäßig vervielfältigt werden, für eine Domäne der Untiefe. Und so wurde unter den Faktoren, welche die Freiheit der Information gefährden, weil sie ihre Wirkung verändern können, einer ganz selten bedacht: nämlich die Angst. Wieso?

Information ist, grob formuliert, Mitteilung von Tatsachen. Nicht ihr ausschließlicher, aber ihr hauptsächlicher Träger ist die Sprache. Früher war es die mündliche Sprache. Deswegen spielte der Bote eine wichtige Rolle, der Reisende, der – wie es ursprünglich hieß – »neue Zeitung« brachte, Nachrichten von außen, gute wie schlimme, die so sehr von Belang waren, daß man sich »nach« ihnen »richten« konnte oder mußte. Die neue Zeitung wurde immer mit Spannung erwartet, mit einer Haltung, die eine Legierung aus Neu-Gierde und Abwehr, aus Neomanie und Neophobie, aus Wissensdurst und Wissensfurcht darstellt. Heute ist es nicht mehr der Bote, der hier und da eine Botschaft überbringt, in der ein Stück jüngsten Zeitlaufs zugegen ist. Heute werden wir bedrängt durch drucktechnisch oder elektronisch vermittelte Informationen aus allen Himmelsrichtungen. Die Massenmedien tragen uns die ganze Welt ins Haus.

Wir erleben so etwas wie eine Inflation der Information. Die einzelne Meldung wird in der Menge entwertet. Angesichts der Schreckensbilder, die Fernsehen und Illustrierte uns vor Augen führen, werden wir zu Dickhäutern. Wir entwickeln Methoden der Immunisierung gegen das, was wir nicht mehr aushalten können oder wollen. Das Überangebot desensibilisiert. Völlige Passivität – wie sie etwa der Fernsehkonsument vielfach verkörpert – scheint ein seelisches Bedürfnis zu sein. Dem Teilnahmslosen wird Teilnahme vorgetäuscht.

Natürlich läßt sich die Devise »Was ich nicht weiß, macht mich nicht heiß« nur noch schwer durchsetzen. Man kann nicht umhin: man weiß einfach zu viel. Um so begreiflicher wirkt jedes Bemühen, dieses Wissen so in sich aufzunehmen, daß es nicht »heiß« macht. Die Menschen organisieren eine Fähigkeit der Informationsverdauung, die das Ziel hat, dafür zu sorgen, daß sie nicht aus der Ruhe gebracht werden. Da gibt es schon recht bescheidene Tricks: Man hält sich »seine« Zeitung, man läßt sie sich sogar in den Urlaub nachschicken, um auch in der Ferne das Neue als Vertrautes zu vernehmen. In der Erfindung von Schutzhaltungen gegen Informationen, die uns stören könnten, sind wir erstaunlich einfallsreich.

Unter der dauernden Einwirkung von Informationen, die man nicht annimmt, wird man unkritisch und pathologisch aufnahmebereit für produzierte und als Fertigteile gelieferte Meinungen. Man wird Bestandteil einer Masse. In dieser Atmosphäre gedeiht einer der subtilsten Feinde der Information: das Vorurteil. Das Vorurteil ist die von allerlei Affekten bestimmte Verweigerung der Annahme von Kenntnissen, die uns nicht bestätigen, sondern die uns verändern und einen Prozeß des Umdenkens in uns auslösen. Das Vorurteil garantiert die Vermeidung ungewollter Einsichten.

Information dagegen ist eine Attacke gegen unsere Bequemlichkeit, ein Hinweis auf unsere Beschränktheit, ein Ansinnen der Horizonterweiterung, eine Nötigung zur Auseinandersetzung. Sie trägt zu jener Bescheidenheit bei, deren Grundlage Bescheidwissen ist. Sie breitet eine Gewißheit der Ungewißheit aus, indem sie die alte Erkenntnis vertieft, daß das, was ist, nicht alles ist, also auch anders sein oder zumindest anders gesehen werden könnte. Jeder Informand, der bereit ist, eine Information entgegenzunehmen, gibt gegenüber dem Informator eine partielle Unwissenheit, einen bestimmten Mangel an Kenntnissen, zu. Er ist ein Lernender. Jeder Lernvorgang aber ist ein Risiko. Er bereichert und berichtigt. Er ist Gewinn und Verlust. Wer Neuland – terra incognita – betritt, verläßt Muttererde.

Indem Information die Gesichtspunkte, unter denen wir bisher eine Sache betrachtet haben, vermehrt, relativiert sie. Und so packt den, der sich ihr aussetzt, eine Angst des Möglichen, eine Unsicherheit, eine Ungemütlichkeit. Information hebt gewisse Geborgenheiten auf: Vorstellungen, in denen man sich zurechtfindet und wohlfühlt, werden irritiert; Unbekanntes, Unerprobtes, Unerwiesenes wird gegen scheinbar Bewiesenes offeriert, und als Reaktion auf dieses Angebot entsteht eine Sehnsucht nach Nestwärme, nach Eindeutigkeit, nach Bewahrung des Bewährten.

Dem Menschen eignet eine obstinate Tendenz zur Selbstverschlossenheit und Verheimlichung. Er schaut bestenfalls blinzelnd in das Licht der Welt, sucht Unterschlupf im Halbdunkel, wo immer es sich finden läßt. Wo indessen Information sich abspielt, wird eine gegenläufige Tendenz der Aufgeschlossenheit und Veröffentlichung protegiert. Information will nicht Wunschdenken fixieren, sondern Fakten publizieren. Information will die Wirklichkeit mit ihren Widersprüchen in den Blick rücken. Information verdankt sich einem aufklärerischen Impuls: Wer sie betreibt, ist überzeugt, daß die bedrohlichsten Tatsachen nicht die erkannten, sondern die verkannten sind. Tatsachen verschwinden nicht, indem ich sie ignoriere. Im Gegenteil: Nichts macht mich so heiß wie das, was ich nicht weiß. Bertrand Russell hat behauptet und mit seinem Leben stets auch vertreten, »daß Wissen ungleich häufiger Nutzen bringt als Schaden und daß die Furcht vor dem Wissen mehr Schaden stiftet als Nutzen«.

Und wie steht es mit unserem Wissen? Ich bin überzeugt, daß ich, als durchschnittlicher Leser, Hörer und Zuschauer unserer Medien, zwar einerseits viel zuviel, doch andrerseits entschieden zuwenig weiß. Die Publizistik hierzulande hat Weltruf. Sie ist ziemlich kritisch und einigermaßen unabhängig. Ihr demokratisches Niveau hat manchmal darüber hinweggetäuscht, daß wir in bezug auf Verwirklichung von Demokratie ein Entwicklungsland sind. Die Publizistik in der Bundesrepublik sei – hört man gelegentlich – besser als ihr Publikum. Stimmt das? Ist es nicht merkwürdig, daß wir zur annähernd angemessenen Beurteilung der Weltlage auf das Studium internationaler Zeitungen nicht verzichten können? Läßt es nicht aufhorchen, daß man die New York Times kaufen mußte, um die wohl beachtlichste Rede von John F. Kennedy vom 10. Juni 1963 über die Transformation des Ost-West-Konflikts in eine aussichtsreiche Strategie des Friedens im vollen Wortlaut nachlesen zu können und sich dabei zu wundern über die zumindest verkürzende, zumeist jedoch entstellende Wiedergabe und Kommentierung in unserer Presse? Hatte Albert Schweitzer unrecht mit seinem Verdacht, zumal die deutsche Presse habe – da sie letztlich opportunistisch statt oppositionell ist – versagt bei dem notwendigen Versuch, die Bevölkerung über die Folgen der Kernexplosionen in einer Weise zu unterrichten, daß daraus nicht nur Einschüchterungen und Ohnmachtsgefühle, sondern Einsprüche und Aufstände, Proteste und Initiativen resultieren? Fragen dieser Art ergeben sich tagtäglich aus der genauen Beobachtung von Presse, Radio und Fernsehen.

Trotz der unbestrittenen Qualität unseres Journalismus ist er ein Nährboden für mehr Wichtigtuer als Wichtigmacher. Ein Trend der Bevorzugung der geläufigen, der gefälligen, der verkäuflichen Information ist festzustellen. Unter der Vorgabe, dem Volk aufs Maul zu sehen, wird ihm gern nach dem Munde geredet. Die Interessenten (also Parteien, Kirchen, Gewerkschaften, Verbände, Verleger etc.) scheinen sich besser durchzusetzen als das Interessante. Kein Wunder, daß ein Schlagwort auftaucht: Verlautbarungsjournalismus. Parteien, Kirchen, Gewerkschaften, Verbände, Verleger etc. fordern und fördern ihn, weil seine Quellen angeblich ungetrübt sind. In Wahrheit ist Verlautbarungsjournalismus ein Deckname für Verheimlichungsjournalismus. Gewiß: Informationen lassen sich heutzutage schlecht unterschlagen. Mit den Mitteln der Dosierung und der Akzentuierung lassen sich jedoch ihre Wirkungen fast unmerklich steuern. Und mit diesen Mitteln bekommt die angenehme Information den Vorrang gegenüber der unangenehmen Information: die zu Selbstkritik und Selbstkorrektur, zu Umbau und Ausbau unseres Weltbildes, zur Entfaltung eines futurologischen und planetarischen Denkens einlädt.

Informationspolitik wird gern mißverstanden im Sinne von public relations. Eigentlich müßte sie aber tätig sein im Sinne von res publica. Aus der Erkenntnis heraus, daß nur von allen gelöst werden kann, was alle angeht, aus dieser fundamentaldemokratischen Erkenntnis heraus müßte die Aufgabe der Informationspolitik die Bildung öffentlicher Meinung als Basis jeglicher Politik sein. Die Bildung öffentlicher Meinung ist die Bildung gemeinsamen Bewußtseins mit der Intention zu gemeinsamer Verantwortung und gemeinsamem Handeln. Das Wort, das sich zu Öffentlichkeit in einem korrespondierenden Verhältnis befindet, heißt Offenheit, nicht manipulable Masse. Öffentlichkeit als Offenheit herzustellen ist das Ziel von Informationspolitik. Sie sollte all dem entgegenwirken, was man Herrschafts- und Geheimwissen nennt. Solange sich jedoch Politik auf Herrschafts- und Geheimwissen zum Beispiel im Sinne der Expertokratie angewiesen glaubt, ist der Begriff der Informationspolitik ein Widerspruch in sich, oder zumindest ist das, was Informationspolitik zu leisten hat, keinesfalls offiziellen Instanzen zu überlassen. Hier ist der freie Publizist gefragt, der in einem Verhältnis der Spannung zu jedem Hüter von Herrschafts- und Geheimwissen steht. Er ist der Anwalt des Anspruchs der Bürger auf Offenheit gegenüber dem Offiziellen. Er kompromittiert sich, wenn er mit Amtsträgern zu taktieren und zu paktieren anfängt. Beide haben diametral verschiedene Funktionen. Ein Publizist hat kein Amt, keine Position, die ihm Autorität verleiht. Ohne Amt zu sein heißt: ohne Abhängigkeit, aber auch ohne den Schutz des Amtes zu sein. Ein Amtsblatt ist eine Publikation, aber keine Publizistik. Es teilt Informationen zu, deren Empfänger sich rezeptiv verhalten, während der Publizist die Voraussetzungen für die Partizipation aller Bürger am demokratischen Geschehen schafft.

Publizistik ist nur denkbar unter demokratischen Bedingungen; demokratische Bedingungen wiederum sind nur denkbar mit und durch Publizistik. Freilich wird in aller Welt Publizistik immer aufs neue pervertiert. In der Demagogie zum Beispiel ist sie ein Instrument. Für die Demokratie dagegen ist sie ein Fundament. Und wenn es zutreffen sollte, daß es um unsere Publizistik nicht gut genug bestellt ist, so ist daraus zu folgern, daß es um unsere Demokratie nicht gut genug bestellt ist.

Eine so verstandene Publizistik muß dem Abbau von aus Angst errichteten Zäunen und dem Aufbau einer lebensnotwendig gewordenen Bereitschaft zugute kommen, dem Anderen, dem Fremden, ja dem Gegnerischen gerecht zu werden, ihm sein Recht einzuräumen. Sie hat dazu anzuleiten, das Andere, das Fremde, ja das Gegnerische jeweils von seinen eigenen Voraussetzungen her zu verstehen und sogar zu vertreten. Sie könnte gekennzeichnet werden als eine Schutzimpfung gegen die »Epidemie der Unterstellung« (Max Frisch), jeder Andere, jeder Fremde, jeder Gegner trachte mir nach dem Leben. Die Welt, in der wir uns aufhalten, die sogenannte Eine Welt ist eine Welt unüberbrückbarer Gegensätze. Sie kann nur bestehen, wenn eine neuartige Noblesse heranreift, die es erlaubt, nicht immer bloß Denunziant, sondern auch Advokat der Gegenseite zu sein. Dazu allerdings müßten wir sie kennen, die Gegenseite, und die Informationen über sie müßten freigestellt werden von tendenziösen politischen Absichten, in die Publizistik nicht selten verwickelt ist. Wir müßten den Überzeugungen, Traditionen und Visionen der Gegenseite in sachlicher Dokumentation begegnen können und wollen.

Seit der Globus durch die Technik überschaubar geworden ist, sind auch die Einstellungen und Vorstellungen, die Konzepte und Ideen, die uns bisher nicht zu betreffen schienen und die unserer persönlichen Meinung ganz unvertraut sind oder gründlich zuwider sein können, wirkende, ja häufig herrschende Kräfte. Deswegen ist es für uns selber erheblich, zu erfahren, was die Menschen in Amerika und Rußland bewegt, was in China und Japan geschieht, was in Johannesburg oder in Tel Aviv gedacht und gemacht wird. Was nah ist, kann fern sein. Was fern ist, kann nah sein. Noch fehlt uns das Bewußtsein für die Interdependenz aller Vorgänge auf dem Erdball. Allein angstfreie, wahrheitsliebende Information könnte es zu entfalten helfen.

Angstfreie und wahrheitsliebende Information entspringt der Idee, daß der Andere, der Fremde, ja der Gegner nicht partout unrecht haben muß und daß sogar einander ausschließende Positionen ihr relatives Recht haben können, das – wie Kant sagt – selbst in der härtesten Dissonanz einen »Rest des Vertrauens« rechtfertigt. Ein Satz, der wahr sein will, schließt den Gegen-Satz ein. Die »ganze« Wahrheit umfaßt eben stets zugleich die »andere«, die vielleicht ungewollte und nicht bereits in Besitz genommene Wahrheit. Die andere Wahrheit könnte ja auch eine unterdrückte und auf Andere, Fremde und Gegner abgeschobene *eigene* Wahrheit sein. Nur was *als Möglichkeit in mir selber* ist, läßt sich reizen.

Die einzig angemessene Methode der Annäherung an die »ganze« Wahrheit ist der *Dialog* auf der Grundlage optimaler Information. Das gilt sowohl politisch wie persönlich. Wahrheit ist dramatisch, nicht apodiktisch. Da es oft »ein Stück von mir« ist, was ich – positiv oder negativ – auf andere übertrage, muß der Dialog in mir selber, mit mir selber beginnen. Was sein Ergebnis sein wird, weiß ich nicht schon vorher. Man ängstigt sich vor dem Dialog, weil er auf keinen vorweggenommenen Schluß zielt, also neue Tatsachen, neue Wahrheiten an den Tag bringen könnte. Und man bevorzugt die *Diskussion,* in der man sich behauptet, die Argumente des Gegenübers zerschlägt und dennoch den guten Eindruck hinterläßt, man habe immerhin miteinander geredet. Was wir brauchen, ist die Ablösung der Wahrheitsbehauptung durch die Wahrheitssuche. Der Ort dafür ist das Gespräch. Im Gespräch suchen sich die Fragmente der Welt. Im Gespräch verwandelt sich die *Angst* vor neuen Tatsachen, vor neuen Wahrheiten in das *Interesse* an ihnen. Es entsteht Unbefangenheit.

Im Gespräch verliert auch ein eventueller Vorsprung an Wissen seine Überlegenheitsgebärde. Eine Unter-Haltung ergibt sich. Man muß sich klein machen können. Obwohl sie ein Spiel ist, ein Spiel des Geistes, ein Rate- und Suchspiel, darf man sich nicht aufspielen wollen. Keiner der Teilnehmer an dem Gespräch besitzt bereits, was zu finden sie sich vorgenommen haben. Sie werden solidarisch in einer Einstellung der Erwartung. Wahrheit wird nicht vom einen an den andern *ver*mittelt, sondern miteinander *er*mittelt. Nur wenn sie enteignet wird, ereignet sie sich.

Wenn nun aber hartnäckige Informationssperren das Zustandekommen der Offenheit für Wahrheit verhindern, wenn jemand sich zur Wehr setzt gegen Mitteilungen, die ihm unangenehm sind und die er nicht eingestehen will, so passiert in aller Regel jene Zurückweisung, die Sigmund Freud »Widerstand« nennt. Im »Widerstand« lehnen die Menschen sogar die aus bestem Wissen und Willen an sie herangetragenen Nachrichten aufs heftigste ab. Sie halten zum Beispiel Träume für Schäume. Die Botschaften, die Signale, die Auskünfte, die die Träume ihnen zur Verfügung stellen, vergessen sie beharrlich. In Träumen wird sehr viel weniger gelogen als bei Tag. Sie sagen mehr über uns aus, als wir akzeptieren mögen. Desto aufmerksamer sollten wir mit ihnen umgehen, auf sie achten, ihre Sprache zu verstehen lernen und sie auslegen. Ein ungedeuteter Traum, so ist im Talmud zu lesen, gleicht einem ungeöffneten Brief. Je weniger wir den Inhalt des Briefes, das heißt je weniger wir die Hinweise aus dem Unbewußten zur Kenntnis nehmen, weil wir uns so rational dünken, daß wir uns über Zeichen aus dem Seelenleben mokieren zu sollen meinen, um so irrationaler wird das Verdrängte sich Geltung verschaffen. Aus der Psychoanalyse wissen wir, daß unverstandene und unverarbeitete Informationen lebensgefährlich sein können.

Die Problematik des Widerwillens gegen einen unbefangenen Umgang mit Informationen und der daraus folgenden enormen Anstrengung zur Vorbeugung gegen den Effekt enttäuschender Bekanntmachungen ist nur zu durchschauen, wenn man berücksichtigt, daß hier Angst im Spiel ist. Angst vor dem Erwachen. Angst vor Erkenntnissen, die uns nicht lassen, wie wir sind. Angst vor jeder Bedrohung des Bestehenden. Angst vor der Entfaltung und dem Wachstum des unvollendeten Wesens, das der Mensch ist. Angst vor der Überschreitung der Grenzen, innerhalb derer man sich eingenistet hat. Angst also vor Emanzipation. In dieser Angst ist man nicht offen und kann nicht hoffen. Man nimmt eine Igelstellung ein. Man verteidigt seinen Stand-Punkt, verweigert jeden Lern-Schritt. Man wird rechthaberisch, besserwisserisch, unbelehrbar und unbekehrbar. Die eigene Labilität forciert das Bedürfnis nach Stabilität. Die Schwäche, der Mangel an Mut zur Grenzüberschreitung, wird häufig ausgeglichen durch eine vorgebliche Stärke: durch Fanatismus. Die Ursache des Fanatismus ist die Gewahrwerdung der Grenze, die zu überschreiten man Angst hat. Man will die Grenze, die man nicht bewältigen kann, auslöschen, indem man das Andere, das Fremde, das Gegnerische jenseits der Grenze eliminieren zu müssen den Drang hat. Fanatismus zielt auf Endlösung.

Paul Tillich hat in seiner Dankrede nach der Verleihung des Friedenspreises des Deutschen Buchhandels dargelegt, daß der Friede und die Überwindung der Grenzangst unmittelbar zusammenhängen. Es gibt, sagte er, in allen Industrieländern eine soziale Klasse, die durch die Angststruktur besonders charakterisiert ist: die untere Mittelklasse, das Kleinbürgertum oder – in einem soziologisch umfassenderen Symbol – den Spießer. Der Spießer – in welcher Klasse auch immer er vorkommen mag – kann beschrieben werden als jemand, der sich durch die Angst, an seine Grenze zu geraten und sich selbst im Spiegel des Andersartigen zu sehen, nie über das Gewohnte, Anerkannte, Festgelegte zu erheben wagte. Möglichkeiten, die jedem Menschen dann und wann gegeben sind, über sich hinauszugelangen, ließ der Spießer unverwirklicht. Um sich herum aber bemerkt er Menschen, die über die Grenzen, die er nicht überschreiten konnte, gegangen sind. Und der heimliche Neid schlägt unter der Hand um: in Haß. Und Haß pflegt gewalttätig zu sein.

Der Friedensforschung ist seit einer Weile bekannt, daß die politischen und juristischen Vorkehrungen, die den Frieden garantieren sollen, nur zu leisten vermögen, was man von ihnen verlangt und erhofft, wenn ihnen eine neue Haltung, eine neue Gesinnung, eine Reifung des Menschen entspricht. Man redet immer häufiger und immer nachdrücklicher einer Erziehung zum Frieden das Wort. Sie wäre: Erziehung zur Meisterung des Spießertums. Sie hätte primär zu bestehen in der Ermutigung zum Überschreiten des nur Eigenen. Erziehung der einzelnen wie der Völker kann und darf nicht ausschließlich der Einprägung und Vertiefung des Eigenen (so wichtig es sein mag) dienen, sie muß dazu beisteuern, daß wir Grenzen zu passieren lernen: im Kennen, im Verstehen, im Begegnen – auch wenn das Begegnende das nur Entgegnende zu sein scheint. Die Kunst des Friedens ist die Kunst, eigenen Sinn einzubringen ins Weltgespräch ohne Eigensinn. Die Unfähigkeit zu solchem Gespräch ist letztlich Wahrheitsunfähigkeit. Und Wahrheitsunfähigkeit wiederum schafft die Unfriedensstruktur, an der wir zugrunde zu gehen Gefahr laufen.

Harry Pross

Erziehung zur Kritik

In der Zeitung habe ich gelesen, daß es positive und negative Kritik gibt. Mit »negativer Kritik« ist verneinende Stellungnahme gemeint. »Positive Kritik« soll Bejahung bezeichnen.

»Nein« und »Ja« sind Frühformen der menschlichen Verständigung. Sie bezeichnen die beiden Pole von Ablehnung und Zuwendung, mit deren Hilfe der Säugling in den menschlichen Verkehr hineinwächst. Noch ehe das Kleinkind »nein« und »ja« sagen kann, gibt es durch Laute, Bewegungen und Grimassen zu verstehen, daß es mit sich und der Welt »einverstanden« ist oder daß es sich unwohl fühlt und einen Zustand ablehnt.

»Nein« und »Ja« sind also sprachlicher Ausdruck von menschlichen Regungen, die auch durch andere Zeichen mitgeteilt werden können: Die ganze Skala von Annäherung und Entfernung gehört ebenso dazu wie die kaum zählbaren Möglichkeiten mimischen und gestischen Ausdrucks. Sie sind übrigens in gewissen Grenzen international. Auch wenn wir die dazugehörige Sprache nicht übersetzen können, verstehen wir doch ungefähr, ob zwei Leute, die heftig gestikulieren, »Nein« oder »Ja« zueinander ausdrücken.

Wie in der Geschichte des einzelnen Lebewesens, spielen »Nein« und »Ja« in der Entwicklung der menschlichen Art eine beherrschende Rolle. Nicht nur, daß Verneinung und Bejahung die Pole sind, an denen der Dialog seinen Halt findet – »Nein« und »Ja« sind Orientierungspunkte im zwischenmenschlichen Verkehr. Die Lehre vom richtigen Verhalten, die

Ethik, kann ohne »Nein« und »Ja« nicht auskommen. Sie kleidet die einfachen Worte in die Befehlsformen »Du sollst nicht!« und »Du sollst!«.

Das kompliziert die Geschichte. Denn es ist klar, daß der menschliche Verkehr, wie er sich zwischen »Nein« und »Ja« entwickelt, etwas anderes ist als die Lehre, wie er geführt werden soll, die wiederum auf »Nein« und »Ja« aufbaut. Und zwar nicht auf »Nein« und »Ja« schlechthin, sondern auf dem »Nein« zu bestimmten Verhaltensweisen und dem »Ja« zu anderen. Dem »Du sollst nicht!« entspricht ein »Du darfst!«, nämlich das andere, das nicht verboten ist. Und dem »Du sollst!« entspricht ein »Du darfst nicht!«. Du darfst nämlich nicht unterlassen, was du sollst. Vereinfacht könnte man sagen, daß die allgemeine Orientierung des heranwachsenden Menschen am »Nein« und »Ja« seiner frühkindlichen Erfahrung sich in der Kommunikation mit anderen durch die ethischen Vorschriften auf besondere Verhaltensweisen hin verengt. Darum ist ja auch so viel von aufsässiger Jugend, von Widerworten der Kinder die Rede und von deren »Nein« zu Verhaltensweisen, die für die Eltern selbstverständlich sind. Das spontane »Nein« und »Ja« der Unlust und der Lust stößt auf die gesetzten »Nein« und »Ja« vorhandener Vorschriften, aus Vorzeiten vorgegeben. Da muß es knallen, und es knallt auch. Die Schattierungen des Ausdrucks gehen vom entschiedenen »Nein« und »Ja« bis zum zusammengezogenen, zwischen den Zähnen hervorgepreßten »Nein-nein« und »Ja-ja-ich mach schon«.

Der Psychoanalytiker René A. Spitz hat deutlich gemacht, wie »Nein« und »Ja« den Dialog zwischen Menschen ermöglichen. Aber schon die Dialoge zwischen Eltern und Kindern beweisen, daß »Nein« und »Ja« vieldeutig sind. Kennten die am Dialog Beteiligten die vielfältigen nichtsprachlichen Ausdrücke von Ablehnung und Bejahung bei ihren Gesprächspartnern nicht, könnten sie ein bloßes »Ja« und »Nein« nicht mit einiger Sicherheit bestimmen. Der Zweifel über die Bedeutung ist nicht auszuschließen. Worte genügen ihm nicht. Der Zweifel sucht in den Gesichtszügen, in den Bewegungen des Körpers und der Hände, in der Gestalt des anderen und in dessen Stimmlage, ob es stimmt, daß »ja« »Ja« bedeutet und »nein« »Nein«. Nichts verwirrt Kinder mehr als die schreckliche Erfahrung, die sie im Heranwachsen machen, daß »ja« nicht »Ja« sein kann und »nein« nicht »Nein«. Eine Erfahrung übrigens, die nicht nur Kinder machen im Dialog mit ihren Eltern, nicht nur Jüngere mit Älteren, nicht nur Frauen mit Männern und Männer mit Frauen, sondern jeglicher mit jeglichem in jeglicher Zeit. Nichts ist für das Gelingen des Dialogs wichtiger als die Übereinstimmung, daß »ja« »Ja« ist und »nein« »Nein«.

Die Philosophie des Dialogs, von Feuerbach über Kierkegaard bis zu unseren Zeitgenossen, Martin Buber, Karl Jaspers, Albert Camus und anderen, hat den Dialog auf die sozialen Verhältnisse der Gegenseitigkeit überdacht. »Die Wahrheit beginnt zu zweit«, schreibt Jaspers; aber nicht nur die Wahrheit, auch die Lüge beginnt zu zweit: Dort, wo »ja« gesagt wird, wenn »Nein« gemeint ist, und »nein« gesagt wird, wenn »Ja« gemeint ist. Wäre »ja« immer »Ja« und »nein« immer »Nein«, wäre der Dialog »in Ordnung« zu nennen. Alle Unordnung läßt sich darauf zurückführen, daß die Grundkategorien des menschlichen Verkehrs, »Nein« und »Ja«, nicht halten, was sie versprechen.

Wenn das für zwei gilt, die sich einander mitteilen, wie mag es erst unter dreien, fünfen, dreißig, hundert, tausend und Millionen aussehen, die nicht unmittelbar von Angesicht zu Angesicht miteinander sprechen, sondern über vielerlei Kommunikationsmittel in Verbindung gebracht werden?

Wir wissen schon, daß der spontane Dialog mit seiner Mischung aus Wahrheit und Lüge etwas anderes ist als die Lehren, wie der menschliche Umgang geführt werden soll. Viele Eltern verwickeln sich in Widersprüche, weil sie das kindliche Vertrauen in das »Nein« und »Ja« von Mutter und Vater nicht enttäuschen wollen, es aber enttäuschen müssen, weil sie selber sich nicht so verhalten, wie sie den Kindern vorgeben, sich zu verhalten. Da will der Vater eine große Kiste sein; aber das Kind merkt im Vergleich mit anderen Leuten, daß er nur ein kleiner Karton ist. Da belehrt die Mutter das Kind, »immer die Wahrheit« zu sagen; aber das Kind bemerkt, daß auch sie Ausreden gebraucht.

Das wiederholt sich im Umgang mit Lehrern und Lehrerinnen in tausend Kleinigkeiten. Die Schule ist vor allem eine Schule des Mogelns. Man lernt, sich an »Ja« und »Nein« vorbeizuschleichen. Wo sich alles zum »Nein« sträubt, lernt das Kind, »ja« zu sagen, und wo alles zum »Ja« drängt, lernt es zu verneinen. An die Stelle der Dialoge mit Mutter, Vater und Geschwistern tritt die Ansprache der Lehrperson an viele Kinder, oft vierzig in einer Klasse. Die kindliche Skala von Annäherung und Entfernung gerät gänzlich durcheinander. Die Möglichkeiten des gestischen und mimischen Ausdrucks, im häuslichen Umgang erprobt, erweisen sich in vielen Fällen als unzulänglich. Vom Standpunkt der Kommunikationsmöglichkeiten betrachtet, tritt zunächst Chaos ein, wo Ordnung war.

Die Lage der Schulanfänger ist verwirrend, oft verzweifelt. Weil sie das statistisch bestimmte Alter von sechs Jahren erreicht haben, greift die Macht des Staates nach ihnen, der sie in keiner Weise gewachsen sind. Ich fürchte, unsere mit der Erziehung der Kinder beauftragten Amtspersonen denken nicht genug darüber nach, was es für die Erziehung zur Freiheit bedeutet, daß sie mit einem Zwang beginnt, der von der Statistik begründet wird. Wer sechs oder sieben ist, muß in die Schule, und das ist nur die erste einer Reihe staatsbürgerlicher Pflichten, die von der Statistik verordnet werden und nach »Nein« und »Ja« nicht fragen.

Was die Einschulung der Kinder angeht, so steht das Verfahren im Widerspruch zu medizinischen und psychologischen Erkenntnissen, die es erlauben würden, die starre Praxis flexibler zu machen und flexibler in ihr fortzufahren. An die Stelle der Jahrgangsklassen könnten gleitende Klassen treten, an die Stelle der Hochschulreife durch Abitur fachbezogene Zulassungstests der Universitäten. Es ist viel darüber gesprochen und geschrieben worden. Ich wiederhole es hier nur, weil der starre Zugang zu den staatsbürgerlichen Pflichten schon das sechsjährige Kind dem Schematismus unterwirft, der von nun an seine freie Entfaltung abschneiden wird, statt sie zum Wohle aller zu fördern.

Die allgemeine Orientierung des Kindes am »Nein« und »Ja« seiner frühkindlichen Erfahrung wird durch die Schule nicht dialogisch, sondern schematisch verengt. Das »Nein« zu bestimmten Verhaltensweisen und das »Ja« zu anderen, die in der Schulzeit verarbeitet werden müssen, sind nur noch verbal dieselben, die sie im Vorschulalter waren. Wurden sie im Frühstadium aus der unvermittelten Begegnung mit der Umwelt erworben, so sind sie jetzt Ausfluß abstrakter Gesetze in einer durch die Jahrgangsstatistik begründeten kommunikativen Situation. Der Lehrer exekutiert einen »Lehrplan«. Sein »Du sollst!« und »Du sollst nicht!« ist auf ein Pensum orientiert, das als solches den Lernenden uneinsehbar bleibt.

Dahinter stehen die ethischen Vorstellungen der Gesetzgeber, die nicht einheitlich sind. Sie sind von unterschiedlichen Glaubensvorstellungen abgeleitet. Sie folgen unterschiedlichen Weltinterpretationen, und natürlich stehen einzelne Lehrer bestimmten Interpretationen näher als andere. Das bewirkt, daß die von Wilhelm Dilthey im 19. Jahrhundert festgestellte »Anarchie der Wertsysteme« durchschlägt bis ins Klassenzimmer, wo dann beim einen Lehrer »Ja« ist, wozu der andere »nein« sagt – sowohl bezogen auf den Lehrplan wie auf die monologischen und dialogischen Partien, die der Unterricht ihm abverlangt. Der eine fuchtelt mit dem Damokles-Schwert »Lehrplan« mehr als der andere. Der eine legt mehr Wert aufs Zwiegespräch, der andere auf seinen Auftritt. Dem Schematismus unterliegen alle.

Wenn dann die frühkindliche Erfahrung von »Ja« und »Nein« auch nicht mehr trägt, weil die Eltern vergessen haben, daß darauf die Individualität des Heranwachsenden aufgebaut wurde, verzweifeln junge Leute und neigen zum Selbstmord. In den armen Ländern sterben Kinder im Säuglingsalter an Seuchen. In den reichen Gesellschaften sterben die Heranwachsenden an Ratlosigkeit.

Was hat dies alles mit »Erziehung zur Kritik« zu tun? Nichts, soweit unsere Skizze der obwaltenden Verhältnisse auch nur andeutungsweise zutrifft. Denn unter diesen Verhältnissen ist »Erziehung zur Kritik« so gut wie ausgeschlossen. Der Schematismus unseres Erziehungssystems gibt zwar Anlaß zur Kritik; aber er erzieht nicht zur Kritik. Das »Nein« und »Ja«, das den Dialog ermöglicht, fördert er nicht, weil er monologisch angelegt ist, nicht dialogisch.

Das hat in der Praxis zur Folge, daß sich Zustimmung und Ablehnung außerhalb der Schulmauern ihren Halt suchen. Seit mehr als acht Jahrzehnten begleiten deshalb Jugendbewegungen den staatlichen Erziehungsvorgang. So ungleich sie sind, so haben sie doch gemeinsam, daß sie ein »Nein« zum vorwaltenden Schematismus ausdrücken und von diesem »Nein« her ihre Kritik begründen. Es ist fast schon zur Gewohnheit geworden, daß von außen Kritik am Erziehungssystem geübt wird; aber gering ist die Einsicht, daß es anders sein könnte, wenn das System es verstünde, Kritik in sich zu entwickeln und »Nein« und »Ja« innerhalb der Erziehung anzusiedeln. Das würde freilich bedeuten, daß der Dialog an die Stelle des Monologs zu treten hätte und daß die Ausdrucksformen, die das Gesetz in der Schule annimmt, den Anschluß an die Formen des Umgangs finden müßten, die Kindern zugänglich sind. Nicht darauf kommt es in erster Linie an, wozu »nein« und »ja« gesagt wird, sondern daß »Nein« und »Ja« stimmen und verläßlich sind.

Deine Rede sei ja, ja – nein, nein! heißt ein biblisches Gebot. Es ist wahrscheinlich das schwerste von allen, weil es dauernd von den Inhalts-Fetischisten unterlaufen wird, die glauben, »Ja« könne »Nein« werden, einem bestimmten Aussageinhalt zuliebe. Die allgemeine Verlogenheit ist die Folge davon. Wo jeder glaubt, daß der Fetisch seines jeweiligen Aussageinhalts erlaubt, statt »nein« »ja« und statt »ja« »nein« zu sagen, da kann die Rede nicht »ja, ja« und »nein, nein« lauten. Die Rede wird zur Ausrede. Sie lautet: »jein«.

Wo »Nein« und »Ja« als die primären Orientierungspunkte im menschlichen Verkehr nicht halten, was sie versprechen, degeneriert auch die Fähigkeit zur Kritik, die von der Stimmigkeit von »Nein« und »Ja« abgeleitet wird.

Kritik hieß ursprünglich nichts anderes als Unterscheidungsvermögen. Unterscheiden heißt aber, Menschen, Vorgänge, Dinge oder Zeichen zu haben, die sich auf Aussagen hin feststellen lassen. Die vorgegebenen Erfahrungen von »Nein« und »Ja«, Ablehnung und Zustimmung, Annäherung und Entfernung bieten dem Unterscheidungsvermögen ein Minimum an. Das heißt, »Nein« und »Ja« gehen der Kritik voraus, was zur Folge hat, daß Ablehnung und Zustimmung schon für Kritik gehalten werden. Ablehnung kann aber ganz »unkritisch« sein, ebenso wie Zustimmung, weil Kritik nicht nur »Nein« und »Ja« ist, sondern eine Prüfung, die zur Unterscheidung führt. Schon Sokrates, der Klassiker des erkenntnisfördernden Dialogs, gab sich nicht damit zufrieden, zu dem, was seine Schüler hervorbrachten, nur »nein« oder »ja« zu sagen. Er wollte vielmehr »Falsches« oder »Wahres« herausbringen und »das Falsche« ausscheiden.

Woher nahm er den Mut zu unterscheiden? Er hatte Maßstäbe für die Beurteilung. Diese Maßstäbe nennt man Kriterien.

Wer kritisieren will, muß Kriterien haben. Nur abzulehnen oder zuzustimmen genügt nicht. Deshalb führt auch die landläufige Bezeichnung von »positiver« und »negativer« Kritik in die Irre. Solange man nicht erfährt, nach welchen Kriterien da »positiv« und »negativ« beurteilt wird, bleibt die Aussage uninteressant. Wenn ich in der Zeitung lese, daß die Teufelsaustreibung positiv beurteilt wird, muß ich zusätzlich erfahren, nach welchen Gesichtspunkten diese Beurteilung erfolgt, um das Maß dieser Kritik begreifen zu können. Die Begründung muß mitvermittelt werden, um eine Kritik als solche auszuweisen.

Worin das Kriterium besteht oder die Kriterien, die auf eine Sache, eine Kommunikation, auf Menschen angewendet werden, ist schon immer umstritten gewesen. Der Streit um die Frage nach den Kriterien der Wahrheit ist Zeugnis für die Ungewißheit aller Kriterien. Denn hinter jedem Kriterum erhebt sich die Frage nach den Kriterien für das Kriterium und so fort.

Die philosophischen Schulen, die nach Kants Monumentalbau eines Systems der Kritik den Begriff »Kritik« im Programm führen, haben unendliche Mühen mit ihren Kriterien. Das weist die Geschichte des Kritizismus nach, die Debatte um Marxens »Kritik der politischen Ökonomie« bis zu den gegenwärtigen Richtungen des »kritischen Rationalismus« nach Karl Popper und der »kritischen Theorie« nach Max Horkheimer. Die Fragen verlagern sich über die Kritik hinaus zur Kritik der Kritik. Wenn ich das richtig sehe, muß daraus die Sprachkritik Bedeutung zurückgewinnen, im Grunde eine Kritik der Mitteilung entwickelt werden. Zwei neue philosophische Bücher scheinen mir von besonderem Wert für den Versuch, Kriterien zu gewinnen. Wilhelm Weischedel macht die »Fraglichkeit« zum Kernstück einer »Skeptischen Ethik«. Paul Feyerabend will zeigen, daß alle wissenschaftlichen Methodologien ihre Grenzen haben, und gelangt zu einer anarchistischen Erkenntnistheorie: »Wider den Methodenzwang«, genauer gesagt: gegen die Maßstäbe der Kritik, insbesondere der Popper-Schule.

Der Zirkel, in den alle diese Bemühungen eingeschlossen sind, entspricht der Unentrinnbarkeit des zwischenmenschlichen Verkehrs. Die Kritik der Kommunikation wird so betrachtet zum Anfang und Ende aller Kritik. »Fragen, Antworten, Fragen« hat Robert Havemann seinen Lebensbericht überschrieben. Aber schon jeder Satz ist eine Antwort auf eine vorherige Frage, und wenn wir die Kritik der Kommunikation Anfang und Ende aller Kritik nennen, so betonen wir die Grenzen der Kritik. Die Kommunikation, verstanden als Mittel und Weg zwischenmenschlichen Verkehrs über Zeichen, ist ein Prozeß, in den immer neue Subjekte hineingeraten, mit nur schwer bestimmbaren Grenzen.

Wer kritisieren will, muß Kriterien haben. Aber woher nehmen und nicht stehlen? Der Kritizismus ist eine Wissenschaft, an der die Berufsdenker bohren. Manchmal werden sie fündig, meistens nicht. Diese Arbeit an den Regeln des Denkens wirkt über vielerlei Kommunikationsmittel auch in den Alltag hinein. Aus den Hörsälen und Fachzeitschriften, über die Lehrbücher und die öffentlichen Auftritte gelangen die Ergebnisse des philosophischen Kritizismus in die Zeitungen und den Rundfunk und bestimmen unser Verständnis mit.

Wenn aber von Erziehung zur Kritik die Rede sein soll, kann nicht gemeint sein, daß der Mensch sich zum perfekten Kritiker in einem der Sachgebiete ausbilden solle, die als philosophischer Kritizismus oder als eine der Bindestrich-Kritiken firmieren, wie Sprach-Kritik, Literatur-Kritik, Kunst-Kritik, Wissenschafts-Kritik, Gesellschafts-Kritik. Dies alles sind theoretische Bemühungen und verhältnismäßig seltene dazu.

Was der Mensch braucht, wenn Erziehung zur Kritik verlangt wird, ist die Einsicht in den alltäglichen Gebrauch des Wortes und seine vielfältigen Bedeutungen. Die Zeitung schreibt, Kritik solle positiv sein oder gar, was man auch lesen kann, »konstruktiv«. Kritik dürfe nicht negativ sein, nicht »zersetzend«, nicht »destruktiv«. Sie findet damit Beifall und erregt zustimmendes Wackeln des Kopfes, denn wir sind alle fürs »Positive«. Es fällt uns leichter, »ja« zu sagen als »nein«, denn das »Ja« hat die Vermutung für sich, ein »Ja« für das gegebene »Ja« zurückzuerhalten.

Das »Nein« steht unter dem Verdacht, daß für das ausgesprochene »Nein« ein anderes »Nein« zurückkommt, das unser Wohlbefinden stört. Also sagen wir lieber »ja«, oder wenigstens »ja-jaa«, was in der Verdoppelung schon die geringere Zustimmung bedeutet.

Die Forderung, daß die Kritik »positiv« oder gar »konstruktiv« sein solle, ist aber nicht einmal in der Hinsicht »Sag lieber ja« eindeutig. Denn die Zeitung, die fordert, daß Kritik nicht »negativ« und nicht »destruktiv« sein dürfe, schweigt sich darüber aus, ob sich die Forderung auf die Ergebnisse der Kritik bezieht, auf das Verfahren der Kritik oder die Kriterien. Sie schweigt auch darüber, ob sich »positiv« und »negativ« auf den Standpunkt des Kritikers bezieht, auf die Meinung der Zeitung oder auf die Verhältnisse des Lesers.

Erziehung zur Kritik beginnt mit der Unterscheidung der Unterscheidungen, die gemacht werden müssen, um zu beurteilen, ob die Prüfung, die man gewöhnlich »Kritik« nennt, auch wirklich Kritik ist. Wenn schon die Orientierungspunkte des zwischenmenschlichen Verkehrs, »Nein« und »Ja«, schwer auf ihre Eindeutigkeit hin zu bestimmen sind, so erst recht ein so komplizierter Vorgang wie die Kritik.

Geht man davon aus, daß »Kritik« eine besondere Form der Mitteilung ist, so wird zwischen einem und einem zweiten mündlich, schriftlich oder sonstwie etwas zu verstehen gegeben, das zur Unterscheidung dienen soll. Verständlich ist das bloß, wenn Sender und Empfänger dieser Mitteilung eine gemeinsame Sprache sprechen, einen Vorrat an Zeichen gemeinsam haben, der ihnen erlaubt, das Verlautbarte zu deuten. Bedeutet das Gesagte, was ich meine, oder bedeutet es ganz etwas anderes? Das ist die erste Frage bei der Erziehung zur Kritik. Sie prüft die eigene Fähigkeit zur Kritik: Kritik beginnt mit Selbstprüfung.

Schon hierbei wird man von der Sache belehrt, daß die Kriterien, die man selber hat, fraglich sind, denn die Prüfung erfolgt ja gerade deshalb, weil man nicht »weiß«, ob die Bedeutung dem Gemeinten entspricht.

Die weitere Frage ergibt sich aus der ersten: Entweder glaubt man festzustellen, daß die eigenen Kriterien ausreichen, um die Bedeutung des Mitgeteilten zu erfassen, oder man kommt zu dem Ergebnis, daß sie nicht ausreichen.

Kommt man zu der Einsicht, daß sie nicht ausreichen, wird die Sache interessant. Man muß dann der Frage nachgehen, wo sie nicht hinlangen und warum nicht? Steckt etwa ein Gegensatz von prinzipieller Art dahinter, daß sie zu etwas »ja« sagen, wozu das Bedeutete »nein« ausdrückt und so fort?

Gewöhnlich nehmen wir aber an, aus Eitelkeit und anderen Selbsterhaltungsgründen, wir seien fähig und die eigenen Kriterien seien weit genug, um die Bedeutung einer Aussage zu erfassen. Das ist sicherlich häufig ein Irrtum, wenn nicht gar Selbstbetrug. Mit ihm müssen wir rechnen, wenn wir die zweite Frage bei der Erziehung zur Kritik stellen. Sie lautet: Vorausgesetzt, daß die Selbstprüfung redlich war und ein einstimmiges Ergebnis erbrachte, wie ist derjenige einzuschätzen, von dem die Kritik kommt? Kann man ihm zutrauen, daß er das meint, was die Bedeutung anzukündigen scheint? Und welches sind seine Kriterien? Es ist ja nicht so, daß nur wir Kriterien hätten, oder gar, daß diese unsere Kriterien absolut, das heißt »losgelöst von allem« Gültigkeit hätten. Im Gegenteil: Die Praxis zeigt, daß andere Leute andere Kriterien haben, engere, weitere, umfassendere, kleinlichere Kriterien, von anderen Weltbildern abgeleitet und für unterschiedliche Alltagsbedingungen tauglich. Die Zweifel im Hinblick auf den Kritiker, die der Selbstprüfung folgen, können sich also nicht darauf richten, daß er nicht unserer Meinung ist. Das wissen wir schon. Wer einen Kritiker deshalb als »negativ« oder »destruktiv« abtut, weil er nicht seiner Meinung ist, zeigt nur, daß er über die Voraussetzungen von Kritik nicht genug nachgedacht hat. Die Übereinstimmung der Meinungen ist keine Vorgabe, sondern das seltene Resultat des kritischen Austauschs.

Von welchen Kriterien geht die fragliche Kritik aus? Das zu ermitteln gleicht den Schwierigkeiten der Selbstprüfung und ist so unerläßlich wie jene, will man einer Kritik gerecht werden. Die Vermutungen, mit denen diese Prüfung beginnt, stützen sich gewöhnlich auf die Zugehörigkeit des Kritikers zu irgendwelchen Denkschulen, wie Katholizismus, Protestantismus, Liberalismus, Sozialismus, Kommunismus oder Anarchismus, soweit solche Zugehörigkeit bekannt ist. Schon hier liegt eine Quelle für Fehleinschätzungen. Man schließt, eine Kritik müsse in einer bestimmten Weise ausfallen, weil der Kritiker als Katholik, Liberaler, Kommunist etc. bekannt ist. Das kann zutreffen, aber es muß nicht so sein. Selbst die beiden großen dogmatischen Organisationen unserer Tage, die römisch-katholische Kirche und die moskowitische Kommunistische Partei, können nicht ausschließen, daß ihr abweichende Kritiker aus den eigenen Reihen entwachsen, wie die Fälle Lefèbvre und Biermann derzeit zeigen. Ja es ist geradezu ein Merkmal dogmatischer Positionen, daß sie ihrer Kritikempfindlichkeit wegen ins Schlingern kommen.

Diese Empfindlichkeit rührt daher, daß die Organisation verlangt, ihre Äußerung nicht nur gelten zu lassen, sondern sie als Wahrheit anzunehmen. Das ist aber nicht das Problem der Alltagskritik, wenn wir fragen, ob ein Kritiker das meint, was seine Verlautbarung zu bedeuten scheint. Da geht es zunächst nicht um die Wahrheit einer Aussage, sondern zuerst um die Wahrhaftigkeit eines Menschen. Kann man ihm insoweit vertrauen, daß er auch meint, was er sagt? Stimmt das mit den Kriterien überein, die man aus seinen sonstigen Mitteilungen zu kennen glaubt? Wenn wir so fragen, schließen wir ein, daß auch ein Kritiker, der eine uns mißliebige Position vertritt, sich wandeln kann, und wir beleidigen ihn dann nicht mit der Unterstellung, er müsse bei einer früher vertretenen Position wider bessere Einsicht verharren.

Der Selbstprüfung und der Prüfung der Kriterien des Kritikers folgt als dritter Schritt der Erziehung zur Kritik die Prüfung des Textes. Auch hier fangen wir nicht an, losgelöste Texte zu beurteilen, sondern wir prüfen zunächst, wann und wo etwas verlautbart ist und durch welches Verbreitungsmittel. Nicht nur bei der Weihnachtsansprache des Bundespräsidenten sind diese Fragen zu stellen. Sie helfen zur Einschätzung jeglichen Textes, und unbewußt verfahren wir ja auch so, daß wir Kanzel-, Kiosk- und Kammermitteilungen unterschiedlich einschätzen. Was am Wirtstisch oder im Laden um die Ecke gesprochen wird, hat andere Gewichte als die Meldung der Tagesberichterstattung im Fernsehen. Nur nützt es dem Verstehen wenig, wenn diese Voreinschätzungen unbewußt bleiben. Zur Kritik gehört das bewußte Kalkül der Mitteilungswege. Erziehung zur Kritik kommt deshalb nicht daran vorbei, die vielfältigen Umstände der Vermittlung in Betracht zu ziehen. Erst wenn sie einigermaßen geklärt sind, kann der Text auf seine Aussage hin sinnvoll geprüft werden, denn nun kann in die Prüfung eingehen, was wir über uns selbst als die Empfänger der Kritik, was wir über deren Ursprung und deren Form vermerkt haben.

Der Gegenstand der Kritik wird nicht immer mit diesem Vorwissen übereinstimmen. In den meisten Fällen werden wir einräumen müssen, daß uns die Kriterien zur Beurteilung des Gegenstandes fehlen. Das gilt insbesondere für die täglich konsumierten Weltnachrichten, über die zu schwatzen von uns erwartet wird, ohne daß wir ein begründetes »Ja« oder »Nein« abgeben könnten. Ein kritischer Kopf wird lieber schweigen, wo er nicht »ja« und nicht »nein« sagen kann. Auch das Schweigen ist eine Mitteilung an andere und eine bessere als die Falschmünzerei mit angeblicher »Kritik«.

Der Mensch braucht »Erziehung zur Kritik«, weil sie hilft, die Orientierungspunkte des menschlichen Verkehrs, »Nein« und »Ja«, zu erreichen. »Kritik«, die zu dieser Urteilsfindung nicht beiträgt, taugt nichts, egal ob die Zeitung sie »konstruktiv« oder »zersetzend« nennt.

Adolf Portmann
Ehrfurcht vor dem Leben

Als ich letzthin einem Freund berichtete, ich wolle etwas über Ehrfurcht vor dem Leben schreiben, meinte er, darüber sollte man überhaupt nicht schreiben oder reden – Ehrfurcht müsse man haben. Und er zitierte Hermann Hesse: »Die Worte tun dem geheimen Sinn nicht gut.« Hermann Hesse in Ehren – aber es gibt Situationen, wo man schreiben und reden muß. Ich stehe unter dem Eindruck, das tiefe Gefühl, das dieses Wort »Ehrfurcht vor dem Leben« ausspricht, sei heute doch weithin im Schwinden, und dieses Schwinden bedeute eine ernste Bedrohung in unserer Zeit.

Ehrfurcht war in längst vergangenen Zeiten eine gewaltige Macht; unsere letzte Abhängigkeit von unbekannten Kräften in uns und um uns hat einst eine Haltung bewirkt, die heute Vergangenheit ist – jetzt, wo nur allzuweit der überhebliche Wille zur Herrschaft über Natur und Leben sich durchsetzt.

»Du sollst nicht töten« – das uralte Gebot entstammt diesen Zeiten der Ehrfurcht vor dem Geheimnis unserer Herkunft, unseres ganzen Seins – das uralte Bibelwort galt für den Menschen; es ließ ihm die Macht über das außermenschliche Leben, wie das die mosaische Überlieferung bereits in der Schöpfungsgeschichte heraushebt: Mehret euch – erfüllt die Erde und machet sie euch untertan – ein Wort der Tradition, das heute dringend zum Umdenken nötigt.

Die seelischen Konflikte, welche dieses Bibelwort in den Jahrhunderten der abendländischen Geschichte ausgelöst hat, seit der Zwang zum Kriegsdienst ein Gesetz der zivilisierten

Staaten ist und in unseren Tagen Ungezählten schwere innere Kämpfe bringt – sie sind ein Zentrum von geistigen Spannungen unserer Zeit, aber sie sind Menschenschicksal, während ich heute vom Leben in einem viel umfassenderen Sinn sprechen will, vom Gesamten des Lebendigen, das alles außermenschliche Leben miteinschließt.

Ein zweites Problem, das gleichfalls den Menschen allein angeht und das zentral die Frage der Ehrfurcht vor dem Leben stellt, führt uns mitten in diese weitere Sicht. Ich denke an die schwere Frage des Lebensrechtes aller Ungeborenen in unserer Menschen-Gesellschaft – eine Frage, die mit der Zunahme der Erdbevölkerung täglich wichtiger wird und die zu Konflikten mit religiösen Überlieferungen und Geboten führt. Ich muß an die ganze Schwere der Frage einer Schwangerschaftsunterbrechung erinnern, weil gerade hier das Gebot der Ehrfurcht vor dem Lebendigen in einer Zwiespältigkeit vor uns steht – mit einem Gewicht, wie es nur noch die Frage der Todesstrafe uns auferlegt.

Zur Frage der Unterbrechung muß noch ein Wort gesagt sein. Ich lehne es im tiefsten Ernst ab, im Entwicklungsgang des Menschen willkürlich Zeitpunkte zu setzen, vor denen oder nach denen der von uns provozierte Tod eines werdenden Keimes verschieden beurteilt werden darf. Die Eizelle ist von Anfang an der potentielle Mensch, der aus ihr hervorgehen wird. Festsetzung des Zeitpunktes eines Unterbruchs kann also nur von den vielfachen Problemen des praktischen Eingriffs aus beurteilt werden – dem ethischen Urteil nach ist vom Moment der Befruchtung an ein Mensch im Werden. Ich bin überzeugt von der steigenden Bedeutung des Rechtes auf Unterbruch der Schwangerschaft; aber wir müssen uns immer der Schwere der Entscheidung bewußt bleiben, die, was ich hoffe, bald überall wenigstens von gesetzlichen Hindernissen frei sein wird.

Zur Ehrfurcht vor dem Leben gehört es, daß wir den ins Leben entlassenen Menschen wertvolle Daseinsgrundlagen sichern und nicht durch eine sinnlose Zunahme der Menschenzahl das Einzeldasein immer problematischer machen. Daß diese Aufgabe mit dem Erwachen gewaltiger Menschenmassen in fernen Ländern täglich größer wird, das muß ich wohl nicht besonders erörtern; aber es sollte uns vor Augen stehen, wenn wir die Last der Aufgaben bedenken, welche die Gegenwart an uns alle stellt. Muß ich an die sozialen Probleme erinnern, welche die Ausbreitung wissenschaftlicher medizinischer Hilfe über alle Völker der Erde im Hinblick auf die ungeheure Zunahme der Menschenzahl stellt?

Das führt zwangsläufig zu einer weiteren Sicht unserer Auffassung von Leben und Lebenswert, mahnt doch die steigende Menschenzahl an die zunehmende Verwüstung unserer Erde durch die Folgen einer grenzenlosen Technisierung. Gewaltige Gebiete ursprünglichen Waldes werden »erschlossen«, wie man verhüllend sagt, Meere werden ihres Fischreichtums beraubt – überall vermehrt sich die Bedrohung von Pflanzen und Tierarten – nicht zu reden von all den lebendigen Gestalten, die in geschichtlicher Zeit bereits von der Erde verschwunden sind.

Darum muß die Forderung nach Ehrfurcht vor dem Leben ein zentrales Problem unserer Kultur, unserer Geisteshaltung sein,und darum muß in die Mitte unserer Umschau die Rolle der Naturwissenschaft und der von ihr ausgelösten Technik gestellt werden.

Prüfen wir die Menschen, die heute mit anerkannten Methoden der Wissenschaft Lebensforschung treiben, nach ihrer Haltung in Hinblick auf das erstrebte Endziel, so stellen wir extrem verschiedene Ansichten fest. Da sind die Forscher, die überzeugt sind, die konsequente Anwendung der bewährten Arbeitsweisen der Naturwissenschaft werde uns eines Tages die volle Einsicht in das Wesen des Lebens bescheren – mag dieser Tag auch in weiter Ferne liegen. Daran knüpft sich die Hoffnung auf das Fernziel, selber als technische Auswirkung dieses Wissens Gebilde erzeugen zu können, die wir als lebend anerkennen könnten. Angesichts der großen Erfolge, welche die Methoden der Physik und Chemie seit ihrer konsequenten Anwendung verwirklicht haben, hoffen die optimistischsten unter den Erforschern des Lebendigen, an die ich jetzt vor allem denke, durch die Ausweitung der physikalisch-chemischen Arbeitstechnik sei auch das Leben demnächst zu durchschauen. Doch ist die Ergründung der Strukturen der lebendigen Wesen und der Funktionen dieser Strukturen noch so weit entfernt vom erhofften Endziel, daß in unserer Zeit im Grund noch niemand von einem Forscher den Beweis für die Verwirklichung seiner letzten Hoffnungen erwartet. Daß aber von dieser Hoffnung auf ein Fernziel mächtige Impulse ausgehen, ist selbstverständlich. Es gibt indessen noch eine andere Auffassung der Forschungsaufgabe. Ihr erscheinen die Tatsachen, die wir als »Leben« kennen, in letzter Sicht als unfaßbar, wie weit der Forscher auch ins einzelne vorstoßen mag und wie dringend diese Forschung die Notwendigkeit fortschreitenden Erkennens auch erlebt. Da ich selber mich zu solchen Grenzen der Wissenschaft bekenne, darf ich versuchen, diese Auffassung kurz zu begründen; denn die Antwort auf das Problem, von dem ich spreche – die Ehrfurcht vor dem Lebendigen –, hängt eng mit solchen Grundannahmen zusammen.

Zwei Fakten erscheinen mir besonders entscheidend für eine Zurückhaltung hinsichtlich des möglichen Endziels der Lebensforschung. Da ist zunächst die letzte Unzugänglichkeit des Sinnes-Erlebens, des Wahrnehmens von Farbe und Ton, von Form oder Wärme, von Geruch und Geschmack. Auch wenn es uns gelingen wird, die stoffliche wie die funktionelle Eigenart einer Seh- oder Hörzelle, eines Tast- oder Riechorgans zu erfassen, so bleibt trotzdem die Tatsache des Erlebens auf meine eigene subjektive Empfindung begrenzt. Die Feststellung dieses Erlebens bei anderen Organismen ist nur als Analogie möglich. Ich bin durch Beobachtung und Vergleiche wohl in der Lage, das Sehen oder Hören, wie auch die Antwort auf andere Sinneserregungen, nachzuweisen, nicht aber die Empfindungen nachzuerleben. Sinnreiche Experimente erlauben mir wohl festzustellen, daß Insekten die unserem Erleben unzugängliche ultraviolette Strahlung als Farbe sehen, so daß eine Blume der Biene oder dem Falter optisch ganz anders erscheinen muß als uns. Wie weit ich aber in diesem fremden Sinnesorgan im einzelnen auch vordringe, das subjektive Erleben bleibt uns tiefe Verborgenheit. Muß ich noch betonen, daß die Tatsache unseres Bewußtseins zu dieser selben Verborgenheit gehört?

Wir stoßen hier auf Grenzen der Aussage mit den Mitteln unseres Verstehens, auf Grenzen, welche das uns Zugängliche vom Unzugänglichen trennen. Das Mittel der Sprache erlaubt uns Menschen Kontakte, um von den Welten unseres subjektiven Erlebens bei anderen etwas zu erfahren. Wir wissen aber alle, wie groß sogar in diesem günstigsten Fall das nicht zu Vermittelnde des inneren Seins bleibt. Wie mächtig wird erst diese Gewißheit, vor dem Verborgenen zu stehen, beim Umgang mit dem Tier – wie fern aber wird in dieser Sicht erst das Wissen um eine Innerlichkeit, ein seelisches Erleben der Pflanze – so fern, daß viele Naturforscher es vorziehen, diese Seite der lebenden Existenz den Pflanzen einfach abzusprechen. Ich glaube, eine solche radikale Grenzziehung im Reich des Lebendigen ablehnen zu müssen. Wir dürfen unsere Unfähigkeit, Kontakt aufzunehmen, nicht gleichsetzen mit dem Fehlen einer von uns gesuchten Innerlichkeit, eines fremden Selbst.

Ich denke bei dieser Aussage nicht an den Versuch, etwa die Unmöglichkeit des Kontaktes zu überbrücken durch eine unbegründete Vermenschlichung jener Wesen, mit denen uns eine innigere Beziehung versagt ist. Es gilt einfach da, wo wir nicht wissenschaftlich aussagen können, wenigstens das Verborgene als ein mir Unzugängliches, als ein Etwas zu denken, statt das Vorhandensein des subjektiven Erlebens zu bestreiten. Ich erwähne dieses Problem, weil wir gut daran tun, um die Grenzen des Forschens zu wissen und zu unterscheiden, was der Wissenschaft zugängliche Fragen, also echte Probleme sind und was uns im Reich des Geheimnisses verborgen bleibt. Die Innerlichkeit, wo sie – wie bei der Pflanze – verborgen ist, als Etwas statt als nicht vorhanden zu denken, das ist in der ernstesten Naturforschung immer wieder betont worden. Um 1840 hat Gustav Fechner, ein anerkannter Physiker, ein Werk über das Seelenleben der Pflanze verfaßt – und in unserer Zeit, im Jahre 1973, haben zwei amerikanische Forscher, Peter Tompkins und Christopher Bird, in einem Werk über das verborgene Leben der Pflanzen eine Fülle wichtiger Fakten zusammengestellt, die unsere Einstellung zum Leben der grünen Welt um uns tief beeinflussen müssen.

Der notwendige Weg über eine allgemeine weiteste Erforschung des Lebens führt uns vor die Tatsache, daß der Ursprung des Lebens letztlich ein Geheimnis ist. Dasselbe gilt für die weitere Entwicklung, die Evolution der lebendigen Gestalten.

Die Wissenschaft vom Leben hat seit dem ersten Versuch von Lamarck zu Beginn des 19. Jahrhunderts und als Folge von Darwins Werk seit 1859 eine Theorie entwickelt, die heute weithin anerkannt wird: die Annahme, daß sich die unbekannten ursprünglichsten Lebewesen im Laufe von vielen Millionen Jahren zu immer komplexeren Formen umgebildet haben, daß also die Gestaltenfülle durch Abstammung im verwandtschaftlichen Zusammenhang steht. Eine dieser Verwandtschaftsreihen habe bereits vor mehr als zweihundert Millionen Jahren die ersten Säuger hervorgebracht, und die Entwicklung des Menschen sei aus dieser Vorfahrenreihe ausgegangen – vermutlich etwa in den letzten 30 Millionen Jahren der Erdgeschichte. Soweit darf diese Evolutionstheorie als weithin anerkannte Vorstellung gelten. Auch meine eigene Forschungsarbeit ist von ihr ausgegangen und sucht neue Zeugnisse und Klärung über den möglichen Verlauf dieser ungeheuren Lebensumwandlung zu ermitteln. Wir dürfen von einer gefestigten Überzeugung der biologischen Forschung sprechen.

Die Übereinstimmung der Naturforscher hört aber auf, wenn es darum geht, die Faktoren zu nennen, welche diese Vorgänge bewirkt haben, wenn die Wege im einzelnen gezeigt werden sollen, auf denen sich der gewaltige Formwandel vollzogen hat. Wenn so oft einfach die tröstliche Formel der Aussage gewählt wird: »Schritt für Schritt« habe sich in diesen Jahrmillionen allmählich die Evolution des Lebens vollzogen – so ist eine solche Darstellung unbefriedigend, solange wir diese Schritte weder in ihrer Wesensart noch in ihrer Zahl klarer angeben können. Es geht hier nicht darum, die Streitfragen um diesen Weg der Evolution im einzelnen darzulegen – wichtig ist, daß wir überhaupt im Feld der wissenschaftlichen Fragen, der Diskussionen, also im letztlich noch Unentschiedenen stehen, in einer Situation, in der das Entscheidende das Ahnen einer nach wie vor unabsehbaren Verborgenheit ist – das Ahnen eines Bereichs, in dem die lösbaren Probleme der kommenden Forschung verborgen sind, überdies aber auch die Religion des Geheimnisses, von dem wir selbst als Glieder der Evolution alles Lebendigen ein Teil sind.

Dieses Wissen um die Größe des Nicht-Gewußten, das Ahnen des gewaltigen Bereichs der Ursprungsfragen, der uns vielleicht ewig verschlossen bleibt – diese Gesamtsicht begründet die Forderung nach Ehrfurcht vor dem Leben, nach Ehrfurcht vor all dem, was wir nicht geschaffen haben und nie schaffen werden. Ehrfurcht vor dem Leben, das gilt der ganzen Welt der Organismen. Aber sie kann in uns nur wirksam sein, wenn dieses Reich des Lebendigen in seiner Weite, in seiner Schönheit und seinem Reichtum uns etwas bedeutet, wenn es aber auch in seinen Furcht und Schrecken erregenden Gestalten als das Wunder vor uns ist, das wir nicht machen können. Wissen um die oft so befremdliche und entsetzliche Größe der lebendigen Welt ist die Voraussetzung der Ehrfurcht. Dieses Wort enthält in unserer Sprache nicht umsonst das Kennwort Furcht – eine tiefe Weisheit unseres Sprachlebens.

Nur in dieser Gesinnung kann der Mensch das rechte Maß, die rechte Mitte finden für die Forderungen unserer eigenen

Erhaltung, die ja so vielfach den Kampf gegen fremdes Leben und seine Vernichtung fordert, nicht allein in der Abwehr von gefährlichen Tieren oder von Parasiten, sondern auch dort, wo wir um unserer Erhaltung willen über Tier und Pflanze von uns aus verfügen als unvermeidliche Opfer im Daseinskampf.

Der Naturschutzgedanke entspringt der Gesinnung, auch dem fremden Leben unantastbare Reservate zu sichern und den Reichtum, den wir heute noch als Wirklichkeit erleben dürfen, den kommenden Generationen zu erhalten. Die Durchführung des großen Gedankens, die eine der reinsten Erfüllungen der Ehrfurcht vor dem Leben wäre, wird um so schwerer sein, wenn jetzt die Völker der noch weniger technisierten Welt in die Lebensart unserer Maschinenwelt eintreten wollen und dabei die Wege beschreiten werden, auf denen die abendländische Welt so verheerend vorangegangen ist.

Noch eines erscheint mir bedeutungsvoll, wenn zur Ehrfurcht vor dem Leben aufgerufen wird – das Mahnwort: Hände weg vom Menschen! Der Mensch ist das, was wir heute sind, geworden als Geschöpf der gesamten Lebenswelt. Die menschliche Geschichte hat wohl seine Daseinsform immer wieder gewandelt, sie hat aber den Typus Mensch als das gewahrt, was er seit Menschengedenken war. Die Naturforschung und die von ihr geförderte medizinische Wissenschaft haben geholfen, Krankheiten und andere schädigende Einflüsse zu bekämpfen. So ist die Lebenswahrscheinlichkeit größer geworden, ohne daß sich der menschliche Lebenstypus in seinem Wesen verändert hätte! In unserer Zeit aber bietet die jüngste Entwicklung von Erbforschung, Molekularbiologie und der damit entstandenen technischen Möglichkeiten den für viele Menschen – auch für viele Forscher – unwiderstehlichen Anreiz, die neuen Mittel des Eingreifens auf uns selbst anzuwenden: den Menschen selbst zu verändern. Die Perspektive einer konsequenten Bekämpfung des Alterns, einer beträchtlichen Lebensverlängerung, taucht auf, und die Möglichkeit von Eingriffen in das Erbgut scheint am Horizont bereits sichtbar zu werden.

Kein mögliches Ergebnis der Forschung erschreckt mich mehr als diese Aussicht. Nur ein Blick auf die gepriesene Lebensverlängerung – Optimisten sprechen von 125 Jahren, die bei konsequenter Ergründung der Alternsvorgänge erreichbar sein sollten. Ich habe auch vom Glauben an noch höheres Alter gehört. Wollen wir uns die Gesellschaftsstruktur einer solchen Menschheit einmal vor Augen halten?

Die zahlreichen 125jährigen haben um sich ihre 90jährigen Söhne und Töchter, diese blicken auf ihre vielen »Kinder« im Alter um 60 Jahre! Wie sieht sich diese Sozietät an, von der großen Zahl der 30jährigen und von den aufstrebenden 20er Jahrgängen aus betrachtet? Wäre es nicht vorsichtig und notwendig, von diesen modernen Förderern der Lebensverlängerung zunächst sorgfältigste Planungen der wirtschaftlichen und der geistigen Lebensbewältigung einer solchen Menschheit zu verlangen? Ich für mein Teil betrachte es als die wichtigste Forderung in der heutigen Planung unseres Daseins: die uns vertraute Lebensform des Menschen anzuerkennen, sie sorgsam zu ergründen, ihr Gelingen zu fördern und zuerst mit den Altersproblemen unserer Gegenwart auf eine Art fertig zu werden, die von einer Gesinnung der Ehrfurcht vor dem Menschenleben, wie es jetzt ist, bestimmt wird.

Noch bedrohlicher erscheinen mir die Gedanken, die mit der Möglichkeit des Eingriffs in das Erbgut unserer Keimzellen spielen. Nirgends ist es dringender, auf das Dunkel hinzuweisen, das die Entstehung des Lebens und damit auch das Wesen unserer eigenen Keimanlagen umgibt. Gerade wer von der Ergründung des Erbguts sehr hoch denkt und an der Möglichkeit seiner Umwandlung bei einfachsten Formen des Lebens arbeitet, der wird auch den ungeheuren Abstand ermessen, der dieses primäre, ursprüngliche Leben von der Wesensart unserer menschlichen Keimanlage trennt. Nur Furcht vor diesem Eingriff kann unsere Haltung sein – und nur Ehrfurcht vor dem Wunder des Lebens kann uns Menschen vor diesem Unheil bewahren.

Ich komme zurück auf die Bemerkung meines Freundes, die ich eingangs erwähnte: über Ehrfurcht solle man nicht sprechen. In einer Zeit, in der die Entwicklung der Technik und ihrer Lockungen immer mehr Menschen zu gefährlichem, letztlich lebensfeindlichem Tun verführen kann, scheint es mir dringend, daran zu erinnern, daß die Wunder des Lebendigen jenseits unseres bewußten Wirkens geschehen. Deshalb gilt es, in Ehrfurcht das Geheimnis des lebendigen Geistes in uns aufzunehmen, mit wachem Sinn das Sagbare zur Sprache zu bringen, aber auch das Unsagbare stets gegenwärtig zu wissen, um uns wie in uns!

Wolfgang Sternstein

Leiden als Tun

Leiden als Tun, ist das nicht ein vollendeter Widerspruch? Unterscheidet nicht schon die Grammatik ein Aktiv und ein Passiv, eine Tätigkeits- und eine Leideform? Sollte der Titel daher nicht besser lauten: Leiden *und* Tun? Mit diesen beiden Begriffen lassen sich immerhin zwei Grundformen unseres Daseins beschreiben, von denen man im Sinne unseres Generalthemas mit Recht sagen kann, der Mensch brauche sie. Ohne eine auf seine Selbsterhaltung ausgerichtete Tätigkeit ist menschliches Leben nicht möglich. Aber auch das Leiden ist aus dem menschlichen Dasein schlechterdings nicht wegzudenken. Wir erleiden sommerliche Hitze und winterliche Kälte, Krankheit und Tod, den Verlust geliebter Menschen. Es ist müßig, darüber zu spekulieren, ob es jemals eine Welt ohne Tun und ohne Erleiden gab. Wenn man dem biblischen Bericht glauben darf, so war der Garten Eden eine solche Welt. Der Fluch, den der Herr über das Menschengeschlecht aussprach, nachdem Adam und Eva vom Baum der Erkenntnis gegessen hatten, war denn auch der Fluch, leiden und tätig sein zu müssen. Du sollst mit Schmerzen Kinder gebären, sagt er zu Eva, und zu Adam spricht er: Im Schweiße deines Angesichts sollst du dein Brot essen.

Das Tun und das Leiden kam demnach durch das Essen der Früchte vom Baum der Erkenntnis in die Welt. Genaugenommen war es wohl auch schon vorher da; denn die Tiere leiden ja auch, und sie sind tätig, sie suchen Nahrung, fliehen oder greifen an, sie haben aber keine Erkenntnis davon. Zwischen Leiden und Tun besteht folglich ein enger Zusammenhang. Das eine ist ohne das andere nicht zu denken. Wie Liebe und Haß, Gutes und Böses, Reichtum und Armut bilden sie eine in sich widerspruchsvolle Einheit.

Es gibt verschiedene Formen des Tuns und Erleidens. Wir wollen sie ein wenig näher ins Auge fassen. Neben jenem Tun und Erleiden, von dem der biblische Bericht meint, es sei mit dem Sündenfall in die Welt gekommen, gibt es noch ein anderes Tun und Erleiden, nämlich das Leid, das wir Menschen einander antun. Auch von diesem Tun und Leiden berichtet die Bibel in seiner furchtbarsten Erscheinungsform, nämlich als Brudermord Kains an Abel, in unmittelbarer Nachbarschaft zum Sündenfall. Damit ist jenes Tun und Erleiden gemeint, das aus dem Gewaltverhältnis des Menschen zur Natur, zum Mitmenschen und zu sich selbst entspringt. Im Unterschied zu dem von Gott als Strafe über das Menschengeschlecht verhängten Tun und Leiden handelt es sich hier um ein weitgehend vom Menschen selbst geschaffenes und zu verantwortendes Tun und Erleiden. Es findet sich überall da, wo Menschen der Natur, dem Mitmenschen oder sich selbst Gewalt antun. Es findet sich im engsten Familienkreis, wo der Ehemann die Ehefrau unterdrückt, wo Eltern ihre Kinder schlagen oder Geschwister einander quälen, und es findet sich in der großen Politik, wo Völker einander bekriegen, wo Klassen herrschen und wo Diktatoren mit Terror und Folter regieren, und es findet sich schließlich auch dort, wo die »Verdammten dieser Erde« sich mit Gegengewalt und Gegenterror zu befreien versuchen.

So eng Tun und Erleiden miteinander verflochten erscheinen – denn wo ein Täter ist, ist auch ein Opfer –, so unterschiedlich werden sie in unserer Gesellschaft bewertet. Diese unsere Gesellschaft blickt auf zu den Mächtigen, den Reichen, den Starken und den Gebildeten, und sie verachtet die Machtlosen, die Armen, die Schwachen und die Unwissenden. Ja es mag scheinen, als hätte der rastlos tätige Mensch einen großartigen Siegeszug gegen das vom Menschen verursachte Leiden angetreten. Die technisch-industrielle Zivilisation hat ihm Wünsche erfüllt, von denen seine Vorfahren nicht einmal zu träumen wagten. Hunger und Armut sind in einigen Ländern bereits besiegt, in anderen werden sie mit dem Fortschritt der industriellen Entwicklung besiegt werden. Die Wissenschaft erweitert täglich unsere Kenntnis und unsere Macht über die Natur. Selbst das gleichsam naturgegebene Tun und Leiden des Menschen, die Mühsal körperlicher Arbeit – »im Schweiße deines

Angesichts sollst du dein Brot essen« – und das Leiden durch Schmerz, Krankheit und Tod – »mit Schmerzen sollst du gebären« – scheinen auf einem unaufhaltsamen Rückzug begriffen. Die Seuchen sind weitgehend ausgerottet, die moderne Medizin hat der Krankheit, dem Alter und dem Tod einen unerbittlichen Kampf angesagt. Noch nie in der Geschichte der Menschheit schien das irdische Paradies, in dem die Menschen dank Wissenschaft, Technik und Industrie ein sorgenfreies Leben im Überfluß genießen können, so greifbar nahe gerückt.

Sollten außerirdische Lebewesen mit ihrem Raumschiff in einer bundesdeutschen Großstadt landen, so ist es kaum denkbar, daß sie sich von den Errungenschaften der modernen Zivilisation nicht beeindruckt zeigen sollten: der sichtliche Wohlstand der Bürger, die brechend vollen Kaufhäuser, der Lichterglanz, die Werbeplakate, die vielen Autos und, nicht zu vergessen, die Kindergärten, Schulen, Krankenhäuser und Altenheime. Das alles kann sich wohl sehen lassen.

Doch nehmen wir einmal an, die Gäste aus dem All seien überaus neugierig. Sie wollten die ganze Menschenwelt kennenlernen, um zu Hause darüber berichten zu können. Sie verabschieden sich daher von den »glücklichen Deutschen« und fliegen nach Indien. Dort lernen sie freilich ganz andere Verhältnisse kennen: Menschen, die in Hunger, Armut und Unwissenheit dahinvegetieren, die, wenn überhaupt, nur ein Dach aus Wellblech und einigen Brettern über dem Kopf haben – und die allenfalls davon zu phantasieren wagen, einmal arbeiten und Geld verdienen zu dürfen.

Das überrascht die Fremden. Sie fangen an, nach den Ursachen der enormen Unterschiede zwischen den Menschen zu forschen. Sie finden sie in der Geschichte, im Kolonialismus und Imperialismus der Vergangenheit, sowie in den Weltwirtschafts- und Welthandelsbeziehungen der Gegenwart. Sie erkennen den unmittelbaren Zusammenhang zwischen dem Reichtum der reichen und der Armut der armen Welt, dem Überfluß der Überflußgesellschaft und dem Mangel der Mangelgesellschaft. Beide erscheinen ihnen nun als die Licht- und die Schattenseite ein und desselben Weltwirtschaftssystems.

Schließlich kehren sie in das Land der glücklichen Deutschen zurück; aber sie sehen Land und Leute nun mit anderen Augen. Sie sehen, daß diese Gesellschaft, in der Mangel, Krankheit und Tod überwunden und fast schon vergessen schienen, in Wahrheit eine Gesellschaft auf der Flucht vor dem

Leiden ist. Sie hat das Leiden nicht überwunden, sie hat es, wie die hungernden Inder, lediglich aus dem Bewußtsein verdrängt.

Es ist ein und derselbe Mensch, der acht Stunden des Tages eine ungeliebte, sinnentleerte, entfremdete Arbeit am Fließband, im Büro oder Kaufhaus tut und der sich am Feierabend oder an den Feiertagen in einen hemmungslosen Konsumrausch stürzt. Es ist ein und derselbe Mensch, der seine tägliche Arbeit als Qual empfindet, der sehnsüchtig das Vorrücken des Uhrzeigers verfolgt und der in dem Augenblick, wo das Signal ertönt, das das Ende der Arbeitsfron ankündigt, von Gier nach Freiheit, Zerstreuung und Genuß getrieben dem Fabriktor entgegenstrebt. Verglichen mit dem modernen Industriearbeiter, war der mittelalterliche Handwerker, dem seine abwechslungsreiche und vielseitige Arbeit Freude machte, da sie ihm die Entfaltung seines Könnens und seiner schöpferischen Fähigkeiten erlaubte, ungeachtet der Enge des Zunftwesens ein König.

Ich möchte hier nicht einer romantischen Verklärung des Mittelalters das Wort reden. Weder das Verdammungsurteil der Aufklärer über das »finstere« Mittelalter, noch die Flucht der Romantiker vor dem heraufziehenden Industriezeitalter in die angeblich heile Welt des Mittelalters trifft die Wirklichkeit. Wir sehen das Mittelalter heute sehr viel nüchterner – als eine Epoche voller Spannungen und Gegensätze, unvorstellbarer Grausamkeit und beispielhafter Frömmigkeit. Die Frage, ob diese oder unsere Zeit »besser« war, sollten wir getrost der Nachwelt überlassen. Doch eines ist gewiß, der trotz der Weltkriege, trotz Auschwitz und Hiroshima noch immer weit verbreitete Fortschrittsglaube ist gegenwärtig in eine schwere Krise geraten. Wir fangen an, zu erkennen, daß manches, was uns als unbezweifelbarer Fortschritt erschien, seinen Preis hat, und wir wissen heute oftmals nicht, ob sich der Fortschritt oder der Preis als größer erweisen wird.

Beim Vergleich verschiedener Gesellschaftssysteme fällt auf, daß unserer Gesellschaft durchgängig ein Gestaltungsprinzip zugrunde liegt, das man Entmischung nennen könnte. Dieser Begriff stammt meines Wissens aus der Stadtplanung. Er beschreibt eine Erscheinung, die besonders deutlich ins Auge fällt, wenn man eine moderne Großstadt mit einer mittelalterlichen Stadt vergleicht. In der mittelalterlichen Stadt waren die Funktionen Wohnen, Arbeiten, Einkaufen, Erholen und Vergnügen auf überschaubarem Raum vereinigt. Die Werkstatt war im eigenen Haus. Der Markt, die Schule, das Rathaus konnten bequem zu Fuß erreicht werden. In der modernen Großstadt liegen nicht nur vergleichsweise riesige Entfernungen zwischen Wohnort, Arbeitsplatz und Einkaufszentrum, die Funktionen selbst sind örtlich voneinander geschieden. Der Stadtkern, die City, ist zum bloßen Einkaufs- und Behördenzentrum degeneriert, die Schlafstädte am Stadtrand veröden, und die stadtnahen Naturreservate werden an den Wochenenden von Erholungssuchenden überschwemmt. Verkehrsbauwerke zerschneiden die Stadt und die Landschaft und können dennoch nicht verhindern, daß die Blechlawine zu den Hauptverkehrszeiten die Straßen verstopft.

Doch das Prinzip der Entmischung reicht weit über den Bereich des Städtebaus hinaus. Es durchdringt alle Lebensbereiche der modernen Gesellschaft. Während sich in der Großfamilie die alte, die mittlere und die junge Generation, Frauen und Männer, Verheiratete und Unverheiratete, Gesunde und Kranke, Begabte und geistig Behinderte in einem großen, lebendigen und vielfältigen sozialen Organismus ergänzten, haben wir dieses »Durcheinander« rationell geordnet. Die Kinder stecken wir zu den Kindern in den Kindergarten, die Jugendlichen zu den Jugendlichen in die Schulen, die Alten in die Altenheime, die Kranken in die Krankenhäuser, die geistig oder körperlich Behinderten in die zuständigen Anstalten – was übrig bleibt, ist die »erwerbsfähige Bevölkerung«, die frei von jeglichen Hindernissen oder familiären Bindungen ihrem Macht-, Geld- und Karriereinteresse folgen kann. Aus der lebendigen, bunten und sicherlich auch spannungsreichen Vielfalt der Großfamilie ist die konfliktgeladene und zugleich langweilige Einförmigkeit der Kleinfamilie geworden.

Aber nicht nur das – an die Stelle des Prinzips der Ergänzung, des wechselseitigen Verstehens und Aufeinandereingehens ist das Prinzip der Konkurrenz, der Intoleranz und des Egoismus getreten. Kinder und Alte, die im Familienverband zusammenleben, können sich nicht als Konkurrenten empfinden, aber sie können einander viel bedeuten. Die Alten haben Muße, sich um die Kinder zu kümmern, die Fürsorge für die Kleinen gibt ihrem Leben Inhalt und Sinn. Den Kindern wiederum tut es gut, ein wenig verwöhnt zu werden. Sie lernen auch manches von der Lebensweisheit der Alten.

In der entmischten Gesellschaft hingegen leiden die Kinder unter dem Mangel an Zärtlichkeit und Zuwendung. Sie lernen im Kindergarten und in der Schule, sich gegenüber gleichaltrigen Konkurrenten durchzusetzen und sich Anerkennung durch Leistung zu erkaufen. An die Stelle des Miteinanders tritt das Gegeneinander als Lebensmaxime. Die Alten wiederum fühlen sich in ihren komfortablen Heimen vereinsamt, überflüssig und abgeschoben. Die Beispiele ließen sich vermehren.

So erweist sich denn der scheinbar unaufhaltsame Siegeszug der Menschen gegen Elend, Krankheit und Tod in Wahrheit als eine Flucht vor der »Nachtseite« des Lebens. Diese Gesellschaft der rastlos Tätigen trägt das Kainszeichen des Leidens auf ihrer Stirn. Hinter der idyllischen Kulisse der deutschen Kleinfamilie mit Eigenheim im Garten, Auto in der Garage und Ferien auf Teneriffa verbirgt sich ein gnadenloser Kampf ums Überleben. In dieser unserer Gesellschaft, die erfüllt ist vom »Duft der großen weiten Welt«, scheint es nur noch die Alternative zwischen Fressen und Gefressenwerden, Siegen oder Untergehen zu geben – und wer wollte dann nicht lieber auf der Seite der Sieger sein? Das Zentrum dieser gesellschaftlichen Dynamik liegt zweifellos im wirtschaftlichen und politischen Bereich, doch strahlt es auf alle übrigen Bereiche aus.

Der dialektische Zusammenhang zwischen Tun und Leiden gilt aber nicht allein in horizontaler Richtung, das heißt im Verhältnis zwischen den reichen und den armen Ländern oder Klassen, er gilt auch in vertikaler Richtung, im Verhältnis zwischen Vergangenheit und Zukunft. Nach all den zahllosen Siegen über die Natur und den Mitmenschen in der Vergangenheit zeichnet sich nun die endgültige Niederlage ab. Auf der weißen Wand der Zukunft erscheint das Menetekel der Selbstvernichtung des Menschen durch Krieg mit Massenvernichtungswaffen, durch Umweltzerstörung, Erschöpfung der Rohstoffvorräte der Erde, rapides Bevölkerungswachstum, Grenzen der Nahrungsmittelproduktion und Entfremdung. Der Versuch des europäischen Menschen, den dialektischen Zusammenhang zwischen Tun und Leiden zu zerschneiden, eine Welt zu schaffen, in der das Leiden endgültig überwunden ist, erweist sich damit als das, was es schon immer war, als Hybris, als Turmbau zu Babel, als Herausforderung an Gott.

Diesem in seiner Hybris nach den Sternen greifenden Menschen ruft Apollo, der delphische Gott, zu: Erkenne dich selbst! Erkenne dich als den, der du im Unterschied zu mir, dem Unsterblichen, bist, ein schwaches, hinfälliges, sterbliches Wesen! Doch die Zurückweisung des faustischen Menschen, der dem Gotte gleich sein möchte, durch Gott könnte von diesem als seine große Chance begriffen werden. Denn aus der Erkenntnis seiner Schwäche könnte seine wahre Stärke, nämlich Mitleid, Barmherzigkeit, Demut und Duldsamkeit, erwachsen. Aus der Erkenntnis seiner Sterblichkeit könnte ihm seine Unsterblichkeit und aus der Annahme seines Todes sein wahres Leben erblühen. Um es mit den Worten des berühmten Schwaben Georg Wilhelm Friedrich Hegel zu sagen: »Nicht das Leben, das sich vor dem Tode scheut und vor der Verwüstung rein bewahrt, sondern das ihn erträgt und in ihm sich erhält, ist das Leben des Geistes.« Indem der einzelne den absoluten Unterschied zwischen sich und Gott erkennt, wird er zugleich der Einheit gewahr, die ihn über alles Trennende in Rasse, Hautfarbe, Klasse, Religion und Ideologie hinweg mit allen Menschen verbindet. So ist es denn die Erkenntnis seiner Sterblichkeit, die das brüderliche Verhältnis des Menschen zur Natur, zum Mitmenschen und zu sich selbst begründet.

Die letzte und eigentliche Wurzel jener allgegenwärtigen, hemmungslosen Gier nach Macht, Reichtum und Lebensgenuß ist die Furcht vor Machtlosigkeit, Elend und Tod. Der babylonische Prinz Gilgamesch und Heinrich von Kleists Prinz von Homburg sind dem modernen Menschen zumindest darin überlegen, daß sie wissen, wovor sie fliehen. Dieser aber hat selbst das »vergessen«. Er hat vergessen, daß Furcht und frevelhafter Übermut ebenso untrennbar zusammengehören wie Leiden und Tun.

Man möchte dem modernen Menschen wie Gilgamesch zurufen: Kehr um! Wage es, dem Tod ins Angesicht zu schauen, denn nicht das Leben, das vom Tod absieht, ist das wahre Leben, sondern jenes Leben, das den Tod stets gegenwärtig hat; nicht die Gesundheit, die keine Krankheit kennt, ist die wahre Gesundheit, sondern jene Gesundheit, die mit der Krankheit lebt; und schließlich, nicht das Tun, welches vom Leiden absieht, ist das wahre Tun, sondern jenes Tun, welches das Leiden in sich aufgenommen hat.

Wir haben bisher zwei Formen des Leidens und Tuns kennengelernt: das gleichsam naturgegebene Leiden und Tun, das mit dem Sündenfall in die Welt kam, und das vom Menschen selbst geschaffene Tun und Erleiden, das sich in Gewaltverhältnissen manifestiert. Ich möchte nun eine dritte Erscheinungsform des Leidens und Tuns zur Sprache bringen: das Leiden und Tun um der Wahrheit willen.

Damit ist jenes Leiden und Tun gemeint, das die Gewalt

überwindet. Leiden in diesem Sinne hat nichts zu tun mit passiver Unterwerfung unter den Willen des Gewalttäters, ganz im Gegenteil, es bedeutet das Einsetzen der ganzen Seelenkraft gegen den Tyrannen, es bedeutet leidenschaftlichen, unbeugsamen Widerstand gegen den Unterdrücker, der uns seinen Willen aufzwingen will, aber nicht durch Gewalt, sondern durch das freiwillige Erleiden der Gewalt ohne ein Gefühl von Haß oder Vergeltung gegen den Übeltäter. So betrachtet, ist dieses Leiden zugleich die höchste Form des Tuns. Andererseits bedeutet Tun um der Wahrheit willen nicht jenes Leiden schaffende Tun der Gewalt, es ist kein die Natur und den Menschen verletzendes oder gar zerstörendes Tun, es ist vielmehr ein aufbauendes, schöpferisches Tun, das die Wunden heilt, die die Gewalt geschlagen hat. Tun in diesem Sinne ist daher zugleich die höchste Form des Leidens.

Im Unterschied zum Gewaltverhältnis, wo Tun und Erleiden auseinanderfallen, denn Täter und Opfer, Herr und Knecht sind stets verschiedene Personen, fallen sie hier in ein und derselben Person zusammen. Hier ist Leiden Tun und Tun Leiden.

So erhält unser Titel doch unerwartet einen tiefen Sinn; denn *Leiden als Tun* ist ja nichts anderes als die Aufhebung des Gegensatzes von Tun und Leiden in einer höheren Einheit, die mit herkömmlichen Begriffen kaum angemessen beschrieben werden kann.

Leiden als Tun kann auch als die Aufhebung des Vergeltungsprinzips beschrieben werden. Wenn wir unser Verhalten selbstkritisch beobachten, so entdecken wir uns immer wieder dabei, daß wir Gleiches mit Gleichem vergelten. Gewöhnlich finden wir das sogar normal und ganz in Ordnung. Leiden als Tun aber heißt etwas ganz anderes. Es bedeutet, Haß mit Liebe, Böses mit Gutem und Gewalt mit Gewaltfreiheit vergelten und dadurch überwinden. Jeder, der einen ernsthaften Versuch in dieser Richtung unternimmt, wird sehr schnell die Erfahrung machen, daß er aus eigener Kraft dazu völlig außerstande ist.

Die Erfahrung unserer Ohnmacht zum Guten angesichts des Bösen und die Erfahrung, daß diese Ohnmacht sich in dem Augenblick in Macht verwandelt, wo wir aufhören, uns selbst zu behaupten, ist das zentrale Thema aller Weltreligionen – vom Hinduismus bis zum Christentum. «Du sollst nicht widerstreben dem Übel *(durch das Übel*, mit anderen Worten, du sollst nicht widerstreben der Gewalt *durch die Gewalt)*; sondern so dir jemand einen Streich gibt auf deinen rechten Bakken, dem biete den anderen auch dar ... Liebet eure Feinde; segnet, die euch fluchen; tut wohl denen, die euch hassen; bittet für die, so euch beleidigen und verfolgen.«

Die Überwindung der Gewalt durch das Erleiden der Gewalt, des Bösen durch das Erleiden des Bösen und des Todes durch das Erleiden des Todes um der Wahrheit willen ist nach meiner Einsicht die gelebte Lehre jenes Mannes aus Nazareth, die es unter der Verkrustung kirchlicher Verkündigung aufzufinden gilt.

Unter diesem Gesichtspunkt betrachtet, ist der Versuch der Befreiungsbewegungen, sich durch Gewalt vom Joch der Klassenherrschaft oder des Kolonialismus und Imperialismus zu befreien, so verständlich und berechtigt er auch sein mag, von vornherein zum Scheitern verurteilt, da er mit gleichsam naturgesetzlicher Notwendigkeit zur Herausbildung neuer Gewaltstrukturen führt. Die durch die Geschichte sich hinziehende Kettenreaktion von Gewalt und Gegengewalt, die auch unsere Gesellschaft in allen ihren Erscheinungsformen prägt, kann letztlich nur dadurch zum Stillstand gebracht werden, daß sich Menschen finden, die bereit sind, Gewalt ohne ein Gefühl von Haß oder Vergeltung gegenüber dem Gewalttäter zu erleiden und damit gleichsam zu annullieren. »Wir werden«, so rief Martin Luther King den weißen Rassisten zu, »eure Fähigkeit, uns Leiden zuzufügen, durch unsere Fähigkeit, Leiden zu ertragen, übertreffen.«

So ist es denn das Leiden als Tun, das den Menschen vom Tun der Gewalt und vom Erleiden der Gewalt zu befreien vermag. Es ist der Weg zur Freiheit, zum Frieden und zur Gerechtigkeit. In einer Welt der Agonie und des Todes ist es das, was der Mensch braucht.

Gerold Ummo Becker
Lernen lernen

Es gibt Formulierungen, die so einleuchtend sind – oder doch zu sein scheinen –, daß man sie beglückt aufgreift und dann ganz selbstverständlich benutzt, wenn man einmal auf sie gestoßen ist.

Daß es von allen Aufgaben, die die Schule zu erfüllen habe, die wichtigste sei, das Lernen zu lehren, ist eine solche Formulierung. Da wird ein gordischer Knoten durchgehauen, das Ei des Kolumbus auf die Spitze gestellt: Natürlich, das ist es! Wir hatten nur falsch gefragt, waren unseren selbstgemachten Problemen auf den Leim gegangen. Es ist gar nicht so wichtig, ob die Kinder viel oder wenig Geschichte lernen, ob sie wissen oder nicht, wo Honolulu liegt, ob sie Latein oder Suaheli lernen, Bescheidenheit oder Selbstbewußtsein. Hauptsache, sie lernen in der Schule das Lernen. Das Lernen zu lernen, darauf kommt es an. Das ist die Zauberformel, auf die sich alle einigen können. Ihr kann jeder Kultusminister von München bis Kiel, von Saarbrücken bis Berlin mit dem Brustton der Überzeugung zustimmen – und dann unbefangen behaupten, daß selbstverständlich die von seinem Hause verordneten Lehrpläne, Rahmenrichtlinien, Stundentafeln usw. genau dieser Forderung entsprächen. Solch folgenlose Eintracht muß stutzig machen.

Meine erste Behauptung ist, daß die Forderung, vor allem gelte es, das Lernen zu lernen, gut und nützlich sein kann als kritische Waffe im Kampf gegen diejenigen, die immer schon wissen, was Menschen überhaupt – und nicht nur Kinder in der Schule – alles erst lernen müssen, bevor sie mitreden dürfen; eine gute und nützliche Waffe also in dem Kampf zum Beispiel gegen Stoffhuberei und Leistungsdruck in Schulen und Hochschulen. In dieser polemischen Weise findet sich die Feststellung, das Wichtigste, was der Mensch lernen könne, sei das Lernen des Lernens, etwa in Humboldts Schulschriften. Doch was als kritische Waffe zum Aufbrechen einer erstarrten Realität tauglich sein mag, erweist sich als wenig tauglich, eine neue Realität zureichend zu begründen und zu bestimmen.

Das Preislied auf das Lernen ist älter als Humboldt. Es ist die mehr oder weniger laute Begleitmusik aller Epochen der Aufklärung in der Geistesgeschichte – zumindest solange in ihnen der Optimismus die Skepsis überwog. In der skeptisch-resignativen Spruchsammlung, die wir unter dem Namen »Der Prediger Salomo« im Alten Testament finden, heißt es über das Lernen: »Ich wurde aber gewahr, daß solches auch Mühe um Wind ist. Denn wo viel Weisheit ist, da ist viel Grämens; und wer viel lernt, der muß viel leiden« (Pr. 1, 17 b und 18). Aristoteles war da optimistischer: »Das Lernen ist nicht nur für die Philosophen das Erfreulichste, sondern genauso für die anderen Menschen, doch wegen der vielen Arbeit kommen diese nur wenig dazu« (Politik I 4).

Läßt sich ein Teil unseres Dilemmas vielleicht so beschreiben, daß wir den Optimismus des Aristoteles auf den Lippen und den resignierenden Zweifel des Predigers im Herzen haben? Oder zeigt sich hier etwas anderes? Wird hier zuversichtlich oder zweifelnd eine Frage beantwortet, die wir gar nicht gestellt hatten, eine Sinnfrage nämlich, eine Frage nach »Warum« und »Wozu«?

Wer heute davon redet, es gelte vor allem, das Lernen zu lernen, der will wohl in neun von zehn Fällen nicht auf Sinnfragen antworten, sondern möchte Probleme lösen, die man als »technische« bezeichnen könnte: Wie lerne ich am schnellsten und wirkungsvollsten eine fremde Sprache? Wie kann man dafür sorgen, daß die Produktionsausfälle durch »menschliches Versagen« bei der nächsten Produktionsumstellung möglichst gering sind? Wie bleibe ich mit möglichst geringem Aufwand up to date beim Jonglieren mit den jeweils aktuellsten Seifenblasen der Kultur- oder Wissenschaftsindustrie? Wie kann ich meine schulmüde oder begriffsstutzige Tochter dazu kriegen, in drei Jahren ein Abitur zu bauen, das, wenn schon nicht das Studium der Pharmazie, dann wenigstens den Beginn einer Banklehre erlaubt?

Bei der Lösung solcher durchaus ernstzunehmender Probleme versprechen zwei weitere Zauberformeln zu helfen: »Arbeitstechniken« und »Motivation«. Kein Zweifel, die Methoden, mit denen jemand systematisch versucht, sich neue Kenntnisse anzueignen, können mehr oder weniger wirkungsvoll sein, und der Lehrer ist zu loben, der seinen Schülern nicht nur aufträgt, zur nächsten Stunde zwanzig englische Vokabeln zu lernen, sondern ihnen auch noch ein paar – individuell vielleicht unterschiedliche – Tricks verrät, wie sie das mit dem geringsten Zeit- und Kraftaufwand und der nachhaltigsten Wirkung tun können. Das Bedürfnis nach solcher Belehrung über wirkungsvolle Lernmethoden ist groß, wirksame Hilfe ziemlich selten trotz Schnell-Lese-Kursen und Taschenbüchern über die »Technik des wissenschaftlichen Arbeitens«. Und nur, wenn man sich klargemacht hat, wie sehr die sogenannten Bildungseinrichtungen von der Vorschule bis zur Universität, von der innerbetrieblichen Fortbildung bis zum politischen Seminar der Gewerkschaften ihre Klientel in dieser Hinsicht vernachlässigen, darf man auch darauf hinweisen, daß gerade die vollkommenere Beherrschung sogenannter »Arbeitstechniken« dazu führen kann, den sinnlosen Leerlauf des Lernens, der so viele Lernvorgänge kennzeichnet, noch zu beschleunigen, statt ihn zu bremsen. Von der deprimierenden Fülle jener formal mehr oder weniger perfekten Forschungsarbeiten, die das Papier nicht wert sind, auf das sie gedruckt wurden, bis zu jenen unzähligen Arbeitsblättern und Lehrbüchern, mit denen Berufsschülern zum Beispiel im Deutschunterricht der dritte Aufguß einer heruntergekommenen Literaturtheorie oder das angebliche Schriftdeutsch eingebleut werden soll, gibt es da durchaus Gemeinsamkeiten.

Aber daß »Motivation« beim Lernen unerläßlich ist und daß es deshalb ganz besonders wichtig ist, sie zu wecken, zu erhalten, zu vergrößern, das ist doch wohl unbestreitbar? Natürlich, welcher Lehrer wollte das angesichts einer Klasse lustloser Fünfzehnjähriger im Mathematikunterricht bezweifeln? Fatal ist nur, daß auch dieses Zauberwort erst einmal eine leere Hülse ist, die sehr verschiedene Inhalte enthalten kann, Leistungsdruck, Eitelkeit, Ehrgeiz, Aufstiegsängste ebenso wie Interesse und Neugier oder auch einfach nur Zuneigung für den, der einen belehren will oder muß, und das Bedürfnis, ihn nicht zu enttäuschen und auch seine Zuneigung zu gewinnen oder zu erhalten.

Meinen Unterricht kritisierend, hat einer meiner Schüler

mir vor ein paar Tagen in freundlicher Offenheit versichert, der Kurs sei ja ganz nett gewesen, aber ich hätte die Schüler nicht genügend motiviert, und präzisierend hat er hinzugefügt: »Sie verstehen schon, ich meine intrinsisch motiviert, also nicht durch gute oder schlechte Zensuren.« Im Klartext sollte das wohl heißen, es hätte spannender, interessanter sein sollen, irgendein besonderer Pfiff hätte mir von Zeit zu Zeit einfallen müssen, um zumindest den Unterhaltungswert von Werner Höfers Internationalem Frühschoppen zu erreichen, wenn wir schon mit »Spiel ohne Grenzen« nicht konkurrieren können.

Warum hat mich diese gutgemeinte Kritik weit stärker betroffen gemacht als ich in der Situation, in der sie geäußert wurde, zugeben mochte? Nicht, weil ich mir nicht eingestehen könnte, daß ich manchmal ein schlecht vorbereiteter oder auch phantasieloser Lehrer bin, nicht, weil ich es als peinlich empfände, wenn mir sozusagen die Rolle eines Entertainers angesonnen würde. Eher schon, weil es mir offenbar nicht gelungen ist, eine Sache, die mir wichtig war, im Umgang mit diesen Schülern so zur Sprache zu bringen, daß sie auch vielen von ihnen wichtig geworden wäre. Aber mein Unbehagen ist noch allgemeiner und zugleich tiefer, es betrifft ein Phänomen, das mehr ist als eine grammatische Spitzfindigkeit: »Motivation« ist ein Wort, das gleichsam einen Zustand beschreibt, die Bereitschaft, gegebenenfalls sogar den unwiderstehlichen Drang, etwas zu tun, zum Beispiel zu lernen. In aller Harmlosigkeit haben wir dazu inzwischen ein transitives Verb gebildet: motivieren. Und dieses Wort »motivieren« bedeutet im Alltagssprachgebrauch von Schülern, Lehrern oder Reklamefachleuten nichts anderes als jemanden möglichst nicht mit Zwang oder Drohung, sondern mit ein paar Tricks und Gags dazu zu bringen, daß dieser Jemand etwas tut, was er eigentlich gar nicht wollte, ein Vorgang, der wohl genauer mit jenem anderen kritischen Modewort »Manipulation« zu bezeichnen wäre.

Zweifellos geschieht es auch einmal im Schulunterricht ebenso wie dort, wo jemand allein ein Buch liest oder mit anderen beim Bier redet, wo er eine Reise unternimmt oder mit der unerwarteten Raupenplage in seinem Kleingarten fertig werden muß, daß eine Frage, die bis dahin gleichgültig oder langweilig schien, bedeutungsvoll oder aufregend wird, daß etwas, was er für ein müdes akademisches Sandkastenspiel gehalten hatte, ihm plötzlich sehr persönlich wichtig wird; und wenn zum Beispiel die Schule mehr solcher Verwandlungen hervorbringen würde, brauchte uns allen beim Nachdenken über sie nicht so beklommen zumute zu sein.

Wenn das Zauberwort »Lernmotivation« nur die Entstehung solcher sehr persönlichen Neugier, die Entstehung des Bedürfnisses, der Sache oder den Sachen auf den Grund zu gehen, bezeichnen würde, dann könnte man es mit ungeteilt guten Gefühlen benutzen. Aber daß gerade, wenn es ums Lernen geht, viel zu oft von Motivation gesprochen werden kann, wo Manipulation gemeint ist, zeigt, wie mir scheint, daß wir vermutlich auch höchst unterschiedliche Dinge meinen können, wenn wir »Lernen« sagen.

Meine nächste Behauptung wäre also, daß die Forderung, das Lernen zu lernen, entweder eine folgenlose, formale Leerformel bleibt, oder aber sehr unerwünschte Inhalte transportieren kann, also problematischer ist, als es auf den ersten Blick schien, solange wir uns nicht möglichst genau darüber verständigt haben, was für ein Lernen es eigentlich ist, das wir da lernen sollen.

Doch bevor ich dazu einige Überlegungen vortrage, will ich meine bisherige Argumentation noch einmal zusammenfassen:

1. Der Behauptung, Lernen sei eine erfreuliche Tätigkeit, steht die andere Behauptung gegenüber, daß Lernen und Leiden sehr viel miteinander zu tun haben.

2. Natürlich müssen wir alle lernen, denn fast alles, was der erwachsene Mensch können muß, und sei es nur, um zu überleben, kann der neugeborene Säugling noch nicht. Deshalb ist es offensichtlich unproblematisch, festzustellen, daß menschliches Leben von der Geburt bis zum Tode von immer neuen Lernaufgaben und Lernvorgängen begleitet ist.

3. Die Forderung, es gelte das Lernen zu lernen, ist dennoch eine recht formale und zugleich nicht unproblematische Setzung. Denn wen man so weit gebracht hat, daß er bereit, ja begierig ist, alles zu lernen, den kann man auch so weit bringen, daß er voller Eifer aktiv lernt, wie er sich am besten anpaßt, wie er sich unterwirft. Er kann lernen, Widerstand zu leisten oder blindlings zu gehorchen. Ausbeuten, erpressen, nötigen, andere verletzen wird ebenso gelernt (setzt also Lernfähigkeit und Lernbereitschaft voraus) wie Hilfsbereitschaft, Geduld, Freundlichkeit oder Großzügigkeit.

4. Auch die Aufgliederung der Forderung nach dem Lernen des Lernens durch Begriffe wie »Lerntechniken« bzw.

»Arbeitstechniken« und »Motivation« hilft nicht weiter. Sie ist im Gegenteil geeignet, die Gefahren einer formalen Perfektion eines willenlosen Lernens, das neutral gegenüber seinen Inhalten ist, zu vergrößern.

Wir müßten uns also deutlich machen, was wir eigentlich meinen, wenn wir vom Lernen reden. Die Psychologen liefern handliche Definitionen. So heißt es in einem einschlägigen neueren Buch: »Lernen ist die Veränderung von Verhalten oder Verhaltensbereitschaften durch Erfahrung« (Skowronek, Lernen und Lernfähigkeit, München 1974, S. 9). Das ist sozusagen eine keimfreie wissenschaftliche Beschreibung, die alle Lernvorgänge abdeckt. Aber vielleicht ist es besser, mit Beispielen an das zu erinnern, was wir alle über das Lernen wissen. Ein Kind lernt laufen, lernt deutsch oder persisch sprechen, je nachdem, wo es aufwächst. Es lernt seine Schuhe binden und in Gegenwart von Fremden über bestimmte Familienprobleme zu schweigen. Später wird es in die Schule gehen und hoffentlich lesen und schreiben lernen, vielleicht auch die Geschichte der Französischen Revolution oder Differentialrechnung. Ein Erwachsener lernt nach einem Umzug seine neuen Nachbarn kennen, er lernt eine neue Maschine zu bedienen, lernt zwischen Spätbarock und Wiener Klassik zu unterscheiden, und er lernt, wie man die legalen Schlupflöcher in der neuen Steuergesetzgebung herausfindet. Eltern müssen lernen, sich damit abzufinden, daß ihre Kinder eigene Wege gehen und ihnen entwachsen. Liebende lernen die Gesten der Zärtlichkeit. Der durch einen Unfall querschnittgelähmte Student lernt, mit seiner Hilflosigkeit zu leben, sich von seiner Verzweiflung nicht überwältigen zu lassen.

Merkwürdig, wir alle wissen, daß das Wort »Lernen« in all diesen Beispielen zu Recht angewandt worden ist, daß Lernen also offenbar ein sehr vielschichtiger, ganz unterschiedliche Bereiche der Person berührender Vorgang ist. Dennoch haben wir uns daran gewöhnt, daß in den großen Lerneinrichtungen der Gesellschaft, den Schulen, von Ausnahmen abgesehen, die Wirklichkeit durch ein merkwürdig eindimensionales, mechanistisches Grundmodell des Lernens geprägt wird. Das könnte man leicht an der Unterrichtsorganisation, an Stundentafeln, Lernzielkatalogen, Lehrbüchern oder einfach an Schulbauten nachweisen.

Besonders anschaulich wird dieses mechanistische Grundmodell des Lernens, wenn man sich mit Menschen unterhält, die sozusagen als pädagogische Laien an der Schulpraxis beteiligt sind. Ich hatte in den letzten Jahren viel Gelegenheit, mit Architekten über theoretische und praktische Probleme des Schulbaus zu sprechen. Für sie stellt sich Schule und Unterricht, ob nun im Klassenverband oder im Kurssystem, so dar: Es gibt gewaltige Mengen von Informationen, sei es in Büchern, Filmen oder Tonbändern und Schallplatten, wenn nicht gar in elektronischen Datenverarbeitungsanlagen, oder auch in den Köpfen von Lehrern. Von diesen Informationen müssen möglichst viele in die Köpfe von Schülern, wobei man Spezialisten eine gewisse Vorsortierung und die vorausgehende Bestimmung einer Reihenfolge überlassen kann. Auch die richtige Portionierung ist natürlich wichtig. Schule ist eigentlich so etwas wie eine kompliziertere Coca-Cola-Abfüllstation: Aus großen Vorratsbehältern wird nach Verdünnung und Umrühren bei der richtigen Temperatur in viele kleine Dosen oder Flaschen abgefüllt. Wenn eine Dose nicht richtig schließt, wenn etwas von dem kostbaren Stoff verlorengeht, dann ist das für die Effektivität des Betriebes störend. Also müssen Fehler und Pannen beim Abfüllvorgang aufgespürt und beseitigt werden, am besten durch hochspezialisierte, schnell einsatzbereite Reparaturtrupps, in den Schulen nennt man sie wohl Schulpsychologen, Laufbahnberater usw.

Wie ich schon sagte, glaube ich nicht, daß diese mechanistische Grundvorstellung vom Lernen nur in den Köpfen von Architekten und pädagogischen Laien existiert, sondern daß sie tatsächlich weitgehend den Alltag unserer Schulen, die Schulgesetze und die sogenannten pädagogischen Medien bestimmt. Und ich halte es für ausgemacht, daß das nicht zufällig so ist, sondern daß diese Übertragung des Effektivitätsdenkens, der Erfolgsmaximierung, des quantitativen Arguments, der möglichst hohen Stückzahl zu möglichst geringen Kosten, daß also die Übertragung eines Denkmodells aus dem Bereich der Güterproduktion in den pädagogischen Bereich durchaus Methode hat.

Man muß nicht an Verschwörertheorien glauben, sicher sitzen nicht in ein paar Kultusministerien oder auf pädagogischen Lehrstühlen an den Universitäten und Hochschulen ein paar böse Planer, die das alles teuflisch ins Werk setzen, um die Heranwachsenden abzurichten und anzupassen. Aber es kann auch nicht ernsthaft bezweifelt werden, daß die Produktionsbedingungen einer Gesellschaft durchschlagen auf die Lebensbedingungen ihrer Mitglieder, auf Häuser- und Städtebau, auf Konsumgewohnheiten und Freizeitangebote ebenso wie auf die Verwaltung und Praxis von Schule.

Wer unter solchen Voraussetzungen – ob in Lernplanpräambeln oder öffentlichen Reden – fordert, daß Kinder und junge Menschen in den Schulen zu »mündigen Bürgern« werden, in Auseinandersetzung mit Ideen, Personen und Sachen ihre Identität finden, sich zu Persönlichkeiten entwickeln sollen – oder wie immer wir die Vokabeln setzen mögen –, wer das fordert, der muß sich klar sein, daß es dabei nicht nur um ein pädagogisch-methodisches Problem geht, sondern auch und vor allem um ein im weitesten Sinne politisches.

In modernen Industriegesellschaften mit ihren wuchernden, immer anonymer werdenden Steuerungsapparaturen – egal, ob in privat- oder staatskapitalistischer Ausführung – ist »Identität«, »Person-Sein« sicher nicht vorbehaltlos erwünscht. Zugelassen ist höchstens ein wenig Oberflächendifferenzierung, der Typus von schablonisierter »Persönlichkeit«, der in Zeiten wirtschaftlicher Prosperität immer seitenweise im Stellenmarkt der Tages- und Wochenzeitungen gesucht wird.

In Gesellschaften, in denen das Prinzip der Arbeitsteilung und Spezialisierung sich schon lange verselbständigt hat und selbst da weiterwuchert, wo es aus Effektivitätsgründen gar nicht mehr erforderlich wäre, ja geradezu gesellschaftlichen Leerlauf erzeugt, muß »Lernen« folgerichtig zum Abfüllvorgang, zur Anhäufung von Quantitäten werden.

Statt »Abfüllvorgang« kann man vielleicht auch »Dressur« sagen; denn nach diesem mechanistischen Grundmodell lernen natürlich auch Pawlows Hunde und Skinners Ratten – die lernen zum Beispiel siebzehn verschiedene Hebel in der richtigen Reihenfolge bedienen. Nach diesem mechanistischen Grundmodell der Übermittlung von sogenannten Informationen können Schüler natürlich nichts lernen, wenn ihr Lehrer nicht da ist, es sei denn, sie hätten eine von den netten Lehrmaschinen, die uns die Elektronik-Industrie in den letzten zehn Jahren aufschwatzen wollte. Die Selbstverständlichkeit und Fraglosigkeit, mit der diese mechanistische Vorstellung vom Lernen unser Bild von Schule beherrscht, zeigt sich auch darin, daß man sich sofort dem Verdacht aussetzt, ein Radikaler oder ein Reaktionär zu sein, wenn man bestreitet, daß es gut sei, mehr Unterricht zu erteilen oder die Schulzeit zu verlängern, ohne gleichzeitig die Schule radikal zu verändern.

Angesichts eines solchen Zustandes des allgemeinen Bewußtseins muß man auf einfachen Einsichten beharren, Einsichten, die uns schon aufgrund unserer Alltagserfahrungen selbstverständlich sein sollten – und es doch nicht sind: daß zum Beispiel »mehr Information« nicht schon an sich ein Wert ist, daß »Lernen« auch und gerade in der Schule immer etwas zu tun hat mit dem »Menschenrecht auf Verstehen«, von dem Martin Wagenschein gesprochen hat, daß es hinführen muß zu und deshalb gemessen werden muß an seinen eigenen allgemeinsten Zielen. Selbstbestimmung, Identität, Mündigkeit, Aneignung des Entfremdeten werden eben nicht dadurch erreicht, daß möglichst viele Informationen aufgenommen und jederzeit abrufbar gespeichert werden, sondern die Bewegung auf solche Ziele hin hat wohl eher etwas zu tun mit der »originalen Begegnung« mit Sachen und Ideen, mit dem Entdecken von Problemen und dem Aushalten von Widersprüchen, mit dem Herstellen von Zusammenhängen, mit dem Abwägen von Bedeutsamkeiten. Sie hat wohl auch etwas zu tun mit Neugier, Belastbarkeit und Zähigkeit, mit Zweifel und Begeisterung, mit Betroffenheit und kritischer Distanz. Wirkliches Lernen enthält zugleich wohl immer seine eigene Negation, die Weigerung, ständig Neues aufzunehmen, um Raum zu schaffen für das Betrachten und Bedenken dessen, was ich schon weiß, um neue Ordnungen herzustellen, die Gewichte neu zu verteilen. Dieses sozusagen kontemplative Moment scheint mir ein unerläßlicher Bestandteil des Lernens, das zu lernen lohnen würde, weil es zum »Verstehen« führen kann, zum Verstehen meiner selbst, der anderen, der Welt, in der ich mich vorfinde. Und eben nicht die noch so systematische Ansammlung von Informationen, sondern erst das Verstehen macht mich souveräner gegenüber einer Wirklichkeit, die mich in ihre Sach- und Systemzwänge fesseln will, souveräner, weil es mein Ausgeliefertsein und meine Hilflosigkeit grundsätzlich aufheben will.

Solche Einsichten, die ich einfache und eigentlich selbstverständliche Einsichten genannt habe, müssen die Art und Weise verändern, in der in unseren Schulen und an anderen Lernorten gelernt wird. Natürlich hat das unmittelbar etwas mit »Emanzipation« zu tun. Natürlich ist eine Schule, die Aufklärung und Zweifel, das Entdecken von Problemen, das Aushalten von Widersprüchen, das Abwägen von Bedeutsamkeit, die also wirkliches Lernen lehren will, eine »politische« und damit eine unbequeme Schule, denn sie wird mißtrauisch gegenüber allem sein, was sie in ihrer Bewegung auf diese Ziele hin hemmen oder behindern will, ob das nun Unterrichtsverfahren, Lehrpläne, Organisationsformen (zum Beispiel Schulgrößen) oder Lehrbücher und andere Unterrichtsmaterialien sind. Sie wird falsche Zumutungen abweisen, wird etwa der Forderung nach quantitativer Effektivität die Forderung nach befreiter Zeit, nach Muße entgegensetzen, Muße, die eine notwendige Vorbedingung ist, damit jenes Mindestmaß an Distanz entstehen kann, das Mündigkeit erst ermöglicht.

Die Schulen, das heißt konkreter die Lehrer, werden den Kampf um den Freiraum, der unerläßlich ist, wenn wirkliches Lernen in ihnen noch möglich sein soll, allein weder führen noch gewinnen können. Ja es ist zu befürchten, daß sie ihn nur in Ausnahmefällen überhaupt beginnen werden. Nicht selten sind gerade die Lehrer – sei es durch ihre Ausbildung oder durch die Zwänge des Systems, das ihnen nicht nur Brot gibt, sondern ihnen auch eine Rolle zuweist – zu den starrsinnigsten Vertretern jenes mechanistischen Lernbegriffes mit seinem quantitativen Effektivitäts-Fetischismus geworden.

Ich kann nur hoffen, daß meine Vermutung stimmt, daß nämlich die zunehmende Zahl sogenannter lerngestörter Kinder auch ein Zeichen für einen zunehmenden, unbewußten und leider ohnmächtigen Protest der Betroffenen ist, die sich betrogen sehen. Der Preis, den sie für diesen Protest zu zahlen haben, das Ausmaß an Demütigung und Benachteiligung wäre allerdings unerträglich hoch. Nicht die hilflosen Opfer können eine Änderung erzwingen. Die wird nur beginnen können, wenn ihnen eine Veränderung des allgemeinen Bewußtseins und damit wirksame gesellschaftliche Kräfte zu Hilfe kommen.

In Tagträumen male ich mir gelegentlich aus, was geschehen würde, wenn nicht ein paar kleine Splittergruppen von Eltern, sondern Hunderttausende sich weigern würden, ihre Kinder in die Schulen zu schicken, weil sie das Belehrtwerden und die Bevormundung durch die Besserwisser satt haben, weil sie das wirkliche Lernen und nicht das Informationanhäufen wieder gelernt haben. Dann könnte sich erweisen, daß »das Lernen nicht nur für die Philosophen das Erfreulichste ist, sondern genauso für die anderen Menschen«, auch und gerade, wenn es in einem tieferen Sinne stimmt, daß »wer viel lernt, auch viel leiden muß«. Daß etwas im höchsten Maße zugleich schmerzlich und beglückend sein kann, gilt ja nicht nur für das Lernen.

Dorothee Sölle
Liebe deinen Nächsten wie dich

Schön wär's ja«, sagte meine alte skeptische Freundin, als ich anfing, sie nach der Nächstenliebe zu fragen. So wie Gandhi, gefragt, was er von der westlichen Kultur halte, die Antwort gab: »Das wäre eine ausgezeichnete Idee.« Schön wär's ja, die Vorstellung, daß die Menschen auf diesem Planeten, einander in Liebe verbunden, die Erfüllung ihres Lebens in der Liebe fänden, nicht in Geld oder Macht. Angenommen, das, was der Mensch braucht, das, worauf alles ankommt und worauf alles hinausläuft, das, war wir lebenslang lernen und wovon wir zehren, das, was gemeint war mit uns, noch bevor wir geboren waren, und was sein wird mit uns, wenn wir nicht mehr hier herumlaufen, angenommen einmal, das wäre mit diesem unmöglichen, weil viel zu großen Wort »Liebe« die endgültige letzte Wirklichkeit, an der wir teilhaben in unserem täglichen Miteinander – schön wär's ja.

Liebe deinen Nächsten, er ist wie du. Martin Bubers Übersetzung des biblischen Gebotes ist rhythmisch stärker als die geläufige. Die Pause mitten im Satz bringt einen zum Nachdenken. Und dieses Nachdenken wird nicht mit der hier unangemessenen Frage belastet, was es mit der Selbstliebe auf sich habe und ob ich mich denn selbst lieben könne. Selbstliebe und Fremdliebe werden nicht miteinander verglichen, sondern auf einer tieferen Ebene nennt die Übersetzung ihre gemeinsame Wurzel, die Gleichheit. Liebe deinen Nächsten, er ist wie du. Sei brüderlich, weil der andere dir gleich ist. Unter Ungleichen gibt es keine Liebe, nur Herablassung. Darum ist es das Eigeninteresse der Liebe, die Gleichheit herzustellen, damit sie lieben kann. So wie Gott uns nach seinem Bilde schuf, damit er etwas zu lieben hätte, so setzt unsere Liebe die Ebenbildlichkeit des andern voraus, auch wenn wir sie im Gesicht eines Verbrechers zum Beispiel nicht mehr sehen, sondern nur noch glauben können.

Ich will hier drei Wesenszüge der Liebe herausgreifen und beschreiben, das Geben und Nehmen – die Aufmerksamkeit – den Schmerz. Das Wort Nächstenliebe bezeichnet eine Beziehung zwischen Menschen und nicht die Tugend eines einzelnen Menschen. (Die Tradition drückte diesen Sachverhalt so aus, daß sie die Nächstenliebe eine »übernatürliche« Tugend nannte. Es versteht sich von selbst, daß etwas Übernatürliches nicht privat von einem einzelnen besessen oder angeeignet werden kann. Die übernatürlichen Tugenden – Glaube, Liebe und Hoffnung – sind Ausdrücke, um das Leben selbst zu beschreiben, zu sagen, was vorgeht, wenn wir wirklich leben. Es sind relationale, in Beziehung stehende Begriffe.) Die Liebe ist ein doppelseitiges Nehmen und Geben. Das bedeutet nicht, daß in jedem Augenblick einer Beziehung der Gebende auch der Nehmende ist. Der barmherzige Samariter gibt, was er hat, ohne jetzt etwas zu bekommen. Aber indem er gibt, ohne nach der Rückzahlung zu fragen, stellt er etwas her, das ich das Netz der Nächstenliebe nennen will: ein Vertrauen, daß nichts verlorengeht und nichts umsonst ist. Er setzt auf das Geben und Nehmen, auch wenn er aktuell nur gibt. Vielleicht hat er als Kind einmal aktuell nur genommen. Das Bild vom Netz kommt mir in den Sinn, weil ich auf die relative Sicherheit des Gebens und Nehmens hinweisen will. Das Netz trägt. Es hat zwar Löcher, und Menschen fallen aus dem Netz in eine Leere, in der kein Geben und Nehmen mehr möglich ist; aber unsere alltägliche Erfahrung hat mit diesem Netz aus Geben und Nehmen zu tun. Immer dann, wenn wir das Geben lernen, ohne zu rechnen, oder wenn wir das Nehmen lernen ohne Scham, dann knüpfen wir an diesem großen Netz und machen es etwas verläßlicher. Gib deinem Nächsten, er gibt wie du. Nimm von deinem Nächsten, er braucht wie du. Die Gleichheit besteht darin, daß alle zu geben und alle zu nehmen haben. (»Auf die Erde voller Wind kamt ihr alle als ein kleines Kind. Keiner rief euch, ihr wart nicht gefragt, als ein Weib euch eine Windel gab.« Brecht, Hauspostille.)

Aber stimmt das denn? Was kann mir denn zum Beispiel eine Gruppe von dummen und arroganten Studenten »geben«?

Die Antwort ist in der Tat: nichts, solange ich sie so beschreiben muß. Der Fehler liegt nur darin, daß ich als der Lehrende annehme, ich könnte ihnen irgend etwas geben, ohne zu nehmen. In dieser Illusion befangen, kann ich nicht das geringste geben, nicht einmal Information, geschweige denn Erkenntnis, die einen verändert.

Wenn ich aufhöre zu nehmen und zu geben, so werde ich ein Stein. Wenn ich blühe, wie ein Baum blüht, bin ich mitten im Gleichgewicht des Gebens und Nehmens. Darum ist der Satz »Geben ist seliger als Nehmen« in einem tiefen Sinn unwahr und irreführend. Vielleicht sollte man sagen: Geben und Nehmen sind seliger als Haben und Halten. Ich kann mit meinen Händen nur dann nehmen oder geben, wenn sie nicht mit Halten beschäftigt sind.

Um dieses Gleichgewicht oder die Gegenseitigkeit der Liebe zu lernen, brauchen wir eine bestimmte Art der Konzentration, die Simone Weil als Aufmerksamkeit beschrieben hat. Wenn wir von lieben lernen sprechen, so ist es eigentlich die Aufmerksamkeit auf die Realität des andern, die zu lernen ist. Oft sehen wir nur, was wir geben, und neigen dazu, wie der schlechte Lehrer, zu übersehen, was wir nehmen. Wir sind unaufmerksam auf die Realität des andern, sobald wir ihn zu einem Nutz- oder Lustobjekt machen und ihn unter dem Gesichtspunkt der Verwendbarkeit betrachten. Die Aufmerksamkeit ist eine kritische, negierende Kraft, die unsere Vorurteile, Vorerwartungen, Vorstellungen nicht zuläßt, so daß wir leer werden und bereit, das, was der andere mit der Sprache seines Körpers, seiner Bewegungen und seiner Worte ausdrückt, wahrzunehmen. Die Evangelien sind ein einziger, oft hilfloser Versuch, die Aufmerksamkeit Jesu zu beschreiben. Sie ist die Voraussetzung, Wunder zu tun, und um Wunder handelt es sich schließlich bei der Liebe.

Ich möchte noch auf ein drittes Strukturelement der Nächstenliebe eingehen. Die Aufmerksamkeit führt uns zum Geben und Nehmen, sie macht uns bewußt, daß wir im Geben und Nehmen stehen; aber je mehr wir uns auf diesen Prozeß des Gebens und Nehmens einlassen, desto unvermeidbarer wird der Schmerz. Ich weiß, daß das eine sehr christliche Beschreibung der Nächstenliebe ist, meine aber, sie Humanisten und Marxisten zumuten zu können. Ihre kritische Spitze richtet sich gegen eine behavioristische Philosophie und Psychologie, die den Schmerz als eine Art Unreife verbannt. Christlich gesprochen ist der Schmerz untrennbar von der Liebe. Jesus weinte über seine Stadt Jerusalem. Nehmen und Geben kommen an ein Ende, das Netz der Liebe erweist sich als löcherig, manche fallen heraus und werden unerreichbar für uns. Es gibt eine Reihe von sehr vernünftigen Argumenten für die Nächstenliebe, die die Eigeninteressen der Menschen und den Gedanken der gegenseitigen Hilfe betonen. Aber es gibt auch einen unvernünftigen paradoxen Kern der Liebe, die uns zu Narren macht. Als Narren wissen wir mehr vom Schmerz, wir wissen, daß wir mit der Liebe nie fertig werden, immer in ihrer Schuld bleiben und daß es lächerlich ist, zu sagen: »Ich habe mein Bestes getan«, weil so nur einer sprechen könnte, der sein Leben gegeben hätte. Daß wir immer hinter der Liebe zurückbleiben, ist der messianische Schmerz in der nicht erlösten Welt. Ich wäre gern der blühende Baum, der das Geben und Nehmen lebt und aufmerksam ist zur Erde und zur Sonne; es ist aber der Schmerz, der mich von diesen Geschwistern trennt. Man kann ihn niemandem andemonstrieren, es ist eine Erfahrung des Glaubens, so wie die Erkenntnis, daß ich ein Sünder bin, geglaubt werden muß im Licht der Liebe, hinter der wir zurückbleiben.

Aufmerksam werden, geben und nehmen lernen, den Schmerz nicht verleugnen – das sind Ausformulierungen des alten Satzes: Liebe den Nächsten, er ist wie du. »Schön wär's ja«, sagte meine skeptische Freundin. Doch die Verhältnisse, die sind nicht so. Bleibt die Beschreibung nicht blind den wirklichen Schwierigkeiten gegenüber, taub für die Ursachen des Elends? Welchen Sinn hat es, von der Liebe zu reden unter kapitalistischen Bedingungen? Müssen wir nicht von ihrem Mißlingen reden? Ich meine das nicht moralisch, in dem Sinn, daß die Forderung zu groß und wir kleinen Menschen zu schwach und ichbesessen sind, ich meine es gesellschaftlich. Steht nicht auf jeder Zeitungsseite unsichtbar drüber gedruckt: Es geht nicht mit der Liebe? Ein Buchtitel: »Liebe allein genügt nicht«, ein Zitat: »Es gibt kein wahres Leben im falschen.« Was wir erfahren, ist die subjektive, weil objektive Unmöglichkeit der Liebe.

Ignazio Silone erzählt eine Geschichte aus seiner Kindheit in Italien, wie einer armen Frau Unrecht angetan wird. Ein Gutsbesitzer hetzt eines Sonntagsmorgens, als die Frau aus der Kirche kommt, seinen Hund auf sie, nur so zum Spaß. Der Köter wirft sie zu Boden, zerreißt ihre Kleider, verletzt sie. Die

Frau geht vor Gericht, um den feudalen Hundebesitzer zu verklagen, findet aber keine Zeugen, obwohl eine Menge Leute die Szene beobachtet haben. Der Gutsbesitzer behauptet, sie habe den Hund provoziert, sie verliert den Prozeß und hat die Kosten zu tragen. Silone erzählt diese Geschichte, um die wichtigste Erfahrung seiner Kindheit und Jugend darzustellen, er nennt sie »den gewaltsamen Widerspruch, den unbegreiflichen, absurden, ungeheurlichen Widerspruch« zwischen der Familie und dem Privatleben, das im allgemeinen anständig, ehrenhaft und den Regeln des Liebesgebotes folgend geführt wurde, und auf der andern Seite den sozialen Beziehungen der Menschen zueinander, die Silone grausam, voller Haß und Betrug nennt. Der Richter, der die Frau schuldig spricht, erklärt privat, wie sehr er den Fall bedauere, daß er aber als Richter unparteiisch sein müsse. Silone verweilt bei diesem Widerspruch von privater Anständigkeit, der Fähigkeit zu Mitleid und Nächstenliebe und öffentlicher Gleichgültigkeit und Verlogenheit. Seine Mutter rät dem kleinen Jungen, niemals Richter zu werden. »Halt dich heraus und bleib zu Hause.« Was innerhalb der Familie gilt und im Katechismus gelehrt wird, hat außerhalb dieses Bereichs keine Gültigkeit. Liebe deinen Nächsten, aber nicht öffentlich. Es ist eine Privatangelegenheit geworden, nicht mehr. Geben und Nehmen, das Netz des Vertrauens, die Aufmerksamkeit füreinander und der Schmerz der Mutter, die das Entsetzen ihres Sohnes spürt – es ist alles da, nur hat es keine Bedeutung für die außerfamiliären Beziehungen.

In unserem Land sind sicher einige der Monstrositäten einer feudalen Rechtspflege überwunden, aber der grundlegende Widerspruch von Binnen- und Außenmoral, von Familie und Arbeits- und Geschäftswelt, von Intim- und Sozialbereich hat sich eher weiter verschärft. Sicher war es nie leicht, den Nächsten zu lieben, aber ist es nicht in unserer Situation zur objektiven Unmöglichkeit geworden? Die Arbeiterin in der elektronischen Industrie, die zu Hause eine gute Mutter ist, weiß nicht einmal, daß die kleinen Dinger, die sie acht Stunden täglich herstellt, in die Waffenindustrie gehen und zwecks Tötung anderer kleiner Kinder hergestellt werden. Die junge Lehrerin, die ihr Kind zu Hause annimmt und tröstet, arbeitet in der Schule an einer riesigen Selektionsmaschine, berechnet die Punktwerte der Kinder und vermittelt ihnen den behördlich verordneten Streß. Die Anzahl der Kinder in ihrer Klasse und der Druck des Lehrplans verbieten ihr objektiv das, was ich die

Aufmerksamkeit der Liebe genannt habe. Sie muß den Kindern frühzeitig Hilfsbereitschaft, Mitleid und Solidarität abgewöhnen, um sie konkurrenz- und leistungsfähig zu machen. Eine Einübung in das Geben und Nehmen unterbleibt, das Leisten zerstört diese natürliche Struktur. Die junge Lehrerin ist zwei Personen, nur eine darf es mit der Liebe versuchen.

Der Nächste, ein Begriff aus der alten agrarischen Welt, ist tot. Die Liebe, die, mit den Worten eines katholischen Lexikons, den andern um seiner selbst willen und nicht als Nutz- oder Lustwert sucht, wird privatisiert. Das hat die gegenwärtige Philosophie in Gestalt der Systemtheorie längst begriffen: Sie unterscheidet die verschiedenen Systeme wie Staat, Wirtschaft, Wissenschaft, Familie und ordnet der letzteren die Liebe zu. So wie die Wirtschaft mit Geld, die Wissenschaft mit Wahrheit arbeitet, so die Familie mit Liebe (N. Luhmann). Innerhalb dieser Aufteilung des Lebens bleibt der Liebe ein kleiner Spielraum; aber die übrigen wirklichen Beziehungen der Menschen werden durch ganz andere Gesetze und Erlaubnisse geregelt.

Das Schicksal der Liebe in der bürgerlichen Welt ist ihre Reduktion. Sie ist nicht mehr in der Lage, die Beziehungen zwischen den Menschen sinnvoll zu definieren und befriedigend zu regeln, was sie dem Anspruch nach in einer nachbarschaftlich agrarischen Welt noch konnte. Dort war das Gebot der Nächstenliebe im Geben und Nehmen, in der gegenseitigen Hilfe verwurzelt, es bedeutete: Hilf dem Nachbarn. Er ist nicht besser dran als du, die Pest, die Dürre, die Räuberbande können dich genausogut treffen. Es war eine vernünftige Regelung, es war keine totale Überforderung. Was in den letzten zweihundert Jahren der Liebe zugestoßen ist, ist, daß aus einem relativ vernünftigen, weil auf den Eigeninteressen der Menschen beruhenden universalen Prinzip gegenseitiger Hilfe ein Gefühl wurde, das nur auf einen Teilbereich Anwendung findet. Das besonnene »wie dich selbst« wird immer unverständlicher. Überforderung, irreales Denken und Sentimentalität kennzeichnen die Liebesapostel, die die Welt durch mehr Nächstenliebe von Person zu Person heilen wollen. Ein grauenhaftes Symbol dieser Entwicklung ist das Weihnachtsfest. Hier wird das Geben und Nehmen verdinglicht, die Aufmerksamkeit zerstört und der Schmerz sentimentalisiert. Die Liebe findet statt im Kapitalismus a) im System Familie und b) an Weihnachten.

Kann das, was objektiv irrelevant geworden ist, eine subjektive Wahrheit für den einzelnen behalten? Ich vermute, die tiefsten Hoffnungen des Bürgertums gingen auf die Bewahrung dieser Möglichkeit. Es war ein tapferer und großartiger Versuch, gemessen am heutigen allgemeinen Zynismus. Die Liebe, die Menschlichkeit, die Nähe, die Wärme wurden reduziert auf den kleinen Bereich, sie wurde gelebt und weitergegeben, vor allem von den Frauen, denen historisch-kulturell die Rolle zukam, mit der reduzierten Liebe zu arbeiten. Um Adornos Worte zu gebrauchen: »Es gibt ein wahres Leben im falschen« – das war die These des Bürgertums. Noch meine Großeltern haben wahrscheinlich daran geglaubt. Ich spreche mit Trauer und Ratlosigkeit, nicht als ein Denunziant. Es ist ein langsamer Prozeß gewesen, in dem die Liebe immer mehr einschrumpfte, bis niemand mehr so recht an ihre Wahrheit, ihre Diesseitigkeit und Macht (Marx) glauben konnte, und meine jüdische Freundin sagte: »Schön wär's ja.« Denn auf die Dauer kann das, was objektiv in der Gesellschaft unmöglich, sinnlos und leer geworden ist, auch subjektiv nicht bestehen, und der Versuch, die Werte, auf die hin das Leben sich orientiert, in zwei verschiedene Schachteln zu stecken, ist gescheitert. Die zärtlichen Familienväter, die tagsüber die Gasöfen in Auschwitz bedienten, symbolisieren das schauerliche Ende des bürgerlichen Versuchs. Liest man in den Romanen der letzten zwanzig Jahre, so wird genau das dargestellt, wie die objektive Unmöglichkeit von Liebe und gegenseitiger Hilfe auch die subjektiven Versuche, Liebe zu erfahren und herzustellen, zum Beispiel die Sexualität zu humanisieren, vereitelt. Es ist ein verzweifelter Versuch der Männer, Menschen zu werden, wenigstens im Bett. In einer Welt, die objektiv, also technologisch, wirtschaftlich und politisch, nur Nutz- und Lustobjekte kennt, die die menschlichen Tätigkeiten auf Produzieren und Konsumieren beschränkt hat, in der aus dem Geben und Nehmen das Verkaufen und Kaufen geworden ist, kann die Aufmerksamkeit der Liebe nicht aufkommen oder gar wachsen. Die Sprache der Liebe ist zerstört durch Institutionen wie die Familie und die Kirche mit ihrem von Marx so genannten Liebesgesabbel. In dieser Situation, in der die Liebe zu einer privaten, hilflosen und sentimentalen Angelegenheit reduziert ist, sind neue, bessere Entwürfe eines menschlichen Lebens notwendig. Dabei zeichnen sich in meiner Sicht zwei Möglichkeiten ab.

Die erste würde ich die technokratische Lösung nennen. Ihre Vertreter argumentieren etwa so: Es ist sinnlos, zu verlangen, den Nächsten zu lieben. Dieser jüdisch-christliche Traum hat sich ausgeträumt. Die vernünftigen, schmerzvermeidenden Lebensformen, wie sie zum Beispiel von Skinner beschrieben werden, ersetzen die alten Überforderungen und Sentimentalitäten. Liebe deinen Nächsten, das ist nicht ein falscher, aber ein sinnleerer Satz, sofern er nicht eigentlich Handlungsanweisungen enthält. Der religiöse Horizont des Satzes, nämlich die Annahme, daß wir im Lieben nicht nur etwas Schönes und Wertvolles tun, sondern Anteil am Sinn des Lebens gewinnen, lebendiger Teil der Totalität werden, die mit einem alten Wort Gott genannt wurde, dieser Horizont erweckt übertriebene Erwartungen an das Leben. Was der Mensch braucht, ist nicht Liebe, seine Bedürfnisse sind ebenso Planungs- und Manipulationsobjekt wie alles andere auch.

Die andere Möglichkeit würde ich mit dem weitesten Wort die humanistische nennen, ihre Vertreter sind Juden, Christen, Humanisten und Sozialisten. Die herkömmlichen Familienstreitigkeiten zwischen diesen in manchem sehr verschiedenen Brüdern scheinen mir weniger wichtig als die große Auseinandersetzung mit denen, die die Diskussion über die Liebe als erledigt ansehen. Liebe deinen Nächsten, er ist wie du – das ist in dieser humanistischen Tradition nicht nur ein schöner Traum der Menschheit. Liebe ist vielmehr das tiefste Bedürfnis der Menschen, geben und nehmen zu lernen die größte Aufgabe. Bedroht ist heute nicht nur die Erfüllung dieses Bedürfnisses – das war zu allen Zeiten so –, sondern seine Anerkennung, seine Existenz. Es ist umstritten, was der Mensch braucht und ob er nicht mit weniger als Liebe sehr viel weiter kommt. Die Tradition hat für das tiefste Bedürfnis des Menschen das Wort »Seele« gebraucht, seinen Mangel, seinen Traum, seine Hoffnung aussprechend. Gibt es die Seele des Menschen, oder ist das eine bloße Erfindung der jüdisch-christlichen Tradition, die durch Reste traditioneller Erziehung am Leben gehalten wird?

Dieser Streit ist nicht entschieden. Muß man aus dem Scheitern der zur Privatbeziehung gewordenen Liebe schließen, daß unser Bedürfnis nach Liebe falsch ist? Oder darf man schließen, daß die Liebe, die sich nicht in der Familie verschanzt und die den Verzicht auf Gerechtigkeit nicht mitmacht, noch ganz andere Zukunftsmöglichkeiten hat als die, die wir am Ende des bürgerlichen Zeitalters sehen? Ist die technokratische Lösung, die die tiefsten Bedürfnisse für nicht existent erklärt und aus der Welt zu manipulieren trachtet, die einzige? Oder ist eine Gesellschaft denkbar und schon im Entstehen begriffen, die diese Bedürfnisse ernster nimmt als alle früheren Zeiten, weil sie das Geben und Nehmen auf einer anderen ökonomischen Basis für alle Menschen zu realisieren sucht?

Ich will mit einer jüdischen Geschichte schließen. Ein alter Rabbi fragte einst seine Schüler, wie man die Stunde bestimmt, in der die Nacht endet und der Tag beginnt. Ist es, wenn man von weitem einen Hund von einem Schaf unterscheiden kann? fragte einer der Schüler. Nein, sagte der Rabbi. Ist es, wenn man von weitem einen Dattel- von einem Feigenbaum unterscheiden kann? fragte ein anderer. Nein, sagte der Rabbi. Aber wann ist es dann? fragten die Schüler. Es ist dann, wenn du in das Gesicht irgendeines Menschen blicken kannst und deine Schwester oder deinen Bruder siehst. Bis dahin ist die Nacht noch bei uns.

Fritz Vilmar

Phantasie für Alternativen

Zum Beispiel: Arbeitswelt

Jahrtausendelang haben die Menschen, insbesondere die Herrschenden, den Hauptteil ihrer geistigen Energie darauf verwandt, Regeln des sexuellen und familiären, des kommunalen und nationalen Zusammenlebens wie eherne, ewige, ja göttliche Ordnungen sicherzustellen und unantastbar zu machen. Erziehung, die »Sozialisation« der Heranwachsenden, wie man heute so zweideutig sagt – Erziehung und Bildung waren weithin nichts anderes als das Einüben, das Einprägen und Eintrichtern eben dieser angeblich festgefügten Regeln des Miteinander-Lebens und -Arbeitens. Es soll hier nicht darüber diskutiert werden, inwieweit solches Verhalten in den vorwissenschaftlichen und vorindustriellen Entwicklungsphasen der Menschheit überlebens-*notwendig* und inwieweit es seit jeher – besonders aber in unserer Neuzeit und Gegenwart – ein durchaus entwicklungs-*feindliches* Mittel zur Aufrechterhaltung patriarchalischer und ökonomisch-politischer Herrschaftsverhältnisse war. Tatsache ist jedenfalls, daß diese seit Jahrtausenden im Menschengeschlecht vorherrschende Einübung im statischen sozialen Denken und Sichverhalten die kritiklose Hinnahme überkommener Sitten, Normen und Ordnungen, in unserer Gegenwart und Zukunft das humane Überleben des Menschen und der menschlichen Gesellschaft in Frage zu stellen beginnt. Denn die wissenschaftliche und industrielle Revolution haben die Lebensbedingunen der Menschen so total verändert, daß diese mit den hergebrachten politischen, ökonomischen und Lebensordnungen nicht mehr auf eine humane Weise zu bewältigen sind – ganz zu schweigen von dem zunehmenden Anspruch auf Demokratie und Selbstbestimmung, der in immer schwereren Konflikt gerät zu den realen Folgeerscheinungen der – meist kapitalistisch geprägten – industriellen Massengesellschaft.

Phantasie zu entwickeln für humane Gegenkonzepte des familiären, sozialen, nationalen und Arbeitslebens ist angesichts der Gefährdung unserer Existenz durch lebensfeindliche, irreleitende soziale Grundsätze und Strukturen nicht länger abzutun als bloßes Spiel für akademische Weltverbesserer oder phantasievolle Utopienschreiber. Zumindest ist dergleichen mit dem, was ich hier entwickeln möchte, nicht gemeint. Phantasie für Alternativen wollen wir vielmehr als Kurzformel verstehen für ein dringendes menschliches wie gesellschaftliches Bedürfnis: die bislang stark unterentwickelte soziale Kreativität zu entwickeln, die realutopische, das heißt praxisbezogene, auf Machbares gerichtete Erfindungskraft, um Antworten zu finden, neue Regelungen und Ordnungen angesichts der Notstände des Menschen und der menschlichen Gesellschaft, weil ja offensichtlich die herrschenden Ordnungen ein humanes Miteinanderleben und -arbeiten nicht – oder nicht mehr – ermöglichen.

Ich beginne mit einigen Hinweisen auf Alternativen, um deutlich zu machen, wie soziale Erfindungskraft begonnen hat, befreiend auf akute Notstände in unserer Zeit zu reagieren: Aufgrund der Erfahrung zunehmenden Funktionsverlustes und der Verödung der Kleinfamilie haben Menschen begonnen, völlig neue Ehe-, Familien- und Lebensformen in Wohngemeinschaften oder in Eltern-Kinder-Gruppen oder auch in Frauengruppen aufzubauen. – Ein anderer Bereich: Aufgrund der Erfahrung des Fehlens von Sozialeinrichtungen sowie zunehmender Kontaktlosigkeit und Entfremdung der Bürger insbesondere in neueren Großkommunen haben Initiativgruppen und basisdemokratisch orientierte Kommunalpolitiker neue Kommunikationszentren – wie die »Fabrik« in Hamburg – geschaffen, in denen Bürger aller Altersgruppen in der unterschiedlichsten Weise partizipieren können; ferner wurden durch Eigeninitiative Kinderläden geschaffen, es wurden Fußgängerzentren gebaut, Straßenfeste organisiert und Bürgerforen gegründet; endlich wurde in vielen Kommunen die Stadtsanierung auf die Wiederherstellung statt die Vernichtung der historischen Bausubstanz umorientiert. – Ein dritter, sehr aktueller Notstandsbereich: Aufgrund der Erfahrung zunehmender Energiekrise und der Gefährlichkeit der Atomenergie wurde endlich begonnen, alternative Konzepte einer die Umwelt und die Ressourcen nicht zerstörenden Energiegewinnung zu entwickeln und zu erproben: Gezeitenkraftwerke, Sonnenreflektoren, wärmespeichernde Dächer, neuartige große Windmühlensysteme, Ausnutzung der Erdwärme, neue, nicht auf Öl basierende Motoren. – Ich will die Hinweise auf alternative Konzepte aus ganz verschiedenen Notstandsbereichen hier abbrechen. Ausdrücklich verwiesen sei auf Robert Jungk, der insbesondere in seinem Buch »Der Jahrtausendmensch« gezeigt hat, welche befreienden – technischen wie sozialen – Lösungen in vielen Bereichen Menschen in aller Welt gefunden haben, die konstruktive Phantasie für Alternativen mobilisierten. Ich selbst habe seit 1970 meine Arbeit auf die Darstellung solcher Alternativen konzentriert und in den Büchern »Strategien der Demokratisierung« sowie »Menschenwürde im Betrieb« 1973 und 1975 der Allgemeinheit zugänglich gemacht.

Um nun aber nicht bei allgemeinen Hinweisen stehenzubleiben, möchte ich mich im folgenden auf einen Notstandsbereich konzentrieren: die Inhumanität in vielen Bereichen unserer modernen Arbeitswelt. Seit Jahrzehnten beklagen sich selbstbewußter, anspruchsvoller gewordene Arbeiter und Angestellte in Großbetrieben über den Stumpfsinn und die militärähnlichen Unterordnungsregeln in hocharbeitsteiligen Verwaltungen und Produktionsstätten. Ihnen wurde jahrzehntelang erwidert, solche Arbeitsorganisation ergäbe sich aus der Natur des arbeitsteiligen Großbetriebes, und aufgrund dieses »Sachzwanges« seien Regelungen wie minutiöse Pünktlichkeit, ständige Wiederholung kleinster stumpfsinniger Arbeitsvorgänge und eine straffe militärähnliche Befehlsordnung unerläßlich.

Auch die Gewerkschaften haben sich mit solchen angeblichen »Sachzwängen« lange Zeit abgefunden. Aber die Zahl der Selbstbewußteren, der Sensibleren und Anspruchsvollen unter den Arbeitnehmern, insbesondere in demokratischen Industrieländern und in relativ vollbeschäftigten Bereichen, wuchs, und sie reagierten zunehmend sauer auf die miesen Arbeitsbedingungen, die man ihnen anbot. Sie reagierten mit Arbeitsunlust, psychisch verursachten Erkrankungen, Wegbleiben von der Arbeit, Wechsel des Arbeitsplatzes, Aggressivität im Betrieb. Leistungsabfall und erhebliche Zunahme betrieblicher Personalkosten waren die Folge. Auch die öffentliche Kritik an der Monotonie und Fremdbestimmung in unserer Arbeitswelt nahm zu. Außerdem begannen Kommunalverwaltungen angesichts des zweimal-täglichen Verkehrschaos die Betriebsleitungen zu fragen, ob tatsächlich alle Leute zur selben Minute ihre Arbeit beginnen müssen.

Und siehe da! – unter dem Druck dieser Notstände und Widerstände begann die ganze Sachzwang-Ideologie zu wanken, der eingeredete Glaube an die Unabdingbarkeit herrschender Ordnungen in der Arbeitswelt begann unglaubwürdig zu werden. Phantasie für Alternativen wurde mobilisiert, zunächst – wie immer – von den sogenannten Praktikern, den Routiniers des hergebrachten Führungs- und Arbeitsstils als utopische Spinnerei verlacht, mittlerweile aber, nach erfolgreichen Modellversuchen in der Praxis, von immer mehr Betriebs- und Verwaltungsleitungen ernst genommen. Das erstaunlichste Beispiel war und ist die Gleitzeit: die Möglichkeit, innerhalb eines bestimmten dazu freigestellten Arbeitszeit-Bereichs Beginn und Ende der eigenen Arbeitszeit selbst zu bestimmen und meist auch die Dauer des eigenen Arbeitstages zu variieren, natürlich im Rahmen einer insgesamt einzuhaltenden Arbeitsstundenzahl pro Monat. Wer vor etlichen Jahren Betriebsleitern diese Idee der Gleitzeit als Alternative zum stur und pünktlich einzuhaltenden Arbeitsbeginn und -ende vorgetragen hätte, wäre verhöhnt worden. Absolut pünktlich am Arbeitsplatz zu erscheinen, auch wenn dies durch den Arbeitsablauf keineswegs gefordert wird, schien zu den ehernen Gesetzen des arbeitsteiligen Großbetriebs zu gehören – wie sich jetzt zeigt, in zahllosen Fällen eine absolut überflüssige, sinnlose, vor allem aber menschenunwürdige Regel, die Millionen von Arbeitern und Angestellten ohne Notwendigkeit das Leben schwer macht, Ärger im Verkehr oder mit dem Chef, Streß, gelegentlich qualvolle Übermüdung zur Folge hat und den möglichen individuellen Gestaltungsspielraum zwischen Arbeits- und Freizeit durch Diktat von oben versperrt. Auch heute noch in vielen Betrieben, so muß man leider hinzufügen! Aber immerhin ist hier inzwischen ein wirklicher Durchbruch erzielt worden: Über 6 Millionen Arbeitnehmer in der Bundesrepublik »gleiten« schon. Sie genießen die Vorteile der von ihren Betriebs- und Personalräten mit den Betriebsleitungen vereinbarten variablen Arbeitszeit. Eine humanere Alternative – erst als unrealistische Utopie abgetan, heute als reale, das heißt realisierbare Utopie erwiesen und praktiziert.

Aber wir sollten hier sofort einhaken und die Verwirklichung der nächsten Schritte fordern, um durch arbeitsorganisatorische Phantasie zur weiteren Humanisierung der Arbeitszeit zu gelangen. Bekanntlich fühlt sich insbesondere eine große Anzahl von weiblichen Lohnabhängigen vom Acht- bis Neun-Stunden-Tag total überfordert, zumal nur eine Minderheit der Ehemänner bisher gelernt hat, ihren berufstätigen Frauen eine Hälfte der Hausarbeit abzunehmen. Daher ist die Schaffung von Halbtagsstellen eine wichtige Forderung, zu deren Erfüllung auch der Gesetzgeber sich etwas einfallen lassen sollte – zum Beispiel finanzielle Erleichterungen. Übrigens scheint man in Europa noch weithin unsensibel und phantasielos dem Tatbestand gegenüberzustehen, der in den USA bereits eine anerkannte Realität ist: daß eine zunehmende Minderheit von – besonders jüngeren – Männern und Frauen überhaupt das maximal erreichbare Einkommen nicht mehr allein für entscheidend hält, sondern mehr freie Zeit – selbst bei geringerem materiellen Lebensstandard – als gleichwertig einschätzt. Phantasie für Alternativen hat daher in den USA zu einer Regelung geführt, die, wie man hört, in der Bundesrepublik von Betriebs- und Verwaltungsgremien noch strikt abgelehnt wird: den »Zwilling« am Arbeitsplatz. Das heißt: Statt einer Arbeitskraft besetzten zwei einen Arbeitsplatz, aber nicht wie beim Schichtbetrieb zweimal acht Stunden hintereinander, sondern innerhalb eines normalen Acht-Stunden-Jobs. Sie sind meist frei, die Arbeitszeit unter sich individuell aufzuteilen, und teilen dementsprechend auch das Geld unter sich auf.

Das hier ausgewählte Beispiel alternativer Konzepte zur Arbeitszeitgestaltung hat aber einen entscheidenden weiteren Aspekt – einen qualitativ wichtigeren noch, so würde ich meinen: Systematische Verkürzung der Arbeitszeit für alle kann ein ganz wesentlicher, ja vielleicht sogar ein unerläßlicher Beitrag zur Wiederherstellung von Vollbeschäftigung in Industrieländern sein. Denn es ist kaum daran zu zweifeln, daß bei sinkenden volks- und weltwirtschaftlichen Wachstumsraten in der längerfristigen Entwicklung die Millionenheere von Arbeitslosen nicht durch noch so unternehmerfreundliche Investitionsförderung beseitigt werden können; denn auch bei den günstigsten Investitionsbedingungen, bei der größten und sozial ungerechtesten Lohndisziplin werden Erweiterungsinvestitionen, die neue Arbeitsplätze schaffen, nicht vorgenommen, wenn mangels entsprechend zunehmender weltweiter Nachfrage profitabler Absatz nicht wahrscheinlich ist. Genau dies aber ist die europa- und weltwirtschaftliche Tendenz. Dann bleibt gegen die Massenarbeitslosigkeit nur eine alternative Politik – der Zweite Vorsitzende der IG Metall hat sie vor einiger Zeit in den anschaulichen Satz gekleidet: »die vorhandene Arbeit unter die vorhandenen Hände und Köpfe gleichmäßig verteilen«. Das ist durchaus machbar. Eine Wochenarbeitsstunde weniger oder eine Woche Urlaub mehr für alle Arbeitnehmer in der BRD bedeutet, daß etwa eine halbe Million Arbeitskräfte mehr eingestellt werden müßten, um die entsprechende Arbeitszeit abzuleisten. Mit vollem Recht hat der DGB-Vorsitzende diesen Gedanken aufgegriffen, und ganz unsinnigerweise hat man ihn wegen der richtigen Feststellung angegriffen, daß bei einer solchen gewerkschaftlichen Vollbeschäftigungs-Tarifpolitik natürlich nicht zugleich die *volle* Reallohnsteigerung erzielt werden kann. Fälschlich ist dies so interpretiert worden, als sei heute bei Arbeitszeitverkürzung der Lohnausgleich nicht mehr zu garantieren. In Wahrheit heißt die – wie ich glaube, lebenswichtige – Alternative zu einer anhaltenden Arbeitslosigkeit in Westeuropa *nicht:* Arbeitszeitverkürzung und Reallohn*abbau*, sondern: *Arbeitszeitverkürzung plus verringerte Reallohnsteigerung.*

Der Lohnausgleich kann also auf jeden Fall gesichert werden. So ist die systematische Verknappung des Arbeitskräfteangebots in der Tat eine kreative Alternative zu einer ökonomisch wirkungsschwachen, ökologisch widersinnigen und lohnpolitisch asozialen Wachstumspolitik um jeden Preis. Es versteht sich von selbst, daß diese Alternative nicht von den Gewerkschaften allein verwirklicht werden kann. Staatliche Maßnahmen zur Verknappung des Arbeitskräfteangebots müssen hinzukommen – vor allem ein weitgehendes Verbot von Überstunden, Einführung des ohnehin dringend erforderlichen zehnten Schuljahres und weitere Anreize zur vorzeitigen Pensionierung. Der Notstand der Arbeitslosigkeit könnte schließlich weitgehend überwunden werden, wenn eine sozialstaatlich orientierte Regierung noch die weitere, sehr wirkungsvolle Gestaltungskraft für Alternativen aufbrächte und – wie jetzt endlich angekündigt – statt privater Investitionsförderung Milliarden für gemeinnützige Projekte ausgäbe, die Arbeitslosen Arbeit verschaffen – etwa zur Behebung der Jugendbetreuungs- und -bildungsmisere, zur Schaffung leistungsfähiger Massenverkehrssysteme oder zur Herstellung menschenwürdiger Naherholungsgebiete. Gleichzeitig würde sie sich dadurch Milliardenausgaben ersparen, die heute völlig unproduktiv an Arbeitslose gezahlt werden.

Was ich hier über alternative, aus Notständen befreiende Konzepte der Arbeitszeitpolitik etwas breiter dargestellt habe, ist natürlich nur ein Teilbereich aus einer umfassenden Strategie zur Befreiung der Arbeit. Auf entscheidend wichtige weitere Modelle der Arbeitshumanisierung kann ich hier nur stichwortartig hinweisen. Dabei muß ich aber auf meine einleitende Bemerkung zurückkommen, daß stures Festhalten an überkommenen Ordnungen vielfach nicht einfach auf mangelnde Kreativität, mangelnde Phantasie der Betroffenen für humanere Alternativen zurückzuführen ist, sondern auf die Lenkung der Ordnungsvorstellungen durch die Machteliten, die in den bestehenden sozialen Strukturen auf Kosten der ihnen Unterstellten Herrschaft, Prestige und materielles Wohlergehen genießen. So fehlt es in der Arbeitswelt seit den Bauernkriegen und frühen Sozialutopien – bei Ernst Bloch nachzulesen! – nicht an Phantasie der Ausgebeuteten für demokratische Alternativen, und der Kampf unserer Tage um Mitbestimmung und Arbeiterselbstverwaltung ist ein Beweis für das Vorhandensein und die schrittweise Durchsetzung alternativer, demokratischer Arbeitsverfassungen. Die Arbeit vieler gewerkschaftlich organisierter Vertrauensleute, Betriebs- und Personalräte, vor allem aber die weitergehenden, durchaus funktionierenden Modelle der Mitbestimmung am Arbeitsplatz und im Wirtschaftsausschuß bei Opel-Hoppmann in Siegen, der Mitbestimmung in der Unternehmensleitung der großen Stahl- und Kohle-Unternehmen sowie der Arbeiterselbstverwaltung in Jugoslawien zeigen, daß ein Unternehmen keineswegs nur dann funktionieren kann, wenn Kapitalbesitzer oder ihre Manager es in unternehmerischer Selbstherrlichkeit leiten nach dem Prinzip der Profitmaximierung und eines autoritären Systems von Befehl und Gehorsam. Längst gibt es auch die Mitbestimmungsmodelle ergänzenden, praktizierten Alternativen einer erheblichen Verlagerung von Entscheidungsvollmacht von der Spitze zur Basis von Arbeitsorganisationen, der Abflachung und partizipativen Veränderung der betrieblichen Hierarchie – bis hin zu den skandinavischen Modellen der Vergrößerung und Verselbständigung bislang extrem zerteilter, monoton wiederholter Arbeitsaufgaben. Diese sowohl produktiveren wie auch menschenwürdigeren Modelle, besonders die der teilautonomen, in vieler Hinsicht sich selbst steuernder Arbeitsgruppen mit vergrößerten Arbeitsaufgaben haben alle hergebrachten, bislang als unabänderlich geltenden Ordnungsvorstellungen moderner arbeitsteiliger Arbeitsorganisation in Frage gestellt: Es zeigt sich, daß hochgradig zerteilte, hochgradig fremdbestimmte Arbeitsprozesse noch nicht einmal optimale Ergebnisse bringen – vor allem dann nicht, wenn selbstbewußter gewordene, besser gebildete Arbeiter sie als unerträglich zu empfinden beginnen.

Darüber hinaus freilich wird hier und da auch die kapitalistische Ordnungsvorstellung der Wirtschaft selbst in Frage gestellt: Die Existenz einer profitorientierten und kapitalgebenden Oberschicht erweist sich für die Weiterentwicklung unseres Produktionssystems vielfach als überflüssig oder gar hemmend. Große Unternehmenskomplexe, etwa der Energie- oder der Autoproduktion, gehen auch in Westeuropa zunehmend in staatliche oder gemeinwirtschaftliche Verfügung über, und in vielen Einzelfällen übernehmen die Arbeiter ihren Betrieb, nicht selten, um dessen Stillegung seitens der Kapitaleigner zu verhüten.

Abschließend wären hier noch alternative Konzepte zur gegenwärtigen krisengefährdeten, Verschwendung produzierenden, daher unsozialen Marktwirtschaft zu erwähnen und dazu die kapitalistischen Widerstände gegen solche demokratischen Kontroll- und Lenkungsvollmachten. Aus Raummangel will ich hier abbrechen. Zusammenfassend läßt sich sagen, daß in den vergangenen Jahren und Jahrzehnten erhebliche Phantasie für humane, demokratische Alternativen zur bestehenden Arbeits- und Wirtschaftsordnung entwickelt und zum Teil – vor allem in einigen vorbildlichen Modellen – auch in die Tat umgesetzt worden sind. Aber – und nun kommt das große Aber – diese Gegenkonzepte und -modelle sind bislang viel zu wenig in der breiten Öffentlichkeit, in den Arbeitnehmerparteien und Gewerkschaften aufgegriffen und ins allgemeine Bewußtsein getragen worden. Auch in unserer linksliberalen, gewerkschaftlichen und linken Presse gilt noch allzusehr, wenn auch auf einem höheren kritischen Niveau, die alte, höchst einseitige Journalisten-Regel: »Bad news are good news« – und umgekehrt: Gute Nachrichten sind schlechte Nachrichten. Schlechte, unsoziale Zustände werden dargestellt und – im Gegensatz zur konservativen Presse! – auch kritisiert; aber über Konzepte und praktizierte Modelle, die konstruktive, menschenwürdige

Alternativen zum Bestehenden aufzeigen, gibt es viel zu seltene, viel zu pauschale, zu wenig ernsthafte Informationen – ganz zu schweigen etwa von dem Bewußtsein, solche vorbildlichen Modelle in die eigene Programmatik und Politik aufzunehmen oder gar in partei- oder gewerkschaftseigenen Unternehmen praktisch zu erproben und daraufhin konsequent einzuführen. Viel schlimmer noch steht es mit den meisten sich fortschrittlich verstehenden Sozialwissenschaftlern und ihren Theorien. Sie sehen ihre wissenschaftliche Aufgabe fast immer in der Analyse der Gegebenheiten erschöpft. Im Gegensatz zu ihren konservativen Kollegen, die das Gegebene meist wie etwas Unabänderliches oder gar Positives darstellen, zeigen die progressiven und vor allem die marxistisch orientierten Wissenschaftler zwar die inneren Widersprüche, die Herrschaftsinteressen und Unterdrückungsmechanismen in bestehenden Sozialstrukturen auf und fordern deren Abschaffung. Aber in den seltensten Fällen gehen sie mit Phantasie und Sorgfalt, in konstruktiver Aufnahme und Weiterentwicklung vorhandener emanzipatorischer Modelle der Frage nach, welche Alternativen und schrittweisen Übergänge zu menschenwürdigeren Strukturen man dem Einzelnen, den Politikern, den Parteien, Gewerkschaften und Wählern anbieten kann und wie man solche Alternativen anschaulich erläutern muß, damit die Menschen sie verstehen und akzeptieren. Aufgrund dieses überkommenen steril-analytischen und daher hochgradig praxisfernen Wissenschaftsverständnisses weisen viele kritische Sozialwissenschaftler es als Zumutung von sich, nicht nur zu erforschen, was *ist,* sondern auch vorzuschlagen, was *zu tun ist.*

Am verhängnisvollsten hat sich das in der marxistischen Theorie ausgewirkt, deren Schöpfer ja bekanntlich auch den Entwurf konkreter Alternativen zur kapitalistischen Gesellschaft für überflüssig hielt. Marx meinte verächtlich, er gebe keine Rezepte für die Garküche der Zukunft, und er verbreitete die für die marxistisch beeinflußte Arbeiterbewegung äußerst nachteilige Irrlehre, die Überwindung des Kapitalismus werde sich aus der zunehmend krisenhaften und revolutionär wirkenden Zunahme der inneren kapitalistischen Widersprüche selbst ergeben. Aufgrund dieser falschen Voraussage haben Generationen von marxistisch orientierten Wissenschaftlern bis zum heutigen Tage sich der Mühe überhoben gefühlt, konkrete Konzepte und Strategien der schrittweisen Ersetzung kapitalistischer Sozialstrukturen durch demokratische, gemeinwohlverpflichtete zu entwickeln. Insofern zeichnet sich marxistische Gesellschaftslehre heute zwar nach wie vor durch scharfsinnige Zustandsanalysen aus, aber auch durch fast völlige Sterilität und Hilflosigkeit angesichts der hier und jetzt konkret zu bewältigenden Notstände in der Familie, in Kommunen, politischen Organisationen und im Bildungswesen wie auch angesichts der ökologischen und selbst der wirtschaftlichen Krisen. Denn das marxistische Pauschalrezept: Aufhebung des Privateigentums an den Produktionsmitteln, hilft uns – selbst wenn es als Teillösung richtig sein sollte – in seiner Abstraktheit hier und heute keinen Schritt weiter.

Daß überhaupt Fortschritte in der Zurückdrängung kapitalistischer und der Durchsetzung demokratischer Gesellschaftsstrukturen erreicht wurden, ist denn auch das Ergebnis eines hundertjährigen Kampfes der – von den Marxisten so gern als reformistisch verketzerten – linken Reformbewegungen, die durch gewerkschaftliche und parlamentarische Kleinarbeit in der Tat erfolgreiche Modelle und Strategien des Übergangs entwickelt haben.

Diese Reformbewegungen könnten allerdings wesentlich erfolgreicher sein, wenn sie die vorantreibende Kraft phantasievoller, hier und da bereits praktizierter Alternativen familiären, kommunalen oder betrieblichen Lebens, des Umweltschutzes oder politischer Organisation und basisdemokratischer Aktivierung endlich ernsthafter in ihre Arbeit einbezögen. *Ein einziges praktiziertes und erfolgreiches Vorbild hat mehr reformerische Überzeugungskraft als tausend Programmsätze,* und gesellschaftspolitische Programme hätten mehr Wirksamkeit, wenn ihre Autoren auf praktizierte Alternativen und eigene Modellversuche sich stützen könnten. Entscheidendes zu lernen haben hier sowohl die Wissenschaftler wie die Politiker von Robert Jungk, der in seinen Arbeiten bewiesen hat, daß grundlegende humane Alternativen von Einzelnen und kreativen Gruppen gegenwärtig auf fast allen Gebieten entwickelt worden sind. Es wird Zeit, daß wir mehr davon erfahren, uns intensiver damit beschäftigen, und vor allem: unsere Erziehung und Forschung stärker auf die Entwicklung von präziser Phantasie für menschenwürdige Alternativen unseres sozialen Lebens konzentrieren.

Christian Graf von Krockow

Plädoyer für eine Kultur des Privaten

Privatheit? Wer davon spricht, wer gar für eine Kultur des Privaten plädiert, der muß sich auf empörte Einwände, zum mindesten auf Unverständnis gefaßt machen. Denn alles Private hat in den letzten Jahren eine schlechte Presse gehabt; es galt und gilt weithin noch immer als Inbegriff der Dumpfheit und Enge, der Spießigkeit, des im schlechten Sinne Bürgerlichen: ein Raum der egoistischen Interessenverfolgung, in dem Solidarität, Gemeinwohl und öffentlich-politisches Engagement mißachtet werden. Kultivierung des Privaten: Das erinnert an den Pascha, der stolz und töricht verkündet: »Meine Frau hat es nicht nötig zu arbeiten!« Sie soll sich gefälligst ums traute Heim – altdeutsch neu möbliert – und um Küche und Kinder kümmern. Mag sie dabei verdorren, mag ihr noch so sehr die Decke auf den Kopf fallen, das ficht ihn nicht an, wenn nur seine patriarchalische Vorherrschaft gewahrt bleibt, die er sich selbst und anderen als seine private Kultiviertheit vorführt.

Wäre es wirklich so und nur dies, dann könnte man in der Tat die Akten über Abgelebtem, Musealem schließen. Aber bevor man dies tut, sollte man vielleicht erst die geschichtlichen, gesellschaftlichen und – vor allem – humanen Voraussetzungen und Konsequenzen überdenken. Sonst müßte man womöglich unwiederbringliche Verluste beklagen.

Privatheit hat es nicht immer gegeben. Sie stellt vielmehr eine Besonderheit, eine spezifische Errungenschaft der gemeinhin »westlich« genannten Kultur dar, wie sie seit Beginn der Neuzeit sich entwickelt hat. Die europäische Sozialgeschichte ist seither die Geschichte eines fortschreitenden Polarisierungsprozesses.

Seit unvordenklichen Zeiten galt, weithin bis ins 19. Jahrhundert hinein, was man die Einheit des »ganzen Hauses« genannt hat: Dieses »ganze Haus« war ebenso Familie – Großfamilie einschließlich des Gesindes – wie wirtschaftliche Betriebseinheit, etwa des Bauernhofes oder Handwerksbetriebes; es war Rechtsinstitut der »hausherrlichen Gewalt«, und es war pädagogische Instanz ebenso wie ein – im Grunde der einzige – Hort sozialer Sicherheit. Kurzum: Es handelte sich um eine in sich geschlossene, für den einzelnen schicksalhaft vorgegebene, aber wirtschaftlich wie sozial in hohem Maße selbständige Einheit. Dies ändert sich mit der modernen Entwicklung: Produktion und Konsum, Beruf und Familie, Arbeitsort und Wohnstätte, Arbeitszeit und Freizeit, Objektivität und Subjektivität und mit alledem Öffentlichkeit und Privatheit treten zu getrennten, doch aufeinander bezogenen Gegensphären auseinander. Auf der einen Seite also Versachlichung, Rationalisierung. Auf der andern Seite entsteht die moderne Familie, die Kleinfamilie, die mehr und mehr die objektiven Funktionen verliert, um schließlich sozusagen auf der Spitze der individuellen, persönlichen Zuneigung zu balancieren – mit allen Chancen, freilich auch allen Gefährdungen, die das mit sich bringt.

Von Gefährdungen wird noch zu reden sein. Zunächst jedoch muß man sehen, daß es sich um einen geschichtlich einzigartigen Emanzipationsprozeß handelt. Daß jedermann das Recht und die Möglichkeit hat, in persönlicher Verantwortung und freier Partnerwahl eine Bindung einzugehen, mögen wir zwar längst als selbstverständlich hinnehmen. Aber noch im 18. Jahrhundert mußte lebenslang die Mehrheit der erwachsenen Bevölkerung ledig bleiben – bei schärfster Diskriminierung unehelicher Geburten –, weil eben die Heiratschance an das »ganze Haus«, an Hof oder Handwerksbetrieb gebunden war; noch vor kurzem lag im rückständigen Agrarstaat Irland das durchschnittliche Heiratsalter um zehn Jahre höher als im industrialisierten Europa, weil Voraussetzung der Eheschließung die Hofübergabe war, gegen die wiederum die ältere Generation beim Fehlen einer unabhängigen Altersversorgung sich sträubte. Ohnehin kam es auf die materiellen Bedingungen, auf Besitz und Mitgift mehr an als auf die persönliche Zuneigung. Deshalb ist es kein Zufall, daß das Wort »Familie« im Sinne seiner Gefühlsbetontheit erst seit dem 18. Jahrhundert in unsere Umgangssprache eindringt und daß allmählich das »Sie« sich verliert, mit dem einst auch Kinder ihre Eltern anredeten.

Die Konsequenzen des Polarisierungsprozesses, den die Begriffe Öffentlichkeit und Privatheit markieren, reichen jedoch viel weiter. Denn Privatisierung, das Entstehen eines abgeschirmten persönlichen Bereichs, eröffnet Möglichkeiten freier Wahl auch in der Gegensphäre: des Berufs, des Glaubens, der politischen Überzeugung – insgesamt des öffentlichen Engagements oder Nichtengagements. Das auswählende, alternative Engagement ist nämlich nur möglich, wenn es nicht »persönlich« genommen und zugerechnet wird, mit der Gefahr des Umschlags in die Diskriminierung. In unserer Verfassung heißt es dazu in Artikel 3, dem Gleichheitsartikel: »Niemand darf wegen seines Geschlechtes, seiner Abstammung, seiner Rasse, seiner Sprache, seiner Heimat und Herkunft, seines Glaubens, seiner religiösen oder politischen Anschauungen benachteiligt oder bevorzugt werden.« Dieser Gleichheits- oder Toleranzartikel ist zugleich die Magna Charta der Privatheit. Denn die Freiheit zum individuellen Anderssein wird nicht etwa verneint, sondern im Gegenteil dadurch ermöglicht, daß sie aus dem Bereich des öffentlich-rechtlich Sanktionierbaren verbindlich ausgeklammert, ausgegrenzt wird. Dies eben setzt die Trennung in Gegensphären, in zwei voneinander geschiedene Bereiche schon voraus.

Natürlich ist die Proklamation des Prinzips eine Sache, seine praktische Durchführung eine andere. Natürlich gibt es, je nach herrschender Parteirichtung, die Bevorzugung bestimmter politischer Anschauungen, und nach wie vor gibt es zum Beispiel die Benachteiligung von Frauen im Beruf. Die Frage ist nur, ob man deshalb vom »Schwindel« eines »nur formalen« Prinzips reden und seine Abschaffung fordern oder nicht vielmehr für seine immer genauere Verwirklichung kämpfen sollte.

Vielleicht hilft zur Antwort eine Gegenprobe. Politische Systeme, die wir »totalitär« nennen, verneinen die Legitimität prinzipiell getrennter Sphären. Die staatsbeherrschende Partei hat immer recht, und wirkliches Abweichen und Anderssein ist nicht erlaubt. Was immer jemand denkt, sagt und tut, wird ihm persönlich zugerechnet; wer nicht mitmacht, sich nicht einfügt, muß deshalb Sanktionen fürchten.

Unter Umständen kann schon eine kritische Bemerkung, ein Zweifeln, das Erzählen eines Witzes oder das Abhören des falschen Senders buchstäblich tödliche Folgen haben. Zu wählen gibt es ohnehin meist nichts, und wenn dennoch sogenannte Wahlen stattfinden, sind es nur Zählappelle, die die allgemeine Eintracht und mit ihr die Aufhebung der Grenzen von Öffentlichkeit und Privatheit demonstrieren sollen: Wer zu Hause bleibt oder im Wahllokal eine Kabine aufsucht, macht sich verdächtig. Mit alledem entsteht zwar das Bild von der großen Harmonie, von der umfassenden, konfliktfreien Gemeinschaft. Aber es ist ein trügerisches Bild; da es immer Menschen gibt, die anders sein wollen oder als andersartig definiert werden, gehört zum Schein der Volksgemeinschaft als sein notwendiges Gegenstück die Realität des Konzentrationslagers oder des Archipel Gulag. So ist es am Ende und folgerichtig das Gegenüber von Idylle und Schrecken, das die Polarität von Öffentlichkeit und Privatheit ersetzt.

Wir kennen die fatalen Folgen und sollten die Erinnerung an sie nicht verdrängen, sondern nutzen. Folgen machen sich sogar dann noch bemerkbar, wenn der Bann des Schreckens endlich gebrochen ist. Die Erfahrung nämlich, daß man für alles persönlich haftet, was man einmal sagte und tat, führt zur Gegenreaktion, zum »Nie wieder!« und »Ohne mich!«. Mit anderen Worten: Die falsche Totalöffentlichkeit ohne anerkannte Privatheit zieht in der nächsten Phase eine Flucht in die absolut gesetzte Privatheit nach sich, in der man sich um die öffentlichen Angelegenheiten überhaupt nicht mehr kümmert. Im einen wie im anderen Falle wird die Polarität, die Dialektik der Gegensphären außer Kraft gesetzt. Weil jedoch die Nur-Privatheit sich ebenfalls als fragwürdig erweist, erstarrt und auf die Dauer unerträglich beengend wirkt, bahnt sich nach einem gewissen Zeitverzug – teils auch im Generationenkonflikt, der auf den unterschiedlichen, doch stets einseitigen Erfahrungen beruht – abermals eine Gegenreaktion an: Das Private, alles Private, bekommt jene negative Tönung, die »schlechte Presse«, von der anfangs die Rede war; um beinahe jeden Preis bricht man aus, wird man süchtig nach neuer, radikaler Gemeinschaft, in der man alles Individuelle und Private wie eine bleierne Last abzuwerfen hofft.

Was soeben in rabiater Verkürzung und Vereinfachung skizziert wurde, bezeichnet offensichtlich ein deutsches Problem, ein Stück deutscher Geschichte und Gegenwart: Wir verfallen, scheint es, der Dialektik von Öffentlichkeit und Privatheit immer wieder im Sinne eines Pendelns zwischen Extremen, statt daß wir diese Dialektik als produktive Spannung von Gegensphären verstehen und nutzen. Worauf es ankäme, das wäre die Einsicht, daß öffentliches Engagement ohne Angst und ohne Diskriminierung nur möglich ist, wenn es Rückhalt, gewissermaßen ein Widerlager findet in der Privatheit; insofern ist *eine Kultur des Privaten zugleich das Fundament einer politisch-gesellschaftlichen Kultur der Freiheit.* Und umgekehrt: Privatheit kann nur fruchtbar sein, wenn sie die Verbindung zu den öffentlichen Angelegenheiten nicht abschneidet, sondern ausdrücklich knüpft und von ihnen her sich aufbaut. Um noch einmal zu jenem Pascha zurückzukehren, der stolz und töricht verkündet, daß seine Frau es nicht nötig hat zu arbeiten, geschweige denn sonst an öffentlichen Angelegenheiten teilzunehmen: Diese patriarchalische Haltung läßt notwendig die private Sphäre verarmen und schließlich veröden – bis zu dem Endpunkt hin, an dem man sich gar nichts mehr zu sagen hat, weil jeder sich in seinem dürftigen Gehäuse eingeschlossen findet. Was die Frau noch über Küche, Kinder und Nachbarn zu sagen weiß, findet der Herr Gemahl so langweilig, wie sie mit seinen Bürogeschichten nichts anfangen kann. Das Ende vom Lied hat schon Erich Kästner in Reime gefaßt:

> »Einsam bist du sehr alleine.
> Aus der Wanduhr tropft die Zeit.
> Stehst am Fenster. Starrst auf Steine.
> Träumst von Liebe. Glaubst an keine.
> Kennst das Leben. Weißt Bescheid.
> Einsam bist du sehr alleine –
> und am schlimmsten ist die Einsamkeit zu zweit.«

Die Einsamkeit zu zweit findet ihr folgerichtiges Gegenstück in der verzweifelt atemlosen Jagd nach »Erlebnissen«, nach Zerstreuung, Abwechslung, Betäubung. Aber dies alles ist kein Naturereignis, sondern die Konsequenz falscher Einstellungen. Eine Kultur des Privaten, die nicht verarmen läßt, sondern bereichert und beglückt, ist möglich – unter der Voraussetzung, daß die Wechselbedingtheit von Öffentlichkeit und Privatheit bedacht und praktisch berücksichtigt wird. Im folgenden soll das an drei einfachen, eigentlich unscheinbaren Sachverhalten anschaulich gemacht werden: am *Gespräch,* am *Umgang mit Büchern,* am *Spiel.*

Gespräch setzt zunächst einmal die Gleichrangigkeit derer voraus, die miteinander sprechen. Das mag als selbstverständlich erscheinen, ist es aber keineswegs, wie Situationen des Gesprächsabbruchs demonstrieren: »Dazu bist du noch zu jung, das hast du nicht miterlebt, da kannst du nicht mitreden!« oder »Der Alte versteht mich ja doch nicht!« – das sind typische Situationen des Gesprächsabbruchs, die sich aus einer als unüberschreitbar unterstellten Ungleichheit ergeben, in diesem Falle des Alters, der Erlebnisbasis der Generationen. Solch ein Gesprächsabbruch erfolgt freilich selten zum Spaß, sondern in Bedrängnis: um einen Schritt weiter, und man müßte Irrtum und womöglich Schuld eingestehen. Das könnte die Selbstachtung hart treffen, unter Umständen zerstören. Daher wird ein guter Gesprächspartner den anderen nicht als Gegner betrachten, den es in die Ecke zu drängen gilt, sondern ihm behutsam Auswege eröffnen; das unerbittliche, pochende Rechthaben ist allemal eine Art von Barbarei.

Sieht man noch etwas genauer zu, so entdeckt man wieder eine Art von Dialektik, die der von Öffentlichkeit und Privatheit aufs Haar gleicht: die Wechselwirkung von Sachlichem und Persönlichem. Wer nämlich alles »persönlich« nimmt, nimmt auch schnell übel, ist immer gleich beleidigt, sobald Differenzen auftreten – mit ihm ist eigentlich nicht zu reden, es sei denn im Sinne kritikloser Zustimmung und Lobhudelei. Wer aber andererseits sich gar nicht engagiert und die Tugend der Sachlichkeit mit dem absolut Unpersönlichen gleichsetzt, der nimmt den Partner nicht ernst, sondern signalisiert ihm Langeweile und Verachtung. Die Kunst, die Kultur des produktiven Gesprächs, das ebenso sachlich bereichert und klüger macht, wie es die Partner in ihrem Zueinander bestätigt und in ihrem Selbstbewußtsein stärkt, erfordert deshalb Takt; sie entwickelt sich in einem eigenartigen Schwebezustand, in dem das Objektive des Gesprächsgegenstandes und das Subjektive der Anteilnahme zugleich getrennt werden und dennoch miteinander verbunden sind und bleiben.

Statt vom Sachlichen und Persönlichen oder von Öffentlichkeit und Privatheit könnte man vielleicht auch von einer Dialektik der Distanz und der Nähe sprechen. Daher gelingen Gespräche oft gerade an Orten, an denen Anonymität und Intimität sich vereinen, zum Beispiel mit der Reisebekanntschaft im Eisenbahnabteil oder mit dem Nachbarn an der Theke. Unsere Zivilisation neigt freilich dazu, solche Orte abzuschaffen; der Käfig des eigenen Autos bietet die Chancen des Eisenbahnabteils nicht mehr, und den Vorortsiedlungen oder Hochschulneubauten auf der grünen Wiese fehlt die Kneipe nebenan. Kein Wunder, wenn dann die Aggressionen und die Neurosen gedeihen und die Couch des Psychoanalytikers auf der Suche nach dem verlorenen Gespräch zum notwendigen Ersatz wird. Eine neue, bessere, humane Architektur und Städteplanung müßte deshalb vor allem auf die Vermittlung von Öffentlichkeit und Privatheit achten, um Gesprächsmöglichkeiten zu schaffen, statt sie auszuradieren.

Kommen wir zum zweiten Beispiel: Entstehung und Bestand unserer Gesellschaft sind untrennbar verbunden mit der Kultur des Buches. Es ist schwer vorstellbar, wie die Geschichte unserer Gesellschaft ohne ihre vielleicht wichtigste Erfindung, den Buchdruck, verlaufen wäre. Diese Erfindung hat die Verfügungsmöglichkeit über Bücher – ausgehend von der Bibel – grundsätzlich jedermann zugänglich gemacht. Die Beschäftigung mit Büchern zeigt exemplarisch jene Polarität und Spannung, die unsere Gesellschaft kennzeichnet und trägt. Denn beim Lesen konzentriert sich der einzelne, zieht sich aus seiner geschäftigen Umwelt auf sich selbst zurück. Er ist ganz bei sich, ganz privat – um sich eben damit, sei es im Sachbuch, im Roman oder wie immer, seine Mitmenschen und seine Welt zu vergegenwärtigen und verständlich, zugänglich zu machen. Genau darum stellt jede Zensur, jedes Bücher- und Leseverbot eine elementare Bedrohung sowohl einer politischen Kultur der Freiheit als auch der ihr zugeordneten Kultur des Privaten dar; genau darum signalisierte die organisierte Bücherverbrennung des Dr. Goebbels im Jahre 1933 die Stoßrichtung der nationalsozialistischen Machtergreifung.

Ein Einwand liegt allerdings nahe: Zwar hat es in Deutschland seit langem eine reichhaltige *bürgerliche* Bücher- und Lesekultur gegeben, und bis heute zeugt davon – trotz periodisch wiederkehrender Schreckensmeldungen über Konzentrationsbewegungen und drohende Ausblutung – die Reichhaltigkeit unseres Verlagswesens ebenso wie die Qualität zahlreicher Buchhandlungen. Aber diese Bücherkultur hat niemals alle Schichten erreicht. Von einem ostelbischen Baron erzählte man sich, seine Standesgenossen hätten ihn den »Bücherwurm« genannt, weil er sich eine Probenummer der Zeitschift »Wild und Hund« kommen ließ. Erst recht gilt der Sachverhalt für Unterschichten; Untersuchungen weisen mit fataler Regelmäßigkeit aus, daß viele Menschen keinen Zugang zum Buch besitzen und angesichts der abschreckenden Bildungsgebärde gerade guter Buchhandlungen von unüberwindlicher Schwellenangst gepackt werden. Mit den öffentlichen Mitteln für Bibliotheken ist es – im Gegensatz zur spätfürstlichen Subventionierung von Theater und Oper – ohnehin meist erbärmlich bestellt. Wie anders – beispielsweise – in der Sowjetunion: ein ganzes, großes Volk, das unersättlich liest! Dieser Vergleich könnte zu seltsamen, um nicht zu sagen peinlichen Rückschlüssen auf die hier und dort einerseits propagierten, andererseits tatsächlich praktizierten Überzeugungen und Verhaltensweisen verleiten.

Doch wie dem auch sein mag: Die Tatsache, daß die Bücher- und Lesekultur in Deutschland nicht eine Volkskultur, sondern eine bürgerliche Klassenkultur war und zum Teil noch immer ist, muß ja keineswegs zu der Folgerung verführen, daß sie zerstört werden sollte. Sondern weit eher müßte man den Tatbestand als dringende Mahnung verstehen, die überkommenen Schranken endlich zu überwinden. Hier liegt eine wichtige Aufgabe der Pädagogik und aller Bildungsinstitutionen, nicht zuletzt auch der Gemeinden – eine Aufgabe, die freilich nur wahrgenommen werden kann, wenn die elementare Bedeutung des polaren Spannungsgefüges unserer Gesellschaft erkannt und praktisch erfahrbar gemacht wird, statt daß man dieses Spannungsgefüge unter irgendwelchen ideologischen Vorzeichen teils ableugnet, teils verketzert und in der einen oder anderen einseitigen Richtungnahme zu sprengen trachtet.

Zum dritten und letzten Anschauungsbereich: dem Spiel. Von einem befreundeten Kollegen sagte vor Jahren ein Bekannter: »Der wird nie ein guter Professor – der spielt viel zu gern mit seinen Kindern.« Inzwischen jedoch ist der Mann ein ausgezeichneter Hochschullehrer geworden, und während man ringsum viele Ehen scheitern sieht, führt er ein wirklich glückliches Familienleben. Hängt das eine nicht womöglich mit dem anderen zusammen?

Spiel entlastet: von den Sorgen des Berufs, vom Einerlei des Alltags. Es bedeutet, formelhaft ausgedrückt, Weltausgrenzung auf Zeit. Und es gewinnt seine Konturen gerade durch diese Ausgrenzung. Handle es sich nun um Schach, Skat, Monopoli, um eine Scharade oder was immer: Im Spiel und für die Dauer des Spiels gelten andere Normen als sonst, nämlich einzig die Regeln des jeweiligen Spiels, in die sich die Spielenden freiwillig gleichsam einschließen. Dabei gibt es, wie schon in den zuvor besprochenen Beispielen, eine Dialektik von Nähe und Distanz, von Persönlichem und Unpersönlichem, die durchgehalten werden muß und nicht einseitig aufgelöst werden darf, wenn das Spiel gelingen soll. Denn einerseits gehört auch zum Spiel ein Stück Ernst, Hingabe, ja Leidenschaft: Wer sich keine Mühe macht, nicht sein Bestes gibt und nicht gewinnen will und womöglich die Partner das auch noch fühlen läßt, der ist nicht etwa ein guter, sondern ein sehr schlechter Spieler, ein Spielverderber. Andererseits darf die Leidenschaft *nur* dem Spiel gelten; alles »Persönliche«, was sonst die Beziehungen der Spieler betrifft und beschwert, soll draußen bleiben. Und für das, was draußen ist und bleibt, sollen Verlauf und Ergebnis des Spiels keine Folgen haben.

Übrigens lassen sich aus dieser Zweideutigkeit oder Ambivalenz des Spiels auch Folgerungen für seine geselligen Qualitäten ableiten. Wo nur die persönliche Leistung entscheidet und das Glück gar keine Rolle spielt – wie beim Schach – oder wo, im Gegenextrem, einzig der unpersönliche Zufall herrscht – wie beim Roulette –, da bleiben diese Geselligkeitsqualitäten vergleichsweise gering, weil nach der einen oder anderen Seite hin das Spiel gewissermaßen aus der Balance gerät. Wo aber die Balance gewahrt wird, weil die Leistung ebenso im Spiel ist wie der Glücksfaktor, den etwa Würfel oder die Zufallsmischung der Karten symbolisieren, da sind die Chancen zum vergnüglichen, entlastenden Umgang der Spielpartner miteinander am größten, weil Ehrgeiz und Leidenschaft ebenso angespornt wie gezügelt werden und das Spielergebnis persönlich zugerechnet wie nicht zugerechnet werden kann.

Um zusammenzufassen und Mißverständnisse nach Möglichkeit abzuwehren: Ein Plädoyer für die Kultur des Privaten ist keineswegs gleichzusetzen mit einem Aufruf zum Rückzug ins Unpolitische, ins Abseits der angeblichen konfliktfreien Idylle oder der Nostalgie. Ganz im Gegenteil: Es geht darum, einsichtig zu machen, daß die Kultur des Privaten selbst öffentliche, politische Bedeutung besitzt. Die politische Kultur der Freiheit ist ihrerseits dialektisch angelegt; sie beruht auf dem Spannungsverhältnis der polaren Gegensphären von Öffentlichkeit und Privatheit. Wird das Spannungsverhältnis einseitig abgebrochen, so gelangt man entweder zum Überengagement radikaler »Gemeinschafts«-Ideologien, welche kein Abweichen und kein Anderssein, keine Skepsis und Kritik ertragen und daher durch Unterdrückung und aggressive Gewalt, durch einen stets sprungbereit lauernden Terrorismus sich selber brandmarken. Oder man gelangt, auf der Gegenseite, zum »Ohne mich«, zur Apathie, die alles der Obrigkeit überläßt, wenn bloß »Ruhe und Ordnung« gewahrt werden. Als »machtgeschützte Innerlichkeit« hat einst Thomas Mann diesen Sachverhalt treffend gekennzeichnet. Angst und Aggressivität charakterisieren auch ihn, denn wer die Scheinidylle des Unpolitischen stört, der ist der Feind, den es mit allen Mitteln auszuschalten, auszumerzen gilt. Auschwitz ist ebenso das schauerliche Wahnprodukt einer radikalen »Gemeinschafts«-Ideologie wie der Suche nach der unpolitischen, konfliktfreien Idylle.

Schon angesichts der Erfahrungen des Ersten Weltkriegs schrieb Georges Clemenceau: »Lieber Freund, es entspricht dem Wesen des Menschen, das Leben zu lieben. Der Deutsche kennt diesen Kult nicht. Es gibt in der deutschen Seele, in der Kunst, in der Gedankenwelt und Literatur dieser Leute eine Art Unverständnis für alles, was das Leben wirklich ist, für das, was seinen Reiz und seine Größe ausmacht, und an dessen Stelle eine krankhafte und satanische Liebe zum Tod. Diese Leute lieben den Tod. Diese Leute haben eine Gottheit, die sie zitternd, aber doch mit einem Lächeln der Ekstase betrachten, als wären sie von einem Schwindel erfaßt. Und diese Gottheit ist der Tod. Woher haben sie das? Ich weiß darauf keine Antwort. Der Deutsche liebt den Krieg als Selbstliebe und weil an dessen Ende das Blutbad wartet. Der Deutsche begegnet ihm, wie wenn er seine liebste Freundin wäre.«

Das mag überspitzt formuliert sein, und vieles hat sich seit 1945 verändert. Ohnehin ist der sogenannte Nationalcharakter, die Eigenart eines Volkes, kein blindes Verhängnis, kein Naturereignis, sondern ein Produkt geschichtlich-gesellschaftlicher Umstände. Darum sind Wandlungen möglich, und die Zukunft bleibt ein offener Horizont. Dennoch sollte man die Mahnung nicht überhören: Nicht zu wissen, was das Leben wirklich ist, was seinen Reiz und seine Größe ausmacht – das ist in der Tat, als Ergebnis der Geschichte, eine deutsche Gefahr. Sie verweist auf das lange gestörte Verhältnis zwischen einer politischen Kultur der Freiheit und einer Kultur des Pivaten. Daß dieses Verhältnis als ein produktives Spannungsgefüge gestärkt und tragfähiger gemacht wird, ist eine Aufgabe der Erziehung im weitesten Sinne. Die Aufgabe kann indessen nur erfüllt werden, wenn die Einsicht sich durchsetzt, daß die Kultur des Privaten nichts Negatives, sondern im Gegenteil ein Fundament unserer Freiheit ebenso wie unseres Glücks darstellt.

Walter Jens
Die Vernunft der Redekunst

Wer werden die Aufseher sein in dem allgemeinen socialistischen Zuchthaus? Das werden die Redner sein, die durch ihre Beredsamkeit die großen Massen, die Majorität der Stimmen für sich gewinnen, gegen die wird kein Appell sein, das werden die erbarmungslosesten Tyrannen … sein.« Formuliert, im Verlauf der Reichstagsdebatte über die »gemeingefährlichen Umtriebe der Socialdemokratie«, am 17. September 1878. Vorgetragen von einem Mann, der, wiewohl selbst ein großer Redner, die Rhetoren als eine Art von Poeten und Musikanten ansah, die es mit der Wahrheit nicht so ganz genau nähmen: zwielichtige Existenzen, vor denen sich der echte Staatsmann, der eher Schachspieler als Improvisator sei, in acht nehmen müsse. Die Redner sind betörende Volksaufwiegler und Agitatoren: Diese von Bismarck im Kampf gegen die Sozialdemokratie vorgetragene These identifiziert Rhetorik mit einer Kunst, die, verführerisch und emotiv, ans Unbewußte appelliere – überredend, aber nicht überzeugend; niederknüppelnd und nicht befreiend; zermalmend, wo Aufklärung angezeigt wäre: »Rednerkunst«, heißt es in Immanuel Kants »Kritik der Urteilskraft«, »ist, als Kunst, sich der Schwächen der Menschen zu bedienen …, gar keiner Achtung würdig.«

Rhetorik als die Hohe Schule des »Verstellens« (ein Ausdruck von Goethe), als Disziplin, die, wie Kant behauptet, aufs »Überschleichen« abziele, als Beförderin des »Aufwieglertums« im Sinn des frühen Thomas Mann, als trickreiche Technik, mit deren Hilfe, so der Autor der »Wanderjahre«, es dem Redner möglich sei, »gewisse äußere Vorteile im bürgerlichen Leben zu erreichen«: In der Tat, der Lasterkatalog ist lang, die Polemik schrill, die Gesichtspunkte verändern sich kaum. Der Zentralvorwurf lautet: Rhetorik verführt die Sinne mit Hilfe der Schönrednerei, stellt Eloquenz in den Dienst der Agitation und verzichtet aufs Argument, auf sachlichen Diskurs und aufklärerische Belehrung. Aber der Vorwurf ist falsch. Die Polemik der antirhetorischen Fronde beruht auf einem doppelten Irrtum: auf der Meinung, Rhetorik sei nichts weiter als eine praktikable Anweisung zum erfolgreichen Reden, und auf dem Glauben, daß die *Rede*-Kunst sich auf die *Stil*-Kunst beschränke. In Wahrheit aber ist Rhetorik eine Disziplin, die nicht nur, als *ars oratoria* oder *rhetorica utens*, Beeinflussungs-Strategien entwirft, sondern, als *ars rhetorica* oder *rhetorica docens*, auch über Ziel und Zweck, Recht und Notwendigkeit, Humanität und Moral jener Strategien reflektiert, deren Richtung sie im vorhinein bestimmt: Rhetorik ist also keine Technologie (zumindest nicht nur!), deren Instrumentarium, recht angewendet, Erfolg und Einfluß verbürgt; sie ist vielmehr, in erster Linie, eine Wissenschaft, deren Anwälte, von Aristoteles bis Bacon, von Cicero bis Lessing, nicht müde wurden, das *eine* Problem zu analysieren: Wie kann Vernunft sprachmächtig und Denken praktisch werden? Wie läßt sich das richtig Erkannte – in überzeugendem Appell? in herzbewegender Argumentation? – den Menschen einsichtig machen? Was muß die Rhetorik tun und welche Prämissen hat sie, in einem Akt der Selbstreflexion, zu berücksichtigen, wenn sie ihr Ziel erreichen will: Bildung vorantreiben, Kommunikation strukturieren, sprachliche Übereinkunft und vernünftiges Handeln befördern zu helfen? (Kein Wunder, bei alledem, daß die großen Rhetoren – Quintilian so gut wie Melanchthon – meistens auch »Schulmänner« waren: Pädagogen mit einer auf Humanisierung der Gesellschaft abzielenden Bildungs-Konzeption!)

Unter solchen Aspekten bedeutet die Identifikation von Rhetorik und Propaganda nichts anderes als, beispielsweise, die Gleichsetzung von Theologie und Homiletik, unter Ausklammerung der Dogmatik: Hier wie dort wird eine Wissenschaft jenes Spezifikums beraubt, das ihre Eigenart ausmacht – der Dialektik von Theorie und Praxis. (Gäbe es, muß gefragt werden, ohne die auf Geselligkeit und Interhumanität bedachte Rhetorik und ihre »Eingemeindungs«-Arbeit überhaupt eine

Verknüpfung zwischen Kultur und Gesellschaft, dem Entwurf des isolierten Einzelnen und dem – von keiner Theorie geleiteten – Tun der Sozietät?)

Gleich weit entfernt von elitärem Für-sich-Behalten und blinder Popularisierung: der Sprachlosigkeit so feindlich wie dem Gerede (aber von beidem ständig bedroht) ist Rhetorik, nach ihrem Selbstverständnis, darum bemüht, ein Maximum von Vermittlungen zu realisieren: Vermittlung zwischen Wahrheit und Wahrscheinlichkeit, zwischen Lehre und Leidenschaft, Vernunft und Gefühl, zwischen Praxis und Theorie. (Rhetorik, verdeutlicht ein antiker Topos, hat die Hand weit geöffnet: dem Alltag zugewandt, gibt sie das Wissen preis. Philosophie hingegen hält die Faust fest geschlossen: benimmt sich also esoterisch und verzichtet auf den Welt-Bezug.)

So betrachtet ist Rhetorik eine Disziplin, deren Hauptgeschäft (»hermetisch« hat Thomas Mann es genannt) das Über-Setzen ist: die parteiliche Verdeutlichung von Tatbeständen, die, anfangs höchst vage, in einem unendlichen, von Rede und Gegenrede, von Einwurf und Widerspruch geprägten Disput langsam anschaulich werden: Es ist die Intention der Redekunst, den »Sachen« (res) mit Hilfe der »Worte« (verba) ein Höchstmaß von Plastizität zu verleihen – und nicht etwa, wie es das landläufige Vorurteil will, die Worte für sich selbst sprechen zu lassen. Wenn also die antike Definition lautet »Rhetorik ist die Kunst des guten Redens und Schreibens«, dann heißt *gut* nicht elegant oder wortgewaltig oder betörend, sondern: *angemessen* – der vom Redner vertretenen Sache und der Situation, aus der heraus er spricht, adäquat. Das bedeutet: Ein Autor, der die Dinge, um die es ihm geht, mit Hilfe von Statistik und Zitat zum Sprechen bringt, kann »besser« reden als Demosthenes und Cicero in einer Person. Nicht die Schönheit, sondern die Wirkung, nicht die Eleganz, sondern die Angemessenheit befindet über den Rang der praktischen Beredsamkeit: der Grad ihrer Adressaten-Bezogenheit, das Appellhafte und Dialogisch-Demonstrative ... nicht aber der »rhetorische«, von Metaphern und Wortspielen, Antithesen und Alliterationen, von kühnen Bildern und dramatischen Vergleichen strotzende Stil. Eine autonome Diktion ist, sub specie artis rhetoricae, ein Widerspruch in sich selbst; *der* rhetorische Stil ist *kein* rhetorischer Stil. Ohne die Berücksichtigung des materiellen Substrats läßt sich ein »Gelungen!« so wenig wie ein »Mißraten« aussprechen: eine Selbstverständlichkeit, wenn man bedenkt, daß von der griechischen Antike bis zur Mitte des achtzehnten Jahrhunderts das Gebot dominierte: Vergiß nicht, Redner, daß der Duktus deiner Verlautbarungen (der Predigten und Lehrgedichte, Bittschreiben und Proklamationen) sich nach den Objekten richten muß, die du behandelst. (Und nach den Adressaten, natürlich, zu denen du sprichst.) Willst du also, auf Information und Unterweisung bedacht, *Tatbestände* analysieren, politische Fakten oder biblische Geschehnisse, dann mußt du lehrhaft reden, in knapper und nüchterner Sprache. Je bescheidener der Gegenstand, desto volkstümlicher und legerer der Duktus der Rede: Wo es um kleine Leute geht, um Gespräche unter freiem Himmel und Alltäglichkeiten, wie sie Markt und Kaserne, Acker und Wohnstube bieten, sind Witz und unfeierliches Parlando am Platz – nicht aber, wie's die simple Rede nahelegt, Plattheit oder trockene Pedanterie. Willst du dagegen, eine Stufe höher, das *gesellige Leben* der Bürger beschreiben, mit ihrer Moral und den Konventionen ihres Verkehrs, dann darfst du nicht lehren, sondern mußt »belusten« (wie es in den Rhetoriken des siebzehnten Jahrhunderts heißt) und einen mittleren, zum Ergötzen dienlichen Stil wählen, nicht zu seicht, nicht zu pathetisch – einen Stil, der urban und angenehm ist. Aber hüte dich, der Gefahr zu erliegen, die mit der ambivalenten, zwischen hoch und nieder vermittelnden Diktion von Hause aus verbunden ist: der Gefahr, das Angenehme mit dem Ubiquitären, dem Lauen und Zerfließenden zu verwechseln und dort, wo Freundlichkeit und Familiarität geboten sind, ins Unverbindliche zu geraten. Und dann die dritte Stufe: *Die Welt der Großen*! Majestät und Triumph. Das Reich der Könige und Päpste, der Märtyrer und Inquisitoren. (Und auch der Teufel, natürlich.) Hier muß der Stil pathetisch sein, die Schreibart herzbewegend und affektuös, die Rede metaphernreich, der Grundton tragisch – große Siege, große Niederlagen; Himmelfahrt und Höllenfahrt! –, die Diktion begeisternd und kraftvoll: markant, aber – hier liegt die Gefahr des dritten und höchsten Stils – niemals schwülstig.

Das Schema, in der Form einer vierfachen Trias, ist simpel und – wie seine Zweijahrtausend-Herrschaft beweist – effizient: drei Gegenstandsbereiche (die Welt der Fakten, der Charaktere und der Leidenschaften); drei Personenkreise (Bauern, Bürger und Adel); drei rednerische Verpflichtungen (die Lehre, das Amüsement, die Leidenschaft: erst der Appell an den Verstand, dann das Rühren des Gefühls, schließlich das

Erregen des Willens – von der Pragmatik über die Ethik zum Pathos); drei Stilqualitäten (wissenschaftlich knappe, vor allem im Bereich der religiösen Unterweisung angemessene Schlichtheit; populäre Anmut, Charme und Idyllik: graziöses Geplauder; hohes Pathos und uneigentliche Rede).

So variabel das Schema im einzelnen ist – es kann sich, unter Einschluß von Stilart und Gattung, auch fünf- und sechsfach präsentieren – und so gleitend, im Zeichen der sich wandelnden Gesellschaftsordnung, die Übergänge zwischen Beweis und Belustigung, zwischen *passions* und *manners*, zwischen Anmut und Würde auch sind: Die Tatsache, daß das Grundschema von der Antike bis zur Aufklärung kanonische Bedeutung gehabt hat, steht außer Zweifel: Vorgeprägt von Aristoteles, ausgebaut von Cicero und von Augustin unter dem Aspekt der christlichen Beredsamkeit für praktikabel befunden, wurde die Gültigkeit des rhetorischen Kalküls bis zum achtzehnten Jahrhundert niemals bestritten (noch Schiller unterscheidet, durchaus konventionell, zwischen Handlungen, Charakteren und Leidenschaften) und sah sich erst in einem Augenblick außer Kraft gesetzt, als, im Zeichen des bürgerlichen Zeitalters, mit der hierarchischen Ordnung der Welt auch die ihr entsprechende Hierarchie der Stile zerfiel: als die Demokratisierung der Gesellschaft auch eine Demokratisierung der Sprache bewirkte.

In der Epoche des bürgerlichen Individualismus, die vom Gegensatz zwischen »Natur« und »Kunst«, dem »Genie« und der »Regel« geprägt war: als die Sprache des Herzens – Natürlichkeit und ungekünstelte Rede – die konventionelle Diktion des Feudalzeitalters ersetzte, wurde das alte, der zeremoniellen Realisierung des Bestehenden, der Etikette und Repräsentation des *ordo Christianus* dienende Gesetz der Rhetorik für nichtig erklärt ... und das mit allen Konsequenzen: An die Stelle der normativen Rhetorik trat die deskriptive Poetik; das Diktum »Ein Redner kann man werden, zum Dichter muß man geboren sein« gewann den Charakter einer Zentral-Maxime; die Literatur begann sich in Auftragskunst hier und »echte« Poesie dort zu teilen: eine Trennung, die es nicht gab, solange der Lateinschüler, auf die Imitation klassischer Muster verwiesen, mit Hilfe von Deklamationen und Aufsätzen, die den Anweisungen der spätantiken Lobreden folgten, sich schon in jungen Jahren jene literarischen Techniken aneignen konnte, über die einer verfügen mußte, der mitreden und eine Rolle spielen wollte: im Schultheater zuerst und später auf dem Theater der

Welt! Zwischen rhetorischer Pflichtübung und öffentlicher Rede, zwischen einem Exerzitium im epideiktischen Stil und einer poetischen Darbietung bestand so wenig eine qualitative Differenz wie zwischen den großen oratorischen Akten am Ende des Schuljahrs, den Demonstrationen des Jesuitentheaters und den Aufführungen der Wanderbühnen. Die Personalunion von Poet und Rhetor, Kanzelredner und Notar war unantastbar. Wer das Reglement der Rhetorik beherrschte: den Fünfschritt von der Findung der Argumente über die Disposition, die verbale Ausschmückung und den Vortrag bis hin zur Mnemotechnik; wer in die Schule jener antiken Gerichtsredner gegangen war, deren Plädoyer-Technik die mittelalterlichen Streitgespräche und Disputationen akzentuierte und deren Fähigkeit, einen Tatbestand, mitsamt all seinen sozialen und psychologischen Implikationen, umfassend zu beleuchten, bis zur Neuzeit die literarische Charakter-Beschreibung bestimmt hat; wer, weiterhin, mit Hilfe der Topik, gelernt hatte, wie leicht sich ein Gedicht schreiben läßt, wenn einer nur die Fundorte kennt und darüber hinaus, dank der Chrien-Technik, ein wenig zu argumentieren weiß; wer, vor allem, das Wechselspiel von argumentativer Belehrung und affektuöser Beeinflussung zu praktizieren verstand: »Gründe in Bilder zu kleiden« und »durch Phantasie auf den Verstand zu wirken« hat Lessing das Rhetoren-Amt des Aufklärers genannt; wer, schließlich, auf der einen Seite die Kunst gelernt hatte, den Kampf zwischen Leidenschaft und Verstand durch *erleuchtende Argumente* zugunsten der Vernunft zu entscheiden, und, auf der anderen Seite, jene Fähigkeit besaß, die, nach der zeitgenössischen Vorstellung, nötig war, um Tropen und Figuren in »Eroberungsmaschinen« zu verwandeln: in Werkzeuge, deren Einsatz den Zwist auf dem Schlachtfeld der Seele zugunsten des Redners entschieden: »Red-Kunst«, heißt es beim jungen Wieland, »ist eine auf die Kenntnis der Regeln gegründete Fertigkeit, die Zuhörer zu überzeugen, sich ihrer Affecte zu bemeistern und sie zu dem Zweck zu lenken, den man sich vorgesetzt hat«; kurzum, wer rhetorisch geschult war, sah sich damit in die Lage versetzt, wenn schon nicht *wie*, so doch *in der Weise von* Gryphius dichten zu können. (Wobei anzumerken ist, daß gerade Gryphius' eindrucksvollste Sonette häufig aus einer Summe von exakt durchgeführten rhetorischen Operationen bestehen ... warum auch nicht? Wo doch auch Goethe noch stolz darauf war, daß es ihm »in rhetorischen Dingen niemand zuvorthat«!)

Und nicht nur Poet konnte er werden, der in Rom oder St. Afra, in Tübingen oder Schulpforta unterwiesene Zögling: Der Herrschaftsbereich der Rhetorik umfaßte *sämtliche* Künste, nicht allein die Literatur. Rhetor war auch der bildende Künstler, der mit Hilfe von optischen Impressionen – Schauseite und Buchtitel, Kostüm und Farbe! – Psychagogie betrieb; Rhetor war der Akteur auf der Bühne, der in den Lehrbüchern, unter dem Stichwort »Körperliche Beredsamkeit«, dargestellt fand, welche Gesten er vorführen mußte – pathetische im Zeitalter des Barock, sanft-harmonische in der Epoche der Klassik –, um bestimmte Charakterzüge, große und kleine Passionen zu verdeutlichen. Ein Rhetor war der Hofmann, mit seinem Versuch, sich durch angenehme – im Kapitel »de actione« erlernbare – Bewegungen Ansehen zu verschaffen; Rhetor war der Maler – die Farbgebung, in der Weise Albertis, als eine »ars movendi« betrachtet – und ein Redner schließlich war auch der Komponist: *ars canendi* und *ars dicendi* gehörten zusammen wie Motette und Predigt; nicht anders als der Orator hatte es auch der Cantor mit Exposition und Vortrag, mit dem Satzbau und den zur Seelenbewegung höchst dienlichen Figuren zu tun: »Ein Redner und ein Musicus«, schreibt Johann Joachim Quantz, »haben einerlei Absicht ...: sich der Herzen zu bemeistern, die Leidenschaften zu erregen und die Zuhörer bald in diesen, bald in jenen Affekt zu versetzen.«

Rhetorik als regina artium – eine Disziplin, deren Macht identisch mit ihrer Verfügbarkeit ist: Einst von der Jurisprudenz, dann, als Homiletik, von der Theologie in Dienst genommen, gewinnt sie heute, nach einer langen Zeit des Interregnums, in der, in Kirche und Parlament, die *rhetorica utens* vorherrschte, erneut an Bedeutung: im Zeichen jener »new rhetoric«, die, auf einer Kooperation von Kommunikationswissenschaft, Linguistik, Politologie, Psychologie und Soziologie beruhend, die gesellschaftlichen und individualpsychologischen Bedingungen untersucht, unter denen »Persuasion« wirksam wird – wirksam, sofern sie sich bestimmter, mit dem Instrumentarium der Sprachwissenschaft, vor allem der Pragmatik, und der Ideologiekritik meßbarer Strategien bedient.

Indem sie nachweist, daß es eine »neutrale« Sprache nicht gibt, sondern jede Aussage – selbst die nüchternste Mitteilung: und wieviel mehr erst der Appell, in der Mitte zwischen dem Befehl und der puren Information – intentional, also »rhetorisch« strukturiert ist, macht die new rhetoric deutlich, daß die ars oratoria nicht, wie man zwischen dem (vermeintlichen) Ende der aristotelischen und dem Beginn der postaristotelischen oder wissenschaftlichen Rhetorik annahm, durch eine elocutionelle Bestimmung, wie immer sie ausfallen möge, definiert werden kann: daß es vielmehr die Wirkungsintentionalität ist, die ihr Wesen ausmacht ... die Intention, dem Argumentativen, Philosophischen, Abstrakten in einem Appell an die Affekte Heimatrecht zu verschaffen. Was, nach Fénelon, der »conviction de la philosophie« unmöglich ist, mag der »persuasion d'éloquence« am Ende doch noch gelingen: der Versuch, Vernunft zu sozialisieren ... und das auf eine Art und Weise, die einer Wissenschaft adäquat ist, zu deren Grundprinzip es gehört, eher Fragen aufzuwerfen als Antworten zu geben (und wenn, dann vorläufige) und häufiger »so aber auch so« zu sagen als »so und nicht anders«.

Rhetorik »hat« nicht die Wahrheit – sie sucht sie, in Rede und Gegenrede, deutlich zu machen: da ist kein Satz, der beanspruchen dürfte, er sei der letzte! Beredsamkeit, man kann es nicht oft genug sagen, setzt Freiheit voraus, Offenheit, Unabgeschlossenheit, Vorläufigkeit. Wenn These und Antithese zusammenfallen; wenn ein und derselbe Mann zugleich Staatsanwalt und Verteidiger ist; wenn Beredsamkeit zu einem Disziplinierungs-Instrument wird, wenn der »vir bonus« eines Quintilian oder Castiglione dem Deklamator weicht und der »perfectus orator«, dessen rednerische Überzeugungskraft auf seiner Glaubwürdigkeit und identifikationsfördernden Moralität beruht, dem Histrionen Platz macht, der es sich, von Leibgardisten umgeben, getrost leisten kann, auf Moral zu verzichten (hier kommt es nicht aufs Überzeugen an; hier wird ein Spektakel inszeniert); wenn die Ambivalenz von Argument und Affekt aufhört, die Rhetorik zu konstituieren und nur noch Feind-Freund-Gefühle reagieren; wenn Dialektik durch Affirmation ersetzt wird: der Entwurf von Möglichkeiten durch das Pochen auf die Wirklichkeit; das Denken in Alternativen durch das Diktat; die auf Vermittlung bedachte Ironie durch den Imperativ: »Hier jubelt! Und jetzt wird gepfiffen!«; der Dialog – auch der potentielle – durch das Selbstgespräch; die Darlegung einer Fülle von Gesichtspunkten durch das Kommando des einen, dem niemand antworten darf; wenn das Lehr-Element der Beredsamkeit – der Ton des »Hessischen Landboten« oder der Lassalle'schen Verfassungsrede – dem Zeremoniell zum Opfer fällt: dann gibt es (nachzulesen in Hans

Mayers Traktat über »Rhetorik und Propaganda«) keine Redekunst mehr.

Bismarck hatte unrecht: Agitation – als eine Form der schwarzen Messe, gegen deren Ritual ein Widerspruch unmöglich ist – und aristotelische Redekunst, die Advokation der Dialektik: Das sind grundverschiedene Dinge.

So wenig die Rhetorik vor Instrumentalisierung und technizistischer Verkürzung geschützt ist und so oft man ihre Autorität zur Verfolgung unmoralischer Zwecke mißbraucht hat, so unbezweifelbar ist ihr verpflichtender Auftrag: Seelenführung im Horizont der Vernunft zu betreiben, um auf diese Weise, als ein den verschiedenartigsten Disziplinen verfügbares Sozialisations-Instrument, Kunst und Wissenschaft in gesellschaftlicher Praxis zu realisieren.

Dietrich von Oppen
Die Tugend der Sachlichkeit

Von Sachlichkeit wird heute viel gesprochen. Sie ist geradezu ein Stichwort unserer Zeit. »Bleib doch bitte sachlich!« hört man, wenn die Auseinandersetzung hitzig und verletzend zu werden droht. Oder es wird lobend hervorgehoben, eine Verhandlung, eine Beratung sei »wohltuend sachlich« verlaufen. Die allgemeine Beschwörung dieser Tugend zeigt, daß hier wirklich etwas gemeint ist, »was der Mensch braucht«. Und sie zeigt weiter, daß es sich nicht nur um ein verzweifeltes Verlangen nach etwas Unmöglichem handelt, sondern daß Sachlichkeit wirklich vorkommt. Wie aber kommt sie vor? Ich möchte das hier vorwegnehmend in einige kurze Thesen fassen.

Erstens: Sachlichkeit brauchen wir wie das tägliche Brot; ob wir sie üben, ist eine Überlebensfrage. – Zweitens: Die volle Sachlichkeit unserer Zeit ist erst im Entstehen; sie enthält drei scharf geschiedene, ja gegensätzliche Schichten des Verhaltens; die dritte und jüngste Schicht ist erst im Kommen und vielfach umstritten. – Drittens: An dieser dritten und jüngsten Schicht scheiden sich heute oft die Geister, und daraus entsteht ein bedeutender Gegensatz in unseren gegenwärtigen Auseinandersetzungen.

Soweit die Thesen. Was wollen sie besagen?

Zur ersten These, daß wir diese Tugend unbedingt benötigen, bedarf es keiner weiteren Belege. Das allgemeine Empfinden, der weit verbreitete Sprachgebrauch lassen hier keinen Zweifel. Was aber ist mit der zweiten These gemeint? Wieso ist Sachlichkeit erst im Entstehen? Inwiefern gibt es drei Schichten grundverschiedenen, ja gegensätzlichen Verhaltens, die wir gleichzeitig üben müssen?

Ein Beispiel mag aus den allgemeinen Begriffen in die lebendige Erfahrung führen. Unlängst berichtete die Lokalpresse aus einer hessischen Kleinstadt, eine Partei habe sich für die bevorstehenden Kommunalwahlen das Wahlkampfmotto gewählt: »Mehr Sachlichkeit im Rathaus«. Auf einer vorbereitenden Mitgliederversammlung wurde das erläutert: Eine »unerträgliche Atmosphäre« im Rathaus müsse »entkrampft« werden; die örtliche Politik dürfe nicht vom »bloßen Parteiinteresse« bestimmt werden; die Auseinandersetzungen hätten vielfach »die Herabsetzung der anderen Partei oder der andersdenkenden Person zum Ziel« gehabt. Dagegengesetzt wird der Wille der Abgeordneten, »den Bürgern zu dienen« durch »Bewältigung der anstehenden Sachprobleme« und »vernünftige Konzepte zur Verwirklichung ... von allen erkannter Anliegen zu entwickeln«.

Als Entfaltung des Wahlkampfslogans »Mehr Sachlichkeit im Rathaus« klingt das alles recht selbstverständlich und wenig aufregend. Und doch sind hier Hinweise zu gewinnen, was Sachlichkeit nicht ist und was sie ist, wo man tiefer bohren kann und muß. Einseitige Interessenvertretung wird der Sache nicht gerecht, denn – so kann man formulieren – »die Sache ist immer ein Ganzes«. Die Verunglimpfung der anderen Gruppe oder der andersdenkenden Person wird der Sache ebenfalls nicht gerecht, denn – so kann man weiter formulieren – »die Sache fordert Kooperation und nicht Kampf«. Hier bleibt es nun gar nicht mehr selbstverständlich. Es wird Widerspruch geben von denen, die sich grundsätzlich kämpferisch verstehen – gegen wen und für was auch immer. Aber es ist schon so, und hier erscheint bereits ein Grundproblem unserer Zeit. Im Gegensatz zu alten Zeiten, in denen man »kampfesfroh« ritterliche Kämpfe ausfechten konnte, führen Kämpfe heute seltsamerweise immer und überall – wie in dem erwähnten Rathaus – zu einer »unerträglichen Atmosphäre«, die »entkrampft« werden muß. Entkrampfen aber kann immer nur der Sachliche. Sachlichkeit ist Friedensstiftung, Friedensstiftung um der Sache willen und um der in ihr verwickelten Menschen willen: »... den Bürgern zu dienen«, sollen in unserer Kleinstadt die Abgeordneten im Rathaus sachlich arbeiten. Kampf bringt keine Lösung mehr!

Wie aber geschieht nun sachliche Arbeit? Was tut sie?

Wieder erscheinen die Antworten unserer Parteiversammlung nur auf den ersten Blick farblos: »Bewältigung der anstehenden Sachprobleme« sei die Aufgabe, und es käme darauf an, »vernünftige Konzepte ... zu entwickeln«. Das sind sehr anspruchsvolle Vorgänge. Sie beruhen auf weitreichenden Voraussetzungen und benötigen Anstrengungen, die kaum bewußt und erst recht unzureichend eingeübt sind. Es ist kein Wunder, daß das alles so oft nicht gelingt und an der Unsachlichkeit der Beteiligten scheitert.

Hier ist nun der Ort, von den drei Schichten zu reden, die in den Thesen angedeutet wurden. Ihre Unterscheidung ist ein Versuch, einen Überblick über das verschlungene Geschehen einer »Bewältigung anstehender Sachprobleme« zu gewinnen. Bleiben wir bei unserem Rathaus. Hier sollen doch außer den Abgeordneten auch die Beamten und Angestellten sachlich handeln.

Da gibt es in deren Tun eine erste, schlichte Schicht, die nie entbehrt werden kann. Das ist die routinemäßige und korrekte Führung der Karteien, Buchhaltungen usw. Wer wollte auf die auch hier geübte verantwortliche Sachlichkeit verzichten! Ohne sie ist keine Bewältigung anstehender Sachprobleme möglich. Aber sie genügt nicht. Das wird an dem Schmähwort für den deutlich, dessen Sachlichkeit nicht weiter reicht: Er ist als Bürokrat verschrien. Ein Bürokrat ist ein Mensch, in dessen Sachlichkeit Wesentliches fehlt. Was fehlt dort? Es fehlt die Sicht auf das Problem. Der geordnete, gleichmäßige Gang der Arbeit verdeckt den Blick auf das Neuartige, auf die ungewohnte Frage, auf das, was zur Bewältigung auffordert.

Hier findet die zweite Schicht der Sachlichkeit ihre Aufgabe. Es ist die Schicht der methodischen Verstandesarbeit, die Zwecke setzt, Methoden entwickelt und Mittel anwendet. Im Rathaus wird auf diese Weise das Verkehrsnetz erweitert, ein neues Wohnviertel geplant, die Müllabfuhr rationalisiert usw. Es ist die gleiche Sachlichkeit, mit der die moderne Wissenschaft vorangetrieben, ein Unternehmen rentabler organisiert und die Technik weiterentwickelt wird. Es ist die Art von Sachlichkeit, aus der unsere ganze moderne Welt aufgebaut wurde und auf die sie nicht verzichten kann.

Die technische Sachlichkeit sieht sich aber heute im örtlichen Rathaus wie im Weltzusammenhang auf allen Lebensgebieten Krisenerscheinungen gegenüber, die ständig zunehmen und sich vertiefen. Übervölkerung und Hungertod, Vergroßstädterung und Slumbildung, Umweltvergiftung und drohende Erschöpfung von Rohstoffvorkommen, Steigerung der Kriegswaffen zu Massenvernichtungsmitteln, strukturelle Arbeitslosigkeit, Kriminalität, Drogensucht und Alkoholismus, psychische Störungen und anderes mehr kennzeichnen die Szene. In den Industrienationen bleiben diese Erscheinungen weitgehend verborgen unter der glatten Oberfläche einer hochtechnisierten, gut funktonierenden Konsumgesellschaft. Wird es dem technischen Verstand gelingen, zu allen diesen Problemen ausreichend »vernünftige Konzepte« zu entwickeln?

Angesichts dieser Frage scheiden sich heute die Geister. Viele Menschen, vielleicht die Mehrzahl, sehen in den Mißständen wirklich nur Zeichen, daß die Methoden wissenschaftlich-technischer Weltbewältigung noch immer unzulänglich ausgebildet sind, daß man sie noch ausweiten und verfeinern muß. Das Netz technisch-organisatorischer Einrichtungen muß eben noch dichter geknüpft werden. Sind Flüsse, Seen und Meere vergiftet, so können die einströmenden Abwässer abgefangen und gereinigt werden; sind die Straßen von Autos verstopft, so sind neue Straßen zu bauen und ist der Verkehr zweckmäßig umzuleiten. Für seelische Erkrankungen werden immer mehr Psychopharmaka entwickelt, und gegen Kriminalität und Terrorismus haben Polizei und Gerichte das Ihre zu tun. »Anstehende Sachprobleme« sind wissenschaftliche, technische und organisatorische Probleme. Das alles gilt als Sachlichkeit, und mit Recht. Wer diese und ähnliche Maßnahmen versäumt, handelt unverantwortlich und also unsachlich. Aber ist es schon die *volle* Sachlichkeit? Genügen die Maßnahmen? Das muß bezweifelt werden.

Wieder gibt uns der Sprachgebrauch einen Hinweis. Einen Menschen mit dieser begrenzten Sachlichkeit, für den anstehende Sachprobleme einfach technische Probleme sind, nennt man heute einen »Technokraten«. Darin drückt sich ein sicheres, wenn auch zunächst noch unklares Gefühl dafür aus, daß hier die Sache wörtlich »zu kurz kommt«; daß die Sache mehr ist, als man mit technischen Mitteln bewältigen kann. »Die Sache ist immer ein Ganzes«, haben wir oben formuliert. Moderne Technik aber, auch hochentwickelte Technik erfaßt immer nur Teilbereiche. Darum sieht der Technokrat immer auf einem Auge scharf, auf dem anderen Auge ist er blind. Er löst Probleme wie mathematische Aufgaben. Was dabei ungelöst übrig bleibt, sieht er nicht. Wie uns das Schmähwort vom Bürokraten zur zweiten Ebene der Sachlichkeit geführt hat, so jetzt das Scheltwort vom »Technokraten« zur dritten.

Was auf dieser Ebene neu hinzukommt, ist die Öffnung des Blickes auf den Menschen. Das Problembewußtsein, das der Technokrat dem Bürokraten schon voraus hatte, wird jetzt erweitert und vertieft. Es bekommt ein neues Gesicht: Hier wird im Sachproblem auch nach dem Menschen gefragt, oder genauer: Hier wird in neuer Weise nach ihm gefragt. Denn auch der Technokrat sorgt für den Menschen; er läßt ihn verdienen, produziert ihm Waren, baut ihm Straßen und schickt ihn in den Urlaub. Die Sachlichkeit der dritten Ebene aber fragt wie dieses ganze Buch: Was braucht der Mensch – über Geld und Waren hinaus? Das ist viel und sehr Verschiedenes. Wie aber findet man es? Indem man weiter ausholt durch die gründliche *Verarbeitung kritischer Situationen.* In solcher Verarbeitung wird die anstehende Sache nicht isoliert, sondern als Brennpunkt einer großen Gesamtsituation gesehen. Das Problem erweitert sich nach allen Seiten. Voraussetzungen bleiben nicht ungeprüft, Folgen wollen bedacht sein. Vor allem aber werden aus dem Gesamtkomplex Folgerungen für die Gesamtexistenz des Menschen gezogen. Die Verarbeitung verknüpft die Gegebenheiten möglichst umfassend mit dem Leben der Betroffenen. Betroffen ist der andere Mensch, der mir anvertraut ist: der Bürger, der Patient, der Schüler, der Ehepartner. Betroffen bin ich aber auch selbst. Zur Verarbeitung gehört die kritische Rückfrage an die eigene Person: Verhalte ich mich richtig, oder muß ich mein Leben ändern? Die Selbstüberprüfung kann in der vollen Sachlichkeit nicht fehlen.

Ein großes und deutliches Beispiel für das alles liefert uns die unmittelbare Gegenwart mit ihrer Diskussion um die Kernkraftwerke. Der Bundeskanzler hat in einer Fernsehansprache zu Besonnenheit und Sachlichkeit in der Diskussion gemahnt. Dieses unser Stichwort konnte hier nicht ausbleiben, und jeder wird es bejahen. Im Hin und Wider der Meinungen aber schälen sich deutlich zwei Grundauffassungen von Sachlichkeit heraus, eine engere und eine weitere. Auf der einen Seite ist der Bau oder Nichtbau von Kernkraftwerken vorwiegend ein wirtschaftlich-technisches Problem. Werden die Fragen der Kosten, der Betriebssicherheit, der Entsorgung befriedigend gelöst, dann *ist* das Problem gelöst. Der Zweck, mehr Strom durch Kernenergie, kann erreicht werden. Auf der anderen Seite wird die Frage zum Brennpunkt und Prüfstein der ganzen Lebenssituation heute. Es wird nach allen Seiten zurück- und vorausgefragt: Bringen wir jetzt die Natur nicht endgültig aus dem Gleichgewicht, statt ein neues Verhalten zur Natur zu entwickeln? Wird man nicht zur Sicherung der Werke und des Atommülls in einen Zwangsstaat gedrängt werden? Brauchen wir wirklich mehr Strom, oder müssen wir auf weiteres Wachstum verzichten und uns einschränken? Wie können wir vorhandene Energie sparen? Können nicht saubere Energiequellen mehr genutzt werden: Sonneneinstrahlung oder Gezeiten? Und so weiter, und so fort. Lauter schwere, aber offene Fragen. Wer weiß die sicheren Antworten schon? Wozu sind wir herausgefordert? Gewiß *nicht* zur Weltzerstörung! Man sieht: Auf der einen Seite nur technische Fragen im Dienste eines Zweckes, der nicht hinterfragt wird. Auf der anderen Seite ebenfalls technische Fragen, aber zugleich auch ein Bewußtsein, daß wir jetzt nach mehr als nur nach einer technischen Lösung gefragt sind; daß hier eine Krise von vielleicht säkularem Ausmaß nach Verarbeitung verlangt. Das Verlangen nach »vernünftigen Konzepten« gewinnt eine unerwartete Weite.

Eine engere und eine weitere Sachlichkeit stehen sich gegenüber. Dabei ist die weitere im Nachteil, denn sie nimmt eine große und langfristige Verunsicherung in Kauf. Der Politiker, der Wirtschaftler, der Techniker, die gewöhnt sind, rasch und tatkräftig zu handeln, sträuben sich dagegen. Das ist verständlich. Aber sie stellen die Weichen auf lange Zeit. Wie, wenn die Fahrt unabsehbare Generationen ins Unheil führt? Wenn eine lebensnotwendige Wende der Entwicklung versäumt wird? Können wir – trotz der Verunsicherung – auf die große Sachlichkeit verzichten?

Ein weiteres Beispiel aus dem ganz persönlichen Bereich soll noch deutlicher zeigen, was an der großen Sachlichkeit heilend wirkt. Man spricht heute oft von der »Trauerarbeit«, die ein Mensch zu leisten hat, wenn er etwa seinen vieljährigen Lebensgefährten verloren hat. Was wird da erarbeitet? Kurz gesagt: die Neueinrichtung in einer veränderten Welt, gewissermaßen eine neue Weltschöpfung. Der Ausdruck greift nicht zu hoch. Denn der ganze Mensch muß mit allen seinen Kräften sein ganzes Verhältnis zur ganzen Wirklichkeit neu einrichten. Das heißt praktisch: Er muß seine neue Aufgabe erkennen und wahrnehmen. Wie kann er das? Wieder durch eine breit entfaltete Sachlichkeit, an der jetzt noch andere Züge hervortreten. Die Verarbeitung als Neueinrichtung erfordert Kraft zur Eigenständigkeit, erfordert die innere Freiheit und den Mut, sich der neuen, schweren Lage zu stellen, vor dem Bewußtsein nichts zu verdrängen und nicht in Scheinlösungen zu fliehen. Ein neuer Schritt auf dem lebenslangen Weg der Ich-Reifung ist zu tun. Denn Ich-Reifung bedeutet immer Aufbau einer eigenen Welt und umgekehrt. Diese im Grunde ganz persönliche Leistung aber kann nicht allein erbracht werden. Es gehört dazu das verarbeitende Gespräch mit wenigstens einem anderen zur Sachlichkeit bereiten Menschen, der den Trauernden in seiner Lage sieht und ihn dabei zugleich hält und freigibt; das heißt, der ihm durch Vertrauen Mut zu sich selber macht, seinen eigenen Weg zu finden. Als drittes wird dann eine haltgebende äußere Ordnung des neuen Daseins benötigt. Technische Dinge sind zu regeln: geldliche Maßnahmen, ein Umzug, Verkäufe. Nicht zuletzt aber bedarf die Wahrnehmung der neuen Lebensaufgabe, wie immer sie auch aussehen mag, methodischer Überlegungen und übersichtlicher Anlage. Die Gedankenarbeit wird sonst leicht zum fruchtlosen Grübeln. Mag das alles im einzelnen Falle auch nur in bescheidenen Ansätzen geleistet werden, so ist doch die zuvor entworfene mehrschichtige Sachlichkeit auch hier unverkennbar. Auch Trauerarbeit kann auf sie nicht verzichten.

Entsprechendes gilt von allen Lebenskrisen, von der ersten Kindheit an bis zum Altwerden und dem Zugehen auf den Tod. Es gilt für jede Krankheit, die immer mehr ist als eine nur körperliche Panne. Es gilt für alles, was uns heute zunehmend Sorge macht: Konflikte, psychische Störungen und Süchte, Kriminalität, Strafvollzug und Strafentlassung, Suicid-Versuche. Immer geht es darum, ob und wie ein Mensch so selbständig und frei wird, daß er sich auch eine angeschlagene oder zertrümmerte Welt wieder aufbauen kann. Feste äußere, haltgebende Regelungen sind dabei unerläßlich. Aber sie bleiben kalt und tot, wenn der Angefochtene dabei nicht die vertrauensvolle Zuwendung wenigstens eines anderen Menschen erfährt, der frei genug ist, ihm Raum zu geben und ihm Vertrauen zu sich selbst einzuflößen. In alten Zeiten waren es die sinnhaften, umfassenden Lebensordnungen in Familie, Dorf und Stadt, die die Menschen mit Sitte und Form durch ihre Lebenskrisen hindurchleiteten. Heute sind an ihre Stelle die kühlen, zweckhaften Systeme der Arbeit, der Politik, des Verkehrs usw. getreten, die die Hilfe zum Leben allein nicht mehr leisten. Ihr kaltes Gehäuse müssen wir irgendwo durch menschliche Zuwendung mit Wärme erfüllen und damit dem anderen Menschen helfen, sein Leben und dessen Krisen zu bewältigen.

Das lernen wir erst ganz mühsam. Aber es geschieht auch schon unter uns. Der feinfühlige Rainer Maria Rilke sah es heraufkommen. Er schrieb 1904 in einer Brieffolge, die einem jungen Menschen half, eine Reifungskrise zu verarbeiten: »Wir kommen ja doch eben erst dazu, das Verhältnis eines einzelnen Menschen zu einem zweiten einzelnen vorurteilslos und sachlich zu betrachten, und unsere Versuche, solche Beziehung zu leben, haben kein Vorbild vor sich. Und doch ist in dem Wandel der Zeit schon manches, was unserer zaghaften Anfängerschaft helfen will.« Der weitere Wandel der Zeit im Laufe des 20. Jahrhunderts hat uns noch dringlicher vor diese Aufgabe gestellt.

Warum aber ist das alles so schwer? Warum mißlingt das alles so oft? Wachsen denn nicht statt der Freiheit die Zwänge? Ist die hier umrissene Sachlichkeit nicht eine utopische Überforderung angesichts der Realitäten, die in die entgegengesetzte Richtung laufen? Das sind berechtigte Fragen. Darum muß zum Schluß noch gesagt werden, warum diese volle mehrschichtige Sachlichkeit mehr ist als eine optimistische Illusion. Sie *ist* mehr, auch und gerade wenn sie so oft scheitert.

Das zu verstehen kann noch einmal die Unterscheidung der Schichten helfen. Leitfrage: Worauf verläßt man sich jeweils in ihnen? Beim mechanischen Gehorsam und beim technischen Machen verläßt sich der Mensch allein auf seinen Verstand und das, was dieser fassen kann. Alles Sonstige erscheint leicht als vage, unbeweisbar und darum nicht recht verläßlich. In der dritten Schicht aber, der der Verarbeitung krisenhafter Situationen, rückt dieses Sonstige in die Mitte. Da wird in der Gesamtsituation eine »Forderung« gehört, die »Antwort« verlangt. Was heißt das? Wer fordert da wie eine Person? Wie hört man das? Und weiter: Da soll der Mensch seine Antwort so geben, daß er sich seine eigene »Welt« schafft, und da kann ein anderer in ihm durch vertrauensvolle Zuwendung die dazu nötige Freiheit auslösen. Was für eine Freiheit ist das? Was sind das alles für Wirklichkeiten, auf die der Mensch da sein Handeln stützt und ausrichtet? Mit dem kühlen Verstand allein – sosehr er immer benötigt wird – ist da nicht auszukommen. Denn er arbeitet mit der Unterscheidung von Einzelheiten. Hier aber geht es um die Erfahrung vom lebendigen Ganzen. Daß es ein lebendiges Ganzes geben kann, unabgeschlossen, voller Brüche und Verkehrtheiten, ständig im Fluß – ein Ganzes, das einen Eigenwert hat und mehr ist als die Summe seiner unterscheidbaren Teile, das ist unserem technisch geprägten Denken fremd geworden. Die volle Sachlichkeit aber öffnet sich dem Ganzen. Denn es begegnet uns ständig – als Gesamtsituation, als Gesamtpersönlichkeit von uns selbst und unseren Mitmenschen – und spricht seine eigene Sprache.

Es gibt ein Lehrbuch dieser Sprache. Das ist die Bibel. Die Bibel sagt, wie das verwirrende Einzelgeschehen jeweils von der ganzen Welt her, von der ganzen Zeit und vom ganzen, heilen Menschen her Sinn und Richtung erhält. Sie lehrt uns damit, die Sprache der gegenwärtigen Situation zu vernehmen und zu verstehen. Zu verstehen als Aufruf eines schaffenden Gegenübers zu eigenem Schaffen. Sie nennt dieses Gegenüber den lebendigen Gott. In Aufforderung Gottes und verstehender Antwort des Menschen vollzieht sich Weltschöpfung, vollzieht sich nichts Geringeres als der Fortgang der Weltschöpfung überhaupt. Jede Weltschöpfung im kleinen, in den bescheidenen oder schweren Lebenskrisen, kann ein Vorschein sein der schon heraufkommenden endgültigen Schöpfung, die alle Wirrsal löst. Aber nur wenn und soweit sie ein Vorschein davon ist, ist sie lebendig und tragfähig.

Denn die heraufkommende endgültige Schöpfung ist die Welt des vollen und heilen Menschen. Er lebt und wirkt in jedem von uns, wenn auch noch so bruchstückhaft und unterdrückt; sonst wären wir nicht Menschen. Er war einmal schon in Fleisch und Blut da, und jetzt ist er, »in welchem verborgen liegen alle Schätze der Weisheit und der Erkenntnis«, im Kommen, durch die ganze wirre Geschichte hindurch. Diese innerste und weiteste Wirklichkeit des Menschen ist bei der vollen Sachlichkeit im Spiel. Denn sie ist es, die in jeder Lebenskrise leidet; die jeden noch so bescheidenen wirklichen Neubau von Welt trägt; die in jeder aufrichtigen menschlichen Zuwendung wirksam wird: bauend, Mut machend, Freiheit schaffend. Der Mensch in uns will uns dazu die Freiheit geben, uns in Geduld auf alles einzulassen – in der Gesamtsituation, im anderen Menschen, im eigenen Dasein –, auch auf das Widrige und das Verletzende. Er will und kann uns weit machen, daß wir das nicht nur mit dem Verstand tun, auch nicht nur mit dem Gefühl, sondern mit allen Kräften, also mit voller Sachlichkeit.

Dieses große und freie Sicheinlassen um des Bauens willen benennt die Bibel mit dem schweren, aber heute leider abgegriffenen Wort »lieben« – lieben »von ganzem Herzen, von ganzer Seele, von allen Kräften und von ganzem Gemüte«, und zwar den lebendigen, schaffenden Gott in der Gesamtsituation und das volle heile Menschsein, das im »Nächsten« wie in mir selbst wirklich ist und wirklich werden will. Lieben heißt bereit sein, sich dem Ganzen zu stellen und seiner Herausforderung zu genügen. Damit sind der letzte Horizont und die umfassendste Kraft der Sachlichkeit bezeichnet. Das Wissen allein bläht auf, sagt der Apostel Paulus; aber die Liebe baut. Mit unseren Worten gesagt: Lieblose Sachlichkeit ist nicht vollständig und wirkt zuletzt zerstörend.

Aber unter den Menschen, wie sie sind, macht die Liebe widersprüchliche Erfahrungen: Sie muß immer wieder auch scheitern und ist doch nicht auszutilgen; zuletzt ist sie die stärkste aller Wirklichkeiten. Mit anderen Worten: Die Liebe steht im Zeichen des Kreuzes. Darum hat volle Sachlichkeit es so schwer. Aber eben darum ist sie auch keine utopische Illusion. Sie hat die stärkste aller Wirklichkeiten für sich, nämlich die ganze Wirklichkeit. Denn ihr sich zu öffnen ist ihr Beruf.

Peter Wapnewski

Wiederkehr des Schönen?

Das Schöne, sagt der Dichter (Rilke ist es), sei nur des Schrecklichen Anfang. Das will bedacht sein, und doch wird man nicht zögern, gelegentlich auch die Umkehrung für gültig zu halten: Das Schreckliche als des Schönen Anfang. Der Dichter sagt sodann (und in diesem Falle ist es Platen): »Wer die Schönheit angeschaut mit Augen ist dem Tode schon anheimgegeben.« Beide Äußerungen deuten die Affinität, die Grenznähe an von Schönheit und Schauder, von Diesseitigkeit und Jenseitigkeit, das Ineinander von Sinnenlust und Sinnverlust. Die Schönheit, läßt Platon Diotima sagen (im »Symposion«), entbinde im Menschen die Lust zu zeugen, die Lust also des Lebens, die in der Häßlichkeit verzage und versage: Es läßt sich leicht zeigen, und die Fülle der Zeugnisse scheint unbegrenzt, daß mit der Schönheit und dem Schönen eine existenziale Qualität des Menschen gemeint ist.

Man kennt dieses Muster, nach dem versucht wird, den Menschen zu definieren: Es sei, so heißt es da etwa, der Mensch das Tier (oder das Wesen), das hinschlagen könne. Oder er sei das Wesen, das lachen könne; oder das weinen könne. Oder das »nein« sagen könne. Definitionen dieser Art sind riskant. Sie treffen nur punktuell, können aber eben dadurch auch partiell erhellend sein. So sei denn auch hier ein Wagnis riskiert, das Wagnis einer These mit Definitionsanspruch: Der Mensch ist das Wesen, das Schönheit will.

Wer solche Behauptung riskiert, wird es hinnehmen müssen, wenn ihm seinerseits eine Definition abverlangt, wenn also er genötigt wird, »das Schöne« zu definieren oder »die Schönheit«. Die Frage gehört in die Kompetenz der Ästhetik, und das heißt: der Philosophie. Paradoxerweise vereinfacht sich der Sachverhalt kraft seines ungeheuren Schwierigkeitsgrades. Denn in der Tat ist es so, daß Philosophie und Linguistik, Psychologie und Soziologie und wie die damit befaßten Wissenschaften immer heißen mögen, beim derzeitigen Stand unserer Erkenntnis keine bündige Antwort geben können. Und zwar berufen sie sich zu Recht auf das ungemein breite Spektrum, das weitgefächerte Wort- und Begriffsfeld von »schön«. Der antike Kuros ist schön, das Essen ist schön, ein Sieg ist schön, das Wetter ist schön, die Liebe ist schön, Italien ist schön, die Bilanz ist schön, die Jugend ist schön, das Alter ist schön, eine Geschichte ist schön (aber: das ist ja eine schöne Geschichte ...): Nur ein paar Beispiele von unzähligen, die deutlich andeuten, was es auf sich hat mit der vertrackten Weite und irisierenden Ausstrahlung des Begriffs »schön«, und so versteht man denn den Agnostiker, der sich weigert, »das Schöne« überhaupt noch als brauchbaren Teil der Begriffssprache anzuerkennen. Und doch wird keiner, der mit Sprache umgeht, auf das Wort und seine Qualität verzichten wollen, es muß also möglich sein, ihm eine Eigenschaft abzulesen, abzuhören, die durch allgemeinen Consensus wenn nicht bestätigt, so doch einigermaßen gedeckt wird. Vielleicht hilft ein Blick in die Geschichte des Begriffs?

Schon den Alten galt als »schön«, was Form hatte, Maß und Proportion, die Disziplin und die Ausgewogenheit, die den spröden Stoff atmen ließen, das Schwere leicht machten und das Große überschaubar. Der Kontrapost, die Harmonie: als sinnlich erfaßbarer und faßbarer Reflex eines übermenschlichen Schöpfungswillens und eines Prinzips der Weltordnung. So auch das Christentum; so das Mittelalter. Schönheit war ihm Abbild, Allegorie einer Idee, also einer gottgegebenen Wirklichkeit, die sich auf Erden flüchtig vorwies, um auf das Nichtflüchtige hinzuweisen: auf die ewige Schönheit, die ewige Wahrheit. Auf Gott.

Daraus erhellt: Eine in sich ruhende, um ihrer selbst willen begehrenswerte, aus sich selbst leuchtende Schönheit kannte das Mittelalter nicht. Schönheit ist ihm Glanz des Wahren – und so entwickelte sich aus dieser frommen Glaubenshaltung eine Ästhetik, deren banale Ausläufer wir heute noch täglich beobachten können: der »Held«, der gute und tapfere und treue, er ist (notgedrungen) auch schön. Die »Heldin«, die aufrichtige und anhängliche und aufopferungsvolle, sie ist – gewissermaßen organisch – auch schön. Wehe dem Produzenten eines unterhaltenden Romans, eines unterhaltenden Films, der die Kardinalforderung unberücksichtigt ließe; er bliebe mit seinen grauen Mäusen allein.

Was einer jenseitsorientierten, einer transzendierenden Epoche wie dem Mittelalter als Verheißung und Abglanz galt, das mußte zum Eigenwert heranwachsen in einem Zeitalter ohne Transzendenz; mußte zum Eigenwert sich verselbständigen da, wo der Mensch sein eigener Gott sein wollte: »Beauty is truth, truth beauty, – that is all/Ye know on earth, and all ye need to know ...«: so der klassizistische Romantiker John Keats (1820): »Schönheit ist Wahrheit, Wahrheit Schönheit, das ist alles, was ihr wissen könnt auf Erden, und alles, was zu wissen euch not ist.« Da wird dem Schönen der Absolutheitsanspruch des Wahren, des schlechthin Wahren gegeben. Kein bloßer Abglanz mehr, der auf Ewiges verwiese. Keine ästhetische Kennerschaft unter Eingeweihten, für die Immanuel Kants berühme Definition des Schönen gilt als das, was »interesseloses Wohlgefallen« auslöse. Sondern ein früher »l'art pour l'art«-Standpunkt, der im Schönen die letzte und einzige Rechtfertigung des Lebens und der defekten irdischen Verhältnisse sieht. Und so viel den Pfarrer in Cleversulzbach von dem schönheitstrunkenen mediterranen Briten trennen mag, ähnlich klingt es bei Mörike in seinem berühmten Vers: »Was aber schön ist, selig scheint es in ihm selbst.« (Berühmt, weil der Streit nicht geschlichtet werden konnte, ob hier nun »scheint« als »lucet« gleich »leuchtet« oder als »videtur« gleich »scheint zu sein« gedeutet werden muß.) Das endet dann (endet es?) im Snobismus des Elegant, im Dandyismus, in Oscar Wilde, im jungen Loris-Hofmannsthal. Eben diese in sich selbst ruhende, diese scheinende Schönheit, die nichts will als sie selbst sein, nichts will als schön sein, sie hatte die Menschen des Mittelalters das Fürchten gelehrt, war sie doch des Teufels Werkzeug, sein Verführungsinstrument, und so schuf sich denn das Mittelalter sein Schönheits-*Anti*-Ideal in der »Frau Welt«. Man kann sie als Plastik an den Säulen der Gotteshäuser sehen, als Tafelbild und als Holzschnitt und in Versen beschrieben: die sinnlich-betörende Vorderfront, lieblich und üppig in prangender Lust, sie ist die Fassade nur von Gift und Schlangen, von Geschwür und Gewürm, wie sie die Rückseite der Gleißnerin bedecken, ihr Wesen aufdeckend.

Das Schöne als verdinglichte Idee. Das Schöne als Wiederschein des Wahren und Abglanz des Ewigen: so die Antike; so das Mittelalter. Das Schöne als Leben zeugende und Leben rechtfertigende Eigenmacht: so der Ästhetizismus der Neuzeit. Dann aber verschlug es dem Schönen die Sprache, verschlug es das Schöne aus der Welt. Zwei Weltkriege in einer Jahrhunderthälfte machten den Menschen mißtrauisch gegen jedes Menschenwerk, ließen ihn nach der Substanz fahnden und die Schale gering achten, ließen als »schön« nurmehr das Zweckgerichtete und Funktionale gelten, zwangen zu Reduktion und Abstraktion. Das Schöne konnte allzu leicht mißbraucht werden als Alibi für die abgrundtiefe Bestialität, Lilith ist schön, Luzifer ist schön, der Todesengel ist schön, es formierte sich auch das Ideal des schönen SS-Mannes, das Projekt der fabrikmäßigen Produktion »schöner« Menschen: Affinität von Schönheit und Faschismus, Ästhetik und Barbarei. Das Schöne als des Schrecklichen Anfang, in der Tat.

Es könne nach Auschwitz kein Gedicht mehr geschrieben werden, so zitiert man Adorno unverdrossen, und dieses durch seinen Reizwert provozierende und sich verselbständigende Wort sagt in seiner scheinbaren Widerleglichkeit doch etwas in seiner Wahrheit Bestürzendes: Das Gedicht, ein durch Rhythmus und Metrum, durch Klang und auch durch Reim in sich stabiles, geformtes und harmonisches Gebilde, ist ein Stück Schönheit, meldet zumindest Anspruch an auf Schönheit. Und Schönheit ist Lüge, ist ortlos in einer Welt, die alle Voraussetzungen des Humanen erledigt hat. Ein Reimklang als Echo des Bestialischen dementiert sich selbst.

Das Schöne, es war immer wieder im Gezeitenstrom der Geschichte auch verdächtig: so unter den Augen der Gegenwart zum Ende der sechziger Jahre dieses Jahrhunderts. Kurz zuvor noch prunkten die Hörsäle im Schmuck einer Jugend, die es sich wohl sein ließ in ihrem Schmuck. Der mochte sich bescheidenen Mitteln verdanken, indessen, man hielt auf sich, und die Mädchen in den Instituten und Seminaren repräsentierten in Anmut und lässiger Eleganz ein akademisches Fräulein-Wunder. Das aber war plötzlich vorbei. Schönheit wurde verdächtigt als bürgerliches Attribut, als Lack über bürgerlicher Verrottung, als weiblichkeitsausbeutende Männererfindung. Die proletarische Ideologie verlangte als Zeichen der Solidarisierung auch äußerliche Gleichheit mit den Entrechteten, man uniformierte sich, trug Grau, und Grau in Grau, lief im auffällig tarnenden Parka herum, Mann und Mädchen die Haartracht gleich, die Gesten gleich, die Pflichten und die Ansprüche (angeblich) auch gleich: die Hörsäle ähnelten Heerlagerhaufen, und siehe, mit der bunten bewegten und verspielten »Schönheit« der Wissenschaftsjugend von einst war nun auch jegliche fröhliche Wissenschaft dahin. Mürrisch wurden Stil und Ton, es ging verbissen um (mindestens) die Weltrevolution und Klassenkampf und Befreiung ganzer Kontinente, da verboten sich ein Lachen und gar das Lächeln und der schöne Luxus etwa eines individualisierenden Schmucks. Black is beautiful, hörte man jetzt, und das hieß ja, richtig übersetzt, nichts anderes als: Die bürgerliche Ästhetik ist nurmehr Instrument zur Stabilisierung der bestehenden Machtverhältnisse, als »schön« hat hier und jetzt zu gelten, was Teil derer ist, die befreit werden müssen (und die mit dem Argument ihrer vorgeblichen Häßlichkeit auch diskreditiert und depotenziert wurden). Der schöne Schein und Schein des Schönen wurde auf der ganzen Linie in Verruf gebracht, die Linie der sich ästhetisch vorzeigenden Übereinkünfte verlassen und dem Mißkredit ausgeliefert. Es war auf einmal schick, sich auf Partys ohne Schlips vorzuzeigen und im Rollkragenpullover die Theaterloge zu zieren. Blue jeans und Gammellook versuchten, dem Häßlichen den Rang des Guten zu geben, der Blaue Anton an Stelle des blauen Anzugs.

Damit, so will es scheinen, ist es vorbei. Die Bilderstürmer hängen die schönen Stücke (wofern es sie noch gibt) verstohlen oder demonstrativ wieder an ihre Wände. Die neuen Wiedertäufer frösteln unter den dünnen Häuten ihrer selbstverordneten Askese und tragen wieder Pelz.

Wir fragen noch einmal: Wiederkehr des Schönen? Ist der Mensch das Wesen, das Schönes will? – Es gehört zu den probaten Rezepten einer Begriffsklärung, Auskunft zu suchen in jenen Nachschlagewerken, die nicht unberechtigt vorgeben, Ausdruck einer allgemeinen Wissens-Übereinstimmung zu sein. Man schlage also nach. Die Brockhaus-Enzyklopädie sagt im zuständigen Band (der Meyer ist noch nicht so weit) von 1973: »Schön« sei eine »Wertqualität, die das Gefallen an sinnlich wahrnehmbaren Gegenständen bezeichnet«. Das läßt sich hören. Man tut der Definition keinen Zwang an, wenn man hinzusetzt, daß es von allen Sinnen vor allem der des Gesichts, also der optische Sinn ist, der das Schöne sucht und findet. Das Schöne: mehr eine Sache der Augen als der hörenden Ohren, als der tastenden Hände, der schmeckenden Zunge, der witternden Nase. Übrigens folgt dann in dem Lexikon-Artikel der durch seine zutreffende Simplizität nachgerade entwaffnende Satz: »Was schön ist, haben alle Zeiten immer anders zu bestimmen gesucht.« (Richtiger wäre: »haben alle Zeiten immer anders bestimmt«!)

Daß sinnlich wahrnehmbare Gegenstände, Gesten und Vorgänge heute wieder Gefallen auslösen sollen, scheint in der Tat eine Forderung der Stunde, zumindest ihr Wunsch zu sein. Nach einer Phase ästhetischer Askese, inmitten einer Phase zunehmender Beunruhigung angesichts einer sich zerstörenden Umwelt (was heißt hier freilich: sich?) wächst deutlich das Bedürfnis, das Schöne als gliederndes, ordnendes und klärendes Moment wieder in den Lebensablauf einzubeziehen. Das Schöne in mannigfacher Gestalt:

Da ist, um die alte Scheidung in »das Naturschöne« und »das Kunstschöne« wiederaufzunehmen, zum einen eine deutliche Wiederentdeckung der *Natur* und ihrer Schönheiten (der Plural ist bezeichnend) zu konstatieren. Eine neue Einfachheit, die statt nach Mallorca in das Bauernhaus strebt und statt auf die Kanarischen Inseln in die fränkischen Weinberge. Eine Bewegung, die in dem Maße zuzunehmen scheint, als dem Menschen die schrittweise Erledigung, Vergiftung, Verödung der Natur bewußter wird. Daß der Platz im Park dem Parkplatz weichen soll, wird sich der Bürger künftig immer weniger gefallen lassen. Die überall sich mehrenden Bürgerinitiativen sind Ausdruck des neuen Selbstgefühls kleiner Gruppen, die begriffen haben, was mit der einst etwas wolkig klingenden Phrase »Lebensqualität« gemeint war: Zu ihr gehört auch jenes Moment der Schönheit, ohne das des Menschen Sinnenleben verödet.

Das beginnen auch die Architekten zu begreifen. Die Menschen sind es herzlich überdrüssig geworden, in dieser brutalen Kastenwelt aus präfabrizierten Kunstplatten zu wohnen und zu arbeiten, mit deren Erstellung (das ist das Wort) eine ganze Architektengeneration sich das schändliche Denkmal ihrer eigenen Barbarei und ihres schwächlichen Opportunismus errichtet hat. Ein Denkmal, nicht sehr dauerhaft vielleicht, aber allzu dauerhaft, als daß man nicht die Verzweiflung sich einnisten sähe zwischen Büro-Hochhaus, Kiosk, sterilen Wohnblökken und Komfort-Luxus-Eigentums-Appartements. Vielmehr will man nun wieder jene Form von Schönheit, die auch Wohnlichkeit verheißt: die eingefaßten Fenster, und Läden dazu, das schöne Un-Einerlei (also Vielerei) der Formen, den Witz der Augentäuschung. Auch »schöner wohnen« will man – abseits von den uniformen Rezepten einer Möbelindustrie, die ihre bizarre Hilflosigkeit in Sachen des Geschmacks einer von Konsumpanik besetzten Käuferschar als Stil aufredete. Das Schönheitsbedürfnis, seiner selbst noch unsicher, lehnt sich an das an, was Zeit überdauert, Tradition gemacht hat. Das erklärt den »boom« der antiken Möbel und Einrichtungsgegenstände. Und was der teure Antiquitätenhändler nicht hergibt, das findet man – vielleicht – im Bauernhaus: Truhe und Tisch und Pult und tickende Pendel-Uhr.

Das Theater hat auch seine Dürreperiode hinter sich. Keine Abstraktion mehr, keine Reduktion des Bühnen-Bildes auf Lichtsignale und bedeutungsvoll gespannte Seile. Abkehr von der kühlen Askese des Lehrstücks, Brechts karger Zeigefinger fasziniert nicht mehr und schreckt nicht, er langweilt nur. Peter Steins »Sommergäste« lagern unter einem Baldachin von Birkenbäumen, das Naturschöne eint sich mit dem Kunstschönen der Kleider und Gebärden und Worte; und wenn Wagners Walküren wieder richtige Pferde zu reiten haben wie in Bayreuth und Paris 1976, dann heißt auch das: Die Bühne will Befriedigung schenken an (und mit) sinnlich wahrnehmbaren Gegenständen.

Übrigens war das sensiblere Medium, war der Film schon vorgeprellt: Man denke an Viscontis Orgie in pittoresken Valeurs, als er den »Tod in Venedig« inszenierte (und damit auch die Wiederentdeckung von Mahlers sinnlicher Symphonik publik machte). Dem folgte ein neues Genre von »Ausstattungsfilmen«: nicht Flitter, Big Band, Glitzer-Girls; sondern der Textil-Rausch und die Farben-Arie, mit der etwa die brüchigen und hochstaplerischen zwanziger Jahre sichtbar gemacht wurden im »Großen Gatsby« – so wie jetzt Zehntausende von Kerzen herabbrannten in der stilverliebten Gemächlichkeit des britischen Rokoko von »Barry Lindon«.

Wenn es um das Schöne geht, wird die schlechthin das Optische affizierende Instanz, wird die Bildende Kunst das erste und letzte Wort haben wollen. Wie auch immer sie den heiklen Begriff »schön« bestimmen, das heißt leiten mag, die Namen der Maler sagen genug, die letzthin in spektakulären Ausstellungen staunenswerte Besuchermengen auf die Beine brachten: Dali, Makart, Caspar David Friedrich, Turner ...

Wollte nun einer Einwände erheben, wie sie etwa signalartig mit dem Namen »Beuys« gegeben wären, so ließe sich einiges zu diesem Einwand sagen.

Erstens: Es wird hier nicht behauptet, daß es Aufgabe der Kunst sei, »Schönes« zu produzieren. Sie hat vor allem die Aufgabe, den Menschen über die bisher von ihm eingehaltene Bewußtseinsmarge hinauszuführen. Sie hat ihn, im Sinne einer tieferen und weiteren Erfahrung seiner selbst, menschlicher zu machen. Das kann auf viele Weisen geschehen, auch durch Provokation, durch Schock. Etwa durch Demonstration von Häßlichkeit (die ihrerseits, kraft des Prinzips der Erkenntnis einer Sache mit Hilfe ihres Gegenteils [*cognitio e contrario*] wieder über das Wesen des Schönen belehren kann).

Zweitens: Es wird hier lediglich behauptet, daß der Mensch ein Wesen sei, das Schönes wolle, das Schöne wolle. Anders ausgedrückt: ein Wesen, das mit dem Verlust der Schönheit auch einen Verlust an Humanität erleidet.

Drittens: Es gibt Grenzzonen des Urteils auch im Bereich von »schön« und »häßlich«. Die Geschichte der Kunst ist voll von Beispielen dafür, daß eines Tages als »schön« bewundert wurde, was die Zeitgenossen als Inbegriff barbarischer Häßlichkeit verpönt hatten. Bezogen auf unsern Fall: Gleichviel, ob Beuys sich mit der Absicht des »Schön-Machens« trägt oder nicht: das von ihm Gemachte, seine »Objekte« werden eben manchen als »häßlich«, anderen als »schön« gelten. In solcher Beurteilung liegt, von ihrem Eigen-Sinn her gesehen, nicht der eigentliche Wert dieser Werke. Nicht minder erfolgreich auf dem Felde, das man den »Internationalen Kunstmarkt« nennt, ist Beuys' Kollege Paul Wunderlich. Er aber macht nur »Schönes« (und die raffinierten Photos seiner Frau Karin Szekessy helfen ihm dabei). So viel von der Bildenden Kunst. Endlich:

Zwischen Museum und Theater und Wirklichkeit und Traum ist jenes Gebilde aufgeschlagen, das als Zirkus schon fast an den Rand des sensationellen Interesses gedrängt war – bis der Tausendsassa André Heller das Element des Schönen wieder in die Manege lockte – und die Menschen waren glücklich. (Die Zirkus-Herren nicht, aber das hängt mit ihrer Unfähigkeit zum Management zusammen, nicht mit etwaiger Schönheitsstumpfheit des Publikums.)

In der Bildenden Kunst, auch in der Musik ist derzeit viel die Rede vom Prinzip der »Neuen Einfachheit«. Was immer das im einzelnen heißen mag, es ist doch kein Zweifel, daß bestimmte vom Sinn für das »Schöne« gelenkte Bedürfnisse hier aufbegehren gegen die Verstellung von Maß und Proportion, die Störung von Perspektive und Harmonie durch artistische und artifizielle Komplikation. Die neue Einfachheit stellt auch, wenn nicht alles täuscht, einen neuen menschlichen Schönheitstypus heraus. Der bildet seine Kategorien nie am Manne – im Gegenteil ist es fast ein anthropologischer Topos, daß der »männliche« Mann (der sich natürlich jeweils dem Geist der Zeiten gemäß ändert auch in seiner Männlichkeits-Demonstration) getrost »häßlich« sein könne. Aber der schematisch geschönte, künstlich produzierte, kosmetisch fabrizierte Typ der Schön-Frau scheint abgelöst. Die Trivial-Ästhetik konnte auf die Film-Beauty nicht verzichten, so überdauerte sie, nur unwesentlich verändert, auch die Verpönung des Schönen und blieb als Demonstration des blendenden Scheins ein verdächtiges Residuum leergelaufenen Schönheitskults – bis zur Erledigung des Idols der kommerzialisierten Ästhetik: Marilyn Monroe. Heute sind es andere Gesichter, andere Figuren, sind es Idole wie du und ich. Ihr Muster ist die Norwegerin Liv Ullman, und ihr machen es andere schon nach: die Schweizerin Marthe Keller, die Deutsche Judy Winter. Auch hier ist das Prinzip der »Neuen Einfachheit« genutzt: als ein Instrument, Schönheit häuslich zu machen, heranzuziehen, der eigenen Umwelt nahe zu bringen. Auch die Modemacher fügen sich dem Trend. Sie hüllen die Frau raffiniert in Einfachheit: Folklore-Look ist menschlich, macht menschlich.

Das bringt uns zum Ende – über Klopstock: »Schön ist, Mutter Natur, deiner Erfindung Pracht/ auf die Fluten verstreut, schöner ein froh Gesicht,/ das den großen Gedanken/ deiner Schöpfung noch einmal denkt«: so setzt die Ode (von 1750) »Der Zürchersee« ein. Deutlich werden zwei Formen, zwei Schichten der Schönheit gesondert und einander gegenübergestellt, die zweite dabei als der ersten überlegen erkannt: das Naturschöne – und nun nicht das Kunstschöne, sondern der Mensch. Ein wahrlich eminent humaner Gedanke: »Schön« ist der Mensch, in dessen Wesen und Gemüt, in dessen Denken sich die Anmut der Natur wiederholt und, sie steigernd, widerspiegelt. Es ist erlaubt, diese Klopstocksche Entdeckung des Schönen als der humanen Entsprechung des Naturschönen wiederzuentdecken in dem gegenwärtig gefeierten Schönheitsideal einer neuen Einfachheit.

Es schien so einfach: Die Alten, das Mittelalter erkannten

und tradierten eine Trias, die noch bis weit ins neunzehnte Jahrhundert Hochgefühle erweckte und Schauder vor des Menschen hochgemuten Möglichkeiten: Es ging um das Schöne, Gute, Wahre. Wobei entscheidend nicht jeweils der einzelne Begriff, sondern die Dreiheit ist, eben der »Verbund«. Eines bestätigte sich im andern, das eine war dem andern als korrelative Größe zugeordnet.

Solch volltönender Hochgesang ist verstummt. Es kann, wir haben es erfahren, das eine auch wohl sein ohne das andere. Und wenn es so ist, daß heute Schönheit sich wieder unvermummt zeigen, sich »allein« vorstellen und ungeknebelt von sich reden kann, dann muß doch zugleich in der Feststellung von solchem Prozeß auch das Rückwärtsgewandte festgestellt werden, das darin wirksame Moment des Retrospektiven. Mangels klarer ästhetischer Konzepte klammert eine schönheitsbedürftige Gegenwart sich an die geschichtlich verklärten und autorisierten Formen vergangener Generationen. Was unkontrolliert als »Nostalgie« durch Kunst- und Modeszene glitt, das war unter anderem auch die hilflose Geste, die in der Vergangenheit nach dem Halt durch Form suchte, den die Gegenwart vorenthält. Patina ist schön, Vergilbtes schöner als Gelbes, je schneller Modernes altert, desto beharrlicher grüßt das Alte die Moderne. Es liegt ein Element verklärender Sentimentalität in solcher Schönheitssuche, und mit ihr Hand in Hand geht die Gefahr des Konservierens, des Konservativen, das Lebendiges nicht bewahrt, sondern Präparate museal aufbereitet. Die Wendung in das Schöne ist motiviert auch von der Sehnsucht, das Leben möge wieder so »schön« sein wie es einst gewesen ist, als es noch kein Kernkraftwerk gab und die muntere Forelle in ihrem Bächlein helle nicht vergiftet war und ein Parkplatz Bänke hatte statt Uhren. Es ist ein gut Teil Eskapismus in der Suche nach dem Schönen: Doch ist unsere Zeit zu schrecklich, als daß man aus ihr fliehen dürfte.

Es lebe denn das Schöne, Gute, Wahre? Wir sagen es leiser. Der Mensch ist das Wesen, das Schönheit erkennt. Der Mensch ist das Wesen, das Schönheit will. Der Mensch ist das Wesen, das der Schönheit bedarf. Nicht als Narkotikum. Nicht als Palliativ. Nicht als Droge und narzißtisches Gaukelspiel. Sondern als Proportion und Harmonie, als den sinnenhaft aufzunehmenden Geist des Gesetzes, als ordnungstiftendes Prinzip. »Schön« ist ein menschliches Wort und Schönheit ein menschliches Maß.

Paul Matussek

Befreiung schöpferischer Kräfte

Man hört und liest heute viel von Kreativität. Nicht immer ist klar, was darunter verstanden wird. Manch einer denkt, es handle sich um eine Eigenschaft, die hauptsächlich für Führungskräfte der Wirtschaft und Werbefachleute erforderlich ist. Das ist ein einseitiges Verständnis. Ursprünglich und sinngemäß heißt Kreativität nichts anderes als schöpferische Kraft. Der Begriff kommt letztlich aus dem Lateinischen, wo er soviel wie »Gebären, Schaffen, Erschaffen« heißt. Woher also der Mißbrauch des Wortsinns?

Das hängt wohl vorwiegend damit zusammen, daß die genannten Berufe am auf- und eindringlichsten um Mitarbeiter werben, die über schöpferische Fähigkeiten verfügen. Ein Großunternehmen oder eine Werbeagentur floriert ja nicht automatisch. Man braucht Ideen, die dem Druck der Konkurrenz standhalten, ja diese überflügeln. Je mehr davon zu haben ist, desto besser, nämlich besser für den Profit, den ein Unternehmen erzielt.

Diese wenigen Worte mögen genügen, um zu erläutern, warum im breiten Verständnis der Öffentlichkeit der Begriff Kreativität mit profitorientierten Branchen in Zusammenhang gebracht wird. Früher war es anders. Da galt das Schöpferische eher als Merkmal der Berufe, die weniger auf Gewinn, das heißt auch auf weite Verbreitung des Produktes, dafür aber um so mehr auf eine, wenn auch nur von wenigen verstandene Qualität programmiert waren. Künstler und Wissenschaftler waren die geläufigsten Beispiele. Nicht der Gewinn mittels Masse, sondern der Vorstoß ins Neuland, das richtungsweisende Gemälde oder die ungewöhnliche Komposition waren das treibende Motiv schöpferischen Tuns. Wie es zu verwirklichen ist, glaubte man nicht lernen zu können, sondern hielt diese Fähigkeit für angeboren.

Damit ist schon ein zweiter Grund genannt, der dem modernen Begriff der Kreativität eine ihm nicht wesenseigene Nuancierung verleiht. Es ist das Moment des Erlernbaren. Noch vor dem letzten Krieg glaubten die wenigsten an die Verbesserung schöpferischer Kräfte, heute halten viele – innerhalb und außerhalb der Wissenschaft – diese Möglichkeit für realisierbar. Das aber trifft vorwiegend auf die erwähnten Führungskräfte der Wirtschaft zu. Sie können sich heute schon auf die Tradition einiger Jahrzehnte berufen. Diese läßt erkennen, daß man durch Schulung und Training seine schöpferischen Potentiale verbessern kann. Das gilt auch für die Erziehung in Familie und Schule. Je früher jemand von den Ergebnissen kreativitätsfördernder Techniken profitiert, desto günstiger ist es für sein gesamtes Leben. Er wird nicht nur in der Schule besser abschneiden, eher einen Beruf finden und in ihm aufsteigen, sondern auch glücklicher und sinnerfüllter leben.

Das ist zunächst eine Behauptung, die es näher zu prüfen gilt. Denn nicht alle sogenannten Kreativitätsmethoden machen schöpferische Kräfte frei, die dem Wachstum der Gesamtpersönlichkeit dienen. Der größte Teil der heute allseits angepriesenen Techniken zur Verbesserung der Kreativität beeinflußt zunächst nur das Denken, im weitesten Sinne die Intelligenz. Er trägt dazu bei, daß der einzelne nicht nur in der üblichen Weise zu denken lernt, also Nahe-beieinander-Liegendes verknüpft, sondern durch Schulung allmählich in die Lage versetzt wird, auch entferntere und ungewohnte Vorstellungen miteinander zu verbinden. Ein Autokonstrukteur kann sich Anregungen aus der Musik und Botanik holen und nicht nur aus der Physik. Man nennt diese Art des Denkens divergierend im Gegensatz zum konvergierenden.

Zweifellos ist der im Vorteil, welcher neben seinem normalen Denkstil auch über den entgegengesetzten verfügt. Er kann flüssiger, weiträumiger denken, seine Phantasie ist bunter und reichhaltiger, sie bringt Bewegung in den zähen Brei erlernten Wissens. Aber reicht all das und weiteres aus, um schöpferische Kräfte für ein ganzes Leben freizulegen und den Menschen dadurch nicht nur produktiver und sinnerfüllter, sondern auch glücklicher zu machen?

Wer diese Frage positiv beantwortet – und nicht wenige tun das –, übersieht die Grenzen, die einem schöpferischen Leben gesetzt sind, das nur auf einem bestimmten Denkstil aufbaut. Ob angelernt oder angeboren, ob mit Anstoß von außen oder aus eigenem Antrieb: Die erwähnten Eigenarten des Denkens garantieren keineswegs die Aktivierung schöpferischer Kräfte für ein ganzes Leben. Oft reichen sie nur für fünf Jahre aus, was eine Reihe von Untersuchungen erwiesen hat. Was darüber hinausgeht, kann originell und spielerisch sein, läßt aber Tiefgang und einschneidende Veränderungen an sich und der Umwelt vermissen. Ohne es zu merken, verfällt man trotz bester Denkschulung in die Routine, die auch die weniger Denkgeschulten auszeichnet.

Wenn die Rede von der Befreiung schöpferischer Kräfte einen tieferen Sinn haben soll, dann geht es also nicht um eine vorübergehende Verbesserung technisch-denkerischer Fähigkeit, so wichtig diese auch für manche Aufgaben sein mag. Kreativität im umfassenden Sinne erstreckt sich nicht allein auf diese Detailverbesserung. Die Mobilisierung von Persönlichkeitseigenarten, die gar nichts oder wenig mit dem Denken zu tun haben, ist gleich wichtig, sofern man, wie es die moderne Kreativitätsforschung für möglich hält, schöpferisches Potential für jeden Beruf und in jeder Lebenslage aktivieren will, wenn auch in einem je verschiedenen Ausmaß. Eine Mutter etwa, die zwei rivalisierende und äußerst streitsüchtige Kinder zu erziehen hat, kann sich nicht mit kurzfristigen Reaktionen begnügen, falls sie sich auch für das Gedeihen kreativer Fähigkeiten verantwortlich fühlt. Um solche Ziele zu erreichen, muß sie sich zunächst in eine Lage bringen, die es ihr ermöglicht, den Grund der Spannung zwischen den Geschwistern zu erfassen, um sie dann so zu leiten, daß sie nicht gegen-, sondern miteinander wachsen.

Das ist ein alltägliches, fast banales, aber dennoch keineswegs bedeutungsloses Beispiel. Die meisten Menschen nämlich, die das Potential ihrer Talente nicht aktivieren können, scheitern weniger an der Umwelt als an ihrer eigenen Vergangenheit. Sie liegen innerlich noch im Streit mit einem oder beiden Elternteilen, die ihnen nicht das gaben, worauf sie in ihrer Kindheit angewiesen waren, so wie die Blume auf Sonne, Regen und Nährsubstanzen im Boden.

Von einer Mutter wird also eine Tugend verlangt, die man im wissenschaftlichen Bereich als Problemsensitivität bezeichnet. Zu schöpferischen Fähigkeiten, in welcher Lebenslage auch immer, gehört dieses Gespür für ungelöste Probleme, die einer Verbesserung bedürfen. Mancher hatte das Glück, eine solche Eigenschaft schon in der Kindheit zu besitzen. Die meisten müssen sie aber erlernen, oft unter schweren Opfern. An ihnen kommen sie nicht vorbei, sofern sie ihre schöpferischen Kräfte aktivieren wollen, die ja nicht in einem luftleeren Raum, sondern in den rauhen Grenzen des täglichen Lebens wachsen. Wer diese aber immer erst dann überwindet, wenn er sich genügend Beulen geschlagen hat, wird unschöpferischer sein als der, welcher die Probleme ahnt, bevor sie allen auffallen und selbst der Dickfälligste darüber stolpert.

Problemsensitivität ist aber nicht das einzige Talent, welches schöpferische Menschen neben ihrer Denkfähigkeit brauchen. Sie müssen auch Frustrationen, also Versagungen ertragen können, als Künstler oder Wissenschaftler etwas länger oder intensiver arbeiten, als es der Durchschnitt tut. Sie müssen Niederlagen einstecken können, wenn sie als Politiker erfolgreich sein wollen, oder müssen als Dichter in der Lage sein, in der dürren Leere der Einfallslosigkeit monatelang auszuharren. Menschen, die hier schreien, resignieren oder sich betäuben, werden ihr Schöpfertum nicht in Bewegung bringen. Schließlich gehört zur Aktivierung schöpferischer Potentiale auch die Fähigkeit, sich die Meinungen anderer anzuhören und sie nicht aus emotionalen Gründen von vornherein abzulehnen. Dabei muß man lernen, eigene Fehler einzugestehen, die einen letztlich nicht kleiner machen, sondern eher den Aktionsradius für weiteres Wachstum erweitern.

Vergegenwärtigt man sich diese kleine und daher unvollständige Aufzählung von Persönlichkeitseigenschaften, die neben dem divergierenden Denken das schöpferische Leben bestimmen, so erkennt man trotz der begrenzten Auswahl ihre Bedeutung. Ohne sie lassen sich nämlich schöpferische Kräfte nicht befreien, welche Techniken auch immer man anwendet. Wer bei jeder Spannung gleich zu einem Whisky oder einer Zigarette greifen muß, verringert die Spannungstoleranz und damit ein für schöpferisches Leben notwendiges Element. Jeder aber, der um die Schwierigkeiten einer Suchtentwöhnung weiß, wird verstehen, daß kreatives Leben nicht mit einigen Trainingsstunden zu erlangen ist. Welche Methode bei der Aktivierung schöpferischer Kräfte die besten Dienste leistet, unterscheidet sich von Fall zu Fall. Ein musischer Mensch muß andere Charaktereigenschaften in sich entwickeln als ein Wissenschaftler oder Sportler.

Neben dem Betätigungsfeld ist aber auch das von Erbe und Umwelt Mitgeprägte von Bedeutung. So muß der eine geduldig werden, während der andere sein Zögern überwinden muß. Ein dritter wiederum hat seine Phantasie zu entwickeln im Gegensatz zu dem Verträumten, der auf die Verwirklichung einer Idee Kräfte verwenden muß. Sollte jemand aber bei bestem Willen und größter Anstrengung nicht vom Fleck kommen, kann er sich einer psychotherapeutischen Behandlung unterziehen. Die kreativitätsblockierenden Kräfte sind, wie ich es in meinem Buch »Kreativität als Chance« beschrieben habe, oft so fest in der Persönlichkeit verankert, daß hier nur eine in die Tiefe gehende Behandlung helfen kann. Man kann sich das anhand der Fälle, die ich dort beschrieben habe, vergegenwärtigen. Wer etwa zu ungeduldig ist, um eine begonnene Aufgabe systematisch zu Ende zu führen, kann möglicherweise in seinem Unbewußten von einer Angst getrieben sein, die aus ähnlich frühkindlichen Quellen kommt wie bei jenem, der nicht gelernt hat, sich auf das Gegenwärtige zu konzentrieren. Er muß immer woanders sein, findet kein Genüge im Augenblick, braucht ständig Ablenkungen, weil er das Gebundensein an das Vorhandene nicht verträgt.

Wegen dieser in der frühen Entwicklung liegenden Gründe für die Entfaltung schöpferischen Lebens versucht man heute, Eltern und Erzieher über die Prinzipien einer kreativitätsfördernden Erziehung aufzuklären. Die wenigsten können sich ja im späteren Leben einer psychotherapeutischen Behandlung unterziehen, zumal sie kaum wissen, daß die Indikation solcher Hilfe nicht allein die Beseitigung schwerer und schwerster seelischer Störungen bedeutet.

Um so notwendiger gehört die Schaffung eines richtigen Klimas in Elternhaus und Schule zu den Vorbedingungen für das Wachstum kreativer Impulse. Nicht Dressat, blinder Gehorsam, Verleugnung oder Pochen auf Recht und Macht sind hierfür entscheidend, sondern Hinhören, Zuwendung, Anleiten zu Spiel und Risiko, Förderung der Phantasie und Eigenständigkeit. Sicher sind diese Stichworte kein Programm; aber sie können klarmachen, in welchem familiären oder schulischen Klima Schöpferisches wachsen und in welchem es verkümmern kann.

Was kann der Erwachsene aber tun, um neben der schon

erwähnten Arbeit an seinen Denk- und Charaktereigenschaften die Chancen für ein kreatives Dasein zu verbessern? Hierfür lassen sich keine allgemeingültigen Regeln aufstellen. Was immer man aber auch tut – mit oder ohne Anleitung –, wird gemessen an den zwei Faktoren, auf die ich nun einzugehen habe: Bei dem einen handelt es sich um die Verinnerlichung der Kreativitätsmotivation und beim zweiten, damit zusammenhängenden, um die wachsende Verwirklichung seines Selbst.

Der erste Punkt, die Verinnerlichung der Kreativitätsmotivation, läßt sich leicht verstehen, wenn man das eingangs Erwähnte über die profitorientierte Kreativitätsanwendung berücksichtigt. Wer seine Talente und Fähigkeiten nur verbessert, um zu mehr Geld, Ruhm und Ansehen zu gelangen, wird bald ermüden in der Anstrengung um die Befreiung des Schöpferischen. Zwar ist der Glaube noch weit verbreitet, daß man durch Gehaltsverbesserungen, Orden und Ehrenzeichen das Leistungsniveau anheben könne. Aber nicht nur im Sport, dem von der Öffentlichkeit am stärksten beachteten Feld, auch in der Wissenschaft und Wirtschaft haben neuere Untersuchungen die alte Annahme als Irrtum aufgedeckt.

Die Leistungsmotivation kann zwar bei einer bestimmten Minimalgrenze so weit absinken, daß nur wenig Lust zur Arbeit besteht. Man kann aber nicht umgekehrt durch Steigerung der Prämien Spitzenleistungen provozieren. Wer im Fußball nicht für 10000 Mark sein Bestes gibt, tut es auch nicht für den zehnfachen Betrag. Das wird von Spitzensportlern immer wieder betont. Die Menge glaubt es ihnen aber nicht. Die Arbeit als solche gibt den meisten wenig, ob sie Polizisten, Ärzte oder Ministerialbeamte sind. Der Wert der Arbeit wird darum an Lohn und Prestige gemessen. Damit aber werden Kanäle verstopft, die frei sein müssen, um schöpferische Kräfte zu entwickeln. Nur wer sich an der Sache erfreut, wer – auch wenn es niemand hört – etwa die kleinen Fortschritte im Klavierspielen genießt oder sich ganz bei der Lektüre eines Buches vergißt, kann unentdeckte Potentiale zum Wachsen bringen, die eines Tages auch den anderen auffallen.

Damit berühren wir eine Frage, die in unseren bisherigen Ausführungen unbeantwortet blieb. Sie lautet: Was ist das Produkt schöpferischer Tätigkeit? Wie kann ich ein gutes Buch, einen wertvollen Zeitungsartikel, einen künstlerisch hochstehenden Film von mittelmäßiger Ware unterscheiden? Doch sicher nicht an der Auflagenhöhe eines Buches oder einer Zeitung oder dem allgemeinen Ruf, den sich ein Film erworben hat.

Kritiken können manchmal zutreffen, häufiger aber führen sie in die Irre. Das Kreative ist ja per definitionem das Neue, Ungewohnte, Unverstandene und damit das leicht Übersehene. Man kann sich also nicht an den anderen orientieren, jedenfalls nicht zunächst und zumeist, wenn man Schöpferisches erkennen will. Das gilt erst recht für die eigene Leistung. Zwar ist der kreative Mensch durch Kritikempfänglichkeit ausgezeichnet – zahlreiche Untersuchungen haben das bewiesen –; aber die Kritik der anderen ist nicht der letzte und entscheidende Maßstab. Ihn muß man in sich selbst finden, selbst wenn die anderen das Produkt zunächst ablehnen. Ist jemand wirklich schöpferisch, wird auch die Umwelt das Werk im Laufe von Jahren oder Jahrzehnten erkennen, was viele Beispiele aus Kunst und Wissenschaft zeigen. Der Schöpferische erntet somit den äußeren Erfolg gelegentlich später als der Unschöpferische; aber er wird während seiner Arbeit durch Erlebnisse prämiiert, die der Unschöpferische nicht oder nur in einem geringen Maße kennt. Maslow, ein amerikanischer Psychologe, der sich mit dieser inneren Seite kreativer Prozesse besonders eingehend beschäftigt hat, zählt eine Reihe von Erlebnissen auf, die schöpferisches Tun begleiten. Er schreibt: »Die im Schöpfungsakt begriffene Person fühlt sich integrierter als im gewöhnlichen Zustand; ist stärker verbunden mit der Welt als üblich; empfindet, daß sie anstrengungslos funktioniert; erlebt sich als aktive Quelle ihres Handelns und Erlebens; fühlt sich frei von Einengungen; ist spontaner und ausdrucksfähiger als sonst; antwortet stärker auf ihr innerstes Selbst als auf äußere Mächte; fühlt sich niederer Triebkräfte entbunden; erlebt sich als Beschenkte.«

Die genannten Punkte beinhalten folgende Konsequenz: Schöpferische Potentiale werden immer nur dann freigelegt, wenn man sich durch die Art des Tätigseins verwirklicht, oder genauer: der Selbstverwirklichung einen Schritt näherkommt. Das klingt banal, zumindest unklar, weil nicht wenige annehmen, daß sie das tun, was für sie das Geeignetste ist. Andere meinen dagegen, daß sie niemals das verwirklichen, was sie eigentlich wollen. Vielleicht denken so die meisten. Sie weisen dann auf den Zwang der Industriegesellschaft hin, der die Menschen in Berufe preßt, die ihnen nicht liegen, und eine Arbeitsweise verlangt, bei der von Selbstverwirklichung nicht die Rede sein kann. Das Stichwort für die moderne Berufsarbeit ist das der Entfremdung. Sosehr mit ihm ein Wesensmerkmal technisch-industrieller Arbeitswelt charakterisiert ist, so sicher ist andererseits, daß Selbstverwirklichung nicht allein, ja nicht einmal vorwiegend mit Berufstätigkeit identisch ist. Das war und ist nur in einigen wenigen Berufen möglich. Zwar kann gelegentlich ein Künstler, Politiker oder Wissenschaftler den Eindruck haben, daß er sich in seiner Tätigkeit voll verwirklicht. Er wird das aber nur mit vielen Einschränkungen behaupten können. Auch sein Selbst entfaltet sich ja nicht nur in seinem beruflichen Alltag. Es muß sich auch in seinen Bezügen zum Mitmenschen, zu Frau und Kindern, zu Gesellschaft und Staat aktivieren. Überdies wird nicht jeder Schritt seines beruflichen Tuns als notwendig auf dem Weg zu sich selbst empfunden. Er wird Konzessionen an das Nicht-Selbst machen müssen, seien es solche des Geschmacks oder des Themas, und dabei oft den Eindruck des Sich-Verfehlens haben.

Auf der anderen Seite gibt es Berufe, die man schlechtweg als unschöpferisch bezeichnet. Selbstverwirklichung scheint hier nicht möglich. Der Schein kann trügen. In dem erwähnten Buch habe ich näher begründet, wann und warum auch ein Büro oder eine Fabrik Ausgangspunkt zur Selbstverwirklichung sein kann. Das dort ausführlich Dargestellte sei am Fall des blinden Marathonläufers Werner Rathert in aller Kürze illustriert. Er gab vor einigen Jahren (1973), als er noch nicht so bekannt war wie jetzt, nach seiner Teilnahme am Silversterlauf in Sao Paulo in der Frankfurter Allgemeinen Zeitung ein aufschlußreiches Interview über sein Leben. Das für uns Bedeutungsvolle besteht darin, daß der mit 19 Jahren an einem Glaukom erblindete Sportler täglich einen Marathonlauf, also eine Strecke von 42 Kilometern absolvierte. Um die Richtung nicht zu verlieren, band er sich mittels einer leichten Schnur an einen Begleiter fest. Auf die Frage des Interviewers, warum er so etwas Eintöniges und Langweiliges täglich erledige, antwortete der von keinem philosophischen Wissen beeinflußte Mann: »Um zu mir selbst und von hier aus zu neuen Freunden zu kommen.«

Das Exemplarische für unser Thema ist klar. Es läßt sich in der Frage formulieren: Wie kommt ein Blinder darauf, eine so monotone und äußerst anstrengende Aktivität auf sich zu nehmen? Wäre es nicht leichter und hätte es nicht den gleichen körperlichen Effekt, wenn er eine abwechslungsreiche Gymnastik betriebe? Die Antwort von Werner Rathert müßte sinngemäß lauten: »Ja, wenn es mir bloß um Gesundheit und Fitneß ginge, könnte ich sie auch anders und leichter haben. Mir geht es aber um mehr. Es geht mir um mein Selbst.«

Abgesehen davon, daß der philosophisch und psychologisch unvorgebildete Sportler in seinem Bericht von dem Erreichen des Selbst spricht und damit all jene Bedenken ausräumt, die wegen der vielfältigen philosophischen und psychologischen Bedeutungen von Selbst den Begriff der Selbstverwirklichung im Rahmen der Kreativitätsforschung für unfruchtbar halten, zeigt unser Beispiel drei wesentliche Punkte:

Zum ersten Punkt: Der letzte Sinn der sportlichen Übung braucht weder Gesundheit noch Freude an der Bewegung zu sein. Er kann vielmehr in der Entfaltung der Persönlichkeit oder, wie es Werner Rathert meint, in der Selbstverwirklichung liegen. Das Selbst ist nicht etwa ein fertiges Gebilde, ein nebulös-mystisches Etwas, sondern, wie es zum Beispiel die Psychoanalyse trotz differenter Schulmeinungen annimmt, das Reservoir der Kräfte, die nach Verwirklichung drängen. Da ein jeder aber andere Talente hat, kann er sich nur wohl, glücklich und in sich ruhend erleben, wenn er seine Kräfte verwirklicht und nicht versucht, die eines anderen zu kopieren. Das gilt für Hobbyaktivitäten wie für berufliche Arbeit. Auch in einer eintönigen Tätigkeit kann jemand zu sich kommen, falls er die Eintönigkeit mit der richtigen Einstellung meistert. Was das bedeutet, kann folgende Anekdote aus einer chassidischen Erzählung verdeutlichen: »Ein Schüler bat Rabbi Schmelke von Nikolsburg, ihn zu unterweisen, wie er seine Seele zum Dienst Gottes bereiten solle. Der Zaddik hieß ihn zu einem andern seiner Schüler, Rabbi Abraham Chajim, fahren, der damals noch eine Herberge hielt. Der Jüngling folgte der Weisung und wohnte da etliche Wochen, ohne an dem Wirt, der sich vom Morgengebet bis gegen Abend in der Schankwirtschaft zu schaffen machte, irgendwelche Heiligkeit wahrzunehmen. Endlich fragte er ihn, was er den Tag über tue. – ›Mein vornehmstes Geschäft‹, sagte Rabbi Abraham, ›ist, die Gefäße recht zu säubern, daß auch nicht der kleinste Speiserest an einem hafte, und auch alle Geräte zu putzen und trockenzuwischen, daß sich keines der Rost bemächtigte.‹ – Als der Schüler heimkehrte und, was er gesehen und gehört hatte, Rabbi Schmelke berichtete, sagte ihm dieser: ›Nun weißt du, was du zu wissen begehrtest.‹«

Der zweite Punkt, den das Beispiel des Langstreckenläufers verdeutlichen soll, ist die schon oben erwähnte Tatsache, daß man von außen nicht feststellen kann, welche Methode die geeignetste ist, um zu seinem Selbst zu gelangen. Wer hätte einem Erblindeten schon empfohlen, sich tagtäglich durch eine Schnur an einen anderen zu binden, um einen anstrengenden, eintönigen Lauf von 30, 40, ja 100 Kilometern hinter sich zu bringen? Pädagogen, Psychotherapeuten, Psychologen, aber auch die modernen Kreativitätstechniker hätten eher abwechslungsreiche Tätigkeiten empfohlen, wie Basteln oder Modellieren, Musizieren, oder wenn schon Sport, dann Spiel oder gymnastische Übungen. Wohl kaum einer wäre auf die Idee gekommen, einem Blinden einen täglichen Marathonlauf zu empfehlen, selbst wenn er schon vorher ein guter Streckenläufer war. Vor allen Dingen hätte er nicht geglaubt, daß der Blinde durch diese Tätigkeit zu sich selbst kommen würde. Dieses Ziel konnte nur der Betreffende selbst entdecken. Er allein konnte wissen, welcher Weg in sein Innerstes führt und die Kräfte freilegt, die ohne die von ihm gewählte Methode verkümmern würden. Das ist auch mein grundsätzlicher Einwand gegen alle Kreativitätstechniken, die von außen erdacht und ganzen Gruppen von Kindern, Schülern und Erwachsenen übergestülpt werden.

Sicher können dadurch einige für produktive Tätigkeit wichtige Teilfunktionen verbessert werden; aber höchst selten wird die schöpferische Kraft mobilisiert, die ganz spezifisch für den einzelnen gilt und primär von ihm gefunden und befreit werden muß. Das heißt nicht, daß Hilfen von außen völlig nutzlos sind. Sie können aber unter Umständen mehr zerstören als aufbauen, falls sie die Individualität des einzelnen zudecken. Nur die Selbstfindung führt zu dem Schöpferischen, welches etwas wirklich Neues darstellt.

Das ist der dritte Punkt, den unser Beispiel zeigt. Der Blinde erklärt, er könne erst dann neue Freunde finden, wenn er sich vorher selbst gefunden hat. Die meisten Menschen gehen den umgekehrten, den unkreativen Weg. Man sucht sich einen neuen Menschen und hofft damit, sich zu finden. Daß der Blinde die Beziehung zu Menschen als etwas zu Erringendes und Erstrebenswertes hinstellt, ist ein wichtiges Nebenprodukt der an diesem Beispiel angestellten Überlegungen. Häufig wird ja der schöpferische Mensch nur an seinem Produkt – einem Gemälde, einer Komposition, einer Entdeckung oder einer politischen Tat – gemessen und nicht an den Beziehungen zu seinen Mitmenschen. Gelegentlich wird sogar die Ablehnung, ja Feindseligkeit zu den anderen als wesenskonstitutiv empfunden, was die Untersuchungen von vielen Genies bestätigen konnte. Sie zeigen, daß schöpferische Menschen die Abkehr von dem täglichen Miteinander brauchen, um – von Gerede und Überfremdung befreit – für das von innen Auftauchende offen zu sein. Dieser häufig zu beobachtende Tatbestand darf aber nicht so interpretiert werden, daß diese Abkehr, zumindest Gleichgültigkeit gegenüber den anderen, wie es etwa Einstein von sich formulierte, unbedingt zum Schöpferischen gehören muß.

Heutzutage wird man viel eher als früher die Verbesserung menschlicher Beziehungen als Merkmal kreativer Lebensläufe postulieren. Allerdings ist ein solches Ziel nicht erreichbar, wenn es auf einem Ich aufbaut, das von Fremdbestimmungen überflutet ist. Wer sich bei den anderen sucht, muß, um schöpferisch zu sein, die anderen in oft aggressiver und feindseliger Weise von sich abstoßen. Sucht man dagegen zunächst in einer für den Außenstehenden völlig überraschenden, ja unverständlichen Weise sein Selbst, wie es der Blinde spontan getan hat, werden in dieser Selbstfindung auch jene schöpferischen Kräfte frei, welche mitmenschliche Beziehungen nicht blockieren, sondern fördern. Der schon erwähnte Werner Rathert jedenfalls läuft, um zu sich selbst und von hier aus zu neuen Freunden zu kommen. Was heißt das aber anderes, als daß derjenige, der sich gefunden hat, oder wie es in der Sprache der Bibel heißt: »sich selbst liebt«, auch auf die Menschen stößt, die er Freunde nennen darf. Wer sich noch nicht gefunden hat, wird über sogenannte Freunde immer enttäuscht sein müssen, weil er bei ihnen vergeblich sucht, was er eigentlich und zunächst in sich zu finden hat.

Damit taucht als abschließende Bemerkung zu dem exemplarisch geschilderten Fall die Frage auf, ob es wirklich notwendig, zumindest aber fruchtbar ist, den Terminus »Selbst« – wie er im Laufe dieser Arbeit in den verschiedensten Formen (Selbstverwirklichung, Selbstfindung usw.) auftrat – in die Kreativitätsforschung mit größerem Nachdruck als bisher einzuführen. Zur Zeit ist er nämlich nur dort gebräuchlich, wo die Selbstfindung im Sinne des persönlichen Glücks als Hauptziel der Kreativität gesehen wird, ungeachtet aller »Werke« und Problemlösungen, die der Betreffende für die Öffentlichkeit vollbringt. Ich meine daher, daß der Begriff »Selbst« auch bei der Betrachtung einer mehr instrumentell-objektiven Kreativität von Bedeutung ist.

Es kann aber auch auf die Erfahrungen und empirisch gesicherten Erkenntnisse der Transzendentalen Meditation und anderer Meditationstechniken hingewiesen werden. Streicht man von dieser Methode alle ideologischen und sektiererischen Überinterpretationen ab und hält sich an das empirisch Nachgeprüfte, so zeigt sich, daß alle cognitiven und emotionellen Faktoren, die bei der Kreativität jeder Fachrichtung eine Rolle spielen, durch Meditation wesentlich verbessert werden können. Natürlich dauert es eine Zeit und erfordert meist auch den richtigen Lehrer, bis man »seine« Meditationstechnik gefunden hat. Sind diese Voraussetzungen aber gegeben, besteht kein Zweifel an der positiven Beeinflussung der Kreativität. Also doch eine Technik zur Verbesserung des Schöpferischen?

In gewisser Hinsicht ja. Ohne Übung und Training ist das Selbst nicht zu finden, was nach unserer Theorie auch für die instrumentell-objektive Kreativität fruchtbar und wesentlich ist. Allerdings – und hier ist die Einschränkung bzw. Parallele zu den oben beschriebenen Denktechniken: Es gibt nicht nur die Meditation in ihren verschiedensten Formen, sondern auch Autogenes Training, Yoga, Gebet und die unterschiedlichsten Arten der Psychotherapie. Alle Techniken können dazu beitragen, den für die Entfaltung der Kreativität notwendigen Weg zum Selbst freizulegen.

Warum verwendet man aber einen so vieldeutigen Begriff wie den des Selbst? Viele können sich unter ihm wenig oder nichts vorstellen, zumal er seit Hegel und Kierkegaard in der verschiedensten Bedeutung von Philosophie und Psychologie gebraucht wird. Auch in der Tiefenpsychologie wird er unterschiedlich angewandt, etwa bei Freud, C. G. Jung oder den modernen Narzißmusforschern, wie etwa Kohut.

Die hier nur global angedeuteten Differenzen können aber die Fruchtbarkeit und »erlebte« Einheit des mit dem Begriff Gemeinten nicht aus der Welt schaffen. Als Beleg dafür soll auch das ausführlich geschilderte Beispiel des blinden Langstreckenläufers dienen. Er, der philosophisch Unvoreingenommene, verwendet den Begriff in einer Weise, daß ihn jeder unmittelbar versteht. Er läßt sich vielleicht als das nicht ausgeschöpfte Reservoir der individuellen, bei keinem anderen in dieser Form vorhandenen Möglichkeiten umschreiben. Mit einem Vergleich aus der Bibel kann man sagen: Es sind die Talente, die jeder mitbekommen hat, um sie im Laufe des Lebens zu vermehren. Wer seine Talente nicht mehrt, verkümmert und wird verdammt. In diesem Vergleich wird auf die anthropologisch grundlegende Tatsache hingewiesen, daß ein jeder ein individuelles Selbst hat und zum Wachstum bestimmt ist. Es unterscheidet sich von dem kollektiven, allen gemeinsamen Selbst, wie es die Buddhisten kennen.

Das individuelle Selbst ist mehr als das durch Erbmasse, äußere Realität und frühkindliche Einflüsse Bestimmte. Dieses »Mehr« gilt es, aus der Möglichkeit in die Wirklichkeit zu überführen, was sich mit Energie und Willen allein nicht erreichen läßt. Ein Nach-innen-Hören ist gleich wesentlich. Die erwähnten Techniken, wie Meditation, Yoga oder Psychotherapie, können dabei helfen, indem sie eine von dem Äußeren losgelöstere Bewußtseinsebene erfahren lassen. Je mehr aber von diesem Selbst verwirklicht ist, desto stärker verändert sich das Ich, also die Instanz, die malt, dichtet, forscht, denkt, komponiert, Politik treibt oder Büroarbeit verrichtet, kurz: die schöpferisch ist, je nach Grad und Betätigungsfeld. Denn das Ich entscheidet in einem von Individuum zu Individuum verschieden großen Spielraum der Freiheit darüber, ob und wie es sein Denken und andere Fähigkeiten schult und daneben auch lernt, nach innen zu schauen und sich vom Selbst beschenken zu lassen. Durch letzteres gelingt es, alle hemmenden Fremdeinflüsse abzustreifen und schließlich die Identität zu finden, in der Ich und Selbst zusammenfallen, oder anders ausgedrückt: in der man in sich ruht, aber doch unverwechselbare Werke für die anderen schafft.

Tobias Brocher

Ratschläge für eine seelische Hygiene

Im fünften Jahrhundert vor Christus verzeichnet die griechische Geschichte Hygieia als die Tochter des Asklepios, Gott der Heilkunde und Sohn des Gottes Apollon und der Koronis. Diesem über zweitausend Jahre alten griechischen Mythos verdanken wir das Wort Hygiene, abgeleitet vom Namen der Hygieia, die für die antike Welt alles verband, was mit körperlicher und seelischer Gesundheit zu tun hatte.

Heute läuft unsere früheste Erfahrung hauptsächlich mit der hygienischen Regel »Pfui Baba« zusammen, die dem Kinde gegeben wird, wenn es Unberührbares anfassen möchte. Die gestrenge Frage der Eltern und Erzieher: »Hast du dir deine Hände gewaschen?« sowie eine Reihe von anderen Reinlichkeits- und Speiseregelungen sind dann lediglich die Erweiterung dieser Grunderfahrung. In der Vorstellung der meisten Menschen ist Hygiene daher überwiegend als Vorbeugungsmaßnahme gegen die verschiedensten Ansteckungsmöglichkeiten verankert, die fast ausschließlich auf körperliche Krankheiten bezogen sind. Wir suchen Bakterien, Bazillen und Viren zu vermeiden, die durch verschiedene Übertragungsweisen oft gefährliche Krankheiten auslösen können. Solche Vorbeugung ist in den meisten Zivilisationen fast zur Selbstverständlichkeit geworden, obwohl wir erst seit Ende des letzten Jahrhunderts mit der Entdeckung des Mikroskops genauere Erkenntnisse über Ansteckungsvorgänge sammeln konnten. Dieses überwiegende Interesse an der Auffindung möglicher Anstekkungsquellen für körperliche Krankheiten hat zu zwei bedeutsamen Folgen geführt:

1. Wir sind in Versuchung, nur die mikroskopisch oder biochemisch nachweisbaren Ansteckungsquellen als echte Krankheiten zu bewerten, während wir die Möglichkeiten seelisch krankmachender Ansteckung vernachlässigen.

2. Als Grundvoraussetzung nehmen wir in einem abstrakten Spaltungsprozeß an, daß wir einen Körper *haben*, vergessen aber zugleich, daß in Wirklichkeit jeder einzelne gleichzeitig dieser Körper *ist*. Wir finden daher viele Ratschläge für die körperliche Hygiene, während ein Bewußtsein für die lebensnotwendige seelische Hygiene sich nur sehr langsam zu entwikkeln beginnt. Das liegt auch daran, daß wir bislang, trotz der Bemühungen der Weltorganisation für geistige Gesundheit, noch keine Übereinstimmung darüber erzielt haben, was unter geistig-seelischer Gesundheit zu verstehen wäre. Aus vielerlei historischen und politischen Gründen, die hier nicht zu erörtern sind, ist besonders in Deutschland die Vorstellung einer Psychohygiene als Vorbeugung gegen eine Gefährdung der geistig-seelischen Gesundheit, etwa im Gegensatz zur ebenfalls teils deutsch-sprachigen Schweiz, weitgehend unbekannt geblieben.

Wichtiger ist für unseren Zeitabschnitt die Frage, was die Erhaltung der geistig-seelischen Gesundheit für den einzelnen und die Gesellschaft bedeutet. Allein die vor einigen Jahren für die Bundesrepublik ermittelte Zahl von sieben Millionen Menschen, die unter mehr oder minder beeinträchtigenden seelischen Krankheiten leiden, müßte uns nachdenklich machen. Dabei geht es bei dieser Zahl keineswegs um »Erbkrankheiten«, sondern um eine ansteigende Zahl von Menschen, die unter Bedingungen leiden, die sowohl ihr eigenes Selbstgefühl und ihre geistige Entwicklung beeinträchtigen wie auch ihre Umgebung durch diesen Zustand in negativer Weise beeinflussen – insbesondere ihre Kinder und andere von ihnen abhängige Personen.

Wenn wir zu praktischen Ratschlägen für die Erhaltung und Entwicklung seelischer Gesundheit kommen wollen, so empfiehlt es sich, den Rat Martin Luthers zu befolgen und »dem Volk aufs Maul zu schauen«, um die Wirklichkeit erlebten Lebens wahrzunehmen. Dann begegnen wir alltäglichen Redeweisen wie zum Beispiel: »Die machen mich noch völlig verrückt« oder »Der ist ganz aus dem Häuschen geraten«, »Die ist übers Schnürchen gesprungen« und anderen höflichen Umschreibungen des härteren Straßenjargons wie »Ausgeflippt«,

»Der hat nicht mehr alle Tassen im Schrank ... hat einen weichen Keks« oder berlinisch »Dir ham'se woll mit'n Klammerbeutel jepudert« und mehr metaphysisch im Schwäbischen etwa »Der hot oinen Goischt« – eine Reihe, die sich in vielen Sprachen und Dialekten beliebig fortsetzen ließe. Das zeigt uns deutlich eine bestehende Normvorstellung für seelische Gesundheit, die geschichtlich und geographisch verschieden sein mag, dennoch aber ein bestimmtes Normverhalten voraussetzt, das mit geistig-seelischen Faktoren verbunden ist.

Die Grenzen für von der Form abweichendes Verhalten werden dehnbar unter dem sozialen Druck von Gruppen. Die berüchtigten Thema-Eins-Gespräche am Montagmorgen oder Freitagnachmittag in bestimmten Arbeitsgruppen und Betrieben lassen offenbar Sexualprotzerei, Heldentaten aller Art und Abenteuerberichte als annehmbar erscheinen, die in einer kleineren Gruppe in anderem Sozialrahmen wahrscheinlich zurückgewiesen würden. Der Begriff des Betriebsklimas umschreibt indirekt Regeln der seelischen Hygiene, die auf den mitmenschlichen Umgang am Arbeitsplatz bezogen sind. Und darauf läuft seelische Gesundheit im Prinzip hinaus: Inhalt und Umgangsweise in Ehe, Familie und am Arbeitsplatz bestimmen tatsächlich auf die Dauer den Stand unserer seelisch-geistigen Gesundheit viel weitgehender, als wir das gewöhnlich annehmen.

Unsere natürlichste Reaktion angesichts jedes Geschehens in unserer Umgebung ist der erste Gedanke: Was bedeutet das für *mich?* Je nach Nähe, Bedeutsamkeit und Betroffenheit reagieren wir mit Ängsten, Wünschen, Phantasien oder anderen Gefühlen, die wir nicht immer äußern können. Dabei ist die Empfindsamkeit der einzelnen Menschen völlig verschieden. Eine Äußerung, die den einen aufregt und ärgert, läßt den nächsten völlig kühl, veranlaßt einen dritten zu einem bösen Witz oder wird von anderen völlig ausgeblendet und übersehen oder überhört. Umgekehrt vergessen wir im eigenen Handeln und Reden zu oft, welche Wirkungen wir auf diese erste, innere Reaktion anderer ausüben, die von unseren Worten oder Handlungen betroffen werden. Diese erste, innere Reaktion hat Gründe, die in unserem gesamten Lebensablauf verankert sind, der bestimmte Erwartungen und Befürchtungen ständig wiederholt. Über einen langen Zeitraum erleben wir uns im ersten Drittel des Lebens, in Kindheit, Jugend und oft bis in das junge Erwachsenenalter hinein als abhängig und sind auf vielen Gebieten um die Erhaltung und Stärkung unseres Selbstbildes besorgt. Wir möchten so gesehen werden, wie wir uns selbst wahrnehmen, und hoffen von anderen angenommen zu werden, während wir gleichzeitig fürchten, abgelehnt und zurückgewiesen zu werden. Die Vorstellung, innerlich und äußerlich völlig unabhängig von anderen sein zu können, bleibt, obwohl ein häufiger Wunschtraum, eine Illusion. Da diese Einsicht für alle Menschen zutrifft, die Mehrheit aber zunächst mehr um sich selbst besorgt ist als um andere, bedarf es einiger neuer Überlegungen, um zu begreifen, was sowohl zur Erhaltung der eigenen geistig-seelischen Gesundheit als auch für die der bedeutsamen anderen in der jeweiligen sozialen Umgebung ratsam und empfehlenswert ist.

Älter als die griechische Ideologie seelischer Gesundheit ist das orientalische Symbol der kunstgewerblich verkitschten heiligen Affen: nichts Böses sehen, hören und reden – hinzuzufügen wäre: denken und fühlen. In diesem Symbol begegnen wir der uralten Weisheit, daß es unsere eigenen, verborgenen Phantasien und Gedanken sind, die negative oder positive Ergebnisse hervorbringen. Je mehr wir in unserem Inneren all jene Phantasien nähren, die uns in Schwierigkeiten mit der gegebenen Wirklichkeit bringen würden, desto größer wird der Abstand zwischen der Innenwelt und der äußeren Wirklichkeit. Diese Lücke gefährdet die geistig-seelische Gesundheit, je weniger sie dadurch zu überbrücken ist, daß Wunsch- oder Angstphantasien eine Entsprechung in der Wirklichkeit haben. Schließlich sind es die eigenen Gedanken, die mich »verrückt« machen.

Innere Selbstdisziplin im Phantasieren und Denken ist daher der erste Schritt zur seelischen Gesundheit. Gewiß, wir brauchen unsere Phantasie, um schöpferische Lösungen zu finden, nicht nur in künstlerischer Produktion, sondern für jede neue Entwicklung, auch für die Visionen eigener Zukunft oder Veränderungen. Aber schon hier müssen wir unterscheiden zwischen konstruktiver und destruktiver Phantasie. Die Möglichkeiten sind stets nach beiden Seiten unendlich: Sie reichen von dem Traum, einer unglücklichen Ehe durch Ausbrechen entrinnen zu können, bis zu den finstersten Mordplänen, vor denen der Ehemüde schließlich selbst erschrickt; vom ausgeklügelten Plan, genügend Geld zu unterschlagen, um für immer sorglos unerkannt irgendwo zu leben, bis zum Wunsch, durch Beseitigung aller Konkurrenten zum Generaldirektor aufsteigen zu können. Was immer jeweils der Inhalt solcher geheimen Phantasien sein mag, sie belehren uns im Grunde darüber, daß wir einer gegebenen Wirklichkeit ausweichen möchten, weil wir vor Lösungen zurückschrecken, die unvermeidlich Nachteile, Schmerzen und notwendige Nachreifungen mit sich bringen würden. Die Suche nach Sündenböcken für eigenes Versagen und eigene Schuld wird zur Ansteckungsquelle, so daß gerade jene Folge eintritt, die wir vermeiden wollten: Die Umgebung, der Ansteckungsgefahr bewußt werdend, wendet sich von uns ab, weil unser Verhalten für andere, die den geforderten Preis an die Realität zahlen, seelisch unhygienisch geworden ist.

Aber wir zahlen einen anderen Preis im Inneren, solange wir versuchen, kindliche Paradies- und Schlaraffenland-Erwartungen aufrechtzuerhalten, indem wir in unseren Phantasien eine Freifahrkarte für die gesamte Lebensstrecke beanspruchen: Die innere Angst wächst in dem Ausmaß, in dem wir die Entwicklungsforderungen der gegebenen Lebensstufe versäumen. Erst diese Angst läßt dann unser Denken und unsere Phantasien so destruktiv werden, daß sie sich schließlich zu einer sich selbst erfüllenden Prophezeiung entwickeln. In allerlei inneren Abwehrvorgängen versuchen wir dann, die Ursachen in anderen zu finden, was uns nur weiter von der Wirklichkeit entfernt.

Im Umgang mit uns selbst, den anderen und der gegebenen Wirklichkeit ist es vielmehr notwendig, zur Erhaltung der seelischen Gesundheit systematisch reifes Probedenken zu entwickeln. Dabei müssen wir lernen, innerlich gleichsam realistische Generalproben zukünftigen Handelns und Redens ohne Selbsttäuschung abzuhalten, die sich an gegebenen Wirklichkeitstatsachen orientieren. Auch heute noch sind viele Menschen erschrocken, wenn sie die eigene Stimme auf dem Tonband hören, während bisher nur relativ wenige Menschen die überraschende Erfahrung erlebt haben, sich selbst in einer Nahaufnahme auf Film oder Magnetbandaufzeichnung reden und handeln zu sehen, so wie sie von anderen wahrgenommen werden. Geistig-seelische Gesundheit hängt weitgehend von der Fähigkeit ab, sich von Kopf bis Fuß ohne Selbsttäuschung so anzunehmen, wie man tatsächlich, in Übereinstimmung mit der Wahrnehmung Dritter, ist.

Sicher möchte mancher größer und mächtiger erscheinen, als er ist, oder sich zaghaft, hilflos und ohnmächtig darstellen, um sich der Hilfsbereitschaft anderer zu versichern. Solche

Selbstbefangenheit, Einengung und Veränderung der Wirklichkeitswahrnehmung ist der Hauptgrund seelischer Ansteckung von *innen* her, die sich jedoch häufig auch nach außen auf andere auswirkt. Wenn wir aufhören, unser Denken und Fühlen ausschließlich auf das eigene Wohlergehen und die eigenen Ziele zu richten, so ist das ein erster Schritt zu größerer seelischer Gesundheit, weil der Blick nach außen zugleich die Wirklichkeitskontrolle verstärkt. Unrealistische Größenideen scheitern schließlich ebenso wie Riesenansprüche am Gerechtigkeitsgefühl und Wirklichkeitssinn anderer, so daß sie korrigiert werden müssen. Ständige Angst, Unsicherheits- und Minderwertigkeitsvorstellungen aber können leicht zu einer sich selbst erfüllenden Prophezeiung werden, die in einem Teufelskreis endet. Wenn die Wirklichkeit dann zu beweisen scheint, daß wir ein allerdings nur erträumtes Ziel doch nicht erreichen konnten, weil scheinbar alles und alle gegen uns sind, so übersehen wir meist unser eigenes Zutun. Es ist das eigene negative Denken und die pessimistische Erwartung, durch die wir selbst Erfolglosigkeit herbeiführen, ganz abgesehen davon, daß ein Traum nicht ausreicht, um ein Ziel zu erreichen, solange wir eigene Anstrengungen, Ausdauer und mühsame Lernprozesse scheuen oder umgehen möchten. Indem wir andere oder die Umstände anschuldigen, suchen wir mitunter einen Freibrief für den uns durchaus bewußten Mangel an eigener Bemühung, dem der positive Ansatz fehlte. Was immer auch die Forderung des Lebens jeweils sein mag, unsere Fähigkeit und unser Können wachsen in dem Ausmaß, in dem wir selbst ehrlich davon überzeugt sind – freilich nicht ohne die Mühsal systematischen Erlernens der in jedem Falle notwendigen Wissens- und Erfahrungsgrundlagen, die zur jeweiligen Aufgabe gehören.

Glücklicherweise ist seelische Gesundheit nicht weniger ansteckend als ein Mangel an seelischer Hygiene. Das beweisen die verschiedenen Führungsstile, die konsequenterweise zu verschiedenen Ergebnissen führen. Optimismus, Vertrauen, Zuversicht fördern eine positive Einstellung genauso wie Ermutigung und mitmenschliches Interesse. Im zwischenmenschlichen Bereich, der für die Erhaltung der seelischen Gesundheit ausschlaggebend ist, gibt es eine Reihe von Vorgängen und Faktoren, die weder mit physikalischen noch ökonomischen Instrumenten meßbar sind, obgleich ihre Wirkung erhebliche ökonomische Konsequenzen nach der positiven wie negativen Seite haben kann.

Verantwortliche Führungskräfte in Industrie, Handel, Gewerkschaften und Regierung sollten mehr darüber wissen, als bisher erkennbar ist. Wir verspüren in allen zwischenmenschlichen Bereichen, in Ehe und Familie genauso wie im Arbeitsbereich, die Wirkung von Gefühlen wie Vertrauen und Mißtrauen, Hoffnung, Sorge und Ermutigung, genauso wie wir sofort ärgerliche, ängstlich spannungsgeladene oder freudig heitere, entspannte Stimmungen wahrnehmen. Einfühlungsvermögen in andere – auch Empathie oder Intuition genannt –, Gespür ist eine der wichtigsten Funktionen, die wir zur Erhaltung geistiger Gesundheit erlernen müssen. Ein uraltes indianisches Sprichwort empfiehlt: »Urteile nicht über deinen Nächsten, bevor du nicht eine Meile weit in seinen Mokassins seiner Spur gefolgt bist.« Die Fähigkeit, sich jeweils in die innere und äußere Lage eines anderen zu versetzen – auch Identifizierung genannt –, bestimmt letztlich den Verlauf unserer gegenseitigen Beziehungen. Auch hier kennzeichnet das volkstümliche Sprachbild vom »Elefanten im Porzellanladen« die Achtlosigkeit und rücksichtslose Gefühlsblindheit, die in ihrem Mangel an Einfühlungsfähigkeit nur als unhygienisch zu bezeichnen ist.

Wenn wir uns angewöhnen würden, seelisch unhygienisches Verhalten in gleicher Weise zu verurteilen, wie wir es im Bereich der körperlichen Hygiene mit den Begriffen »Schmutzfink« oder gröber »Drecksau« zu tun pflegen, wäre wahrscheinlich mancher Zeitgenosse etwas nachdenklicher und vorsichtiger, bevor er andere seinen ungereinigten und ansteckenden Gedanken- und Gefühlsinhalten aussetzt. Die Mißinterpretation der Psychoanalyse hat zu dem Irrtum geführt, der einzelne sei nicht für seine Triebe verantwortlich. Das Gegenteil ist der Fall; denn das Ziel der Psychoanlayse war und ist es, größere Verantwortlichkeit und Triebkontrolle im Interesse einer besseren seelischen Gesundheit zu wecken. In der Unverantwortlichkeit liegt zugleich auch das Motiv für die Unbedachtheit, mit der wir allzuleicht andere verletzen, um uns selbst zu rechtfertigen. So übersehen wir oft die Wirkungen eigenen Handelns auf andere. Wenn es aber möglich ist, daß wir schon durch ein gutes Wort oder durch Ermutigung und heitere Zuversicht dazu bewegt werden können, scheinbar Unerträgliches anzunehmen und zu überwinden, dann wären eigentlich Regeln der seelischen Hygiene im Umgang mit sich selbst und anderen selbstverständlich.

Ehe, Familie, Freundschaften und Arbeitsgruppen bieten

uns tägliche Gelegenheit, seelisch-geistig gesunde Beziehungen zu erlernen, die nicht ausschließlich auf das eigene Ich bezogen sein können. Wir müssen in diesen Beziehungen eine sich ständig erneuernde Umgangsweise erlernen, deren Veränderungen uns lehren, zunehmend sowohl die eigene Wirkung auf andere wie umgekehrt deren Wirkungen auf uns zu begreifen. Und hier gibt es bestimmte Regeln, die für die seelische Gesundheit die gleiche Gültigkeit haben, wie etwa Händewaschen, Körperpflege, Reinlichkeit, Vermeidung von Ansteckungsquellen und anderen Gefahren in der körperlichen Hygiene als Vorbeugung gegen Krankheit. Wir werden krank, wenn wir unseren Körper ernsthaft vernachlässigen. Im seelischen Bereich sind die Konsequenzen jedoch viel bedeutsamer, da wir heute aus der medizinischen Forschung wissen, daß eine Reihe scheinbar nur körperlicher Krankheiten seelischen Ursprung und deutliche Zusammenhänge mit ungelösten oder aufgeschobenen seelischen Konflikten haben. In diesen psychosomatischen Krankheiten, zu denen Magengeschwüre, bestimmte Formen von Asthma und Ekzem, innere Enddarmblutungen und eine Reihe in diesem Zusammenhang nicht voll geklärter Krankheiten gehören, wird die enge Verflochtenheit von seelischen und körperlichen Faktoren erkennbar. Daher sollten wir wissen, daß wir durch Mißachtung seelischer Hygiene nicht nur selbst krank werden können, sondern unter Umständen auch Menschen in unserer nächsten Umgebung krank machen können. Zu einer Steigerung und Verschiebung seelisch unlösbar erscheinender Konflikte kommt es vor allem dann, wenn wir in einer Abhängigkeitssituation anderen ausgeliefert sind, die oft, ohne es zu ahnen, mit einer Art Nilpferdpsychologie auf unseren Nerven herumtrampeln. Während sich die Betroffenen wehrlos fühlen, erfreut sich der jeweilige Peiniger blühender Gesundheit. Wie also können wir mit unseren ärgerlichen, wütenden oder frustrierten Gefühlen umgehen, um ein seelisches Gleichgewicht zu behalten, wenn keine Möglichkeit besteht, den eigenen Zorn loszuwerden? Sachliche Konfrontation der jeweiligen Bezugsperson ist eine Möglichkeit, die nicht immer offensteht. Als Kinder konnten wir dann leere Konservendosen oder andere Gegenstände mit den Füßen trampeln oder kicken. Welche Mittel aber haben wir als Erwachsene im Interesse seelischer Gesundheit? Verdrängte Wut kann zu einer Reihe von ernsthaften Störungen führen, nicht nur zu erhöhtem Blutdruck.

In diesem Zusammenhang erinnere ich mich lebhaft eines psychologischen Vertrages mit meinen Kindern während deren Trotz- und Wutphasen ihrer Entwicklung. Sie hatten das Recht, ihren Zorn gegen elterliche Regeln, durch die sie sich frustriert fühlten, in voller Lautstärke zum Ausdruck zu bringen, allerdings unter der Bedingung, daß dies entweder in einem anderen Raum bei geschlossener Tür oder bei Spaziergängen in achtungsvollem Abstand vom Rest der Familie erfolgen müsse. Dabei blieb die Hörweite oft durchaus erhalten, so daß ich die erleichternden Schimpfkanonaden noch höre: »Idiot – blöde Kuh – alter Ochse – dumme Ziege« bildeten dabei den harmloseren Bereich des Wortschatzes. Vom Vorteil der genaueren Kenntnis des Vokabulars der Kinder abgesehen, hatte diese Ventilvereinbarung zweierlei Sinn: Einmal konnten die Kinder auf diese Weise ihren Ärger, gleichsam wie Müll, abladen und sich beruhigen, ohne die momentane Aggression unterdrücken zu müssen. Zum zweiten konnten sowohl die Kinder wie die Eltern ihr Gesicht wahren, weil mit den wie auf einer Bühne mehr »beiseite« gesprochenen Beschimpfungen kein direkter Angriff verbunden war, so daß nach Überwindung der negativen Gefühle eine Rückkehr zu der den Ärger verursachenden Familiengruppe jederzeit möglich war, ohne sich ausgeschlossen oder bestraft fühlen zu müssen. Noch heute kann ich mich eines heimlichen Schmunzelns nicht erwehren, wenn ich mir vorstelle, daß das gleiche Rezept in abgekürzter, allerdings nunmehr stummer Form für Sekunden im Leben der inzwischen erwachsenen Kinder in entsprechenden Situationen wiederkehrt. Die Erfahrung verhilft dann jedoch heute wohl eher zu der sehr schnell dämmernden Einsicht und Frage, wie weit man selbst an den Ursachen oder dem Ausgang einer ärgerlichen Situation beteiligt war, ohne allein dem anderen die Schuld zuschieben zu müssen. Meist ist es die Angst zu unterliegen, die zu einer übertriebenen Verteidigungsstellung führt. Als Regel der seelischen Gesundheit kann das Paradox gelten, daß die Verlustbefürchtungen gerade dann nicht eintreten, wenn man bereit ist, sich zunächst dem eigenen Anteil an einer Konfliktsituation zu stellen.

Dieser Hinweis erscheint notwendig, um nicht dem Mißverständnis zu erliegen, daß es uns zu allen Zeiten möglich wäre, nur positiv zu denken und zu fühlen. Es geht gerade darum, negative und ärgerliche Gefühle nicht sofort aus Angst zu unterdrücken, sondern sie entweder, wenn das möglich ist, in einer sachlichen Weise zum Ausdruck zu bringen und den anderen darum wissen zu lassen, oder sie wenigstens vor sich selbst zu klären, wenn eine sofortige Kommunikation nicht ratsam erscheint. In jedem Falle wird man sich jedoch stets selbst fragen müssen: »Was mache ich mit dem anderen und was macht der andere mit mir?« Unter »machen« wäre hier jene oft völlig unbewußte, gegenseitige Manipulationstendenz zu verstehen, in der Menschen sich gegenseitig in bestimmte Positionen und Rollen hineinzuschieben versuchen, um jedem direkten, echten inneren Kontakt und größerer Nähe aus Angst aus dem Wege zu gehen. Auf diese Weise wird der jeweils andere zum personfernen Objekt erniedrigt, was er dann entsprechend beantwortet, und eine seelisch unhygienische Situation garantiert dann den negativen Ausgang. Ganz falsch wäre es, mangelhafte Übereinstimmung oder Widerspruch zu unterdrücken, wenn es gerechtfertigt ist, Klärung herbeizuführen. Nur sollte man sich stets fragen, ob es tatsächlich ein in der Sache bedeutsamer, begründeter Widerspruch ist, oder ob eine heftige Argumentation nur verwendet wird, um in einem Streit aus ganz anderen Gründen zur Befriedigung von Aggressions- und Überlegenheitsbedürfnissen aus heimlicher Unterlegenheitsangst zu kommen. Letzteres ist nicht nur in höchstem Maße unhygienisch, sondern auch unehrlich. Im körperlichen Bereich gilt es dem Gesetz nach als unannehmbar, einen anderen mit Dreck zu bewerfen. Auch hier begegnet uns eine Überbewertung des körperlich Gegenständlichen, während seelische Grausamkeit, Mißhandlung und Zumutung meist unterbewertet werden. Das trifft besonders Kinder. Die gleichen Leute, die sich über körperliche Mißhandlungen von Kindern aufregen, sind sich oft der eigenen seelischen Grausamkeit gegenüber Kindern nicht bewußt, weil sie keine sichtbaren Wunden und Narben hinterläßt. Um Kindesmißhandlung wirklich zu verstehen, müßten wir wohl erst sehen lernen, in welch unbedachter Weise Kinder in viel größerem Ausmaß seelischem Sadismus ausgesetzt sind, der ihre Abhängigkeit ausbeutet.

Eine brauchbare Grundregel zur Erhaltung seelischer Gesundheit ist es, sich selbst in allen Lebenslagen nicht allzu ernst zu nehmen, vor allem aber nicht Rolle oder Amt mit der Person zu verwechseln. Gewiß, wir müssen unsere menschliche Würde wahren; aber gerade die wird nicht von einer angelernten oder verliehenen Rolle bestimmt, deren Bedeutung wir vermeintlicherweise verletzt glauben. Es kommt auf das Sein an, von dem seelische Gesundheit bestimmt wird, nicht auf das erworbene oder verliehene Amt. Diese Einsicht gibt dem Humor eine überragende Bedeutung, weil Komik und oft Tragikomik gerade in der Verwechslung von Rolle und Person ihren Ausdruck finden. Humor unterscheidet sich von Witz. Witz strebt nach Anerkennung und versucht, gezielt zu treffen – was nicht immer gelingt. Humor greift über eine gegebene Situation hinaus und macht sie für alle Beteiligten plötzlich erträglicher, weil eine unabänderliche menschliche Bedingung zum Vorschein kommt, die annehmbar erscheint. Die Definition »Humor ist, wenn man *trotzdem* lacht« kennzeichnet diesen Überwindungscharakter; denn eigentlich gäbe es nichts mehr zu lachen. Unüberwindbares erscheint jedoch im Humor deshalb überwindbar, weil Humor über Zeit und Raum hinausgreift und die Relativität, die Komik und die Bedeutungslosigkeit des momentanen Ernstes bewußt macht. Aus der Eheberatung sind mir viele Beispiele erinnerlich, in denen ein eben noch wütend streitendes Ehepaar plötzlich die Frage aufbrachte: »Worüber streiten wir eigentlich so hitzig?« Am Ende der zunächst verblüfften Schweigepause brachen dann beide Partner in helles Gelächter aus, weil ihnen die Komik des sinnlosen Streitens unversehens bewußt wurde.

In diesem Zusammenhang ist mir ein Beispiel praktizierter seelischer Hygiene unvergeßlich. An einem lauen Sommerabend lud mich ein jungverheirateter Kollege zum Abendessen ein. Er mußte einen schlechten Tag gehabt haben; denn kaum war das Essen auf dem Tisch, begann er an dessen Qualität herumzunörgeln. Die junge Ehefrau, noch unerfahren in ihren Kochkünsten, ergriff die Verteidigung, und in wenigen Minuten war der schönste Ehezwist im Gange, nicht ohne meine verdutzte und peinliche Hilflosigkeit. Es kam jäh zur Explosion: Der Ehemann ergriff seinen Teller und warf ihn wütend in hohem Bogen von der Terrasse ins Gras. Innerhalb weniger Sekunden sprang die Ehefrau auf, um mit glitzernden Augen und wütender Gebärde ihrerseits ihren Teller noch kräftiger in die gleiche Richtung zu befördern. Ohne daß ich für diesen Augenblick eine rationale Überlegung hätte für mich in Anspruch nehmen können, folgte ich einer spontanen Eingebung, ergriff ebenfalls meinen Teller und warf ihn auf den Rasen. Nach Sekunden lähmenden Schweigens fragte ich ruhig: »Ist das hier Haussitte?«, worauf wir alle drei in ein befreiendes Gelächter ausbrachen.

Sicher ist das nicht eine allseits zu empfehlende Methode zur Auflösung ansteckender Streitsituationen; denn ohne die genaue Kenntnis des Charakters des betreffenden Kollegen wäre mir vermutlich diese Eingebung nicht gekommen. Das Beispiel blieb mir jedoch deshalb in Erinnerung, weil es zeigt, daß auch in einer völlig verfahrenen, seelisch unhygienischen Lage übergreifender Humor alle Beteiligten vom Zwang zur Ernsthaftigkeit befreien kann.

Als Grundlage seelischer Hygiene können wir ungeschriebene und unausgesprochene psychologische Verträge erkennen, die auf die gegenseitige Erhaltung geistiger Gesundheit zwischen den jeweiligen Partnern in Ehe und Familie und in der Arbeitswelt ausgerichtet sind. Eben weil diese Verträge meist als unausgesprochen geltend angenommen werden, ist es notwendig, ihre Voraussetzungen bewußt zu machen, ihre Bedingungen auszusprechen und, wenn notwendig, in gegenseitiger Verständigung zu erneuern oder zu verändern. Ihre Basis ist Gegenseitigkeit, nicht Einseitigkeit. »Was du nicht willst, das man dir tu, das füg auch keinem andern zu!« besagt ein früh erlerntes, uraltes Sprichwort, das in seiner einfachen Klarheit die Grundregel seelischer Hygiene durchaus für jedermann verständlich umschreibt. Offenbar vergessen wir im Ablauf der Lebensstrecke diese Regel. Wenn negatives Denken und seelische Ansteckungsgefahr, die von anderen oder von uns selbst ausgeht, den gleichen üblen Geruch verbreiten würden wie eine Reihe von körperlichen Erkrankungen, so wäre es sicher für uns alle leichter, diesen seelischen Infektionsquellen zu entgehen oder uns dagegen zu schützen. Es sollte aber durchaus erlaubt sein, Ansteckungsherde für seelische Gefährdung mit einer warnenden Quarantäneflagge zu versehen. Warum sollten wir uns nicht in gleicher Weise gegen die Gefahr seelischer Massenseuchen schützen, wie wir dies bei den Körper gefährdenden Seuchen tun? Freilich sähe die Immunisierung und Widerstandsentwicklung anders aus, da die gesunderhaltenden Elemente in keinem Serum und in keiner Apotheke erhältlich sind. Mitgefühl, Einfühlungsvermögen, Verstehen, Gefühlswärme, Lebensmut, Humor und Liebe sind die Hauptvitamine und Immunitätselemente, die gegen seelische Ansteckungsgefahr schützen. Nur können wir sie nicht kaufen, sondern müssen sie auf einem langen Entwicklungswege selbst finden und stets erneuern. An der Länge des Lebens gemessen, hätten wir dazu genügend Zeit.

Jeder mag für sich selbst nun einen Augenblick nachdenken, auf welchen seelisch-geistigen Gebieten seine Hauptansteckungsgefahren – von außen oder von innen – liegen mögen. Erst dann wird es ihm möglich sein, echte individuelle Ratschläge für eine seelische Hygiene in *seinem* Leben zu entwikkeln. Von einem Gesellschaftsbewußtsein für die Grundlagen seelischer Hygiene sind wir noch viel zu weit entfernt, um überhaupt auf Gehör rechnen zu können.

Aber auch im Einzelleben steckt bei der Sichtung psychohygienischer Grundsätze zur Erhaltung der geistig-seelischen Gesundheit der Teufel im Detail. Womit wir beim Ursprung wären, nämlich der Ansteckungskraft des Bösen. Die Seele, von der wir hier sprechen, ist uns eigentlich genaugenommen nur verliehen. Wir haben die Wahl, sie zu schützen und den Geboten des Menschlichen zu folgen. Oder wir gehen achtlos mit dieser Leihgabe um, bis sie auf dem Müllhaufen landet und zur Infektionsquelle für andere wird. So großartig uns die überwältigenden Errungenschaften unseres Jahrhunderts auch erscheinen mögen, im seelischen Umgang miteinander wird unsere Aufgabe mit jeder neuen Erfindung schwieriger. Es bleibt eine offene Frage, ob wir weiterhin alle technischen Neuerungen einfach geschehen lassen oder uns vorher fragen, wie wir die von uns selbst veränderten Lebens- und Umweltbedingungen bewältigen können. Dies wäre eine erstmals zu stellende Frage der Unterscheidung. Bisher glaubten wir, jede neue Erkenntnis diene dem Fortschritt des Menschen und der Verbesserung seines Lebens auf diesem Planeten. Heute müssen wir uns fragen, welche Erfindungen unsere seelisch-geistigen Lebensbedingungen erschweren und welche sie erleichtern könnten. Dabei ist nicht der blinde, ängstlich konservative Widerspruch gegen jede Neuerung gemeint, sondern die Grundfrage nach den inneren Wachstumsmöglichkeiten des Menschen. Zu diesem Zeitpunkt hätte diese Frage die höchste Priorität; denn welchen Nutzen brächten uns Neuerungen, die wir nicht bewältigen können ohne eine grundsätzliche Veränderung unserer Erziehungsmethoden und unserer menschlichen Beziehungsformen? Trotz der Einen Welt und ihrer Organisationsform, den Vereinten Nationen, sind wir von einer seelischen Hygiene in der Beziehung der Völker zueinander noch weiter entfernt als die jeweiligen Gesellschaften verschiedener Kulturen. Das zeigt sich am Ausmaß des destruktiven Denkens und Handelns, dem nur die primitive Tötungsphantasie zur Verfügung steht, verhüllt in Statistiken des Overkill im sogenannten Ernstfalle. Allein die Planung von Vernichtungswaffen kann kaum als Ausdruck geistiger Gesundheit verstanden werden; denn jeder Einzeltäter, der ähnliche Pläne in viel geringerem Umfange auszuführen versuchte, unterläge sofort dem Strafgesetz. Dennoch gelingt es uns, in einem geistig-seelischen Spaltungsvorgang in sich gleichartige Handlungen und Pläne mit einem jeweils verschiedenen Vorzeichen zu versehen.

Diese Bedingungen unseres zeitgenössischen Zusammenlebens sollten uns schließlich davon überzeugen, daß es neben den Gefahren der Ansteckung im Einzelleben eine viel größere Gefahr der seelischen Ansteckung von Kollektiven gibt. Die jeweilige Ideologie wirkt dabei als Narkotikum. Die Klage über Drogenabhängigkeit im physischen Bereich würde sich ebenso wie das Symptom verringern, wenn wir begreifen, daß es sich um ein Zerrbild dessen handelt, was unsichtbar auf seelischem Gebiet in der künstlich angeheizten Ideologie-Abhängigkeit ohnehin geschieht.

Die Wahl ist unsere Entscheidung: Wir können uns erneut anstecken lassen von der Primitivität niedrigerer menschlicher Entwicklungsstufen, oder wir können, um der Freiheit willen, unentwegt und mutig hinterfragen, welche Entscheidungen im Interesse der Erhaltung unserer geistigen Gesundheit getroffen werden müßten. Diese Frage ist unbequem, weil sie unausweichlich zuerst das eigene Verhalten betrifft, in dem wir mitschuldig werden, solange wir das Anwachsen seelischer Infektionsquellen dulden, ohne uns offen zur Wehr zu setzen.

Iring Fetscher

Vom Haben zum Sein

Vor ein paar Jahren verkündete der Werbespruch einer Sparkasse von allen Plakatsäulen: »Haste was – dann biste was!« Damit wurde eine Tatsache ausgesprochen, die man sonst – jedenfalls in Europa – gerne verschweigt oder doch bemäntelt. »Sein« und »Wert« eines Menschen werden als abhängige Variable seines Besitzes angesehen. »He is six million worth«, heißt es zum Beispiel in Amerika von einem mittleren Geschäftsmann. In einer Gesellschaft, in der Ansehen, Anerkennung und Würdigung dem Besitz entsprechen, sucht jeder nach Besitz zu streben oder sich wenigstens den Anschein zu geben, als sei er »reich«. Daraus folgt dann auch die verbreitete Gleichsetzung von teuer und »schön«. Aber das ist noch nicht alles. Im Grunde geht es bei diesem allgemeinen Wettlauf gar nicht um das »Haben« als solches, sondern um das »*Mehr-Haben als andere*«. Wenn alle ein Auto haben, stellt der Besitz eines Autos keine »Auszeichnung« mehr dar, dann muß »man« wenigstens ein besonders teures, neues, schnelles Auto haben – und einen Zweit- und Drittwagen für Frau und Kind. Wo in dieser Weise Haben und Mehr-Haben zum hauptsächlichen Lebenszweck gemacht werden, verbreitet sich notwendig Unzufriedenheit, weil nur sehr wenige an die Spitze der Einkommens- und Besitzpyramide gelangen oder sich auf ihr zu halten vermögen. Die Eigentums- und Einkommenswettbewerbs-Gesellschaft (die man auch Konsumgesellschaft genannt hat, weil allemal der sichtbare Konsum als Gradmesser von Besitz und Einkommen angesehen wird) macht auf die Dauer nicht glücklich. Sie wird nur von denen als erstrebenswert oder gar ideal angesehen, die in anderen Gesellschaften unter aktueller Not leiden. Die in ihr lebenden Menschen sind zumeist unzufrieden, und soweit sie doch so etwas wie »Glücksgefühle« kennen, identifizieren sie diese mit der Hoffnung auf morgen, mit dem Gefühl des »Vorwärtskommens«, des »reicher Werdens«, des Überholens von Konkurrenten und Nachbarn. Befriedigung wird nur aus dem Abstand gezogen, der zwischen dem eigenen Wohlstand und dem es ärmeren Nachbarn liegt. Auch wenn sich das nicht alle eingestehen, Freude empfinden sie doch nur an den Genüssen, die sich andere *nicht* leisten können. Die schönste Luxusreise in den Fernen Osten wird ihnen schal, wenn sie im gleichen Hotel Neckermann-Touristen treffen. Und die Neckermann-Touristen wiederum werden Wert darauf legen, nicht als solche identifiziert zu werden. Ihrer Ansichtspostkarte aus Hongkong sieht niemand an, daß sie von einem Kunden des Unternehmens geschrieben wurde, das sich darauf spezialisiert hat, »es möglich zu machen«. Was eigentlich? Vor allem wohl: den Anschein des Teuren für wenig Geld.

Haben wollen, für reich gelten wollen, konsumieren, um damit seinen Status zu demonstrieren, gehört zu unserer hochindustrialisierten Marktwirtschaft als ein zentrales Merkmal. Wer gegen die Beurteilung der Individuen nach ihrem – wirklichen oder vermeintlichen – Besitz und Einkommen polemisiert, setzt sich dem Verdacht des Altmodischen, der Sehnsucht nach der »guten alten Zeit« aus. Er wird sentimental und romantisch genannt. In der Feudalgesellschaft galt – zumindest neben dem Besitz – der Stand, der Rang einer Familie, damit war der universellen Bedeutung des Habens eine gewisse Schranke gesetzt. Verteidiger der englischen Monarchie betonen gern, daß einer ihrer Vorteile darin liege, daß der soziale Rang – zumindest an der Spitze von der Queen bis zu den alten Herzögen – dem allgemeinen Wettbewerb entzogen und im voraus fixiert sei. Es gibt keine Königs- oder Herzogskarriere. Die Tatsache, daß es ein paar Ränge gibt, die selbst mit noch so viel Eifer und Geld nicht erklommen werden können, hat aber gerade für die Angehörigen unterer Bevölkerungsschichten etwas ungemein Befriedigendes, auch wenn die Mystik von Monarchie und Hochadel langsam zu verblassen beginnt.

Ererbter und angeborener Stand und Rang ist aber nur eine unzulängliche Gegenposition gegen dynamischen Besitz und den Wettlauf zum Mehr-Haben. Ganz abgesehen davon, daß wir zu einer statischen Ständegesellschaft auch dann nicht zurückkehren könnten, wenn wir es tatsächlich ernsthaft wollten.

Was braucht der Mensch? Es wäre töricht, wenn wir behaupten wollten, er brauche gar nichts »zu haben«. Natürlich braucht jeder Mensch, um existieren zu können, Nahrung, Kleidung, Wohnung und die übrigen materiellen Mittel, um seinen Geist und seine Fähigkeiten zu entfalten. Aber wie das Wort »Mittel« andeutet, sind all diese Dinge keine Endzwecke, sondern lediglich Hilfsmittel, um eines anderen Zweckes willen, den wir »Sein« nennen wollen. Vielleicht wäre es besser, wir würden von Werden, von Entfaltung sprechen; denn der Mensch ist, was er wird. Niemand wird als Mensch geboren, er entwickelt sich erst – unter erheblicher Mitwirkung der Mitmenschen – zum Menschen.

Glück und Zufriedenheit fließen in weit höherem Maße aus dem »Sein« als aus dem Haben; aber die tiefe Befriedigung über das eigene »Sein« oder das »Tun« (das aus dem Sein hervorgeht) ist heute ziemlich selten geworden. Die meisten Berufe oder »Jobs« werden weit eher um der Befriedigung der materiellen Bedürfnisse willen ergriffen, als weil sie eine »dem Sein gemäße« Betätigung darstellen. Marx hat das einmal am Beispiel Miltons erläutert, der das »verlorene Paradies« geschrieben habe, wie eine Biene ihren Honig produziert. Daß er das Manuskript später an einen Verleger verkaufte, hatte mit dem Wesen und Sinn seiner dichterischen Tätigkeit nichts zu tun. Ganz anders ist es bei all denen, die mit Freuden ihre Tätigkeit aufgeben würden, wenn man ihnen den Lohn auch ohne Arbeit anbieten würde. Nicht zufällig sind Lotterien ein so beliebter Zeitvertreib der ärmeren Bevölkerungskreise in modernen Industriegesellschaften: Das große Los würde die Befreiung aus dem Zwang zu ungeliebter Arbeit bedeuten.

Für alle, welche ungeliebte und entfremdete Arbeit verrichten müssen, um ihren Lebensunterhalt zu bestreiten, ist daher das Zweck-Mittel-Verhältnis auf den Kopf gestellt: Die Tätigkeit – ihre Hauptlebenstätigkeit –, die doch Sinn und Zweck sein sollte, die aus ihrem Wesen hervorgeht, ist lediglich Mittel, und die Mittel, die Hilfsmittel fürs Leben, die materiellen Güter beziehungsweise ihr Geldäquivalent, sind zum eigentlichen Zweck geworden. »Arbeit« ist in der Regel entfremdete Tätigkeit, in der sich das Sein eines Menschen nicht entfalten und bestätigt fühlen kann. Auch wenn Industriearbeit heute längst nicht mehr die erdrückenden Züge aufweist wie zur Zeit von

Karl Marx, gilt vielfach noch immer seine These, daß Lohnarbeit »Zwangsarbeit« ist: Arbeit, die nur unter dem Zwang des Verdienenmüssen übernommen wird.

Wer aber der Möglichkeit einer befriedigenden »Äußerung seines Seins« im Tun beraubt ist, der sucht notwendig nach einer Ersatzbefriedigung im Bereich des Konsums. Unter »Konsum« verstehen wir heute jenes passive In-sich-Aufnehmen, das das Wesen des Menschen unverändert läßt und lediglich vorübergehende Lustgefühle auslöst. Es ist, als werde der einzelne auf die zwei Abstraktionen: lustlose Arbeit und lustvolles Konsumieren, reduziert. Beide Tätigkeitsformen: das die Umwelt gestaltende Tun und das Aus-der-Umwelt-Aufnehmen, können aber durchaus auch human sein. Von der kreativen Tätigkeit des Dichters haben wir das schon gehört, aber das gleiche gilt auch für bescheidenere Äußerungen des »Seins«, die nur in einer Welt, wo alles nach Geldwert bemessen wird, immer mehr in den Hintergrund getreten sind. Freundlichkeit, Güte, Hilfsbereitschaft bewirken Tätigkeiten, die ihren Sinn und ihre Befriedigung in sich selbst finden. Ähnliches empfanden – und empfinden teilweise noch heute – Handwerker bei ihrem Tun. Die Technik macht derartiges Tun keineswegs unmöglich, wohl aber die allgemeine Transformation aller Güter und Dienstleistungen in zu verkaufende Waren. Die innere Befriedigung, die die Tätigkeit einer Krankenschwester, eines Arztes, eines Lehrers bereiten kann, hängt nicht von ihrem Lohn oder Gehalt ab; sie kann aber durch den universalen Zwang der konsumvermittelten Selbstbestätigung durchaus vergiftet werden. Es setzen dann, unvermeidlich fast, Reflexionen ein wie die folgende: »Zwar leiste ich als Krankenschwester eine sinnvolle Arbeit, indem ich Menschen in ihrem Leiden beistehe, aber zugleich muß ich doch den Verdacht haben, daß die mich anstellende und bezahlende Institution auf meine Lust zu humaner Hilfsbereitschaft spekuliert, um auf diese Weise Geld zu sparen. Außerdem sehe ich, wie ringsum die Menschen nur aufgrund ihres Einkommens und ihres Konsums beurteilt werden; mein vergleichsweise kleines Einkommen verschafft mir geringes Ansehen, und darunter leide ich.«

Es ist fast unvermeidlich, daß sich Menschen auch mit den Augen der anderen sehen. Sie wollen nicht für »dumm« gehalten werden, indem sie ihre Dienste billiger anbieten als nötig. Sie legen Wert darauf, »einen guten Eindruck zu machen«, kleiden sich oft teurer, als es ihrem Einkommen entspricht, fahren aufwendigere Autos, machen größere Reisen und so weiter. Alles das meist nur, um andere glauben zu machen, sie »hätten mehr«. Auf diesem Wege geht vielen von denen noch die Möglichkeit einer Befriedigung in ihrer Arbeit und durch ihre Arbeit verloren, die aufgrund der Art und Weise ihrer Tätigkeit eigentlich Befriedigung finden könnten. Sie hören auf, Schwestern und Ärzte zu sein, um sich in die uniforme und nur um Einkommenshöhen konkurrierende Masse der Berufstätigen einzugliedern. Die Warenqualität ihres Tuns hat den Gebrauchswert ihrer Tätigkeit für andere und für sie selbst verdrängt. Der Gebrauchswert – das heilende Tun – wird nur noch zur unabdinglichen Voraussetzung, zum notwendigen Mittel für die Erzielung des Tauschwertes, des Geldlohns oder Honorars. Damit will ich keineswegs behaupten, daß es unter den Krankenschwestern und Ärzten keine gäbe, die ihren Beruf nicht als Berufung und als Sinnerfüllung empfänden. Es gibt sie gewiß, und ich hoffe, ihre Zahl ist größer, als man annehmen könnte, wenn man die Verlautbarungen von Verbandspräsidenten hört. Die beiden genannten Berufe gehören ja zu den »privilegierten«, weil sie eine Identifikation der in ihnen Tätigen ermöglichen. Aber auch wenn solche Berufe wie Krankenschwester und Arzt, Lehrer und Schriftsteller, Künstler und ausübender Musiker Befriedigung verschaffendes Tun ermöglichen, fällt es vielen doch schwer, inmitten einer nach dem Maßstab des Gelderwerbs und des Geldverdienens messenden Gesellschaft diese Befriedigung ständig und überzeugend zu erfahren.

Doch nicht nur humanes Tun, auch humanes, unentfremdetes Konsumieren ist möglich und wird nur durch den alles »verdrängenden Sinn des Habens« behindert. Es gibt Formen der »Aneignung«, des »In-sich-Aufnehmens«, die das Sein bereichern, ohne irgend jemand zu berauben. Wenn jemand die Fähigkeit erworben hat, ein Musikstück mit Verständnis zu hören und es auf diese Weise zu seinem inneren »Besitz« zu machen, dann wird die Menschheit um seine Kennerschaft bereichert und niemand deshalb ärmer. Wenn jemand mit Verständnis ein Bild betrachten, für sich selbst erklären und genießen kann, dann ist er dadurch innerlich reicher geworden. Niemandem hat er etwas weggenommen, ja er kann von dem neu erworbenen »Reichtum« sogar an andere weggeben, ohne deshalb selbst ärmer zu werden, im Gegenteil, mitteilend wird er selbst »reicher«. Aber solche das Selbst bereichernde Aufnahme – solch unentfremdetes Konsumieren – ist nicht nur auf sogenannte »hochgeistige Genüsse« beschränkt. Auch Nahrung und Getränke kann man mit Kennerschaft und Verständnis – human – konsumieren, im Kreis von Freunden und unter Gesprächen, die zum menschlichen Essen und Trinken hinzugehören, wenn es sich nicht auf die »tierische« Nahrungsaufnahme zum Zwecke der Wiederherstellung der physischen Leistungsfähigkeit beschränken soll.

Für diese humanen und unentfremdeten Formen des »Konsumierens«, besser des »In-sich-Aufnehmens«, ist nicht das Raffinement ausschlaggebend, keine mühsam zu erlernende Kunst des Genießens, wie sie manche Zeitgenossen heute sich anquälen, sondern die Verbindung mit anderen humanen Tätigkeiten und mit Mitmenschen. Nichts stimmt trauriger als der Anblick eines einsamen, ganz auf sein egoistisches Ich beschränkten Individuums, das verzweifelt nach Genuß sucht und ihn vielleicht in Sex, Alkohol oder Drogen findet. Das äußerste Maß an Glücklosigkeit läßt ihn nach dem schalsten Ersatz des Glücks suchen. Auch die Beziehung der Geschlechter, die Erotik ist auf diese barbarisch-abstrakte Funktion abgesunken. Wenn Erotik, das auf die Seele des Mitmenschen bezogene Spiel der Liebenden, auf krude Sexualität eingeschränkt, entsublimiert wird, dann muß notwendig die Befriedigung immer mehr auf den rein physiologischen Reiz einschrumpfen, dann geht es nicht mehr um Erfüllung, Erweiterung, Selbstfindung des Ich im anderen, sondern um die Maximierung der Orgasmen – bestenfalls noch um ihre Synchronisierung. Es läßt sich nichts Traurigeres über eine Welt aussagen, als daß sie ihr Glücksideal in der Maximierung von Orgasmen und im Drogen-Rausch erblickt. Sie verwechselt Lustmaximierung mit Glück, den kurzen Augenblick des Lustreizes mit der tiefen, dauerhaften Befriedigung menschlichen Glücks. Eine auf Expansion und Warenkonsum angewiesene Gesellschaft wird aber durch die Suche nach Lustmaximierung in entsublimierter, notwendig rasch vorübergehender Form in keiner Weise gestört. Im Gegenteil: Diese Art von Glücksersatz ist ihr im höchsten Maße adäquat. Sie kann das »Lustversprechen« von Sex mühelos in ihre Werbung einbauen, ja diese selbst sogar immer stärker sexualisieren. Wie die Frau zur hübsch verpackten Sexware degradiert und dem geldverdienenden Mann als Lustquelle angeboten wird, so werden der Frau die Waren aufgedrängt, mit deren Hilfe sie sich selbst in eine immer besser verkäufliche Ware verwandeln kann. Nicht zu Unrecht hat namentlich die amerikanische Womensliberation-Bewegung gerade gegen diese Seite der zeitgenössischen Zivilisation protestiert. Allerdings bislang ohne durchschlagenden Erfolg. Die Frau wie Mann auf manipulierbare Sexualobjekte und Subjekte reduzierende Werbung stimmt aber mit dem Selbstverständnis einer großen Zahl von Zeitgenossen durchaus überein. Und die von manchen Feministinnen geforderte Abhilfe, die darin besteht, den Subjektcharakter der Frau auf sexuellem Gebiet endlich anzuerkennen, geht bei weitem nicht weit genug. Sie nimmt die Entsublimierung der Sexualität keineswegs zurück, sondern modifiziert lediglich das tradierte einseitige Rollenklischee. Die wirkliche Liberation würde aber nicht nur in der Einführung einer vollständigen Rollenreziprozität bestehen, sondern in der Befreiung der Sexualität aus ihrer Surrogatfunktion für unerreichbares Glück und ihrer Einbeziehung in wirklich humane Beziehungen von erwachsenen, entfalteten, sich gegenseitig bereichernden Personen. Die Infantilisierung, ein schon vor mehr als vierzig Jahren von Huizinga beobachteter Zug der modernen Zivilisationen, hat auch das Gebiet der Geschlechterbeziehungen erreicht. Wie auf allen Gebieten versuchen Älterwerdende (vor allem Männer) auch auf diesem Gebiet mit der Jugend zu konkurrieren. So wird Sexualität oft in einen Leistungssport verwandelt, statt als ein in die Beziehung zweier Personen eingebetteter Teilaspekt verstanden zu werden. Ähnlich wie der Sport sich erst dann zu entfalten begann, als die körperliche Anstrengung im Bereich der Produktionsarbeit, des Transports usw. mehr und mehr verschwand, so mußten Sexualbeziehungen zum »Sport« abstrahiert werden in dem Maße, wie die Individuen zu egoistischen beziehungslosen Monaden einschrumpften. Auch hier ist eine Verarmung des »Seins« die letzte Ursache der Veränderung der Verhaltensweisen und Verhaltensnormen. Wer sich durch eine Tätigkeit, mit der er sich zu identifizieren vermag, nicht mehr zur Person entfalten kann, wer im Konkurrenzkampf um Konsumchancen und Einkommen auf die egoistische Existenz einer Monade zurückgedrängt wird, der ist auch immer weniger zu einer beglükkenden, personalen Beziehung mit anderen Menschen imstande. Ganz abgesehen davon, daß häufig auch noch Nebenrücksichten ins Gewicht fallen – wie Einheirat oder Statuserhöhung –, genügt die meist als ausreichend angesehene Basis der sexuellen Anziehung auf die Dauer nicht. Enttäuschungen und

Scheidungen sind die unvermeidliche Folge solcher Lust-Befriedigungs-Gemeinschaften. So richtig die Diagnose »verklemmte Sexualität« und verkehrte »Sexualtechnik« auch in vielen Ehen sein mag, die Annahme, mit der Reparatur solcher Techniken und der Überwindung derartiger Verklemmungen sei schon alles gewonnen, halte ich für übertrieben. Die entsublimierte Sexualität ist als wichtigstes Zentralsurrogat für fehlendes Glück und verarmtes Sein überfordert. Orgasmusfähigkeit bedeutet noch nicht Glücksfähigkeit, so wichtig sie auch sein mag.

»Vom Haben zum Sein.« Gibt es einen Weg, der von der vom Habenwollen bestimmten Welt zu einer Welt hinüberführt, in der die Individuen, sich allseitig entfaltend, in ihrem Sein Erfüllung und Befriedigung finden und sich gegenseitig neidlos bereichern können? Mir scheint, die Suche nach einer solchen Welt – nach einer solchen »Heimat«, wie Ernst Bloch sagen würde – geht durch die Geschichte der Menschheit wie ein roter Faden. Das Haben ist ein Ersatz fürs Sein, eine – ziemlich verhängnisvolle – Verwechslung, die auf der anderen Seite ungeheure Veränderungen und Fortschritte in die Welt gebracht hat. Ohne Arbeitsteilung, Technik, entfremdete Arbeit, Konsumbedürfnisse, die sich ins scheinbar Unendliche steigern lassen, wären die Wunderwerke der naturbeherrschenden Technik nicht entstanden, der wir alle unseren – relativen – Wohlstand verdanken. Aber das Bewußtsein dafür wächst, daß wir an einer historischen Wende stehen. Gewiß, die Produktion kann noch weiter wachsen, die Produktivität der Arbeit steigen, die Konsummöglichkeiten können sich vergrößern. Aber das alles befriedigt uns nicht mehr, und wir wissen, daß schon in absehbarer Zeit – in Jahrzehnten – die lineare Steigerung von Produktion und Konsum verlangsamt und schließlich beendet werden muß. Nimmt man die Entsublimierung der Werbesprache als einen Indikator dafür, wie schwierig es geworden ist, steigende Warenmengen abzusetzen, dann ist auch – zumindest bei den mittleren Einkommensschichten – bald ein Sättigungsgrad erreicht. Der Glaube an die eigenen Chancen im Wettbewerb um Status und Einkommen muß aber mit der Erlahmung der sozioökonomischen Dynamik dahinschwinden. Wenn Lebenssinn allein in der Teilnahme am allgemeinen Wettbewerb erblickt, Glück mit immer entsublimierteren Formen von Lust identifiziert wird, dann zeichnet sich dahinter der Umriß des Nihilismus ab: Verzweiflung am Lebenssinn – wenn der Wettlauf aufgegeben werden muß oder die physiologische Lust fade geworden ist und nicht mehr ausreicht.

Ich will hier kein düsteres Schreckbild unserer Welt malen; aber wenn man den ungeheuren Aufwand, die großartigen technischen Fortschritte unseres Jahrhunderts mit dem – schwer meßbaren, wohl aber schätzbaren – Zuwachs an »Glück« vergleicht, dann gewinnt man den Eindruck einer gigantischen Fehlinvestition. Es besteht jedenfalls kein Entsprechungsverhältnis zwischen dem Fortschritt auf dem Gebiet der Naturbeherrschung, der Befreiung der Menschen von mühevoller Arbeit, Krankheit und frühem Tod auf der einen Seite und der Glückserfahrung auf der anderen. Die Menschen leben in den hochindustrialisierten Ländern im Durchschnitt länger, gesünder und weniger anstrengend; doch sie scheinen nicht glücklicher zu sein als ihre Urgroßeltern – im Gegenteil. Sie *haben* alle viel mehr – die Reichen sehr viel mehr, aber noch die Ärmsten erheblich mehr als ihre Vorfahren; aber sie *sind* nicht mehr, oft fragen sie sich verzweifelt, *wer* sie eigentlich sind.

Kleine oppositionelle Gruppen, die aus der Gesellschaft sich zurückziehen, um in ihren Gemeinschaften bewußt nach anderen Normen und um anderer Ziele willen zu leben, reagieren gegen den heraufziehenden Nihilismus, der nichts anderes ist als die ohnmächtige Hinnahme einer absoluten Hypertrophie der Mittel bei gleichzeitigem Verlust verantwortbarer und befriedigender Lebensziele. Die großen Surrogatziele der Völker – Nationalismus und Imperialismus – haben zu viel Unheil angerichtet, um unter den »älteren Nationen« noch einmal wirksam werden zu können. So wenigstens scheint es bis heute. Die sich eben erst aus dem Joch des Kolonialismus emanzipierenden Nationen haben diesen Ausweg noch vor sich; aber in der alten Welt ist er zu sehr diskreditiert. Asiatische religiöse Kulte finden Anhänger, weil sie Erlösung von der Individualität versprechen, die vielen eine Last und ein leeres Versprechen geworden ist. Auf ihr egoistisches Ich reduzierte Europäer und Nordamerikaner suchen einen Ausweg in der »transzendentalen Meditation«. Der ehemalige französische Kommunist Roger Garaudy beschwört die Notwendigkeit der Transzendenz, in einem innerweltlichen Sinne, und Herbert Marcuse beschreibt die ihre Fähigkeit zur Selbsttranszendierung verlierende Welt als eindimensional. Alle drücken sie den Wunsch aus, dem Gefängnis der egoistischen, antagonistischen und sinnleer gewordenen Welt zu entkommen, es zu sprengen und zu verwandeln. Die stärksten seelischen Motive für eine Veränderung der Welt stammen heute nicht – wie Marx annahm – aus der Unfähigkeit der kapitalistischen Produktionsweise, bis zur Befriedigung aller Bedürfnisse zu expandieren, sondern aus ihrer Unfähigkeit, befriedigende Formen der Produktion und glückverheißende Formen der zwischenmenschlichen Beziehungen zuzulassen. Die zerstörende und produktionssteigernde Kraft der kapitalistischen Produktionsweise, die vor hundert Jahren kein anderer Wissenschaftler höher veranschlagt hat als Marx, hat sich als noch wertgrößer erwiesen, als er angenommen hatte. Unter dem Zwang dieses sozio-ökonomischen Systems wurden die Kräfte der Menschheit und der von ihr in Dienst genommenen Natur umfassend entfaltet. Aber nun gehören sie nicht den assoziierten Menschen und auch nur scheinbar den Inhabern von Eigentumstiteln, sondern gehorchen einem Systemzwang, den niemand beherrscht. Was der junge Marx die *Wiederaneignung* des vom Menschen Geschaffenen durch den Menschen genannt hat, steht noch immer aus. Eine Aneignung freilich, die nicht mit dem »Haben« im Sinne des Besitztitels identisch ist und die nur einer vereinigten Menschheit möglich sein wird.

Vielleicht sind zu egoistischen Konkurrenten sozialisierte Individuen zu einem solchen Zusammenschluß nur unter dem Zwang der Not oder unter der Inspiration einer religiösen Vorstellung imstande. Die Not wird in Gestalt der »Grenzen des Wachstums« auf uns zukommen, die religiöse Inspiration könnte ein enthierarchisiertes und gereinigtes Christentum bringen. Das durch befriedigendes Tun für andere sich entfaltende personale Sein, das in der Liebe der Mitmenschen aufgehoben und von ihr getragen wird, würde wirkliches Glück bringen und eine Art von Reichtum, von dem die vom »Sinn des Habens Geblendeten« keine Ahnung haben. Es wäre unmöglich, sich eine solche Zukunft auch nur auszudenken, wenn es nicht immer schon Menschen gäbe, die wenigstens zeitweise in ihrem Sein und Tun ein Stück von ihr vorwegnehmen würden. Wir alle sind ihnen schon begegnet. Sie sollten unsere Lebens-Lehrer sein.

Jeanne Hersch
Der Sinn für den Sinn

Viele Menschen – und ganz besonders junge – beklagen sich heute darüber, das Leben hätte keinen Sinn. Schuld daran wäre in erster Linie unsere Gesellschaft. Unsere ganze Zivilisation wäre ein großes Fiasko: sie sei materialistisch, ungerecht, elitär; die bürgerliche Ordnung überlasse zwei Drittel der Menschheit in den Entwicklungsländern einer andauernden, hoffnungslosen Unterernährung; und in den entwickelten Ländern gäbe es keine Möglichkeit, einer Menschen unwürdigen Arbeit zu entfliehen – so daß ich neulich im Fernsehen einen Pfarrer hörte, der von dem Fluch der Droge folgendermaßen sprach: »Warum sollte man nicht zur Droge greifen, wenn man gezwungen ist, bei Renault zu arbeiten?«

Es gäbe da sehr, sehr vieles zu sagen. Zunächst möchte ich eine Vorbemerkung machen. Auffällig ist, daß man immer vom Sinn wie von einem Gegenstand, einer Sache, fast einer Ware spricht. Der Sinn fehlt, weil man ihn nicht mit dem biologischen Leben vorfindet. Er sollte gegeben sein, und er ist es nicht. Das ist nicht in Ordnung. Eigentlich hätte jeder »ein Recht« auf den Sinn seines Lebens. Wieso kann man in dieser verfluchten Zivilisation alles kaufen: Nahrung, Kleider, Wohnung, Autos, Reisen, Erlebnisse, Abenteuer – und nur eines, das Wesentliche, den Sinn, nicht?

Es scheint kaum jemandem einzufallen, daß ein objektiv gegebener, daseiender Sinn eigentlich eine Sinnlosigkeit ist, ein Widerspruch in sich selbst. Tatsachen haben an sich nie einen Sinn, sie sind nur da, und man muß sie in Kauf nehmen, ob sie uns gefallen oder nicht. Erst durch die Art und Weise, *wie* wir sie in Kauf nehmen, sie deuten oder sie verarbeiten, werden sie für uns und durch uns einen Sinn bekommen. Den Sinn finden wir nie vor. Wir sind für ihn verantwortlich; denn Sinn gibt es nur für freie Wesen, nur für Freiheit in uns selbst. Das Wort »Sinn« verstehen wir überhaupt nur mit dem Organ unserer Freiheit. Und nur unsere vernachlässigte Freiheit leidet dunkel darunter, daß »es keinen Sinn mehr *gibt*«.

Und wieso machen sich die Erwachsenen und die Alten keine Gedanken darüber, daß sie, während sie sich ein ganz steriles gutes Gewissen verschaffen, indem sie unermüdlich eine hoffnungslose, ungerechte, tierische, lieb- und sinnlose menschliche Gesellschaft schildern, die keine »Gemeinschaft« mehr ist, den Lebenssinn und den Lebensimpuls bei den Jungen tagtäglich zerstören? Die Alten können es ertragen, sie haben sich ja an das Leben und dessen Grauen gewöhnt. Sie haben schon mehrmals einen nahestehenden Menschen in den Kirchhof begleitet, ihn dort in der tiefen, kalten Erde allein gelassen, und sind dann als Überlebende in ihre Wohnung zurückgekommen, um fortzuleben und weiterzuarbeiten und zu genießen. Sie haben sich daran gewöhnt. Leben ist für sie eine Gewohnheit. Aber die Jungen sind nicht daran gewöhnt. Wie sollen sie das hinnehmen, wenn kein Hauch von Dankbarkeit für die ihnen von Göttern und Menschen geschenkte Welt, keine Ahnung von Sinn und Aufgabe ihnen entgegentritt?

Nun eine zweite Bemerkung: Die deutliche Frage nach dem Sinn stellt sich nur, wenn es den Menschen relativ »gut« geht, das heißt, wenn die dringende Sorge für das Überleben geschwächt oder distanziert wird. Menschen, die nicht wissen, wie sie sich und ihre Nächsten in der unmittelbaren Zukunft ernähren sollen oder wo sie ein Dach und Wärme finden können, erleben im Suchen dieser Nahrung und dieses Schutzes schon Sinn genug. Der »Sinn« ist dann ganz klar: Es handelt sich darum, sich und seine Familie zu retten, es geht um das Überleben. Dieser Sinn ist »arm«, er ist nicht menschlich und kulturell entwickelt und entfaltet, er ist aber, in seiner biologischen Schlichtheit und Selbstverständlichkeit, außerordentlich fest. Da finden wir am wahrscheinlichsten den Grund für die an sich ziemlich verblüffende Tatsache, daß es in Kriegs- und Krisenzeiten viel weniger Depressionen, Melancholie und Selbstmorde gibt als in normalen geschichtlichen Perioden: Das Leben wird »sinnvoll«, weil es ganz und gar in der dringenden Anstrengung aufgeht, überleben zu können.

Übrigens verschwindet dieser Druck der vitalen Bedürfnisse oder Bedrohungen nie ganz. Verletzlich, zerbrechlich und sterblich bleiben wir immer, sowie auch alle und alles, woran wir hängen. Wenn wir uns der »Sicherheit« hingeben, dann zeigt das nur, daß Wachsamkeit und Vorstellungskraft in uns erlahmt sind. Jeder bemüht sich aber, einen bestimmten Raum der Sicherheit zu erwerben, so daß Bedürfnisse und Drohungen nicht mehr unmittelbar, sondern sozusagen von einer bestimmten Distanz her fühlbar bleiben – so daß die Seele Zeit und Muße bekommt, um zu sich kommen zu dürfen und sich dann nicht mehr nur die biologischen Probleme zu stellen, sondern die menschlichen – und gerade: die Probleme nach dem Sinn.

Es stimmt also nicht, daß unser Leben »sinnlos« ist, weil das Leben zu schwer ist, sondern umgekehrt: Weil das Leben für die große Mehrheit der Menschen im entwickelten Westen viel leichter und sicherer geworden ist, kommen viel mehr Menschen zu den gefährlichen – aber eigentlich menschlichen – Fragen nach dem Sinn.

Den Sinn kann man also nicht sinngemäß draußen suchen, unter irgendwelchen Gegebenheiten oder Einrichtungen oder Systemen, sondern in uns selbst. Das heißt: Es geht darum, in uns den Sinn für den Sinn zu wecken und wach und wirksam zu halten. Wenn unsere Welt uns als sinnlos erscheint, dann zeigt das, daß wir, daß unsere Freiheit als sinnbelebende Quelle erschöpft ist.

Unter welchen äußeren und inneren Bedingungen wird jener freiheitliche Sinn für den Sinn gestärkt und begünstigt? Wir haben ja schon gesehen: Äußere Bedingungen verschaffen den Sinn nicht; aber sie begünstigen das Hinaufsteigen des Menschen aus dem nackten Überleben zur eigentlich menschlichen Frage nach dem Sinn. Der soziale Fortschritt und alle sozialen Maßnahmen für die Sicherheit jedes Einzelnen finden darin, meiner Ansicht nach, ihre wesentliche, menschlich würdige Rechtfertigung. Und in diesem Sinne ist jede Form der sozialen Versicherung keineswegs ein Zeichen der »materialistischen Gesellschaft«, sondern im Gegenteil steht sie im Dienste eines möglichen Erwachens zur Frage nach dem menschenwürdigen Sinn.

Es müssen aber auch innere Bedingungen dafür anerkannt und angenommen werden: Es gehört eine bestimmte Einstellung dazu. Die gewonnene Distanz von den das Leben bedrohenden Bedürfnissen und Zwangsmöglichkeiten genügt nicht.

Aber umgekehrt: Die seit einigen Jahren modisch gewordene Forderung nach dem »vollen Glück, jetzt gleich«, nach einem unmittelbaren irdischen Paradies (»le bonheur, tout de suite!« riefen die Studenten auf den Pariser Straßen im Mai 1968), ist nicht nur menschlich gesehen eine Phantasterei oder Schwärmerei, die jeder Wirklichkeit den Rücken kehrt, sondern sie schließt die Möglichkeit eines Sinnes aus.

Jeder Sinn, der Sinn überhaupt, die Möglichkeit eines Sinnes, setzt immer einen Mangel voraus. Ohne Mangel gäbe es nur die Verstopfung des seelischen Raumes durch das faktische Vorhandensein. Wäre der Mensch ein Wesen der Fülle, dann würde er nicht zielen, er würde sich nicht sehnen, er würde nach nichts streben. Er hätte keine Möglichkeit der Freiheit. Noch mehr: Das Wort Freiheit hätte für ihn überhaupt keinen Sinn. Einfacher gesagt: Er wäre eben kein Mensch. Adam und Eva kannten im Garten Eden weder den Mangel noch die Bemühung um etwas, weder Arbeit noch Zeit und Geschichte. Vor der »felix culpa«, vor der schöpferischen Sünde, waren sie keine Menschen in unserem Sinn, sie waren für uns unvorstellbare »Vormenschen«. Und weil sie den Mangel nicht kannten, konnten sie wohl auch keinen Sinn verstehen, denn ihnen fehlte der Sinn für den Sinn – also auch der Sinn, der jede Sprache überhaupt erst möglich macht. Ja – sie waren Vormenschen.

Aber wir sind Menschen. Manchmal hat man das Gefühl, daß die Menschen in unserer Zeit müde geworden sind, sie haben ihr Menschsein satt. Und es stimmt auch, daß Menschsein mühevoll ist: eine nie zu überwindende Situation des Mangels, der Sehnsucht, des Strebens, ein Fehlen, ein Vermissen, ein Bedürfnis nach Fülle; und dieses doppelte, nicht zu versöhnende Verlangen muß der Mensch ertragen – sonst verschwindet mit dem Sinn die Freiheit und der Mensch selbst. Wer nur die Fülle will, verzichtet darauf, ein Mensch zu sein. Und da er doch kein Wesen der Fülle ist, sondern des Mangels und des Sinnes, sehnt er sich nach dem Sinn, den er selbst unmöglich gemacht hat, und behauptet, diese Welt sei sinnlos.

Dazu kommt noch etwas, das mir wichtig zu sein scheint: Der Sinn für den Sinn ist nur dann lebendig, wenn tatsächlich etwas auf dem Spiel steht. Das möchte ich erklären. Als ich eine Zeitlang in Amerika unterrichtete, fiel mir auf, daß es für viele Amerikaner eine Selbstverständlichkeit war, daß man relativ oft seine Wohnung, seinen Job, seine Stadt sogar wechselte, während jemand, der viele Jahre an Ort und Stelle blieb, für diesen erstaunlichen Zustand eigentlich eine Erklärung abgeben sollte. Sie wechselten auch ihre Möbel, ersetzten ihre nun fernen Freunde und relativ leichter als bei uns ihren Mann oder ihre Frau. Da schien es mir, daß sie sich im Grunde weigerten, sich an Unersetzliches zu binden, denn sie hatten Angst vor dem Leid. Und tatsächlich: Welche Waffen liefern wir der Gottheit oder dem Schicksal, wenn nicht unsere Liebe für Unersetzliches? Solange nichts Unersetzliches ins Spiel hineinkommt, kann einem nichts Radikales passieren. Es kann Unannehmlichkeiten geben, aber man bleibt auf der Ebene der Mittel zum Zweck, des Planbaren, des Verschaffens, der Rezepte, der Technik. Kein absoluter Verlust kann erlitten werden. Man hat sich sehr vernünftig geweigert, irgendwo absolut verwundbar zu sein.

Es klingt vernünftig. Aber da spielt wieder das paradoxe Wesen des Menschen mit: Wer sich so keiner radikalen Gefahr der absoluten Bindung aussetzen will, erfährt auch eine eigentümliche Sinnlosigkeit des eigenen Lebens. Denn nichts Wesentliches steht in diesem Leben mehr auf dem Spiel. Mit der Zeit wird die wachsende Gleichgültigkeit dem Ersetzbaren gegenüber und die Schwächung des Sinnes für den Sinn schlimmer als das so sorgfältig vermiedene radikal erlebte Unglück.

Der Sinn ist also etwas ganz anderes als Glück. Und wer den Sinn für den Sinn hat, weiß, was er dafür in seinem erlebten Leben zu wagen hat: absolute Einsätze, die ihn dem Schmerz und dem Scheitern ausliefern.

Der Mensch, für den der Sinn einen Sinn hat, ist aber nicht nur ein »Lebewesen«, er begnügt sich nicht mit dem bloßen Leben. Er nimmt Distanz, er dreht sich um und urteilt über sein Leben. Das Faktum Leben genügt nicht, der Mensch fragt sich, ob er seinem Leben einen Sinn gibt, ob sein Leben also wirklich ein menschenwürdiges Leben ist. Es kann geschehen, daß er mit nein antwortet, das heißt, er findet, daß sein Leben keinen Sinn hat, er gibt seine Aufgabe auf, selbst diesen Sinn hervorzubringen und lebend zu tragen, er sagt: »Es ist kein Leben.« Manchmal bildet er sich sogar ein, durch dieses Urteil allein schon überlegen zu werden und die anderen als tierisch zufriedene Wesen verachten zu dürfen.

So einfach ist es aber nicht. Erstens gibt es auch im primitivsten »Ja« des Bewußtseins zum Leben schon eine echte Tiefe, eine Art unterirdischer Frömmigkeit. Dann sollten die, die das Leben als »sinnlos« verurteilen, doch die Tatsache anerkennen, daß sie diesen »Sinn« dem Leben nie absprechen könnten, wenn sie sich nicht auf das Leben transzendierende Werte beziehen würden, und daß diese Werte selbst erst im Leben und durch das Leben ihren existentiellen Gehalt bekommen. Niemand steht dem Leben gegenüber höher und außerhalb. Das Verhältnis zwischen Leben und Werten ist kompliziert, verwickelt, vielseitig, paradox, denn absolute Werte gelten auch gegen das Leben, und ohne absolute Werte wird das Leben sinnlos; aber Werte gewinnen für uns Menschen erst im Leben Wirklichkeit und Gegenwart in der Zeit, und dadurch wird auch das Leben zu einem entscheidenden Wert.

Dieses Verhältnis verstehen, ertragen und gestalten lernen, ihm seine existentielle Wirkung im jetzigen Augenblick geben lernen – vielleicht ist es gerade dieses Lernen, das den wesentlichen Sinn des Lebens ausmacht. Und es ist ein Lernen, das nie aufhört. Die Lehrjahre erstrecken sich auf das ganze Leben, bis zum letzten Atemzug. Durch die Jahre hindurch findet der Mensch nie einen Sinn vor, er »plant« ihn auch nicht, sondern er entschließt sich dazu, und dann wird sein Leben sinnvoll.

Ich sprach eben vom »jetzigen Augenblick«. Hier steckt etwas, das ich für ganz entscheidend halte, für die Möglichkeit »eines Sinnes für den Sinn«. Und wenn dieser Sinn heutzutage so krank und geschwächt erscheint, so gerade weil der »jetzige Augenblick«, der Augenblick der Gegenwart, in der objektivierenden Sicht der Geistes- und Sozialwissenschaften als entscheidende Trennung zwischen Vergangenheit und Zukunft die Tendenz hat, zu verblassen, fast zu verschwinden. Man versucht sozusagen, die Gegenwart wie eine falsche Falte auszubügeln, um die objektive, kausal-gebundene Kontinuität zwischen Vergangenheit und Zukunft wiederherzustellen. Aus dieser Kontinuität aber verschwindet der Sinn.

Das müssen wir klar erfassen. Wenn man die Geschichte als objektives Ganzes verstehen will, als wäre man selbst außerhalb dieses Ganzen, dann hat man es mit einer Zeit zu tun, die wie eine endlose Landschaft vor uns liegt und sich ins Unendliche, in Vergangenheit und Zukunft erstreckt. Diese Zeit ist überall homogen, eine Aufeinanderfolge von Fakten, Situationen, Ereignissen. Man versucht, diese Aufeinanderfolge zu »verstehen«, indem man ihre Kausalzusammenhänge immer besser erkennt und Wiederholungen von Ursache und Wirkung in »Gesetzen« zusammenfaßt. Die Frage nach dem

Sinn des Ganzen kann man eigentlich nicht stellen, außer wenn man das Ganze selbst für die Entfaltung einer göttlichen Planung hält. Auf jeden Fall wird da jede Gegenwart gleichgültig. Es kann nur noch darum gehen, die geschichtlichen Zusammenhänge objektiv zu erfassen oder die Vorsehung im Ganzen zu erkennen. Das Jetzt wird nichtig. Die Frage nach dem Sinn auch, denn eigentlich ist das Ganze – wenn auch als zukünftig – schon gegeben, so daß Einsatz und Mangel nicht mehr ernsthaft im Spiel sind.

Diese gegenwartlose, kontinuierliche Struktur der Zeit, die eine echt erlebte Gegenwart ausschließt, ist hingegen für den Fortschritt kausaler Ableitungen, die methodisch die Vorgänge der Naturwissenschaften nachzuahmen bemüht sind, günstig. Man »erklärt« das Nachher durch das Vorher, man leitet »Entscheidungen«, die keine sind, von einem früher gegebenen Zeitbestand ab, man betreibt Futurologie, indem man von der nahen Vergangenheit auf die nahe Zukunft schließt, so daß man sich nur noch einer vorausgesagten Zukunft anzupassen hat. Vergangenheit und Zukunft werden auf ähnliche Weise Gebiete der wissenden Feststellungen und Erklärungen, soziale und geschichtliche Gesetze überbrücken den Riß der Gegenwart. Dann braucht man nur noch die Vorstellung einer idealen Gesellschaft und einer im ganzen vollendeten Weltharmonie in die mehr oder weniger ferne Zukunft zu versetzen – und die ganze menschliche Geschichte wird zu einer technischen Ingenieur-Kunst, die in der Zeit, durch Anwendung sozialer Gesetze und Mittel-zum-Zweck-Berechnung, dem Endzustand zustrebt. Das ist aber kein Sinn mehr, sondern Technik. Die Gegenwart ist verschwunden, und mit ihr der Mensch und seine Freiheit.

Wir haben als Menschen nur eine einzige tatsächliche, konkrete Verabredung mit der Wirklichkeit. Die findet ganz genau *jetzt* statt. Jetzt und nur jetzt können wir so oder so handeln, so oder so entscheiden, so oder so das Gegebene verändern. Ob wir bedauern, dieses oder jenes gestern oder vor einem Jahr getan oder versäumt zu haben, ob wir davon träumen, morgen oder nächste Woche dieses oder jenes zu tun, das ändert an der Wirklichkeit nichts. Nur *jetzt* bietet sich uns die Wirklichkeit an. Nur jetzt können wir sie erreichen und ihr etwas antun. Nur jetzt üben wir unsere verantwortliche Freiheit.

Dieser »acte de présence à la réalité présente«, dieses entschiedene Eingreifen in die jetzige Gegenwart, zerschneidet die

Zeit radikal in die Vergangenheit des schon Gegebenen, Geschehenen, Unwiderruflichen und in die Zukunft der angebotenen Möglichkeiten, die noch vom jetzigen Eingreifen abhängig sind. In der Vergangenheit ist das Gegebene, in der Zukunft liegen die Aufgaben und der mögliche Sinn. Die Verabredung mit der Wirklichkeit aber ist nur jetzt. Und in diesem Jetzt der Entscheidung, der konkret wirksamen Freiheit werden sozusagen »quer zur Zeit« (wie Jaspers sagte), von der vertikalen, transzendenten Dimension her, Sinn und Sein durch den Augenblick in die Zeit eingeimpft – Sinn und Sein für die eingreifende Freiheit.

Die vom freien Menschen erlebte Zeit ist also nicht die der Geistes- und Sozialwissenschaften. Ihre diskontinuierliche Struktur ist zugleich Bedingung für Freiheit und Sinn. Es kommt darauf an, den Schnitt der Gegenwart radikal anzunehmen, wo sich die Zeit mit der transzendenten Dimension kreuzt. Wenn man die absolute Forderung des Sinnes in einer gedachten Totalität der Zeit als verwirklicht wähnt, stirbt der Sinn mit der Freiheit und dem Einsatz. Wird der scharfe Schnitt anerkannt, dann wird man sich auch zum Mangel bekennen, zum Unvollendeten, zum Unfertigen, ohne daß die absolute Forderung stumm wird. Dann wird man sich, als freies Wesen, bescheiden müssen, das für Erinnerung, Sehnsucht und Hoffnung geboren wurde und in der Gegenwart für seine Taten verantwortlich wird. Dann bekommt das Leben seinen Sinn, weil der Mensch seinen Sinn für den Sinn wach hält.

Es ist ein absoluter Unterschied, ob man sich als Quelle des Sinnes ein Ende der Geschichte, eine Eschatologie vorstellt, die ein vollkommener Endzustand in der Zeit wäre, oder eine transzendente Eschatologie, die jenseits der Zeit, »nach« dem letzten Augenblick, »am Ende der Zeiten« leuchtet. Im ersten Fall reduziert sich die »Geschichtlichkeit« des Menschen zu einem Voraussehen und technischen Planen der Zukunft. Im zweiten Fall ist die transzendente Quelle des Sinnes nicht in der Zeit, sondern jenseits jeder Vorstellung, in einer »Ewigkeit«, die mit jedem Augenblick der Geschichte zeitgenössisch ist. Dann ist kein Augenblick Mittel zum Zweck des nächsten und mit diesem dann Mittel zum Zweck des letzten, sondern jeder gilt absolut. Das Planen wird dadurch nicht verschwinden. Aber das Planen bekommt seinen Sinn von dorther, wo es sich nicht mehr planen läßt. Und von dorther hat der Mensch seinen Sinn für den Sinn.

Erhard Eppler

Solidarität als Chance

Es hat sich herumgesprochen: Es geht nicht so weiter wie bisher. Jeder sagt es in seinen Worten, Schriftsteller, Bischöfe, Chefredakteure, Minister, der Bundeskanzler und der Bundespräsident. Die einen sagen, es werde nie wieder, wie es war, die anderen reden von einer neuen Epoche, die dritten ziehen das Wort Zäsur vor, mit dem ich seit einigen Jahren einzufangen versuche, was sich da in der ersten Hälfte der siebziger Jahre abgespielt hat, in der Weltwirtschaft, noch mehr vielleicht in unserem Bewußtsein.

Waren wir noch vor einem Jahrzehnt sicher, wir müßten nur so weitermachen wie bisher, so wissen wir heute nur eines: daß eben dies nicht möglich ist.

Die Amerikanerin Hazel Henderson warnt vor dem, was sie den Entropie-Staat nennt. Und sie definiert diese Industriegesellschaft, die sich zu Tode wächst, so: »Der Entropie-Staat ist eine Gesellschaft in einem Stadium, wo Komplexität und gegenseitige Abhängigkeiten solche Ausmaße angenommen haben, daß sie nicht mehr zu gestalten und zu handhaben ist und die dadurch entstehenden Transaktions-Kosten ihren produktiven Fähigkeiten gleichkommen oder sie übertreffen ... Der Anteil des Bruttosozialprodukts, der ausgegeben werden muß für die Vermittlung bei Konflikten, die Bekämpfung der Kriminalität, für alle sozialen Aufwendungen, die sich aus den externen Kosten von Produktion und Verbrauch ergeben, für immer mehr bürokratische Koordination ... beginnt exponentiell oder noch stärker als exponentiell zu wachsen.«

Diese industrielle Entropie-Gesellschaft, die ihr Wachstum immer rascher aufbraucht, um mit den Folgen des Wachstums immer mühsamer fertig zu werden, ja eine Gesellschaft, die nach neuem Wachstum schreit, um mit dem alten Wachstum fertig zu werden, und dabei doch einen immer höheren Preis bezahlt an Alkohol- oder Drogensüchtigen, Ausgeflippten oder Kriminellen, psychisch gestörten Kindern oder depressiven Alten, diese Gesellschaft droht durchaus nicht nur in den USA.

Angst macht sich breit, und wie ratlos wir sind, zeigt sich darin, daß wir eine Angst mit der andern austreiben wollen, die Angst vor dem Atom mit der Angst vor der Energielücke, die Angst vor den Folgen ungezügelten Wachstums mit der Angst vor den Folgen des Nicht-Wachstums. Und dann wundern wir uns, wenn die öffentliche Diskussion immer gereizter, nervöser, die parteipolitische Auseinandersetzung immer trickreicher, das Krisenmanagement immer kurzatmiger wird.

Sicher, niemand hat unfehlbare Rezepte. Aber es gibt doch schon eine ernstzunehmende Diskussion darüber, in welcher Richtung wir uns bewegen müssen, um unseren Kindern ein menschenwürdiges Leben möglich zu machen. Dabei fällt immer wieder das Wort Solidarität, vielleicht schon so oft, daß wir es kaum mehr hören können – Solidarität: Mit wem? Wie? Was helfen uns Phrasen, wir wollen wissen, was wir tun, wo wir anpacken, wie wir vernünftig und vielleicht sogar sinnvoll leben können. Was nützt es den Hungernden, wenn wir weniger Fleisch essen, wenn dadurch nur die Lagerhaltung in der EG noch teurer wird? Was nützt es, wenn ich mein Auto ein Jahr länger fahre, wenn ich dadurch nur die Arbeitslosigkeit fördern und Unfälle riskieren kann?

Hier zeigt sich schon: Neuer Lebensstil ohne politische und ökonomische Veränderung kann leicht ins Leere laufen. Umgekehrt: Politische Neuansätze haben nur eine Chance, wenn wir unsere ganz persönlichen Gewohnheiten in Frage stellen. Daher ist das, wovon ich jetzt reden will, beides: eine politische Aufgabe, und sicher keine einfache, und gleichzeitig eine Frage an unseren ganz persönlichen Lebensstil. Ich meine das *solidarische Haushalten.*

Solidarisches Haushalten nenne ich den Versuch, mit den Gütern dieser Erde so umzugehen, daß wir es auch gegenüber andern verantworten können: gegenüber Mitbürgern im eigenen Land, gegenüber den armen Völkern und gegenüber denen, die nach uns kommen. Ich möchte gleich konkret werden.

In den letzten Jahrzehnten sind in vielen Ländern, vor allem in Entwicklungsländern, die Wälder mit einer Brutalität geplündert worden, die unsere Nachkommen uns wohl nie verzeihen werden. Vor allem gilt dies für tropische Wälder, von Westafrika über Lateinamerika bis nach Südostasien.

Die unmittelbare, sicher nicht die einzige Folge ist das Ansteigen der Holz- und Papierpreise. Weil unsere Nachfrage nach Papier in den Industrieländern immer weiter stieg, wurde es schließlich überall so teuer, daß manche Entwicklungsländer Mühe haben, das Papier für die Schulbücher ihrer Kinder zu bezahlen. Wir in der Bundesrepublik können es uns leisten, soviel Holz oder Papier oder Zellulose einzuführen, wie wir brauchen. Schließlich sind unsere Devisenreserven größer als die der Amerikaner und der Russen zusammengenommen. Wir haben seit über hundert Jahren eine Forstwirtschaft, in der peinlich darauf geachtet wird, daß Holzeinschläge durch Aufforstungen ausgeglichen werden. Wir können es uns leisten, soviel Holz zu verbrauchen, wie wir mögen, Altpapier auf den Müll zu werfen, wenn niemand es abholt. Nur: Da sind eben noch die Kinder in Westafrika, deren Wälder von europäischen, amerikanischen und japanischen Firmen zerstört wurden, weil wir nicht nur auf unsere heimischen Hölzer angewiesen sein wollten. Und diese Kinder, denen es vielleicht nie mehr gelingen wird, die durch tropische Regengüsse erodierten Böden wieder fruchtbar zu machen, die Mühe haben werden, genügend Brennholz zum Kochen zu finden, müssen nun auch noch auf manches Buch verzichten, weil wir die Papierpreise in die Höhe treiben.

Je mehr Menschen auf diesem Globus wohnen, und jährlich kommen so viele dazu, wie die Bundesrepublik Deutschland Einwohner hat, desto knapper wird das Holz und alles, was daraus gefertigt wird. Wäre es da nicht angebracht, wenn wir einmal über unseren Gartenzaun hinausdenken und wenigstens unsere Berge von alten Illustrierten und Zeitungen möglichst vollständig zur Wiederverwendung bereithalten würden?

Sicher, da beginnt schon die Ökonomie, die Politik, vielleicht sogar die Technologie. Natürlich, das Re-cycling muß sich rentieren, und es rentiert sich nur, wenn es genügend Produkte gibt, die man aus Altpapier herstellen kann; es rentiert sich nur, wenn die nächste Fabrik nicht so weit entfernt liegt, daß die Transportkosten zu hoch werden. Daher kann der Preis für Altpapier politisch interessant werden, daher mag man sich überlegen, ob wir nicht mehr kleine Anlagen zur Verarbeitung von Altpapier brauchen, ob der Staat sie durch Kredite anregen soll. Aber es bleibt doch auch die Frage an jeden Einzelnen: Bist du, wenn der CVJM das Papier ein halbes Jahr lang nicht abholt, auch einmal bereit, einen Kofferraum voll Papier zum Händler zu fahren? Bist du bereit, Papier, das aus Papier gemacht wird, selbst zu verwenden, auch wenn es noch glatteres gibt?

Die meisten von uns, ich auch, essen gerne etwas Gutes, wobei glücklicherweise jeder wieder etwas anderes für besonders gut hält. Man sollte dies niemandem übelnehmen, weder den Älteren, die den Hunger kennengelernt haben, noch den Jüngeren, die zum Glück meist nicht wissen, was Hunger ist.

Aber es bleibt doch ein Ärgernis, daß zu reichliches Essen bei uns eine der Krankheitsursachen geworden ist, die unser Gesundheitswesen langsam unbezahlbar machen, während im Süden Millionen von Kindern, wenn sie nicht schon in den ersten drei Jahren umkommen, nie im Leben ihre volle geistige und körperliche Leistungsfähigkeit erreichen, weil sie schon vor der Geburt und dann in den ersten Lebensjahren an Eiweißmangel zu leiden hatten. Daß uns diese Diskrepanz so wenig berührt und umtreibt, legen viele Menschen in der Dritten Welt so aus, daß es mit dem christlichen Abendland doch wohl nicht sehr viel auf sich haben kann. Sie wissen auch, daß wir in Form von tierischem Eiweiß fünfmal mehr Getreide pro Kopf verbrauchen als sie. Nun produzieren wir in der EG zuviel Eiweißprodukte, Fleisch und Milch, also noch mehr, als wir essen. Allein bei der Milch kostet dies den europäischen Steuerzahler jährlich sieben Milliarden Mark, vor allem für Lagerhaltung von Milchprodukten, mehr als das Doppelte dessen, was die Bundesrepublik Deutschland an Entwicklungshilfe leistet. Sie fragen, warum wir die Überschüsse nicht den Hungernden geben? Dies ist in der Tat schwierig. Bezahlen können sie unser Fleisch und unsere Butter nicht. Und das Verschenken ist auch schwieriger, als wir meinen, weil davon oft allzu wenig dort ankommt, wo es ankommen soll. Vieles verdirbt in der Hitze, füllt die Taschen von Wucherern oder korrupten Beamten, manche unserer Fleischprodukte widersprechen religiösen Traditionen, und große Mengen von Agrarprodukten bringen die heimischen Agrarmärkte so durcheinander, daß wieder die Bauern in den Entwicklungsländern darunter leiden.

Sicher, es gibt Fälle, wo man verschenken muß: bei Katastrophen oder bei großen Bauarbeiten, wo man Tausenden von Arbeitern einen Teil ihres Lohnes in kräftiger Nahrung geben kann. Unser wirksamster Beitrag gegen den Hunger aber ist alles, was wir tun, um den Bauern in der Dritten Welt bei der Steigerung ihrer Produktion zu helfen. Zwei Fünftel der technischen Hilfe unseres Landes gehen in Projekte der Land- und Forstwirtschaft. Und auch die privaten und kirchlichen Hilfswerke haben hier ihren Schwerpunkt. Sie können immer Geld brauchen.

Im übrigen: So wenig die Armen dieser Erde unseren Butterberg kaufen können, so sehr sind sie angewiesen auf einen möglichst niedrigen Getreidepreis auf dem Weltmarkt. Er war jahrelang so hoch, daß damit für viele die Schwelle vom Hungern zum Verhungern überschritten wurde. Jetzt ist er – glücklicherweise – wieder gefallen, durch gute Ernten zum Beispiel in den USA und in Indien; wie lange, weiß niemand. Lange Zeit lag der Welt-Weizenpreis sogar über dem der EG. Wir exportierten Getreide mit Gewinn für die EG-Kassen. Und das kann wieder geschehen. Dann wäre es doch wohl vernünftiger, daß, wenn bei uns schon Überschüsse sein müssen, solche erzeugt werden, die auch verkäuflich sind. Und Getreide ist eben eher verkäuflich als Fleisch und Butter. Man sage nicht, dies könnten wir nicht erreichen. Technisch ist dies in der EG sogar sehr einfach; man muß beim Erzeuger nur die Preisrelation zwischen Getreide und Eiweißprodukten verändern, daß etwas mehr Getreide angebaut und etwas weniger verfüttert wird. Wahrscheinlich würde schon eine kleine Verschiebung zugunsten von Getreide ausreichen.

Wenn dann die Gefahr bestünde, daß Fleisch für den Verbraucher im Vergleich zu Brot zu billig würde, so ließe sich dies durch die Mehrwertsteuer ausgleichen. Und ich hätte gar nichts dagegen, daß dieses Geld dann zum größten Teil den kleineren Bauern zugute käme, die bei der EG-Agrarpolitik ohnehin zu kurz kommen.

Jedenfalls: Getreide läßt sich leichter verkaufen, und dann kann das Angebot den Weltmarktpreis drücken, der für viele Menschen in den armen Ländern über Leben und Tod entscheidet. Und es läßt sich auch leichter verschenken.

Es könnte also durchaus den armen Völkern zugute kommen, wenn wir unseren Verbrauch an tierischem Eiweiß zumindest auf einem gesundheitlich zuträglichen Maß hielten oder auf dieses Maß reduzierten. Nur: Politisch ist dies ein gewagtes, mühseliges Unternehmen. Solidarisches Haushalten mit unserer Nahrung verlangt also politisch-ökonomische Korrekturen, gleichzeitig verlangt es von jedem von uns einen vernünftigeren Umgang mit dem, was uns in einer Fülle zur Verfügung steht, die noch keine Generation vor uns gekannt hat.

Bis zum Sommer 1973 meinten wir, mit Energie umgehen zu können, als stehe sie unbegrenzt zur Verfügung. Dabei hatten wir, das heißt die mächtigen Industrienationen des Nordens, die Ölproduzenten im Süden gezwungen, ihren kostbaren Rohstoff für wenig mehr als nichts herauszurücken. Jedes Jahr kreuzten gewaltigere Tanker die Ozeane, schließlich von einem Umfang, der ausreicht, im Falle einer Katastrophe ein Gebiet von der Größe der Ostsee zu verwüsten.

Seit Oktober 1973 nun diktieren die OPEC-Länder uns den Preis. Unsere erste Reaktion: eine Mischung aus weinerlichem Selbstmitleid und moralischer Entrüstung, deren penetrante Peinlichkeit im Süden durchaus empfunden wurde. Als ob es unmoralischer wäre, wenn die Ölländer uns, als wenn wir ihnen einen Preis diktieren. Dabei sagen Energieexperten heute schon: Es war höchste Zeit, daß wir aus unserem Traum von der grenzenlosen und spottbilligen Energiequelle geweckt wurden. Denn sonst hätten wir es fertiggebracht, alles, was in Jahrmillionen sich an flüssiger und gasförmiger Energie angesammelt hat, in einer einzigen Generation vollends in die Luft zu pulvern.

Wir haben uns vom Schock der Ölpreiserhöhung ganz gut erholt, die Deutschen in der Bundesrepublik noch ein bißchen rascher als andere. Und wir, die Altreichen, haben dafür gesorgt, daß die Neureichen inzwischen mit ihrem Geld bei uns kaufen und, was noch wichtiger ist, ihr Geld bei uns anlegen. Wer einmal Aktienpakete von Daimler oder Krupp besitzt, wird sich hüten, uns allzusehr in Bedrängnis zu bringen.

Anders sieht es aus bei den Ländern des Südens, die weder über Öl noch über einen anderen knappen Rohstoff verfügen. Wir sagten ihnen, nun hätten die Ölländer uns soviel Geld abgezwackt, daß wir bei der Entwicklungshilfe kurz treten müßten. Jetzt sollten die Ölländer in die Bresche springen. Aber warum sollten die großzügiger sein als wir? Sie meinten, sie gäben allemal einen größeren Teil ihres Sozialprodukts an die Armen als wir. Und im übrigen gaben sie denen etwas, die am besten ihr politisches Geschäft besorgten. Auch das paßt uns nicht. Nur: Sie vergaben ihre Hilfe so, wie viele Leute in

Deutschland unsere Hilfe vergeben sehen wollen. Das Ergebnis war: In Afrika, Asien und Lateinamerika nahm die Verschuldung mit den Ölpreisen zu. Von 100 Milliarden Dollar Ende 1973 auf 200 Milliarden Dollar Ende 1976.

Heute müssen diese Länder im Schnitt gut die Hälfte ihrer meist kümmerlichen Exporterlöse für die Amortisation und Verzinsung ihrer Schulden abliefern. Der Kunstdünger, meist auf Ölbasis hergestellt, ist für viele Bauern in den ärmsten Ländern zu teuer geworden. Manche Pumpe zur Bewässerung steht still, weil sie das Öl nicht mehr bezahlen können.

Was soll dies alles mit solidarischem Haushalten zu tun haben? In der Zukunft wird Energie immer teurer, und zwar um so rascher, je unvernünftiger wir damit umgehen. Einmal, weil größere Nachfrage immer den Preis nach oben drückt. Zum andern, weil immer mehr investiert werden muß, um Energie, zum Beispiel Öl, zu erzeugen. Die Investitionen in der Nordsee sind schon um ein Vielfaches teurer als die in Libyen oder Kuweit. Und der Traum von der billigen Kernenergie ist auch schon zum guten Teil ausgeträumt. Sicher, wir können uns teures Öl leisten. Bei unseren Zahlungsbilanzüberschüssen kann uns das nicht umwerfen, es kann allenfalls dazu führen, daß anderen Ländern, wie Italien oder England, zu wenig Geld bleibt, um unsere Maschinen zu kaufen. Warum sollen wir sparen?

Die Armen müssen es ausbaden. Bei ihnen geht weitere Energieverteuerung an die Existenz. Und wie rasch dies geht, liegt auch in unserer Hand. Wenn wir weiterhin meinen, wir müßten in Luftkurorten vollklimatisierte Krankenhäuser bauen, wenn wir am Sonntag unseren Kaffee zwei Autostunden vom Wohnort entfernt trinken müssen, dann sollten wir wenigstens wissen, daß dies auf Kosten der Menschen geht, die ohnehin um ihre nackte Existenz ringen.

Im übrigen: Beim Haushalten mit Energie geht es nicht nur um die Solidarität mit den Armen. Es geht auch um die Solidarität mit dem Nachbarn. Nach einer Umfrage sind gut die Hälfte der Deutschen für Kernkraftwerke. Wenn man aber fragt, wer bereit wäre, sich ein Kernkraftwerk vor die Nase setzen zu lassen, dann bleibt nur ein winziger Teil. Wie viele Kraftwerke wir brauchen, hängt aber davon ab, wie wir, und zwar vor allem in den privaten Haushalten, mit Strom umgehen. Das heißt, wenn wir Strom vergeuden, tun wir es in der Hoffnung, die neuen Kraftwerke würden andern, nicht uns vor die Haustür gesetzt.

Und schließlich geht es um unsere Kinder. Was immer für oder gegen Kernkraftwerke gesagt werden kann, erst in einer oder zwei Generationen werden wir wissen, ob wir die Risiken wirklich einfangen können, vor allem, ob die Menschen und die menschliche Gesellschaft in der Lage sind, mit Kernenergie so umzugehen, daß sie sich dabei nicht selbst zugrunde richten. Daher sagen heute auch viele Befürworter der Kernenergie, sie seien froh um jedes Kernkraftwerk, das wir nicht zu bauen brauchten. Auch die Solidarität mit unseren Kindern verlangt daher das Haushalten mit Energie. Wie man das macht, kann man heute in vielen Büchern und Leitfäden nachlesen – wenn man will.

Wir alle wissen, daß, ginge die Kostenexplosion im Gesundheitswesen weiter, wir in gut zwanzig Jahren die Hälfte unseres Einkommens für das Gesundheitswesen aufzubringen hätten. Jeder erklärt mit Überzeugung, daß an alledem der andere schuld sei. Die Kassen weisen auf die Ärzte, von denen manche zu rasch, zu unbedacht und zu aufwendig verschreiben und wohl auch kassieren; Ärzte weisen auf die Patienten, von denen viele es eben so haben wollen und jeden Arzt für unfähig halten, der ihnen nur einen Spaziergang nach dem Mittagessen oder 15 Minuten Schwimmen vor dem Frühstück verschreibt; die Bürger weisen auf die Landräte und Kommunalpolitiker, die teure, aber oft überflüssige Krankenhausbetten geschaffen haben; die Landräte verweisen auf die Bundes- oder Landesregierung, weil die eine ein Krankenhausfinanzierungsgesetz, die andere nicht rechtzeitig einen Krankenhausbedarfsplan beschlossen hat.

Aber vielleicht liegt der Grund für die Misere tiefer. Vielleicht haben wir statt eines Gesundheitswesens nur eine riesige, technisch perfekte Reparaturwerkstatt für körperliche Defekte aufgebaut, die immer mehr Geld verschlingt, ohne daß die Menschen deshalb gesünder würden. Weil wir im Grunde nicht heilen, sondern reparieren wollen, nehmen die Fälle zu, wo gerade die Reparatur neue Schäden hervorbringt, die dann die nächste Reparatur nötig machen. Mit einem Medikament bekämpfen wir die negativen Folgewirkungen des andern. Viele unserer Kinder verlassen die Kinderkliniken mit seelischen Schäden, die gefährlicher sind als die körperlichen, mit denen sie eingewiesen wurden. Und viele der gefährlichen Krankheiten sind heute noch so unheilbar wie eh und je. Ärztliche Kunst kann ihr Fortschreiten verlangsamen, heilen kann sie nicht.

Und für das persönliche Gespräch, den partnerschaftlichen Austausch zwischen Arzt und Patient, ist bei alledem kaum noch Zeit. Manchmal kommt mir unser Gesundheitswesen vor wie eine gigantische Materialschlacht gegen einen Feind, der sich davon sowenig imponieren läßt wie der Vietcong von den amerikanischen B-52-Geschwadern. Die materiell turmhoch überlegenen Amerikaner haben in Vietnam verloren, weil den vietnamesischen Bauern die Kommunisten, verglichen mit der Korruption des Thieu-Regimes, als das kleinere Übel erschienen. Und wir werden unsere Materialschlacht gegen die Zivilisationskrankheiten unserer Zeit auch verlieren, wenn wir nicht solidarisch haushalten lernen mit der Gesundheit, unserer eigenen und der unserer Mitmenschen. Es gibt keine Reparaturwerkstatt, die alles reparieren kann, was wir mutwillig zerstören an Vitalität und psychisch-physischem Gleichgewicht: Das beginnt bei den Müttern, die während der Schwangerschaft durch Rauchen das Neugeborene gefährden, und den Fernsehapparaten, die als Babysitter dienen müssen, setzt sich fort über die Schulen, die sich damit abfinden, daß Zehnjährige Schlaftabletten brauchen, weil sie am nächsten Tag eine Klassenarbeit haben, bis zu den Landtagen, die es hinnehmen, wenn von drei Sportstunden eine ausfällt, und bis zu den Bundespolitikern, die – im Gegensatz zu unseren europäischen Nachbarstaaten – erst langwierige Untersuchungen brauchen, um festzustellen, daß Unfälle um so schlimmere Folgen haben, je höher die Geschwindigkeit ist.

Ohne solidarisches Haushalten mit der Gesundheit werden wir immer mehr für unsere Reparaturwerkstatt ausgeben, soviel, daß für andere wichtige Dinge nichts mehr übrig bleibt. Ein Beispiel: In denselben Jahren, in denen ich als Entwicklungsminister vielen mit der Forderung auf die Nerven fiel, den Anteil unserer Entwicklungshilfe am Bruttosozialprodukt wenigstens von 0,3 auf 0,4 Prozent zu erhöhen, also von drei Pfennigen pro Zehnmarkschein auf vier Pfennige, ist der Anteil der Arzteinkommen am Bruttosozialprodukt etwa um den Promillesatz gewachsen, den wir bis zum heutigen Tag an Entwicklunghilfe aufbringen. Und die Kosten des Gesundheitswesens sind jedes Jahr um einen Betrag gestiegen, der weit über dem der gesamten Entwicklungshilfe lag. Und man kann jede Mark nur einmal ausgeben.

Nun lautet das Thema dieses Beitrags: Solidarität als Chance. Daß solidarisches Haushalten mit den Lebenschancen anderer zu tun hat, der Völker im Süden, der nächsten Generation, ist wohl deutlich geworden. Aber solidarisches Haushalten ist auch eine Chance für uns selbst. Dabei meine ich nicht nur unsere eigene Zukunft; denn die meisten von uns wollen ja noch einige Jahrzehnte leben. Ich meine, solidarisches Haushalten sei auch eine Chance für unseren Lebensstil, für unser Verhältnis zu den Dingen des Alltags, zur Natur, zu anderen Menschen.

Es ist wohl kein Zufall, daß uns in der Wegwerfgesellschaft das Gefühl der Sinnlosigkeit besonders aggressiv bedrängt. Sind wir womöglich selbst Teil dieser Wegwerfgesellschaft? Haben wir Angst davor, daß wir eines Tages ausgebraucht und dann nichts mehr wert sind? Ist ein Leben des unbedachten und unbedenklichen Konsums wirklich reicher als eines, in dem wir die Dinge ernst nehmen, sie dankbar begreifen und ergreifen als Leistung anderer, mit ihnen umgehen im Blick auf andere, ein Leben, in dem die Dinge, die Art, in der wir sie gebrauchen und verbrauchen, zu einem Teil unserer Beziehung zu anderen Menschen wird, ihren Bedürfnissen und ihrem Lebensrecht? Macht uns das Bewußtsein einer Solidarität mit der Schöpfung, der Natur, die uns trägt und erträgt, nicht reicher als jene undifferente Schnoddrigkeit, die Natur nur als Konsumartikel oder bestenfalls als sentimentale Staffage erlebt? Die Freude daran, daß da etwas wächst, eine Birke, ein Kohlkopf, eine Sonnenblume, ein Fohlen, und das Bewußtsein, daß man selbst etwas dazu tut, daß es wächst, ist doch wohl ursprünglicher menschlich als eine Haltung, der es auf einen heruntergerissenen Ast, einen zertrampelten Strauch oder einen vergifteten Singvogel nicht mehr ankommt.

Beim solidarischen Haushalten geht es nicht darum, daß wir schlechter, sondern daß wir besser leben. Leben wir wirklich besser, wenn wir uns am Wochenende in endlosen Autoschlangen quälen, als wenn wir in erreichbarer Nähe wandern, spielen, baden, im Gras liegen, faulenzen? Sind überquellende Mülleimer wirklich angenehmer als ein gut angelegter Komposthaufen im eigenen oder vielleicht auch in Nachbars Garten? Stören uns nicht häufiger überheizte als zu kalte Zimmer? Ist eine Waschmaschine, die sich an die Warmwasserleitung anschließen läßt, etwa weniger bequem als eine, in der das Wasser erst mit teurem Strom aufgeheizt werden muß? Haben wir nicht häufiger Beschwerden, weil wir zuviel, als weil wir zuwenig gegessen haben? Werden wir wirklich gesünder, wenn wir uns bei jeder Lappalie mit Medikamenten vollstopfen – oder auch vollstopfen lassen?

Daher geht es beim solidarischen Haushalten nicht um Askese. Es geht nicht darum, daß wir Armut einüben, wenn wir nicht arm sind. Es geht darum, daß wir besser leben, indem wir begreifen, daß es Dinge gibt, die sich schwer oder gar nicht wiederherstellen lassen, wenn wir sie einmal ruiniert haben, von den Ölvorräten über unsere Landschaft bis zur Gesundheit der Menschen, mit denen wir zu tun haben. Es geht darum, daß wir reicher werden, indem wir die Dinge des täglichen Bedarfs aus der Sinnlosigkeit mechanischen Konsumierens und Wegwerfens herausholen und ihnen wieder das Gewicht und den Wert geben, das ihnen zukommt als jenen angenehmen Mitteln zum Leben, für die wir dankbar sind und mit denen wir daher so umgehen, daß wir es vor uns selbst und den anderen verantworten können.

Solidarisches Haushalten zielt auf bewußteres, verantwortlicheres, souveräneres und damit auch humaneres Konsumieren. Und das macht letztlich auch mehr Freude als das Gefühl, Teil eines riesigen Apparats zu sein, der nach kaum erkennbaren eigenen Gesetzen abläuft, immer mehr Dinge und Menschen in sich hineinschlingt und sie schließlich wieder auswirft, wer weiß wohin?

Jean Améry
Sprache des Menschen

Gleich zu Anfang sei es mir verstattet, den Leser einerseits zu beruhigen, andererseits vor Erwartungen zu warnen, die durch meine Überlegungen enttäuscht würden. Er wird hier nichts von Kommunikations-Theorie zu lesen bekommen, keine linguistische Analyse wird unternommen; ein zeitgemäßes Wörterbuch des Unmenschen wird ebensowenig anklagend entworfen wie ein Diktionär humaner Wörter empfohlen. Auf sprachphilosophische Absonderlichkeiten, wie jene des Herrn Roland Barthes, für den jedes Sprechen »faschistische« Machtausübung ist, werde ich mich gar nicht erst einlassen. Auch eine Geschichte des Gesprächs verkürzt zu verfassen, werde ich mich nicht unterfangen, teils, weil eine solche mit annähernder Exaktheit gar nicht geschrieben werden kann (die Vergangenheit vermachte nur schriftliche Überlieferungen, nicht aber Tonbänder!), teils weil, soweit eine solche Historie überhaupt versucht würde, sie weit über das hinausgehen müßte, was uns räumlich möglich ist. Was ich hier anstelle, sind nur ein paar Erwägungen über die gegenwärtigen sprachlichen Gewohnheiten, präziser: die *Rede*gewohnheiten und deren Grenzen: das Verstummen. Von eben diesem ein Wort zuvor.

Es ist auffällig für alle jene, die schon manches Sündenjährlein des Gesprächs hinter sich haben, wie häufig man heutzutage junge Menschen antrifft, die einander *schweigend* gegenübersitzen. Liebespaare in öffentlichen Lokalen, die stumpfsinnig ins Leere starren oder auch, jeder Partner für sich, comic-strip-Bände verschlingen; Männer in den besten oder zweitbesten Jahren, die beim Bier, nachdem sie erst kurz die letzten Fußballresultate lautstark erörtert haben, in sich zusammensinken und nur dann und wann Wortbrocken ausspeien, als wären sie mit Hemingway aufgewachsen; Frauen, auch solche der sogenannten »gebildeten Stände«, denen der Plapperstoff ausgeht, hat erst eine jede ihrem Ärger über das aufsässige Dienstpersonal oder den gleichgültigen Arzt Luft gemacht; Herren des Geschäftslebens im Flugzeug oder TEE, die zu gähnen beginnen, sobald alles Berufliche durchbesprochen ist; Intellektuelle sogar, die sich zurückziehen in ihre Schnekkenhäuser, wenn entweder ein spezifischer Diskussionsgegenstand erschöpft ist oder der Klatsch über Kollegen nichts mehr hergibt. »Das gute Gespräch«, eine Formel, die vor ein paar Jahren noch stark im Umlauf war, scheint ein Mythos zu sein; denn »gut« im Sinne des Humanen sind die Gespräche längst nicht mehr. Entweder sie sind »sachlich« und werden in den je gegebenen Sach-Sprachen geführt, oder sie verbergen hinter den stehenden Floskeln des small-talk die gesprächführenden Menschen, oder aber – auf diesen Punkt will ich weiter unten noch zurückkommen – sie nehmen in einem wegwerfenden schludrigen Argot der Unterhaltung jene Würde, die sie nur gewinnt durch Genauigkeit, Artikulation und Urbanität.

Vielleicht ist hier ein gutes Stichwort gefallen: Urbanität, von »urbs«, die Stadt, herkommend! Sie war, kein Zweifel, ein Vorrecht des städtischen Bürgertums. Der Bauer war maulfaul, weil alle Kraft in seine schwere Arbeit einging. Der Arbeiter, namentlich wenn ein Glas Branntwein ihn enthemmte, schwatzte drauflos, wie eben der Schnabel ihm gewachsen war, und er war ihm allemal schlecht gewachsen, weil keiner ihn pflegte, weil, im Gegenteil, die Bourgeoisie heilfroh war, daß der ihr tributäre Prolet des Wortes und damit der Sache, *seiner* Sache nicht mächtig war. Was wäre geboten gewesen, den armen Mann aus seiner Sprachlosigkeit zu erlösen? Es ist klar: Man hätte ihm die Chance zur wohlgegliederten sprachlichen Differenzierung geben, also die urbane Sprache ihm vermitteln müssen, was möglich gewesen wäre, auch ohne ihm zugleich die bürgerlichen Sprach*inhalte,* geistiges Material der Klassenherrschaft, zu oktroyieren. Was dagegen geschah, war die mit unzulänglichen Mitteln ins Werk gesetzte Pseudo-Eroberung der bürgerlichen Sprache durch jene, die Friedrich Heer mit einem guten Wort das »*Niedervolk*« nannte. Le Jean und la Jeanne nannten einander nach der Französischen Revolution »Monsieur« und »Madame« – hierdurch war nur symbolisch verdeutlicht, was in der Realität nicht oder im besten Falle unzureichend stattgehabt hatte: die Aufhöhung des vierten Standes aufs Sprach- und damit Denkniveau des Adels und der Bourgeoisie. Die Urbanisierung der Rede- und Umgangsformen blieb ganz äußerlich, damit war das Volk den Demagogen ausgeliefert, die es allerwegen bewunderte, da sie das Wort, wenn auch ein schlechtes, zu handhaben wußten. Was die arbeitenden Stände sich aneigneten, das war, im günstigsten Falle, ein zur politischen Diskussion taugendes Vokabular; dieses aber führte sie nicht hin zum humanen Gespräch, sondern bestenfalls zur »Diskussion« oder »Disputation« oder »Debatte«, Redeweisen, die dem Gespräch, darin ein Partner den anderen nicht mit Worten niederknüppelt, sondern ihm zu Hilfe kommt, strikt entgegengesetzt sind.

Mit ihrer uneingeschränkten Klassenherrschaft verlor nun aber die Bourgeoisie ihrerseits das verfeinerte Gespräch. Dieses, gepflegt in den Unterhaltungen der französischen Enzyklopädisten so gut wie in Goethes »Wahlverwandtschaften« oder in den didaktischen Elaborationen von Thomas Manns Settembrini, ging seiner Essenz verlustig und erhielt sich allenfalls noch in der Form leerer Phraseologie. Heute ist es bereits so – und damit komme ich zurück zum Phänomen des Verstummens –, daß sich der »Gebildeten« ein schlechtes soziales Gewissen bemächtigt. Entweder unterschlagen sie den durch Jahrhunderte städtischer Zivilisation erworbenen Sprachbesitz, indem sie in jenen Argot verfallen, von dem sie die Arbeiterklasse hätten befreien sollen, oder sie verwerfen überhaupt die Rede als »Geschwätz«. Wie weit und wie schlimm die Dinge gerieten, wurde einmal so recht klar, als ich mit einem Schriftsteller, einem durchaus gebildeten, akademisch graduierten Manne, mich über Hervorbringungen eines Kollegen unterhielt, die er verachtete und hierbei seiner geringen Schätzung nur dadurch Ausdruck zu geben wußte, daß er immer wieder in blödsinniger Hartnäckigkeit sagte, die Arbeiten des anderen seien »Scheiße«; erst als ich ihn darauf verwies, daß es auch andere abschätzige Metaphern gibt und nicht unbedingt die Exkremente herangeholt werden müssen, um ein mißlungenes literarisches Produkt zu kennzeichnen, sprach er ganz vernünftig von den Mängeln des zur Rede stehenden Autors.

Wir stehen hier vor der schon erwähnten Erscheinung, daß die Bourgeoisie mit ihrer Alleinherrschaft das gute Gewissen ihrer gebildeten Rede verlor. Im Maße, wie man des moralischen Rechts seiner Privilegien – glücklicherweise – unsicher wurde, vernachlässigte man die Sprache, die bislang die eigene gewesen war, ohne zu bedenken, daß die urbanen Gespräche, gleich den guten Umgangsformen, Errungenschaften der Bourgeoisie sind, die als solche nicht unterdrückt, sondern weitergegeben werden müssen. Man wollte »Sprachschranken« niederreißen. Man tat dies nicht so, daß man das weite Feld der wohlgeratenen und damit auch aufklärenden Rede den Minderprivilegierten öffnete, sondern sich selbst auf die Sprachebene eines abgelebten historischen Stadiums begab. Dies ist natürlich nicht konsequent durchführbar, da doch die Bildung, die man als Privilegierter genossen hat, nicht einfach ausgelöscht werden kann, ohne daß der Sprechende total seiner Identität sich entschlägt, wozu er begreiflicherweise nicht bereit ist. Der Slang, dessen eine sich selbst in Frage stellende Bourgeoisie sich bedient, ist für das Gespräch schon deshalb ungeeignet, weil er, gleich dem regionalen Dialekt, keine abstrakten Begriffe kennt. Sein, Nichtsein, Geist, Tugend, Schönheit, Wahrheit usw. finden sich im Argot so wenig wie im Dialekt. So behilft man sich denn mit zweierlei: einerseits mit einer wegwerfenden, den Begriffen gegenüber verächtlichen Sprache, die sich mehr und mehr verkürzt bis zum mürrischen Verstummen, andererseits mit einem überaus mißratenen Zwitter, der in seiner Mißgestalt den je in Mode stehenden intellektuellen Jargon (des Existentialismus, des Marxismus, des Strukturalismus, der anarchistischen Anthropologie) verbindet mit der Rede der Gosse. Das ungute Phänomen beschränkt sich nicht auf das Gespräch. Ein Bürgertum, dessen Über-Ich, oder schöner: dessen moralisches Gesetz ihm die unausweichliche Pflicht auferlegt, sich Stück für Stück seiner Vorrechte um der sozialen Gerechtigkeit willen zu entäußern, gibt unbegreiflicherweise zugleich auch das auf, was seine historische Ehre ist, eine Ehre, die sich durch die Chiffren Aufklärung, Rationalismus, formale Demokratie und ganz allgemein Menschenrechte signalisieren läßt.

Ich glaube, es ist hohe Zeit – sofern es nicht vielleicht schon zu spät ist –, das humane Gespräch wiederzugewinnen, und sage ich dies, muß ich versuchen zu definieren, was ich mir darunter vorstelle. Handelt es sich vielleicht um die Kunst der Konversation? Gewiß nur teilweise. Die zierliche Konversation, wie sie schließlich da und dort ja immer noch gepflogen wird, wenngleich zumeist in Milieus, die mir politisch nicht ganz geheuer sind, ist nämlich nicht nur Kunst (und damit auch moralisch, denn jede haltbare Ästhetik muß zugleich auch Ethik sein!) – sie enthält auch sehr viel Künstlichkeit, etwas also, das sowohl moralisch wie ästhetisch von geringer Qualität ist. Und sie ermangelt im allgemeinen des Geistes. Der Geist ist aus ihr ebenso verbannt wie das intime Bekenntnis, die Aussprache von Mensch zu Mensch. Namentlich im angelsächsischen Sprachraum ist es so, daß der Konversationsteilnehmer, der sich aufschwingt zu intellektueller Thematik (zu schweigen von seelischer), als taktlos und nicht mehr als Gentleman gilt. »Stick to the weather and to the health«, heißt es bei G. B. Shaw. Mondäne Konversation will sich trivial verstehen, und wer die Trivialität durchbricht, zeigt seinen Mangel an guten Umgangsformen, an Takt. Paradigmatisch hierfür sind schon die Gespräche bei Proust, werden sie nun bei der Duchesse de Guermantes geführt, bei Madame Verdurin oder bei dem klugen Swann. Karikaturistische Form für die lächerliche Künstlichkeit der mondänen Konversation ist bei Proust der Diplomat Monsieur de Norpois, der den Vater des Narrators dazu beglückwünscht, daß er sein Aktien-Portefeuille mit soviel »Geschmack« und »Fingergefühl« assortiert habe.

Und dennoch: Es enthielt damals die Konversation in all ihrer Ridikülität und artifiziell ausgefüllten Leere, in ihrer Hypokrisie sogar, noch ein humanes Element, das wir heute besonders im deutschen Sprachbereich vermissen. Tatsächlich kann man ja das Aussparen des Geistes aus Rücksicht auf den vielleicht dem Gegenstand nicht gewachsenen Partner, das Unterschlagen alles Persönlichen als Diskretion, die Hypokrisie als Höflichkeit deuten. Volle Aufrichtigkeit ist unmöglich und auch unmenschlich. Noch die engagierteste Feministin wird nicht eben erfreut sein, wenn jemand ihr unverblümt sagt, sie sei eine häßliche Person und trage geschmacklose Kleider. Ungehemmte persönliche Aufgeschlosenheit kann sehr penibel sein, wie es beispielsweise die Gespräche der Protagonisten bei Dostojewski häufig sind. Und es ist nicht notwendige Ehrlichkeit, sondern Roheit, wenn ein Autor einem Kollegen ungerührt ins Gesicht sagt, es sei sein jüngstes Buch ein elendes Machwerk. – Damit will ich freilich nicht die unmögliche Proposition machen, man solle zur Konversation à la Proust zurückkehren; denn diese war ein Stadium bürgerlichen Verhaltens, das ebenso überwunden werden mußte wie die unmenschlichen Sozialverhältnisse der Jahrhundertwende. Es kann sich nur darum handeln, eine Form des Gesprächs neu zu entdekken, das Kunst sein muß und damit also das Erbe der bürgerlichen Urbanität bewahrt, das aber nicht in hohle Künstlichkeit abfällt, und vor allem: den Geist und die seelische Unmittelbarkeit wieder in sich aufnimmt. Wo haben wir eine Chance, sie zu finden? Vielleicht in der intellektuellen »Diskussion«, wie sie in diesen Tagen ad nauseam betrieben wird?

Ich glaube nicht. Denn gerade in der Diskussion – und gar erst wenn diese öffentlich geführt wird! – stehen wir vor der sprachlichen Mißgeburt des Argot-Fachjargons, auf die ich andeutend schon verwies. Die »Diskussion«, die ich allemal unter Anführungszeichen setze, da ich damit einen allgemein bekannten Verfallszustand der zwischenmenschlichen Verbindung meine, ist mir die sinnfälligste Manifestation des (zu Recht) schlechten bürgerlichen Gewissens und der (ganz zu Unrecht) vernachlässigten Sublimierung eben dieses moralischen Unbehagens. Wozu noch kommt, daß die Diskussion bei weitem stärker der Mode unterliegt als die bürgerliche Konversation: Diese hatte ihre strengen Regeln, die der Entwicklung intelligenter Aus-einander-Setzung und Wieder-Verbindung gewiß hinderlich waren, hierbei aber wenigstens die Gebote der Rücksichtnahme auf den anderen nicht verletzten; jene tut sich viel zugute auf Radikalität, enthemmt sich, sprengt die geistigen Fesseln, unterwirft sich hierbei aber widerstandslos den in beängstigender Akzeleration uns bedrängenden Trends. Anstatt des allmählichen Verfertigens von Gedanken beim Reden haben wir in der intellektuellen Diskussion die Klappermühlen der jeweils in Geltung stehenden Vokabulare: Die Sprache der Diskutanten ist nicht schöpferisch, weil modische Sprachschablonen vorliegen, die von heute auf morgen wechseln, so daß man den Diskussionspartner mit aufgelesenen und angelesenen Wörtern jederzeit clever als den Dummen hinstellen kann. Da man nun aber doch zugleich moralisch ist und die odiösen Sprachschranken nicht gelten lassen will, führt man noch ins verstiegenste Gerede den Argot ein, um seine demokratische Legitimation vorzuweisen. Etwa so: Mein Lieber, da gebe ich dir Systemtheorie und epistemologisches Gefälle, daran magst du ersticken, zugleich aber kannst du Arsch und Scheiße hören, um dich wieder zu erlaben. Nein, ich fürchte, daß nicht nur Konversation, sondern auch Diskussion, ja gerade diese, unter Bewahrung guten Herkommens neu erfunden werden muß, auf daß im Gespräch der Mensch zum Menschen sich wende.

Zu fragen ist, ob ich das ganze Problem nicht vielleicht falsch stelle, wenn ich das sprachliche Verhalten untersuche, ohne zuvor die gesellschaftlichen Bedingungen verdeutlicht zu haben, die ein so und nicht anders geartetes Sprachverfahren bedingen; die Anspielung auf das schlechte Gewissen der sprachbildenden Bourgeoisie, die ich mir erlaubte, könnte in diesem Zusammenhang als ungenügend abgewiesen werden. Allerdings stünde ich, stellte man eine solche Anforderung an mich, vor einer nicht nur in diesem enggezogenen Rahmen, sondern prinzipiell unlösbaren Aufgabe, und dies aus zweierlei Gründen. Einmal wäre da zu analysieren, was denn eigentlich »soziale Bedingungen«, wenn man nicht eines vulgärmarxistischen Simplizitäts-Rasters sich bedient, überhaupt für unser Problem bedeuten sollen. Es gibt ja nicht so einfach eine »kapitalistische Sprache« und eine »proletarische«, eine Sprache des Fortschritts und eine der sozialen Regression. Es bestehen und bestanden immer Sprachgemeinschaften der unterschiedlichsten Ordnung, etwa die der Regionen innerhalb eines bestimmten Hochsprache-Raums, die der Stände (um das Wort »Klassen« zu vermeiden), es gibt die Sprachkommunitäten der Oberschüler, der Studenten, zu schweigen von den überhaupt nicht aufgreifbaren, zahlreichen Familien- und Privatsprachen, die sich formen und wieder auflösen. Zum anderen verhält es sich doch so, daß die Sprache, selbst unter der hypothetischen Annahme, es habe hier der Begriff »soziale Bedingungen« einen guten Sinn, nicht der *Spiegel* dieser Bedingungen wäre, sondern ein Teil ihrer, wie Lebensgewohnheiten, Gesten, Eß-Gebräuche, vestimentäre Usancen – und so vieles noch! Das heißt: Je konkreter wir zu sein versuchen, desto mehr werden wir aufs Allgemeine und das Abstrakte verwiesen; je mehr wir uns im buchstäblich Uferlosen verirren, desto dringlicher stellt sich die Forderung nach wenigen und möglichst einfachen Konturen, nach einer beschränkten Anzahl von hypothetischen Referenzpunkten, an denen wir uns zu orientieren haben. Darum meine ich, daß wir getrost die Untersuchung der sprachbedingenden »sozialen Verhältnisse« in deren Details beiseite lassen dürfen, um uns jenen grundsätzlichen Tatsachen zuzuwenden, von denen schon die Rede war.

Man verzeihe mir die notwendige Abschweifung. Ich komme zurück auf das zu erfindende, jenseits der »Konversation« wie der »Diskussion«, jenseits auch der enthemmten Bekenntnis-Frenesie liegende Gespräch von Mensch zu Mensch, dessen wir bedürfen. Daß dieses gewonnen oder wiedergewonnen werde, hat zur Voraussetzung nicht mehr und nicht weniger als einen *neuen Humanismus.* Das klingt so, als wolle ich den Mund voll nehmen und mit einem großen Wort mich den Schwierigkeiten präziser Faktenanalyse entziehen. Ein auch nur flüchtiger Blick auf die Szene, allwo geredet wird, lehrt uns freilich schon, daß es in der Tat um jenen Humanismus geht, der ein bürgerlicher war im bürgerlichen Zeitalter, der ebensogut ein neu-bürgerlicher wie ein sozialistischer sein könnte, der nur, wie immer sich die Produktionsverhältnisse entwickeln mögen, *als* Humanismus neu erstehen muß, da er, wir sahen es, zur Stunde in Agonie liegt, wofür eben das Mißverhalten der Menschen im Gespräch Zeugnis ablegt. Er wird, so sagte ich, in seiner zwischensprachlichen Gestalt Kunst ohne Künstlichkeit sein müssen, wird in seiner sprachlichen Ästhetik seine Ethik hervorzubringen haben. Zur Ethik des Gesprächs als des sich manifestierenden Humanismus gehört zuvörderst die Achtung vor dem Gesprächspartner, auf welcher Sprachebene dieser sich auch seinerseits bewege. Ich kann, um ein konkretes Exempel zu wählen, mit einem Taxichauffeur, einem Handwerker, einem Bauern nur dann ernsthaft und menschlich ein Gespräch führen, wenn ich die Form meines Ausdrucks vereinfache – etwa Fremdwörter vermeide, mich vor syntaktisch schwierigen Sätzen hüte, Themen ausweiche, von denen ich weiß, daß sie dem anderen fremd sind – aber bei alledem jener läppischen Anbiederung mich nicht schuldig mache, die mein Gesprächspartner sofort als solche durchschaut und als ärgerliche Kondeszendenz zurückweist. Ich gebe ihm seine sprachliche Würde nur dann, wenn ich die meine mir salviere. Es wird mir dann nicht so ergehen wie in einem vielerzählten Witz jenem Juden aus dem Wien der Kaiserzeit, der in der Sommerfrische in Bad Ischl einem Bauern begegnet und, den Steirerhut schwenkend, ausruft: »Grüass Gooud«, worauf der Bauer, erstaunt aufblickend, zurückgibt: »Grüass Gooud, Herr Jud.«

Des weiteren muß das humane Gespräch einen Anspruch erfüllen, dem nur selten ein Redender Respekt einräumt. »Die ganze dramatische Literatur«, hat der hier von mir aus dem Gedächtnis zitierte Alfred Polgar einmal gesagt, »besteht auf der gänzlich falschen Voraussetzung, daß die Menschen einander ausreden lassen.« Es ist Zeit, wollen wir nicht entweder verstummen oder lügen, gleichsam die dramatische Literatur in die Dramaturgie des Alltags aufzunehmen und den anderen nicht nur ausreden zu lassen, sondern ihm auch zuzuhören, und dies nicht aufgrund der stillschweigenden Konvention: Ich lasse dich von dir schwatzen, dafür erlaubst du mir, von mir zu sprechen.

Diese auf der Lüge beruhende Konvention hat Henrik Ibsen in seinem Stück »John Gabriel Borkmann« großartig stigmatisiert, wo der gescheiterte Bankdirektor mit seinem Freund, dem Möchtegern-Dichter, sich in der Fiktion bewegt, es sei der eine noch immer ein gewaltiger Finanzmann, der andere ein echter Poet, bis sie in einer tragikomischen Auseinandersetzung die verlogene Konvention durchbrechen und damit ihrem jahrelangen falschen Freundschaftsgespräch ein trauriges Ende bereiten. Humanität des Gesprächs kann durchaus auch darin bestehen, daß jemand, der weiß, er hat seinem Partner so wenig zu sagen wie dieser ihm, die Rede einschränkt auf den Austausch ganz allgemeiner und unverbindlicher Höflichkeiten. Allerwegen gilt auch für das Gespräch Kants Ausspruch, nach welchem man zwar nur sagen dürfe, was wahr ist, aber nicht alles, was wahr ist, auch sagen müsse. Eine andere unerläßliche Tugend des Gesprächs, schwer erlernbar gewiß, aber auch nicht total abhängig von vorgeblich angeborener oder nicht angeborener Feinfühligkeit, ist die Diskretion. Das Gespräch als spezifischer Ausdruck urbaner Zivilisation darf nicht ausarten: weder in den Exzeß des Selbstbekennens noch in den der Anteilnahme. Klage über Ungemach, das uns widerfährt, ist gewiß unser Menschenrecht und als solches unveräußerlich. Nur daß das Menschenrecht des anderen auch darin besteht, daß er nicht, nachdem wir die Schleusen unseres (allemal berechtigten) Selbstmitleids geöffnet haben, nun mit unserem Mißgeschick beladen wird. Hier ist noch einmal auf den Begriff der Gesprächs*kunst* zurückzukommen, von dem schon die Rede war. Ich glaube mit annähernder Gewißheit, daß das so benannte Feingefühl, daß der Takt, daß die Diskretion erlernbar sind wie gute Tischsitten. Das Wort, mit dem wir dem anderen zu verstehen geben, daß es uns in dieser oder jener Hinsicht elend geht, ohne ihm dabei lästig zu fallen, können wir gleichsam im Eigenunterricht uns selbst beibringen. Hierzu ist nun freilich ein gewisser Müheaufwand erforderlich, und die vielgepriesene Spontaneität leidet. Sei's. Ohne Verzicht auf spontanes Verhalten können wir überhaupt nicht existieren. Wir müssen uns einer Anzahl formaler Spielregeln unterwerfen, wollen wir gesellschaftlich bestehen. Zu ihnen gehört auch die

Sprache. Man braucht sich nur vorzustellen, wohin eine enthemmte Sprache, sagen wir: die eines Céline, uns in der täglichen Praxis führen würde. Es ist klar: in die brutale Schlägerei, in die sie ja auch de facto einmündet, wenn betrunkene Kerle erst einander im heulenden Elend versichern, was für innige Freunde sie seien, und alsbald ganz unvermittelt brüllend behaupten, einer hätte den anderen nicht nur im Handel betrogen, sondern soeben ihm auch noch ins Bier gespuckt.

Es ist ganz falsch, zu meinen, man müsse notwendigerweise unter Einhaltung der hier durch die Ausdrücke Kunst, Takt, Diskretion angezeigten Sprachregeln in die vorgestanzte Konversation und spielerische Eloquenz der Proustschen Gesellschaft verfallen. Ungezügelte Direktheit, die ich ablehne, ist ja mitnichten gleich schöpferischer und origineller Rede. Ich glaube, daß, ganz im Gegenteil, die Einhaltung von Regeln im Sprachumgang, die Disziplin, wenn man will, unter der Voraussetzung freilich, daß wir wirklich dem anderen etwas zu sagen haben, ihm etwas sagen wollen, indem sie uns Zwänge auferlegt, verpflichtet, das rechte Wort im rechten Moment zu finden. Denn schließlich wollen wir im Gespräch ja wir selber bleiben. Die Gebote von Takt, Kunst, Diskretion stellen uns nun vor die Aufgabe, das uns Eigene mit Vorsicht zu formulieren: Somit leisten wir im Gespräch geistige Arbeit, erfüllen und konstituieren uns. Kein Zweifel: Wir *werden* im formalen Gespräch ebenso wie in der schriftlichen Niederlegung unserer Gedanken oder im Brief. Indem wir dem vom »Man« uns auferlegten Gesetz genügen, gestalten wir uns zum Ich. Und sobald wir dem Partner innerhalb des Regelsystems als ein gestaltetes Ich gegenübertreten, erlösen wir auch ihn aus der Anonymität des »Man«. Wenn denn auch, wie Wittgenstein es sagt, die Grenzen unserer Sprache die Grenzen unserer Welt sind, so haben wir dennoch die Möglichkeiten, nicht trotz der Spielregeln, sondern dank ihrer, diese Grenzen ständig zu erweitern.

Die Sprache des Menschen, wie sie im Gespräch sich dartut, muß meiner Überzeugung nach zwar durch formale (und mehr als syntaktisch-logische) Regeln geordnet werden, doch ist sie damit heute nicht mehr abhängig von je bestimmten sozialen Ordnungen, ja sie wird zur Menschensprache erst dann, wenn sie sich von den sozialen Verfassungen emanzipiert. Urteile ich richtig, dann hat eben das ständige Hinschielen auf die Probleme der Gesellschaftsordnung (das schon mehrfach erwähnte moralische Unbehagen der Bourgeoisie) zum Niedergang des zwischenmenschlichen Gesprächs geführt. Mit der seit der französischen und der amerikanischen Revolution errungenen *formalen* Gleichheit der Menschen hat sich prinzipiell auch die Sprache den Fesseln der sozialen Zwänge entwunden. Die Möglichkeiten des bürgerlichen Humanismus und seines legitimen Sprößlings, des sozialistischen, standen offen. Sie wurden schlecht genutzt. Die Bourgeoisie ist anzuklagen, weil sie erst tatsächlich Sprachschranken errichtete, indem sie das Gespräch zur Konversation sich entarten ließ, danach, weil sie meinte, ganz ohne Spielregeln auskommen zu müssen, auskommen zu können. Das Proletariat, oder richtiger: die politischen Führer der proletarischen Massen sind gleichfalls nicht ohne Schuld, da sie nicht wahrnahmen, daß jede Revolution, soll sie gelingen, auch eine bewahrende, in unserem speziellen Falle eine sprachbewahrende Aufgabe hat. Fast möchte ich meinen, daß man dies in den sich sozialistisch nennenden Staaten des europäischen Ostens besser erkannt hat als bei uns, wenngleich andererseits in diesen Gesellschaften ein literarischer Pseudo-Humanismus gepflogen wird, der mit dem authentischen kaum noch vage Familienähnlichkeit hat.

In Wahrheit müssen Humanismus und Sprache in eins fallen, wenn beide gedeihen sollen, so hat es einst Karl Kraus erahnt, wenn er auch leider in einem oft skurrilen Sprachfanatismus das politisch Humane vergaß. Den zu erfindenden neuen Humanismus müssen wir uns nicht aus der Luft holen. Seine Fundamente sind gelegt, spätestens seit dem achtzehnten Jahrhundert. Besinnen wir uns auf diese, nähern wir uns zugleich auch unserem Ziel.

Georg Picht

Die Wertordnung einer humanen Umwelt

Probleme werden von der öffentlichen Meinung meistens erst dann zur Kenntnis genommen, wenn es für ihre Lösung zu spät ist. So drängt sich uns auch das Problem der Wertordnung einer humanen Umwelt zu einem Zeitpunkt auf, in dem die Zerstörung der Natur auf der Erde bereits beginnt, die nackte Existenz des Menschengeschlechts zu bedrohen. Das darf uns aber nicht daran hindern, nach den Bedingungen, den Möglichkeiten und den Strukturen einer humanen Umwelt zu fragen. Was bedeutet dieser Ausdruck? Wenn von Umweltschutz und Umweltpolitik die Rede ist, verstehen wir unter dem Begriff »Umwelt« nur die physikalische und chemische Beschaffenheit der äußeren Umgebung, in der eine Gesellschaft existiert. Hingegen denken wir bei dem Wort »Humanität« nicht an die äußere Natur, sondern an das Bewußtsein und das Verhalten der Menschen *innerhalb* der Gesellschaft. Nach der heute herrschenden Denkweise ist es also – strenggenommen – ein Widersinn, das Wort »Umwelt« mit dem Wort »human« zu verbinden. Die Trennung der Innenwelt von der Außenwelt, der Humanität von der Natur, der Moralität von der Biologie und der Kultur von der Physik zersprengt das Lebensgefüge des Menschen in unvereinbare Teile: Sie setzt jene Destruktion der Fundamente menschlichen Daseins voraus, die dann die Zerstörung der äußeren Umwelt, die wir betreiben, zur Folge hat. So spiegelt diese Trennung das Selbstverständnis des neuzeitlichen europäischen Menschen wider, der sein Bewußtsein der Natur entgegengesetzt hat, um sie desto skrupelloser beherrschen zu können.

Der Mensch hat seine Stellung in der Natur nicht immer so verstanden. Das Wort »cultura« bedeutet Ackerbau. Cicero hat dann mit einem bildlichen Ausdruck von der »cultura animi«, der Kultur der Seele und des Geistes, gesprochen. Er wollte durch diese Metapher deutlich machen, daß die Humanität des Menschen sich nur dann entfaltet, wenn er seine inneren Kräfte und Vermögen mit derselben Sorgfalt pflegt, mit der er seinen Acker bestellt. In dem so verstandenen Begriff der »Kultur« steckt eine tiefe ökologische Erkenntnis. Die alten Hochkulturen hatten eine agrarische Basis. Sie entstanden überall dort, wo sich im Wechselverhältnis von Mensch und Natur eine Rückkoppelung eingespielt hatte, in der die Veredelung der Natur zur Veredelung des Menschen und die Veredelung des Menschen zu einer weitern Veredelung der Natur führte. Die Kulturlandschaften in Europa oder in Asien sind auch in ihren heute noch verbliebenen Trümmern ein Zeugnis dafür, daß eine solche Wechselwirkung zwischen Mensch und Natur über Jahrtausende hinweg möglich ist.

Wir befinden uns gegenwärtig in einem entgegengesetzten Zyklus. Die fortschreitende Destruktion der Natur hat rückgekoppelt eine fortschreitende Zerstörung der Humanität des Menschen zur Folge. Die überentwickelten Industriegesellschaften haben sich in den letzten fünfzehn Jahren über diesen Sachverhalt hinweggetäuscht. Vom Konsumrausch benebelt, haben sie die Welthungersnot, die Vergiftung der Ozeane und der Atmosphäre, die Zerstörung der natürlichen Lebensräume, die gewissenlose Ausbeutung der Rohstoff- und Energiereserven, die Welterziehungskrise und den Zerfall der Bildung, die wachsende Mißachtung der Menschenrechte, die Gewalttaten, Folterungen und Völkermorde – mit anderen Worten: alle bestimmenden Realitäten der gegenwärtigen Geschichtsepoche – nicht wahrnehmen wollen. Sie haben insbesondere nicht begriffen, daß alle diese Phänomene Symptome eines einzigen negativen Zyklus sind, der durch die Gewissenlosigkeit unserer Eingriffe in die Natur Tag für Tag neu angetrieben und beschleunigt wird. Weil unser Verhältnis zur Natur aus den Fugen geraten ist, gibt es auch keinen humanen Wert, den diese Gesellschaften nicht verraten hätten. Es gibt keine Ordnung, auf die wir noch bauen könnten; denn der Prozeß der technischen Zivilisation zermalmt die Elemente aller Ordnung. Die Umwelt, in der wir leben, ist ein Feld der Verwüstung; sie ist ein Abbild unserer Mentalität. Proportional zum Ansteigen des äußeren Lebensstandards ist der geistige und moralische Lebensstandard gesunken. Wenn man den Mut nicht hat, dies auszusprechen, ist man zu einer Analyse der Wertordnung einer humanen Umwelt nicht legitimiert.

Die objektiven Verhältnisse der heutigen Welt spiegeln sich auch in der Sprache wider. Es gibt kein Wort, das ungeprüft als bare Münze genommen werden könnte. Ich illustriere das an dem Begriff des »Wertes«. In seiner heutigen Bedeutung ist dieser Begriff erst um die Mitte des 19. Jahrhunderts aufgekommen; er spricht seine Herkunft und seinen sozialgeschichtlichen Hintergrund selbst aus. Er ist ein Schlüsselbegriff der kapitalistischen Gesellschaft. In den vorindustriellen Kulturen war in den Religionen von dem, was »heilig«, in der Metaphysik von dem, was »wahr« ist, die Rede; die Ethik lehrte, was »gut« ist.

Im Industriezeitalter wurden alle diese Gehalte unserer kulturellen Tradition als wechselseitig verrechenbare Güter betrachtet und bezeichnenderweise mit einem Namen benannt, der sich im gleichen Sinn auf Geld, auf Aktien, auf Grundstücke oder Waren anwenden läßt. Die sogenannten »höchsten Werte« einer Kultur, einer Nation, einer Gesellschaftsschicht oder Klasse, eines Bildungssystems und einer Rechtsordnung erlitten denn alsbald auch das Schicksal, zu dem ihr neuer Name sie prädestinierte: Sie verfielen einer unaufhaltsamen Inflation. Wer Erfolg haben will, darf dem Schein ihrer Wertbeständigkeit nicht verfallen, sondern muß sich darauf einstellen, daß diese Güter dem Gesetz von Angebot und Nachfrage unterliegen. Sie folgen der Mode und werden deshalb an der Börse der öffentlichen Einschätzung ständig verschieden notiert. Die Wortführer der öffentlichen Meinung müssen sich darauf verstehen, alte rechtzeitig gegen neue »Werte« umzutauschen. Weil diese »Werte«, genau wie die Waren, der freien Marktwirtschaft unterworfen sind, ist es um ihre Ordnung nicht besser bestellt als um die Ordnung des Währungssystems. Sie unterliegen dem unkontrollierten Spiel der Kräfte und dienen als Indikatoren dafür, welche Machtgruppen innerhalb einer Gesellschaft in diesem Spiel jeweils die Oberhand haben. Wenn man mit sprachanalytischen Methoden das Vokabular der Politiker, der Zeitungen, der Werbetexte, aber auch der wissenschaftlichen Publikationen etwa der letzten zwei Jahrzehnte untersuchen würde, ließe sich dieser Wechsel im Kaleidoskop der Werte leicht illustrieren und mit der inneren Dynamik der Machtkämpfe in den Gesellschaften in Verbindung setzen.

Der Titel »Die Wertordnung einer humanen Umwelt« soll zum Ausdruck bringen, daß uns die ökologische Krise an eine Schwelle geführt hat, wo wir erkennen, daß dem freien Spiel im Umsatz der Werte ebenso klare Grenzen gesetzt sind wie dem freien Spiel der sogenannten Produktivkräfte. Der Mensch ist ein Lebewesen in der Natur, und er kann sich von der Natur nicht emanzipieren. Er ist ökologischen Gesetzen unterworfen, über die er sich nur um den Preis seiner Existenz hinwegsetzen kann. Er steht also in einer Ordnung, selbst wenn er diese Ordnung nicht erkennt oder nicht bereit ist, sie anzuerkennen. Es gibt einen elementaren Bestand von Regeln und Verhaltensnormen, denen er sich fügen muß, wenn er überleben will. Es gibt also, wenn nicht absolute Werte, so doch Grenzwerte des humanen Daseins in der Natur. Wenn wir das Wort »Wert« in der Bedeutung »Grenzwert« verstehen, dann dürfen wir sagen: Es gibt so etwas wie eine Wertordnung der humanen Umwelt.

Was bedeutet der Begriff »Grenzwert« im Ökosystem des Menschen? Dieses System ist ein so komplexes Gebilde, daß die Wissenschaft noch weit davon entfernt ist, seine Struktur, die es bestimmenden Faktoren und das Spiel der es gestaltenden Wechselwirkungen beschreiben zu können. Die Umweltforschung und die Umweltpolitik haben sich im letzten Jahrzehnt darum bemüht, für gewisse Schadstoffe oder Einwirkungen isolierte Grenzwerte festzulegen, von denen man annimmt, daß sie ohne Gefährdung der Gesundheit oder gar des Lebens nicht überschritten werden dürfen. Dieses sehr handfeste Verfahren hat pragmatisch sein unbestreitbares Recht. Niemand kann in Abrede stellen, daß menschliches Leben unterhalb gewisser Grenzwerte der Ernährung, der Atmung, der Wasserversorgung und der Temperatur nicht mehr möglich ist. Aber die mechanische Festlegung solcher isolierten Grenzwerte hat mit Ökologie noch wenig zu tun. In die ökologische Problematik treten wir erst ein, wenn wir das Ökosystem als Ganzes im Spiel seiner Wechselwirkungen erfassen. Ich nenne hier nur ein sehr einfaches Prinzip: Wir wissen, daß es annäherungsweise möglich ist, innerhalb eines Ökosystems nicht nur die Grenzwerte, sondern auch das Optimum für eine bestimmte Population zu beschreiben. Es ergibt sich aus dem wechselnden Gleichgewicht des Verhältnisses von Population und Umwelt. Die Grenzen dieses Gleichgewichts sind durch die Regenerationsfähigkeit der Umwelt definiert. Bewegt sich das Wechselverhältnis von Mensch und Umwelt in Richtung auf das Optimum, so wirkt jener positive Zyklus, der durch das Wort »Kultur« bezeichnet wird. Das Optimum ist aber ebenfalls ein Grenzwert; wenn dieser überschritten wird, schlägt der Prozeß in den negativen Zyklus um. Wird durch die übermäßige Vermehrung der Population oder durch naturfeindliche Produktionsformen und die dadurch verursachte Ausbeutung der Umwelt über einen bestimmten Schwellenwert hinausgegangen, so kann, wie wir es heute bei Gewässern erleben, das ganze System »umkippen«. Die Population geht dann zugrunde oder wird doch mindestens stark reduziert; dann kann sich ein neues Gleichgewicht wieder herstellen.

Wenn wir hier vom »Optimum« oder von »Grenzwerten« sprechen, sind nicht isolierte Größen, sondern Meßwerte gemeint, die sich nur durch ihr Wechselverhältnis innerhalb eines veränderlichen Ökosystems definieren lassen. Würde man unter dieser Perspektive die traditionellen Wertsysteme der verschiedenen Kulturen analysieren, so würde sich vermutlich herausstellen, daß sowohl die positiven wie die negativen Werte mindestens zu einem Teil ökologische Grenzwerte signalisieren, die sich in jahrtausendealter Erfahrung herauskristallisiert haben. Als »heilig« wurde verehrt, was im Interesse der Erhaltung einer Population unter allen Bedingungen geachtet werden muß. Als Frevel wurde mit einem Tabu belegt, was den Bestand der Population gefährdet hätte. Deshalb hat es biologisch wie historisch seinen guten Sinn, die Wertsysteme zu einem Teil auf ökologische Grenzwerte zurückzuführen. Wenn diese Überlegungen richtig sind, dann ist es ein Irrtum, die Religionen nach dem Muster der marxistischen Theorie oder der Psychoanalyse nur als Überbau oder als Projektionen zu deuten. Sie enthalten dann einen kostbaren Schatz ökologischer Weisheit, der uns verlorenging, als die neuzeitliche Rationalität sich von ihnen emanzipierte.

Es gibt auch andere Bereiche, in denen solche ökologische Weisheit sich verbirgt. Wenn wir die Zerstörung unserer natürlichen Umwelt mit unverbildeten Augen betrachten, bemerken wir: Alles, was unsere Umwelt schädigt, ist häßlich. Der Sinn für Schönheit ist ein Vermögen, das uns darüber belehren könnte, was in der Natur zulässig ist und was nicht. Wir besitzen in unseren ästhetischen Organen ein unerhört sensibles Instrument, um Wechselverhältnisse und Systemstrukturen erfassen zu können, die für die plumpen Mechanismen unseres rationalen Denkens zu komplex sind. Frühere Kulturen ließen sich bei der Gestaltung der künstlichen Umwelt des Menschen von ihren ästhetischen Organen leiten. Das Schöne hatte den Vorrang vor dem Nützlichen, das Stilvolle den Vorrang vor dem Rationalen. Damals wurden der Gesetzgebung des ästhetischen Sinnes Opfer gebracht, die uns heute unbegreiflich erscheinen. Auch darin verbarg sich, wie wir zu erkennen beginnen, ökologische Weisheit. Alles, was schön ist, dient zugleich der Erhaltung. Es dient der Steigerung der kreativen Kräfte des Menschen.

Damit soll nicht behauptet werden, daß Religion und Kunst auf Ökologie reduziert werden könnten. Der Hinweis auf die ökologischen Hintergründe von Religion und Kunst sollte nur deutlich machen, daß vieles, was uns heute als subjektiver und unverbindlicher »Wert« erscheint, in Wahrheit die Funktion hat, uns natürliche Ordnungen zu signalisieren, in denen wir leben, die wir aber nicht durchschauen.

Da der Mensch durch willkürliche Eingriffe in die Natur sein eigenes Ökosystem fortwährend verändert, pflegen wir uns einzubilden, daß die Lebensbedingungen des Menschen einem sehr raschen geschichtlichen Wandel unterworfen seien und sich beliebig manipulieren ließen. Nach seinem genetischen Bestand ist der moderne Kulturmensch vom Steinzeitmenschen aber kaum unterschieden. Erst in jüngster Zeit sind durch die Entwicklung der Medizin und andere Einwirkungen Verhältnisse entstanden, die eine rapide Zunahme der negativen Mutationen befürchten lassen. In dem Rahmen, der durch die relative Stabilität unserer organischen Beschaffenheit definiert ist, sind wir an Lebensbedingungen gebunden, von denen wir uns nicht lösen können. Aber obwohl das menschliche Erbgut bis vor kurzem noch relativ unverändert war, wäre der moderne Großstadtmensch nicht in der Lage, unter den Bedingungen der Steinzeit sein Leben zu erhalten. Die Lebensfähigkeit des Menschen hängt nicht nur von seinen Erbanlagen, sie hängt auch von jenen Eigenschaften ab, die er sich durch Erziehung und Sitte, durch Ausbildung und Gewöhnung erwirbt. Dank dieser breiten und uns nur ungenügend bekannten Schicht von erworbenen Verhaltensformen und Eigenschaften ist er in seine geschichtliche Umwelt eingepaßt. Die Tradition erlernter Verhaltensmuster macht ihm das Leben in der Umwelt möglich, in die er mit seinen Erbanlagen versetzt ist.

Auch die Sphäre der Gewohnheiten, der sozialen Normen und der Erziehung hat deshalb ihre ökologische Funktion. Auch sie ist durch die Zerstörung der Umwelt bedroht. Die Industrialisierung hat nicht nur die Landschaft und die physikalisch meßbare Natur, sie hat auch die gewachsenen Lebensverhältnisse und damit das gesamte System der Anpassungsmechanismen destruiert. Die Komplexität dieser Anpassungsmechanismen steht in Relation zur Komplexität des Systems, in dem sie spielen. Kein Mensch ist in der Lage, mit Bewußtsein und Rationalität die Gesamtheit jener Funktionen zu steuern, von denen sein Leben in einer bestimmten Umwelt abhängig ist. Wir sind vielmehr nur dadurch lebensfähig, daß die überwältigende Mehrzahl dieser Funktionen, durch Sitte und Erziehung vermittelt, uns unbewußt und wie selbstverständlich verläuft. Weil sie sich der Steuerung durch unser Bewußtsein weithin entziehen, reagieren wir auf eine empfindliche Störung dieser Funktionen durch psychische oder organische Krankheiten. Phänomene wie die Krise der Jugend, die Rauschgiftsucht, das Steigen der Kriminalität, die Destabilisierung des Sexualverhaltens und andere kollektive Erkrankungen sind Indizien dafür, daß die Zerstörung der Umwelt in den Industrienationen auch das System der Anpassungsmechanismen desorganisiert hat. Dieser Aspekt der Umweltproblematik wird noch kaum erkannt und diskutiert, weil die Sozialwissenschaften noch nicht gelernt haben, gesellschaftliche Phänomene unter biologischer Perspektive zu interpretieren. Die Desorganisation des Systems erworbener Eigenschaften ist aber nicht weniger bedrohlich als die Vergiftung des Wassers und der Luft.

Durch diese Überlegungen haben wir den ökologischen Aspekt eines sehr breiten zusätzlichen Bereiches von sogenannten »Werten« aufgedeckt. Es ist der Bereich der Ethik, der Moral und des Sozialverhaltens; es ist der Bereich eines großen Teiles unserer rechtlichen Normen. Wenn Eltern ihren Kindern sagen, »was sich gehört«, wenn über Strafrecht debattiert wird, wenn wir uns über fehlende Sexualmoral oder über die Radikalisierung der Jugend aufregen, machen wir uns selten klar, daß dabei immer von der Ordnung oder der Störung ökologischer Anpassungsmechanismen die Rede ist. Wir übersehen, daß die Werte, die wir in Frage stellen oder postulieren, wiederum häufig den Charakter von Grenzwerten haben. Sie sind Grenzwerte, die den Spielraum für das kollektive Verhalten einer Gattung anzeigen, die sich in einem labilen Ökosystem auf wechselnde Verhältnisse einstellen soll. Verändert man das Ökosystem, so bringt man das ganze kunstvolle Gefüge der erworbenen Verhaltensweisen ins Wanken. Die wirklichen Systemveränderer sind dann nicht jene hilflosen und ahnungslosen Opfer eines solchen Erdbebens im ökologischen Gefüge, die uns als Sündenböcke dienen – die wirklichen Systemveränderer sind jene, die durch massive Eingriffe in die Grundfaktoren unseres Ökosystems, etwa im Bereich der Energiewirtschaft, eine solche Revolution der Lebensverhältnisse erzwingen, daß die Gesellschaft von einem kollektiven Zusammenbruch des Systems der Anpassungsmechanismen bedroht ist.

Erkennt man die ökologische Funktion der ethischen und moralischen Werte, so kann man nicht mehr dem Wahn verfallen, der Mensch habe die Freiheit, seine Werte zu »setzen«. Sie sind ihm in einem sehr breiten Umfang durch die Struktur eines Ökosystems vorgezeichnet, dessen Grenzwerte er nicht ungestraft überschreiten kann. Wie Religion und Kunst lassen sich auch Ethik und Moral nicht auf Ökologie reduzieren. Aber Moral und Ethik können die Verhaltensformen eines natürlichen Lebewesens nur normieren, wenn die Gesamtheit jener Regeln, die seine Stellung im Ökosystem bestimmen, mit in sie eingegangen ist.

»Werte« bestimmen auch die Richtung und das Tempo des wirtschaftlichen Produktionsprozesses. Ökologisch betrachtet, dient die Wirtschaft zunächst der Selbsterhaltung der Gattung. Sie unterliegt deshalb den Prinzipien, nach denen in der Natur biologisch relativ homogene Kollektive im Kampf um Selbsterhaltung und Arterhaltung ihre Kontinuität behaupten oder sich verändern: den Prinzipien der *Evolution* und der *Selektion*.

Projiziert in die liberale Wirtschaftstheorie, erscheint das Prinzip der Evolution als technischer Fortschritt: Aus dem Prinzip der Selektion wird die Konkurrenz. So könnte man meinen, diese beiden Haupttriebkräfte kapitalistischer Wirtschaft stünden im Einklang mit den beiden Grundprinzipien der Erhaltung der Arten: Diese Form der Wirtschaft sei deshalb, wenn nicht moralisch, so doch biologisch sanktioniert. Nun ist in der Tat keine Produktionsweise möglich, die nicht von jenen elementaren Antrieben Gebrauch machen würde, die in unserer Natur angelegt sind. Aber die technische Produktion der sozialistischen wie der kapitalistischen Wirtschaftsformen setzt sich darüber hinweg, daß sowohl Evolution wie

Selektion in ihrem spezifischen Verlauf stets durch die Struktur des Ökosystems determiniert sind, in dem sie spielen.

Technischer Fortschritt besteht in der zuerst stufenweise, später sprunghaft erfolgenden Ablösung der vorwiegend auf menschlicher Arbeitskraft beruhenden Produktion durch maschinelle Fertigung. Technisierung ist also gleichbedeutend mit der Substitution menschlicher Arbeitskraft durch künstlich gewonnene Energie: Wasserkraft, fossile Energie, Kernenergie und in Zukunft vielleicht auch Sonnenenergie. Durch die bedenkenlose Ausbeutung der in Jahrmillionen angesammelten natürlichen Energiereserven haben die Industriegesellschaften gewaltige Potentiale geschaffen, durch deren Gewalt jene Ordnungen außer Kraft gesetzt werden konnten, von denen in der Natur die Selbstregulierung ökologischer Systeme gesichert wird. Die technische Nutzung von Energie gehorcht den Gesetzen der Physik. Hingegen entwickelt sie – eben weil sie technisch ist – keine Sensibilität für das biologische Gleichgewicht des Ökosystems, in das die industriellen Produktionsapparate eingelagert sind. Zwar sind die Menschen, die sich einbilden, diese Apparate zu steuern, in ihrem Verhalten der Evolution und Selektion unterworfen, aber die künstliche Umwelt der technischen Zivilisation verfügt nicht über Mechanismen der Selbstregulierung. So funktioniert zum Beispiel die »klassische« Selbstregulierung des marktwirtschaftlichen Systems durch den Preis nicht mehr, weil die Kosten für die soziale Infrastruktur nicht auf die Preise projiziert, sondern von der öffentlichen Hand getragen werden. Die Prozesse der Evolution und Selektion sind also gleichsam aus ihrer Bahn geworfen und verlaufen ohne Kontrolle.

Eine solche Entwicklung, die den Krebsbildungen in Organismen vergleichbar ist, läßt sich nicht unbeschränkt fortsetzen. Die Natur schlägt gegen ihre Vergewaltigung zurück. Wenn wir das rechtzeitig erkennen, können wir versuchen, das Steuer herumzuwerfen und einem neuen Gleichgewicht zuzustreben.

Aber bekanntlich sind moralische Appelle gegenüber der Eigengesetzlichkeit des sozio-ökonomischen Prozesses wirkungslos. Zur Vernunft gelangt die Gattung Mensch nur durch den Zwang der Not, das heißt durch das brutale Aufprallen auf Grenzen, die sich nicht verschieben lassen. Gerade darin liegen die Chancen des Menschen: Er ist ein Lebewesen, das lernen und durch Einsicht seine Verhaltensmuster verändern kann. Er lernt, wie schon Aischylos gesagt hat, durch Leiden. Er lernt, wenn er in seinem Größenwahn scheitert. Auch dann erweisen sich die Grenzwerte als wirkliche Werte, und was den Beteiligten als Katastrophe erscheinen mag, ist die Wiederentdeckung einer natürlichen Ordnung, die unserer Erhaltung dient, wenn wir uns ihr beugen. Werte, die den Charakter von Grenzwerten haben, kann man nicht »setzen«, sondern nur anerkennen. Darin erweist sich die Wahrheit der Werte.

Manès Sperber

Von der Fähigkeit, sich zu verändern

Wenn alles Sein ein Werden und Vergehen ist, so ist Leben ein Prozeß von Änderungen und Selbstveränderungen, die nur zu einem geringen Teil bewußt vollzogen werden. Ohne unser Dazutun ändern wir uns fortwährend, unsere Zellen altern und erneuern sich: So sind wir dieselben und doch nicht dieselben, die wir in Kindheit und Jugend gewesen sind. Aufstieg aber kündigt den Abstieg an – dennoch bleibt es unfaßlich, daß wir vom Tage unserer Geburt an zu sterben beginnen. Dies eben ist die *conditio humana*, der Grundzustand, der den Menschen drängt, sich immer so zu verhalten, als ob ihm eine unendliche Dauer beschieden wäre, und ihn zugleich fortgesetzt daran erinnert, daß er ein flüchtiger, vorwärts flüchtender Gast auf Erden ist. Desungeachtet ist es von größter Bedeutung, daß der Mensch den Willen hegen kann, sich selbst zu wandeln und gleichzeitig die besonderen Umstände seiner Existenz zu modifizieren, um ihnen, glaubt er, sodann eine ungebrochene Dauer zu sichern.

Um zu werden, was wir sind, müssen wir uns vorerst an die gegebenen, von anderen geschaffenen Bedingungen anpassen. Wir werden jedoch erst dann wir selbst, das heißt einzig und unverwechselbar, sobald wir über den Anpassungsprozeß hinauswachsen. Ein naheliegendes Beispiel: Das Kind lernt sprechen, indem es mit intensivster Aufmerksamkeit wahrnimmt und nachahmt, was es hört. Es muß früh genug die *Zisternenphase* überwinden, in der es untätig nur aufnimmt, was an seine Ohren klingt, wie die Zisterne das Wasser, das vom Himmel fällt. Das passiv-reaktive Wesen muß sich in ein aktives verwandeln, ehe es seine eigene Sprechweise erlangt und damit ein *sprechendes Ich* wird, das sich mit jedem andern Ich verständigen kann.

Wir sind am Anfang das, was man uns gegeben, vererbt hat, und werden, allmählich reifend, eine Synthese, in der das Ererbte und das, was wir daraus gemacht haben, mit dem Neuen zusammenschmilzt. Vollzieht sich nun diese Synthetisierung, von pathologischen Einzelfällen abgesehen, scheinbar automatisch, so bleibt ein anderer Sachverhalt um so erstaunlicher: So weit auch immer wir die Anfänge der Geschichte zurück verfolgen können – das ist allerdings nicht sehr weit, acht bis zehn Jahrtausende eruierbarer Kulturgeschichte –, hat sich der Mensch wenig, jedenfalls kaum merklich verändert. In allen Überlieferungen, in allem, was uns eine Vorstellung von den fernen Ahnen vermittelt, finden wir Menschen wieder, wie es sie jetzt gibt. Angenehm oder unangenehm überrascht, entdecken wir in ihnen uns selber wieder.

Somit stellen wir einerseits eine fortgesetzte, durch das Werden und Vergehen des einzelnen erforderte und geförderte Änderung fest, andererseits aber die so gut wie unbestreitbare Tatsache, daß sich die Menschen trotz höchst bedeutsamer Verwandlungen ihrer Lebensweise, ihrer gesellschaftlichen Verhältnisse und ihrer jeweils vorherrschenden Produktions- und Konsumtionsbedingungen seit Jahrtausenden ähnlich, in der Tat: gleich geblieben sind. Und das gilt nicht nur anatomisch und physiologisch, sondern psychisch.

Soll man daraus schließen, daß es entgegen allem Anschein den Fortschritt gar nicht gibt, daß die Wandlungsfähigkeit mit jedem einzelnen beginnt und mit seinem Tode endet? Kurz, daß sie ein biographisches und nicht ein historisches Faktum ist? Nun, den Fortschritt kann niemand bestreiten, der vergleichend forscht und erklärt, sooft es sich um Menschen und ihre Zustände handelt. Wer wollte zum Beispiel bezweifeln, daß die Welt von 1977 sehr verschieden ist von jener, in der ein Zeitgenosse Jesu Christi leben mußte? Andererseits aber wissen wir dank den auf uns überkommenen Schriften, daß die Eigenschaften, die die Vulgärpsychologie am häufigsten hervorhebt: gut und schlecht, wahrheitsliebend und lügnerisch, pflichtbewußt und leichtsinnig, fleißig und faul usw. – daß diese und so viele andere Charakteristiken damals so allgemein verbreitet waren wie jetzt. Die Gültigkeit dieser Feststellung muß man indessen einschränken, will man der Tatsache Rechnung tragen, daß sich die soziale und ökonomische Situation infolge der industriellen Revolution, insbesondere während der letzten hundert Jahre, ungleich mehr geändert hat als etwa in den vorangegangenen zwei Jahrtausenden. In Anpassung an diese fortdauernden Umwälzungen wurden bestimmte Aktions- und Reaktionsweisen notwendig, die seinerzeit höchst selten und überdies verfehlt und wirkungslos geblieben sind.

Der Gegensatz, sagen wir vorsichtiger: der Unterschied zwischen dem im kurzen Zeitraum seiner Existenz sich verändernden Individuum und der in ihrer vieltausendjährigen Geschichte sich *anthropologisch nicht wandelnden* Menschen würde den Pessimismus der Konservativen rechtfertigen, die, an der menschlichen Natur verzweifelnd, mit Berufung auf Religion und überlieferte Machtverhältnisse, alles auf eine autoritär gebietende und verbietende, sterilisierende Ordnung setzen. Hingegen könnte ein Humanist, selbst wenn er ein Psychologe und skeptischer Denker wäre, nie am Menschen verzweifeln noch an dessen Fähigkeit, aus der wiederholungssüchtigen Vergangenheit auszubrechen und, sich selbst fortgesetzt verändernd, die Welt umzugestalten. Allerdings muß er, um neue Bedingungen schaffen zu können, ein neuer Mensch werden. Und damit er sich so wandle, müssen neue Bedingungen vorhanden oder bereits im Werden sein. Wie sollte das geschehen – wie springt man über den eigenen Schatten?

Bevor ich versuche, diese Frage zu beantworten, will ich an den seltsamen paradoxen Sachverhalt erinnern, daß wir alle, wenn auch in verschiedenem Maße, gleichzeitig neuerungssüchtig und neuerungsfeindlich sind. Dies gilt schon für das Kind und noch mehr für die späteren Lebensalter. Man weiß zum Beispiel, daß alte Leute unhemmbar neugierig sein können, aber gleichzeitig vor jeder Neuerung Angst haben, welche ihre Lebensbedingungen verändern und damit ihre Gewohnheiten stören könnte. In der Tat widerstreben wir alle dem Neuen, erstens: weil wir durch die Anpassung eine Stabilität erlangt haben, die uns das seelisch notwendige Sicherheitsgefühl verschafft, das wir nicht gefährden wollen; zweitens zieht das Unbekannte zwar an, doch ist die Ungewißheit zugleich eine Quelle von Befürchtungen oder einer schwer definierbaren Angst; drittens werden wir alle von der Macht der Automatismen, das heißt unserer alltäglichen, sich stets wiederholenden Handlungen beherrscht. Werden wir gezwungen, diese Automatismen aufzugeben oder auch nur durch andere neue zu ersetzen, so reagieren wir darauf mit einem Widerstand, der sich nur in dem Maße vermindert, in dem es uns gelingt, uns neue Automatismen anzueignen.

Man kann im wesentlichen drei Arten des menschlichen Handelns unterscheiden: die *passive* der steten Unterwerfung, des tätigen Gehorsams; die *reaktive* der zielstrebigen, opportunen Anpassung an die Umwelt, und schließlich die *aktive*. Es ist offenbar, daß sich niemand den Adaptationsforderungen ganz entziehen kann; somit sind wir alle hauptsächlich reaktiv und auch deshalb neophob. Selbst das Handeln des aktiven Menschen ist somit zumeist eine Antwort auf das, was die Umwelt an ihn heranträgt, jedoch ist es überdies ein freies Tun, initiatorisch und zuweilen schöpferisch. So mag zum Beispiel der Schriftsteller sich zum Schreiben gedrängt fühlen, eben um eine Anpassung abzulehnen. Aber sein Werk ist nur dann von Wert, wenn es über diese negative Reaktion hinaus zu einer Schöpfung wird, sagen wir: zu einer schöpferischen Herausforderung, die nur zur Hälfte Reaktion ist. Allgemein gesprochen, handelt es sich darum, daß wir nur dann Geschichte machen, wenn wir, statt uns ununterbrochen den Bedingungen anzupassen, eben diese Bedingungen unseren Bedürfnissen und unseren Zielen anpassen. In diesem Sinne bedeutet agieren: *verändernd handeln.* Solche Tätigkeit zielt im Kleinen wie im Großen auf Neuerungen ab, denn der Agierende ist da viel eher neoman als neophob.

Bedeutet das aber, daß er auch sich selbst zu erneuern vermag? Und daß er es möchte, daß er sich selbst und anderen ein neuer Mensch sein möchte? Daß er seine Beziehungen zu den ihm nahestehenden Menschen neu zu gestalten wünscht? Fragen dieser Art hat man schon vor Zeiten gestellt, aber sie erschienen müßig, denn sie beruhten auf irrealistischen Hypothesen. In diesem Jahrhundert aber sind diese in konkrete, durch Ereignisse und Erlebnisse aktualisierte Fragen umgewandelt worden. Ein Deutscher etwa, der heute sechzig Jahre oder älter ist, ist zwischen 1933 und 1945 mehr als einmal in Situationen geraten, in denen sein ganzes Wesen, insbesondere aber sein Gewissen und seine moralische Widerstandskraft auf Proben gestellt wurden, die weder er noch sein Erzieher vorausgesehen hatten. So war er auf solche Erprobung keineswegs vorbereitet und mußte sich doch bewähren, indem er während vieler Jahre Lockungen und Erpressungen standhielt, die nicht nur seine

Freiheit, sondern seine Existenz und die seiner Familie aufs äußerste gefährdeten.

In den allermeisten Fällen paßte sich dieser Deutsche passiv oder reaktiv an, bekannte sich, so oft man es von ihm verlangte, zum Dritten Reich, zu seinem unfehlbaren Führer und dessen Prinzip, daß recht ist, was dem deutschen Volke nützt. So mußte es geschehen, daß dieser Mensch im Gegensatz zu seinem eigenen Wesen, sich selbst entfremdet, während jener Jahre in irgendeiner Weise Komplize ungeheuerlicher Missetaten wurde, von grauenhaften Verbrechen ohne Zahl, die alle Wertmaßstäbe und alle Gesetze des menschlichen Zusammenlebens in ihr Gegenteil verkehrten.

Kaum hatte aber das Tausendjährige Reich in der von ihm heraufbeschworenen Sintflut von Blut und Dreck sein Ende gefunden, da entsprach es umgekehrt den Forderungen einer neuerlichen Anpassung, nie zu den Nazis gehört, weder in Anschauung noch in der Tat irgend etwas mit ihnen gemein gehabt zu haben.

Unmittelbar nach dem Krieg und während mehrerer Jahre nachher habe ich viele getroffen, die treuherzig versicherten, stets gegen die Nazis gewesen zu sein und während der 13 Jahre der Hitlerherrschaft sich darin nicht geändert zu haben. In gar zu vielen Fällen war diese Behauptung offenbar wahrheitswidrig und wurde von den meisten Nichtdeutschen mit aggressivem Zweifel zurückgewiesen. Ich aber war und blieb der Meinung, daß gleichviel, wie unwahr solche naiv oder zynisch vorgebrachten Versicherungen auch sein mochten, sie dennoch häufig eine subjektive Halbwahrheit enthielten. Als nämlich Hitlers Siege sich zu entwerten begannen, als die Ereignisse immer öfter die Lügenhaftigkeit seiner Propaganda enthüllten und die Erfüllbarkeit seiner Versprechen täglich fragwürdiger wurde, erinnerten sich immer mehr Leute daran, daß sie vor 1933 weder für ihn gestimmt noch an ihn geglaubt hatten. Immer undeutlicher wurde ihnen die Erinnerung an die Zeit ihrer Bewunderung für die Nazis. In perspektivischer Verkürzung gelang es ihnen schließlich, spätestens seit Ende April 1945, ihren in den dreißiger Jahren eingetretenen Gesinnungswandel zu vergessen und die Gegenwart ohne Übergang an ihre Vorvergangenheit anzuknüpfen. Dies gelang dank einem relativen Gedächtnisschwund, den die reaktive Anpassung an die durch den Zusammenbruch entstandenen Zustände gebieterisch forderte.

Es versteht sich, daß nicht von solchen Abwendungen, von solchen Hin- und verspäteten Rückwendungen die Rede ist, wenn gefragt wird, ob der Mensch fähig ist, sich zu verändern. Dennoch ist das Beispiel aufschlußreich, denn es beweist, daß das, was das Individuum von sich selber glaubt, was es sich »einbildet«, häufig durchaus nicht dem entspricht, was es objektiv ist. Man hat aber vom Menschen nichts verstanden, wenn man nicht erkannt hat, daß seine Meinung über sich selbst bereits ein Teil seines Seins ist. Und dieses ist stets ein *Im-Verhältnis-Sein* und daher nur begreifbar, wenn es und weil es auf die Umwelt und die sich schnell ändernden Bedingungen bezogen bleibt.

Überdies darf man aus solchen Fällen schließen, daß Änderungen, die ein Mensch unter dem Druck der Umwelt zeitweilig erleidet oder durchmacht, ihm selbst glaubhaft erscheinen müssen, auch wenn sie an seinem Wesen, seinem Bewußtsein und seinem Unbewußten sowie an seiner Wahrnehmungsart nicht das geringste ändern. Im Gleichnis: Kain, zuerst durch die eigene Tat erschüttert, findet sich selbst unverändert, sobald einige Zeit vergangen ist und der Alltag ihn wieder völlig umschließt; immer seltener hat er es nötig, sich mit der falschen Begründung der Notwehr zu beruhigen.

Ein anderes Beispiel: Die Überlebenden der Konzentrations- und Vernichtungslager sind Zeugen und Opfer ungewöhnlicher Verbrechen geworden, die nicht nur Menschen ohne Zahl mit maschineller Gleichgültigkeit ausrotteten, sondern auch auf die Vernichtung der Menschlichkeit aller Überlebenden abzielte. Das Verhalten vieler Internierter ist während dieser grauenhaften Periode allein durch den Selbsterhaltungstrieb bestimmt worden. Sie wollten keinem Gefährten schaden, aber jeder von ihnen hatte vor allem seine eigene Rettung im Auge. Andere Lagerinsassen paßten sich als Kapos oder in anderen Funktionen den Schergen in allem an und versklavten so Leib und Seele: Sie schlugen grausam, um nicht geschlagen zu werden. Unter ihnen waren nicht wenige, die vorher, in der Freiheit, weder durch Bösartigkeit noch durch Hilfsbereitschaft aufgefallen wären; sie waren eher Neben- als Mitmenschen, alltäglicher Durchschnitt oder zeitweise unterhalb dieses. Es gab aber auch in diesen gleichen Lagern Männer und Frauen, die sich gleichsam in Heilige verwandelten. Was auch immer ihr Verhalten bestimmen mochte, welcher Religion, Nation oder politischen Bewegung sie auch angehörten, sie waren kaum je darauf bedacht, sich selbst zu retten, denn sie wollten stets ihren Leidensgenossen mit Trost und Hilfe beistehen – dies mit dem letzten Aufwand ihrer Kräfte.

Als die Lager wie ein gigantisches Geschwür aufbrachen und die Überlebenden in ihr gewohntes Milieu zurückkehrten, da brauchten alle, ja ausnahmslos alle recht viel Zeit, um sich selbst und ihr früheres Wesen wiederzufinden und damit den Mut, ihr normales Dasein neu zu beginnen. Eine recht genaue, längere psychologische Beobachtung einiger dieser Rückkehrer legte mir die Schlußfolgerung nahe, daß fast keiner dieser früheren Lagerinsassen, von physischen Nachwirkungen abgesehen, sich von Grund auf bzw. dauerhaft verändert hatte. Die – zumeist gottlosen – »Heiligen« waren dieselben guten, solidarischen Menschen geblieben, die anderen hatten ihre Durchschnittsexistenz und in ihr sich selbst wiedergefunden, als hätten sie trockenen Fußes das Rote Meer durchquert.

Die von niemandem beabsichtigten psychologischen Experimente, die solche Erprobungen in *extremen Situationen* tatsächlich bedeuten, bestätigen die Vermutung, daß die Fähigkeit, in einer besondern Lage sein Verhalten zu verändern, jedem gegeben ist, daß jedoch der Grad der Authentizität dieser Veränderung unterschiedlich sein kann und daß ihre Dauer zumeist an die außerordentlichen Umstände gebunden bleibt.

Für viele Zeitgenossen liegt jedoch die Phase jener furchtbaren Prüfungen weit zurück oder, umgekehrt, zu nahe am Rande der die Gegenwart beunruhigenden Probleme. Eines von diesen betrifft die Wirkung der Massenmedien, sowohl jener, welche die öffentliche Meinung beeinflussen oder erzeugen, wie der anderen, die den Geschmack und alle Konsumtendenzen beeinflussen: Presse und Film, Rundfunk und Fernsehen und schließlich die in tausend Formen lärmende Reklame.

In einer Zeit riesiger Massenbewegungen und diktatorialer Unterjochung ganzer Nationen liegt es nahe, die geistige und politische Manipulierbarkeit als ein ebenso unbestreitbares wie überaus wichtiges Faktum, als ein Merkmal unserer Epoche anzusehen, welche die Massenmedien quantitativ und qualitativ so ungehemmt entwickelt hat, daß man ihnen kaum leichter entgehen kann als dem Tod. Das gilt als eine Binsenwahrheit, die insbesondere dem sogenannten gesunden Menschenverstand einleuchten muß. Nun ist zwar der oft zitierte gesunde Menschenverstand zumeist des in ihn gesetzen Vertrauens würdig, aber angesichts sehr komplizierter, aber noch nicht ausreichend erforschter Sachverhalte reicht er gewöhnlich nicht aus. Daher wird er zuweilen Opfer eben jener Manipulation, die, sagt man, Millionen Menschen die gleiche Meinung aufzwingt, ohne daß sie überhaupt merken, welchem raffinierten Zwang sie unterliegen, und deshalb glauben können, daß sie in der Wahl ihrer Tageszeitung, ihrer Partei bzw. ihres Stimmzettels frei sind. Ich meinerseits habe seit Jahrzehnten die der Manipulation zugeschriebene, angeblich unbegrenzte Wirkung in Frage gestellt.

Wie man weiß oder wissen sollte, gelingt eine Suggestion nur, wenn ihr eine Autosuggestion entgegenkommt. Niemand und nichts kann einen verführen, der nicht das Bedürfnis, ja den dringlichen Wunsch hegt, verführt zu werden. Ich bestreite, daß der heutige Mensch, durch mehr oder minder anonyme, maskierte und daher um so gefährlichere Mächte manipuliert, in der Tat nur ausführt, was im Interesse der Manipulatoren liegt – und das dank der ihm listig aufgedrängten Illusion, daß er frei ist, zu fühlen, zu denken und zu handeln. Das angeblich stupende Gelingen der Manipulation wird, heißt es, durch die ungewöhnlich suggestive, die Sinne beherrschende und den Geist abtötende Wirkung der Massenmedia erklärt, durch die er zu einem gewissenlosen, weil zu nichts verpflichteten Empfänger wird. Deshalb erzeugt das Geschehene und Gehörte in ihm keinerlei Bedürfnis nach einem tieferen Verständnis des menschlichen Wesens, der gesellschaftlichen Verhältnisse oder der politischen Ereignisse.

Diese Auffassung wird durch eine sozialpsychologische Verdrängungstheorie begründet, deren Vertreter glauben, daß die Menschen und vor allem Proletarier sich unentwegt für soziale und politische Probleme interessieren und revolutionär an ihrer Lösung arbeiten würden, wenn sie nicht im Auftrag der herrschenden Klasse hinterhältig zu völlig unwichtigen, sozial verdrängenden Themen abgelenkt würden. Man stößt hier auf die in der religiösen Erziehung bekannte dämonologische Auffassung von der seelenzerstörenden Wirkung des Lasters, das die Menschen dazu verführt, ihre Zeit mit etwas anderem zu verbringen als damit, Gott zu suchen und ihm zu dienen.

Im Gegensatz zu dieser Meinung behaupte ich, daß unsere Zeitgenossen weniger manipuliert werden als jene, die vor uns gelebt haben. In der traditionellen Gesellschaft, etwa in einer christlichen mittelalterlichen Stadt, kam es kaum jemanden in den Sinn, anders zu glauben, zu befürchten oder zu hoffen als die Pfarrgemeinde, der er von der Wiege bis zum Grabe angehörte. Die geringste Abweichung war verdächtig, die geringste Heterodoxie eine lebensgefährliche Ketzerei.

Weder im Kommerz noch in der Politik erzeugt die Manipulation durch Massenmedien einen neuen Typus von stumpfen, sozial bewußtlosen Menschen. Ich bin davon überzeugt, daß im Gegenteil die Ereignisse in Nazi-Deutschland und in der Sowjetunion jedem, der sehen und verstehen wollte, bewiesen haben, daß es eine Grenze der Manipulierbarkeit gibt; die Menschen gehorchen zwar, wenn sie es unbedingt müssen oder meinen, daß es ihrem wohlverstandenen Interesse entspricht. In ihrem tiefsten Innern jedoch widerstreben sie sowohl der propagandistisch erzeugten, verführenden öffentlichen Meinung wie dem bedrohlichen Druck der erpresserischen Diktatur. Man glaubte in der ganzen Welt, daß die von den Nazis pausenlos dressierte Jugend nach dem Zusammenbruch des Dritten Reiches und bis ans Ende ihres Lebens Hitler treu bleiben würde. Man sah Revolten der sogenannten Werwölfe voraus, die nach der Kapitulation die Nazibewegung neu beleben würden. Ebenso meinte man, daß die Jugend in Ulbrichts Gau völlig stalinisiert war, und erfuhr im Juni 1953, wie wenig es zutraf. Überall herrschte die Überzeugung vor, daß Stalins fast göttliche Position nun für Jahrzehnte, wenn nicht für Jahrhunderte unangreifbar bleiben werde. Wenige Jahre nach seinem Tode erhoben sich kommunistische Stimmen, die das Lügengewebe seiner Legende zerstörten – sie stießen auf keinerlei Widerstand. Als der Befehl, Stalinist zu sein, aufgehoben wurde, gab es weder Gruppen noch einzelne, die darauf bestanden hätten, ihn weiterhin zu bejubeln, wie es das ganze Volk jahrzehntelang hatte tun müssen.

Beweisen diese höchst aufschlußreichen, zum Teil blitzschnellen Wandlungen des Verhaltens, daß die Fähigkeit des Menschen, sich zu ändern, fast unbegrenzt ist, oder umgekehrt, daß die meisten Änderungen, die man an ihm oder die er selbst vollzieht, nur oberflächlich sind, gleichsam Schutzfarben, die seinen inneren Widerstand verdecken?

Unter welchen Umständen aber vermag es der Mensch wirklich, sich selbst, das heißt sein bewußtes und unbewußtes, stets zielstrebiges Wesen, zu ändern, also nicht nur seine – wenn notgedrungen – auswechselbaren Ausdrucks- und Erscheinungsformen zu variieren? Und trifft die Vermutung zu, daß er, um die Umstände von Grund auf zu ändern, in der Tat sich selber vorher ändern muß, dann lautet die vordringliche Frage: Wie soll er das unter unveränderten Umständen zustande bringen? Hier laufen Ursache und Wirkung, Voraussetzung und Folge hintereinander im Kreise umher – wer sollte da noch unterscheiden können, was die eine und was die andere ist? Religionsstifter und Propheten brachten göttliche Botschaften, Gebote und Verbote, um die Menschen auf den rechten Weg und schließlich zum Heil zu führen und sie so – am Ende der Tage – vom Tode auszulösen. Aber der Mensch bleibt nach Jahrtausenden der alte Adam.

Ist also die Fähigkeit jeder Generation, Änderungen zu vollziehen, ein langsames, durch Rückfälle immer wieder vereiteltes Fortschreiten auf einem Wege, der sich nach jedem Schritt verlängert? – Ja und nein. Ja – solange der Tod nicht besiegt ist. Nein – weil die ungeheuren technischen Errungenschaften die Versklavung der Menschen, die Herrschaft der Dinge, vor allem der nicht ausreichenden Dinge vermindern. Es gibt – zwar nicht relativ, aber absolut – gegenwärtig mehr freie Menschen als je vorher. Das Unglück ist nicht abgeschafft, ebensowenig wie der Aberglaube an das unverlierbare Glück. Aber wenn dank einer praktisch unbegrenzten Energieversorgung auf dem ganzen bewohnten Planeten die Not abgeschafft sein wird, dann erst wird die Frage der Selbstveränderung der Menschheit spruchreif sein. Sie wird den einzelnen betreffen und die Aufgabe der Gemeinschaft sein, in der er ein reifes, selbstsicheres Ich und Teil eines Wir sein wird.

Inzwischen schon machen wir kleine Schritte, oft genug auf Irrwegen, von denen wir nur langsam umkehren. Wir rufen damit viel Ungeduld hervor. Vor mehr als einem Vierteljahrhundert habe ich geschrieben: »Die arrogante Ungeduld des Revolutionärs: in seiner Lebenszeit soll sich alles entscheiden. Warum? Wer die Menschheit nicht mit der liebevollsten Geduld betrachtet, hat nichts von ihr verstanden und wird unausweichlich ihr Feind werden.«

Golo Mann

Dialog mit der Vergangenheit

Es kann uns wohl vorkommen, daß wir mitten in der Nacht erwachen, im Zimmer ist es stockdunkel, wir greifen nach der Lampe, aber können sie nicht finden, denn es ist ein unvertrautes Gasthofzimmer; einen kurzen Augenblick lang erschrecken wir tief, wir wissen nicht, wo wir sind oder wo wir gestern abend waren, ja während des Bruchteils einer Sekunde wissen wir nicht einmal, *wer* wir sind. Dann, schnellstens, bringt das Gedächtnis die Dinge ins Lot. Natürlich, wir sind ja in der Stadt X, wo wir gestern ankamen, das ist ein Hotelzimmer, die Wand ist links und nicht rechts, die Lampe ist rechts und nicht links, jetzt leuchtet sie auf, dort ist das Fenster, draußen die Straße, alles in Ordnung. Indem wir wissen, wo wir sind und wie wir dahin kamen, wissen wir auch wieder, *wer* wir sind. Ohne Gedächtnis wüßten wird das nicht. Ohne Erinnerung könnten, müßten wir dumpfe Angst erfahren, hätten aber keine bewußte Identität. Ohne Gedächtnis gäbe es keine Vergangenheit. Es gäbe auch keine Zukunft. Ich denke: »Übermorgen ist Freitag, da bekomme ich mein Geld und will mir das und das besorgen.« Aber daß übermorgen Freitag ist, weiß ich nur, weil ich weiß, daß vorgestern Montag war. Daß ich in drei Monaten Urlaub haben werde, weiß ich nur, weil ich weiß, daß jetzt der Monat begonnen hat, der nach dem April kommt und Mai heißt. Erinnerten wir uns nicht an die Vergangenheit, könnten wir auch keine Zukunft planen. Freilich, leben können wir nur in der Gegenwart, im Vergleich mit ihr sind Vergangenheit und Zukunft unwirklich. Jetzt, in diesem Moment, belästigen mich Zahnschmerzen oder jetzt in diesem Moment habe ich Hunger. Ich schaue auf die Uhr und sehe, wie lange es noch bis zur Mittagspause ist. Ich freue mich auf den Abend, da werde ich meine Freundin treffen, während es bis zum Urlaub noch lange hin ist. Die Gegenwart scheint uns eben doch bei weitem das Wichtigste. Aber nehmen wir es genau, was wir ja nur selten tun, dann ist schon die Mittagspause Zukunft, dann ist heute früh, als wir aufstanden, schon Vergangenheit. Und nehmen wir es noch genauer, dann ist die Gegenwart kürzer als ein Punkt, sie ist schon vorbei, indem wir sie noch greifen wollen; denn die Zeit fließt kontinuierlich, sie steht nie still. Solche Gedanken machen uns praktisch nichts aus, wir wissen doch, was wir meinen, wenn wir »Gegenwart« sagen. Aber doch nur ungefähr. Der Tag, das Jahr, das ganze Leben setzt sich aus Sekunden zusammen, und noch die Sekunde ist eine vom Menschen künstlich gesetzte Zeiteinheit. Die immer fließende Zeit weiß von Einheiten überhaupt nichts.

Es mag auch vorkommen, daß wir rückblickend über unser ganzes Leben nachdenken. Besonders alternden oder alten Leuten geschieht das gern. Da werden dann Zusammenhänge entdeckt, Ursachen und Folgen, Fehler, die man gemacht, Dinge, die man gut gemacht hat, glückliche Zufälle und unglückliche auch. »Hätte ich damals nicht aus Versehen den Personenzug nach X bestiegen anstatt des Schnellzuges, so hätte ich meine zukünftige Frau nie kennengelernt.« Da hat ein glücklicher Zufall über ein ganzes Leben entschieden. Oder: »Wäre ich damals, im Mai 1944, vom Osten nach der Westfront kommandiert worden, wie mein Kamerad Z., so wären mir die zehn Jahre russischer Gefangenschaft erspart geblieben.« Ein unglücklicher Zufall für mich, mit noch immer nachwirkenden Folgen; ein glücklicher für meinen Freund Z. Oder: »Es war gut, daß ich mich zuletzt doch zum Ingenieurstudium entschloß, statt Musiker zu werden. Musiker, das mag ein schöner Beruf sein, aber auch ein schwieriger, unsicherer, und mein Talent hätte dafür wahrscheinlich nicht ausgereicht.« Oder: »Ein schwerer Fehler war es, daß damals meine Nerven mit mir durchgingen und ich meine Stellung kündigte. Meine jetzige ist nicht übel; aber die Zukunftschancen bieten sie nicht, die ich damals gehabt hätte; ich war eben doch schon zu alt, um zu wechseln.« Und so weiter. Dann gleitet das Erinnern wohl auch in die früheste Vergangenheit ab: ein ungerechtes, brutales Verhalten des Vaters, das man nie ganz vergessen oder verzeihen konnte; ein törichtes Verhalten des Knaben; die ersten rätselhaften, schmerzlichen Freuden der Liebe; was noch. Indem wir uns so erinnern und fragen, halten wir ein Zwiegespräch, einen Dialog mit unserer eigenen Vergangenheit. Ein solcher Dialog kann unsere Klarheit über uns selbst erhöhen, Ordnung stiften, also nützlich sein.

Es gibt Menschen, die ihr Leben überaus bewußt, willensstark und vernünftig planen. Ein heute lebender deutscher Politiker erzählt: Es sei immer sein Plan gewesen, zehn Jahre Professor zu sein, dann zehn Jahre in der Industrie tätig, dann zehn Jahre Politiker. Wirklich ist er jetzt in diesem dritten Stadium. Er führt genau durch, was er sich vorgesetzt hatte. Auf dem anderen Extrem gibt es Menschen, die rein gar nichts planen, die sich treiben lassen wie ein Stück Holz im Fluß. In einem schönen Sterbegedicht Hugo von Hofmannsthals heißt es:

»Das Ganze ging so hin und hin
Und ging als wie im Traum.
Wie eines nach dem andern kam
Ich sterb und weiß es kaum ...«

Freilich, eines kam immer aus dem anderen, die Glieder der Kette waren dicht geschlossen; aber die sterbende Frau hat nie gewußt, nie gefragt, wie denn das nächste Glied aussehen würde; und nicht einmal rückblickend weiß sie, »wie eines aus dem andern kam«. Ihr Gedächtnis ist so schwach wie ihr Wille war. Gedächtnis und Wille sind nicht dasselbe, aber sie hängen zusammen; beide helfen, das lange Leben zusammenzuhalten. Die meisten von uns sind wohl nicht so träge und gleichgültig dem eigenen Schicksal gegenüber wie Hofmannsthals sterbende Frau; so selbständig und rational das Leben vorausbestimmend und ordnend wie der Politiker, den ich erwähnte, aber auch nicht. Wir halten uns irgendwo in der Mitte zwischen diesen beiden Extremen auf. Übrigens können ja im Großen, Allgemeinen, in der Geschichte im Werden immer Dinge geschehen, die auch den Berechnendsten völlig aus seiner Bahn werfen: Krieg, Revolution, Wirtschaftskrisen, Naturkatastrophen. Völlig Herr über unser Schicksal sind wir niemals; das lehrt die Geschichte, und die Geschichten unseres Jahrhunderts haben es uns überreichlich gelehrt.

Mit der Vergangenheit anderer Menschen sprechen wir, wenn sie uns über ihr Leben erzählen, wenn wir sie danach fragen. Unvermeidlich stellen wir dann auch Vergleiche an. »Der war lebensmutiger, entschlossener als ich, so hat er bessere Erfolge gehabt.« Oder: »So von Pech verfolgt wie der war ich nicht. Wohl gab es Härten auch in meinem Leben, aber alles in allem hatte ich es leichter.« Oder: »Da, mein Lieber, hast du einen Fehler gemacht; da hätte ich ganz anders gehandelt.« Spricht ein Jüngerer mit Älteren, gar mit sehr alten Leuten, so wächst das Interesse leicht hinaus über das Nur-Persönliche ins Allgemeine, in die Historie. Die Alten haben ja erlebt, was die Jungen nicht mehr erlebt haben: die Alten unserer Tage etwa die Weimarer Republik, den Ersten Weltkrieg und die längst versunkene, schon wie sagenhafte Kaiserzeit. Ich darf gestehen, daß ich, als ich jung, sogar als ich noch ein Kind war, unersättlich war im Befragen alter Leute. Sie hatten Bismarck im Reichstag reden hören, sie hatten den kranken König Ludwig II. von Bayern im Münchner Englischen Garten spazierengehen sehen, sie konnten sich an den Ausbruch des deutsch-französischen Krieges von 1870 erinnern. »Wie war das damals? Was dachten Sie sich, was erwarteten Sie, wie verhielten sich die Menschen um Sie herum?« Eine alte Dame belehrte mich: »Napoleon III., das ist doch nicht *Geschichte*, das ist moderne Politik!« Ja, für sie war es das, aber nicht für mich. Eine melancholische Erfahrung ist es, daß man, indem man selber alt wird, immer weniger Menschen trifft, die einem durch ihre Erinnerungen noch imponieren können. Schon sehe ich die Zeit nahen, wo gar niemand mir mehr imponieren kann, wo höchstens ich selber derjenige bin, der andere zum Erstaunen bringt, weil ich mich noch ganz deutlich an den August 1914 erinnere. Immerhin kenne ich jetzt, im Jahre 1977, einen neunzigjährigen alten Herrn, der voller für mich faszinierender Erinnerungen ist, zumal sein Gedächtnis frisch ist wie das eines jungen Menschen. Zum Beispiel hat er als Kind seinerseits einen sehr alten Herrn gekannt, einen Polen namens Podlewski, geboren im Jahre 1800. Dieser Herr Podlewski hat dem Kaiser Napoleon I. ein Gedicht in französischer Sprache aufsagen dürfen im Jahre 1812, als Napoleon zu Beginn seines unglücklichen russischen Feldzuges durch Wilna kam. Herr Podlewski war der Beste in Französisch in seiner Schule; so wurde er ausgewählt, dem großen Franzosenkaiser ein Begrüßungsgedicht aufzusagen. Mein Freund, etwa im Jahre 1896, fragte den Greis, ob er das Gedicht heute noch könne? Herr Podlewski stand auf, machte eine kleine Verbeugung und sagte das Huldigungsgedicht noch einmal auf. Mein Freund ist also im Jahre 1977 einer, der aus dem gleichen Mund das gleiche Gedicht gehört hat, das Napoleon im Jahre 1812 hörte! Mit einem Schlag ist eine persönliche Beziehung hergestellt zwischen den Jahren 1977 und 1812. Dergleichen kommt nun freilich sehr selten vor, es ist ein Ausnahmefall. Immer aber ist es eine wichtige Funktion alter Menschen, zur ferneren Vergangenheit eine lebendige Beziehung zu erhalten. Schon allein darum sollten sie geehrt werden und nicht so gleichgültig behandelt und abgeschoben, wie es leider mehr und mehr der Fall ist.

In Zeiten, als es noch keine Geschichtswissenschaft, erst recht, als es noch keinerlei schriftliche Überlieferung gab, waren die Alten die einzigen Vermittler der Vergangenheit. Sie konnten nicht nur erzählen, was sie erlebt hatten und wußten, sondern auch weitergeben, was die noch Älteren, längst Verschwundenen ihnen erzählt hatten. Natürlich gab es dabei auch allerlei Verwirrung. Geschichten, Ereignisse, Namen vermischten sich sonderbar. Dafür nur ein Beispiel. Im fünften Jahrhundert nach Christus gab es in der römischen Provinz Gallien einen sehr energischen General und Landesverteidiger namens Aëtius. Dieser Aëtius vertrieb ein paar germanische Stämme, die sich in Gallien einnisten wollten, Westgoten und Burgunder. Etwa fünfzehn Jahre später gelang ihm noch Größeres: In der Schlacht auf den Katalaunischen Feldern, bei Chalons, brachte er den nach Gallien vorgedrungenen Hunnen unter ihrem König Attila eine vernichtende Niederlage bei; dabei half ihm nun der König der Westgoten, Theoderich. So die Tatsachen, wie wir sie heute dank der historischen Wissenschaft kennen. Was wurde nun im Laufe der Jahrhunderte in der mündlichen Überlieferung daraus? Aus Aëtius wurde der »König Etzel«, der Hunnenkönig Attila, den der wirkliche Römer Aëtius doch gerade besiegt hatte. Und die Burgunder, unter ihrem König Gunter, fielen nicht in Gallien ein, nein, sie zogen die Donau hinunter ins Hunnenland oder Ungarland, wo der böse König Etzel-Attila sie in der brennenden Halle vernichtete. Aus dem Kampf des Römers gegen die Burgunder wurde die Saga von den Nibelungen, festgehalten im Nibelungenlied. Bei allem Verwirren und Erfinden ist auch wieder ein kleines Stückchen Wahrheit darin. Denn jener »Dietrich von Bern« des Nibelungenliedes, der dem König Etzel gegen die Nibelungen hilft, ist ja identisch mit dem Gotenkönig Theoderich, der wirklich dem General Aëtius Beistand gab im Kampf, nicht gegen die Burgunder, aber gegen die Hunnen. In die mündliche Überlieferung von Generation zu Generation, in das Gesagte, in die »Sage« sind ein paar Fragmente vergangener Wirklichkeit hineingeraten. Es gehört dies zum Wesen der Sage, wie sie überall der geschriebenen Überlieferung, den Quellen der Historie und dann der historischen Wissenschaft selber vorherging.

Wir Heutigen sind da ja nun in einer ganz anderen Lage. Wir dulden keine Verwirrung mehr. Zwischen Sage und wirklicher Vergangenheit können wir genau unterscheiden; genau die Nahtstelle erkennen, wo, zum Beispiel bei den alten Römern, Sage oder Mythos in wirkliche Geschichte übergehen. Wir können das viel besser, als die Römer es konnten, obgleich sie doch zeitlich ihrer Vorgeschichte und Frühgeschichte viel näher standen als wir. Die europäisch-amerikanische Wissenschaft hat für die Vergangenheit des Menschen Ähnliches geleistet, wie sie auf dem Gebiet der Naturerkenntnis, der Naturgeschichte geleistet hat. Wir haben ganze Städte bloßgelegt, so wie sie waren, bevor sie untergingen, teils erstaunlich wohlerhaltene, Pompeji, Ostia, teils ruinierte, Troja, Ninive, Carthago. Wir haben Schriften entziffert, Sprachen verstehen gelernt, die während Tausenden von Jahren von niemandem mehr verstanden worden waren. Wir sind tief in die Wirklichkeit, in den Geist von Kulturen eingedrungen, die überhaupt keine Schrift hatten oder nur blasse Anfänge davon, zum Beispiel die präcolumbischen Kulturen Südamerikas; wir wissen genau, was die Menschenopfer der Azteken bezweckten, wie, warum, zu welcher Zeit des Tages sie vollzogen wurden. Wir haben die Mumien der Pharaonen aus ihren verstecktesten Schlupfwinkeln im Inneren der Pyramiden gezogen und germanische Moorleichen aus dem Sumpf und können sie heute sehen, wie sie aussahen, ehe sie versanken, ihren Haarschnitt, ihre wohlkonservierten Kleider. Wir haben Königreiche entdeckt, zumal im Vorderen Orient, von denen Athener, ihnen doch um 2500 Jahre näher, schon nichts mehr ahnten. Wir kennen die Gesetze, die der König von Babylon, Hammurabi, vor 4000 Jahren seinen Untertanen gab, so gut, wie wir das Römische Recht kennen; kennen die blutrünstigen Prahlereien der Könige von Assyrien so gut, wie wir die Reden kennen, welche Roms große Redner, Cäsar, Cicero, im Senat hielten. Altchinesische Philosphie, altindische Religion ist uns so gut bekannt wie das Christentum der Frühzeit oder wie deutsche Philosophie im 18. Jahrhundert. Ein unermeßlicher Reichtum vergangener Schöpfungen, Ausdruck vergangenen Lebens- und Gestaltungswillens, vergangenen Glaubens, vergangener Freude und vergangener Not ist vor uns ausgebreitet. Und sage man doch nicht, daß kein Interesse mehr sei an diesem Reichtum. Das Gegenteil ist wahr. Ein einziger Gang durch ein Museum wie das Römisch-Germanische der Stadt Köln belehrt uns eines Besseren. Da drängen sich die Besucher vor den Beispielen industrieller und künstlerischer Produktion in dieser ehemals großen römischen Stadt; den wunderbaren Mosaikböden, den kostbaren, lieblichen Schmuckstücken und handfesten Gebrauchsgegenständen, den unglaublich intakten Überbleibseln in Stein und Marmor, in Gold und Eisen und Ton und Glas. Ein junges Mädchen läßt hören: »Aus einem solchen Becher möchte ich trinken.« Ein alter Herr bemerkt: »Wenn ich schon begraben sein muß, einen solchen Grabstein lobe ich mir.« Und die meisten denken oder fühlen: »Diese Römer waren wohl anders als wir, aber ziemlich ähnlich müssen sie doch auch gewesen sein.« Das ist eigentlich der Reiz aller ferneren Vergangenheit, ob unserer eigenen oder jener weit von uns abliegender Kulturen: das Vertraute im Fremden. Wäre es immer dasselbe, so wäre es langweilig. Wäre es völlig anders, uns ganz fremd und unverständlich, dann wäre es erst recht uninteressant. Aber in der Buntheit verschiedenartiger Verkleidung entdecken wir doch immer den Menschen – der wir selber sind.

Für die Menschheit ist universale Geschichtswissenschaft das, was das Gedächtnis für den einzelnen ist: Es hält die Vergangenheit zusammen, es gibt dem Begriff »Menschheit« erst seine Wirklichkeit.

Aber, mag man einwenden, die Gegenwart ist doch viel, viel wichtiger als ferne Vergangenheit; von ihr und ihrer Erforschung dürfen wir uns von der Bewältigung der uns bevorstehenden Aufgaben nicht abhalten lassen. Kernkraftwerke oder keine, wieviel Wachstum in diesem Jahr 1977, wieviel Geldentwertung, Arbeitslose, Energieverbrauch und so fort, darum geht es. Unbestreitbar. So wie dem einzelnen seine Gegenwart viel wichtiger ist als seine Vergangenheit, wie mir mein heutiges Mittagessen wichtiger ist als das von vorgestern, so ist auch einer Nation, einer Gesellschaft ihre Gegenwart und nahe Zukunft wichtiger als ihre Vergangenheit oder gar als altägyptische Vergangenheit. Zur Gegenwart rechnet man allenfalls dann auch noch die jüngste Vergangenheit, die Zeitgeschichte. Heute gibt es ja auch Bestrebungen, den Geschichtsunterricht etwa mit dem Jahre 1917 beginnen zu lassen und alles, was vorher war, zuzuschütten, wie man Müll mit Erde oder Gestein bedeckt. Ich halte diese Bestrebung für sehr falsch. *Alle* Vergangenheit ist interessant und lehrreich, nicht bloß die Adenauer-Jahre oder die von Lenins Revolution. Und wie will man denn das Jahr 1917 verstehen, wenn man nicht weiß, was vorher war? Goethe sagt:

»Wer nicht von dreitausend Jahren
Sich weiß Rechenschaft zu geben
Bleibt im Dunklen unerfahren
Mag von Tag zu Tage leben.«

Der alte Herr konnte wahre Gedanken recht hübsch formulieren.

Universalgeschichte, sagte ich, ist das Gedächtnis der gesamten Menschheit. Ein gleiches gibt es für engere Bereiche: Geschichte der Deutschen als nationales Gedächtnis, Geschichte dieser Region, dieser Stadt, dieser Familie als Gedächtnis der Familie, der Gemeinde, der Landschaft. So wie, manchmal, der einzelne sein Leben nachdenklich an sich vorüberziehen läßt, so lassen die Historiker, die sich mit deutscher Geschichte befassen, das Leben der Nation in einem bestimmten Zeitabschnitt prüfend an sich vorüberziehen: Welche Aufgaben wurden recht erfüllt, welche nicht, welche schweren Fehler wurden begangen und warum, welche Motive, Interessen, Konflikte, Denkmoden, abergläubischen Überzeugungen trieben die Menschen an, welche Schöpfungen blieben und wirkten weiter fort, welche an sich positiv zu wertenden Entwicklungen wurden leider abgebrochen und erstickt, was war Plan, was blinder Zufall oder unvorhersagbares Ergebnis sich widerstreitender Tendenzen, was war gute, was nur scheinbare, schlechte, auf die Dauer verderbliche Erfüllung – so wird Vergangenes erkannt, geprüft, gewertet, wird begriffen, »wie eines aus dem andern kam«, bis man, Schritt für Schritt, endlich da anlangt, wo wir heute sind. Und so wie der einzelne seinen Lebenslauf mit dem eines anderen vergleicht, manchmal neidisch, manchmal zufrieden, so wird auch der Historiker den Lebenslauf seiner eigenen Nation mit dem von Nachbarnationen vergleichen, die deutschen Schicksale etwa mit den italienischen, französischen, englischen. Durch Vergleich erkennen wir um so klarer, was wir waren und nicht waren, was wir sind und nicht sind. Ohne historische Forschung wüßten wir es nicht. Ohne sie gäbe es zum Beispiel auf die an sich schon sonderbare Frage, ob die

Deutschen heute eigentlich eine Nation sind oder zwei Nationen, gar keine sinnvolle Antwort. Ohne sie wüßten wir auch nicht, wie jene schönen und reichen, leider nun für immer verlorenen deutschen Siedlungsgebiete im Osten, Baltikum, Preußen, Schlesien, Pommern wurden, was sie so lange waren, was sie in ihrer Blüte darstellten, welche charakteristischen, nun allmählich schwindenden Volksstämme sich dort entwickelten. Wer möchte es nicht wenigstens festhalten, damit es nicht auch aus dem Gedächtnis der Menschen verschwindet?

Das, was man »Geschichte« oder »Historie« nennt, war lange Zeit überwiegend *politische* Geschichte, mit ein wenig Kulturgeschichte angehängt: Werden und Vergehen der Staaten, der Herrschaftsformen, Dynastien, Kriege und Friedensschlüsse, Revolutionen, alles dies immer von oben, von der Spitze her gesehen. In unseren Jahren haben wir eine scharfe Reaktion dagegen: Geschichte müsse *Sozial*-Geschichte sein, Analyse der Gesellschaft und ihrer Arbeit, welche die meistens recht unnütze Spitze samt ihren Kriegs- und Friedensspielen trug, nämlich alimentierte und finanzierte. Gegen diese neue Mode, als eine Korrektur der alten, habe ich nichts; nur soll man nicht übertreiben und dogmatisch vereinfachen, soll man das Kind nicht mit dem Bad ausschütten. Aber Vergangenheit, das ist ja viel, viel mehr als politische Geschichte plus Sozial- und Wirtschaftsgeschichte plus Wissenschaftsgeschichte und was noch. Das Wort Geschichte kommt von Geschehen; es ist das, was geschah und seine Erforschung; was geschah, was getan wurde, liegt in der Vergangenheit, und was davon übrig blieb, ist Vergangenheit in der Gegenwart. Mit der Vergangenheit halte ich Zwiegespräch, nicht nur, wenn ich lese, wie die Lebensbedingungen eines englischen Kaminkehrerjungen um 1830 waren oder wie der Bundeskanzler Graf Bismarck den Kaiser Napoleon III. übers Ohr haute. Mit der Vergangenheit halte ich auch dann Zwiesprache, wenn ich einen Roman von Tolstoi lese oder von Theodor Fontane, ein Gedicht von Eichendorff oder von Heinrich Heine, wenn ich ein Musikstück von Vivaldi höre oder von Schubert, wenn ich im Museum von Colmar vor dem Isenheimer Altar stehe und staune; wenn ich Immanuel Kants Schrift »Zum ewigen Frieden« studiere oder an Voltaires, des alten Spottvogels, Roman »Candide« mein Gefallen finde. Immer sind es Begegnungen mit der Vergangenheit; mit den Stimmungen, vergnügten oder traurigen, mit der Gestaltungskraft, mit der Phantasie, mit der göttergleichen

Menschenkenntnis, mit dem Stolz und Spott, mit Pessimismus und Hoffnung und Frömmigkeit und gutem Willen, die einmal waren. Und wenn wir das nicht hätten, diese Begegnungen, diesen Dialog mit der Vergangenheit, so wären wir arm und verloren wie ein ausgesetzes Kind. Alle »Bildung« ist Dialog mit der Vergangenheit. Mit Bildung meine ich nicht totes Wissen oder den Hochmut dessen, der weiß. Ich meine Erlebnisfähigkeit und ihre Anregung, Steigerung durch jene, die vor uns tiefer dachten, schärfer beobachteten, großartiger gestalteten als wir.

Im Grundsatz sind solche Begegnungen zweierlei Art. Sie können direkt sein oder historisch vermittelt. Der Unterschied ist zu erklären. Ich höre die »Winterreise«, diesen schönen, jedoch sehr traurigen Liederzyklus. Ich kann wissen: Das ist typisch romantische Musik. Ich kann wissen: Das wurde von Schubert in seinem letzten, schwer belasteten Lebensjahr komponiert; kann auch wissen, wie der Mann geartet war, der diese sonderbaren Gedichte schrieb. Unsere Oberlehrer von heute werden hinzufügen: Und vor allem müssen wir Schuberts wirtschaftliche Verhältnisse kennen, wie miserabel der »Frühkapitalismus« ihn behandelte und so fort. Ja, auch das. Aber ist es notwendig? Sind überhaupt irgendwelche historischen Kenntnisse notwendig, um die Melodien der »Winterreise« oder eines Schubertquartetts, samt dem Unsagbaren, was sie zu sagen haben, voll in uns aufzunehmen? Gilt das nicht für alle Musik, für den gewaltig-ernsten Bach wie für den fidelen Johann Strauß? Ist sie in ihrer Reproduktion nicht ganz und gar Gegenwart, gleichgültig, in welchem Jahrhundert sie von wem unter welchen Umständen komponiert wurde? Man mag antworten: Für Musik trifft diese Frage, diese in ihr versteckte Behauptung allerdings zu. Denn die Musik, die geheimnisvollste aller Künste, wendet sich direkt an die Sinne, oft nur an sie, und nur auf ihrem Umweg an den Geist. Aber wie steht es mit der Dichtkunst? Können wir von der Tatsache abstrahieren, daß Heinrich Heine in der ersten Hälfte des 19. Jahrhunderts lebte und dichtete, zuerst in Deutschland, dann ein Vierteljahrhundert lang in Paris, daß er die letzten acht Jahre seines Lebens schwer krank war, daß er beständig Geldsorgen hatte, daß seine Prosa-Schriften in Deutschland zeitweise verboten waren und so weiter und so weiter? Ich meine, manchmal können wir das wirklich nicht ignorieren, nicht bei vielen seiner Prosaschriften, erst recht nicht bei seinen politischen Gedichten. Bei seinen schönsten, tiefsten Dichtungen können wir es trotzdem. Ich will, um meine Meinung zu verdeutlichen, noch ein anderes Beispiel geben: den römischen Dichter Horaz. Er lebte vor 2000 Jahren, und wie er lebte, das wissen wir ganz gut, teils aus seinen eigenen Werken, teils aus anderen Zeugnissen. Er war wenig bemittelt von Haus, nur unter Opfern konnte sein Vater ihm ein Studium in Rom und Athen ermöglichen. In der letzten Epoche der langen furchtbaren Bürgerkriege, die Rom und sein Imperium zerrissen, setzte er auf die falsche Karte, nahm er Partei für die Mörder Julius Cäsars; daß er in der Schlacht bei Philippi sich nicht gerade mit Ruhm bedeckte, erwähnte er später in einem Gedicht mit gutmütiger Selbstverspottung. Der endliche Sieger und Alleinbeherrscher Roms, Cäsar Octavian, später Augustus genannt, gewährte eine allgemeine Amnestie, in deren Genuß auch Horaz kam. Von seinem Freunde Virgil eingeführt, trat er bald in den weiteren Umkreis des Herrschers ein, in den engeren Kreis des reichen und einflußreichen Ministers Maecenas, von dessen Namen und Wohltaten unser Wort Mäzen herstammt. Auch dem Horaz schenkte Maecen ein Landgut in den Sabinerbergen, das hieß ein bescheidenes, aber sicheres Einkommen. Dafür wurden Gegendienste erwartet. Horaz hatte den Segen der neuen Herrschaft zu besingen; auch die beiden damals noch ziemlich verdienstlosen jungen Stiefsöhne des Augustus in einem Gedicht zu preisen, genierte er sich nicht. Das ist der historische Horaz, der, um es ordinär auszudrücken, recht gut wußte, auf welcher Seite sein Brot gebuttert war. Der andere? Das ist der Horaz, der von sich selber im Gedicht sagen durfte:

»Setzt ich doch einen Stein, dauernder als das Erz …«

dem eine Reihe von Wort-Mosaiken gelungen sind von so vollkommener Schönheit und Klarheit, wie auf Erden je etwas sein kann: sanfte Heiterkeit auf dem Grunde einer ich möchte sagen erleuchteten Illusionslosigkeit. Das ist zweitausend Jahre alt, und das ist gegenwärtig, wie der Dichter es sich selber prophezeite: »Niemals sterbe ich ganz, hört es, mein besseres Teil meidet das Flammengrab …« Wirklich, Horazens besserer Teil ist bis zum heutigen Tag übrig geblieben. An ihm kann man, wenn man die Muße und den Willen dafür aufbringt, Freude und Trost finden. Das Bewußtsein des Alters dieser Gedichte, zweitausend Jahre, mag ihren Reiz noch erhöhen, aber es ist nicht die Hauptsache. Das Schöne, Gute, Wahre erhebt sich über die Zeit, es sei nun zweitausend Jahre alt oder zweihundert oder nur zwei. Sie dürfen nicht glauben, daß Sie zu einem fruchtbaren »Dialog mit der Vergangenheit« nun gerade den alten Lateiner Horaz brauchen. In der deutschen Dichtung gibt es des Schönen, Wahren und Guten schon auch genug.

Aber die »Geschichte«, was man früher darunter verstand, die politische Geschichte, was bietet denn die? Ist es nicht ein ewiger Wirrwarr von Irrtum und Fanatismus und Aberglauben, von gescheiterten Plänen, von bestraftem Übermut – aber die Strafe ging meistens auf Kosten der Unschuldigen –, von Machtgier und Grausamkeit? Zu was dient uns das Zwiegespräch mit alledem? Vor ein paar Jahren las ich ein Buch, genannt »Schwarzbuch der Weltgeschichte«. Es handelte ausschließlich von furchtbaren Dingen und zeigte sie in authentischen Bildern: Greuel im Krieg und Frieden, Folterungen und grausam erdachte Hinrichtungen, Hexenprozesse, spanische Inquisition, Verbrechen, die in Europas südamerikanischen Kolonien anfangs begangen wurden etc. Sonst nichts. Ich mußte dem Autor, übrigens einem sehr schätzenswerten Manne, schreiben, mit diesem Buch von ihm könne ich nicht viel anfangen, denn es gebe von der Vergangenheit ein ausgesucht einseitiges und darum ganz falsches Bild. Beschönigen wollen wir nicht. Über die Nachtseiten der Geschichte unserer eigenen Zeit wie früherer Zeiten will ich nicht viel Worte machen; kennen muß man sie, leider, und nach Kräften wachsam sein, damit dergleichen sich nicht wiederholt. Jedenfalls besteht auch die politische Geschichte doch nicht nur aus Unsinn und blutigen Infamien und bis zum bitteren Ende grausam durchgefochtenen Konflikten. Nehmen wir die englische Geschichte des 19. Jahrhunderts. Wieviel traditionsgenährte Weisheit ist da gewesen, wieviel kluger Kompromiß, wieviel rechtzeitige, vorbeugende Reformen, so daß es in England, im Gegensatz etwa zu Frankreich, trotz aller tiefgreifenden Veränderungen durch das ganze Jahrhundert ohne Katastrophen und Menschenopfer abging. Oder nehmen wir einen einzigen deutschen Staatsmann des 19. Jahrhunderts, an dem, mit Recht, scharfe Kritik geübt worden ist, Bismarck. Die vielen Reden, die er seiner Zeit in den Parlamenten gehalten hat, die vielen Briefe, die er an seine Vertrauten schrieb, sind ein Born menschlicher und politischer Weisheit, so wie die Briefe des um fast 2000 Jahre älteren römischen Politikers Cicero es sind, und große Schriftstellerei obendrein. Politiker aus der Vergangenheit, die Werke ähnlichen Gewichts hinterließen, könnte ich eine ganze Reihe nennen.

Es kommt etwas ganz anderes hinzu. Durchleben wir katastrophale Zeiten, wie das die Generation meiner Eltern tat seit 1914, meine eigene seit 1933 oder 1939, so finden wir Trost darin, daß es den Menschen früherer Epochen ähnlich erging. Ein sonderbarer Trost, mag man sagen, aber es ist einer. Der unlängst verstorbene bedeutende englische Historiker Arnold Toynbee erzählte uns: Während des Ersten Weltkrieges habe er die Geschichte des altgriechischen Weltkriegs, des sogenannten Peloponnesischen Krieges studiert, das Werk des griechischen Historikers Thucydides, und habe Trost darin gefunden: Die Selbstzerstörung einer Zivilisation durch verrückten Bruderkrieg, die er mit bitterem Kummer erleben mußte, hatten 2400 Jahre früher nachdenkliche Griechen auch erlebt. Wo liegt da der Trost? Das eigene Erleben ist nicht so einzigartig, wie man wohl glaubt. Es war alles schon einmal da, oder mehrfach da, nicht genauso natürlich, aber ähnlich. Es fällt also unter eine Regel. So darf ich gestehen, daß ich, als ich in meiner Jugend die Machtergreifung Adolf Hitlers erlebte, bei zwei römischen Autoren Trost suchte: bei Horaz, den erwähnte ich schon, und bei dem Historiker Tacitus. Wie er das Leben in Rom unter einer schlimmen Diktatur beschreibt. Wie er eine »Machtergreifung« beschreibt; das Verhalten der allermeisten Menschen und gerade der Hochgestellten, ihre hastige, schamlose Liebedienerei vor der neuen Macht. Ja, dachte ich, so war das damals, und ähnlich ist das heute; und so war es gewiß schon oft ... Ein Trost, weil eine Erhellung der eigenen Erfahrung. Ich will nicht sagen, daß dies der einzige Nutzen der »Geschichte«, der einzig mögliche Dialog mit ihr sei. Es ist einer unter anderen.

Wir werden nie ohne Vergangenheit leben. Täten wir es, so würden wir eben nicht lange *leben,* sondern, uns selber nicht mehr verstehend, im Dunklen zugrunde gehen. Daß in unseren Tagen die edlen Gebäude aus der Antike, die Jahrtausende fast unverändert überdauerten, ja sogar jene aus dem Mittelalter oder der frühen Neuzeit, die Akropolis in Athen, das Colosseum in Rom, die Paläste Venedigs vom Untergang bedroht sind durch Erderschütterung und Luftverschmutzung, scheint mir wie ein warnendes Zeichen. Wie der Mensch kein Recht hat, den armen Tieren das Leben unmöglich zu machen oder sie grausam auszurotten, so hat er auch kein Recht, die schönen feierlichen Zeugnisse in Stein, die ihm aus ferner Vergangenheit blieben, zu Staub zerfallen zu lassen.

Lily Pincus
Mit Verlusten leben

Ich möchte über Verlust und Trennung sprechen als unvermeidliche menschliche Situation: die Basis für die Entwicklung unserer Persönlichkeit, unserer Wachstumsprozesse, unser Leben bestimmend von der Wiege bis zur Bahre, von dem Moment, in dem das Baby die Gebärmutter verläßt, bis zum letzten Atemzug.

Während des ganzen Lebens führt jeder »Verlust«, jeder Wechsel einer vertrauten Lage mit einer unbekannten, neuen zu einer menschlichen Krise, die das Problem mit sich bringt, auf gewisse Befriedigungen und Wünsche verzichten und in der Erschütterung dieses »Verlustes« ein neues Equilibrium finden zu müssen, mit neuen Aufgaben, neuen Erfüllungen. Wenn diese Aufgabe, die sich immer wiederholt, gelingt, dann wird die Entbehrung des Gewohnten nicht nur als Verlust empfunden, sondern auch als Gewinn, mit der Bereitschaft zum Neuen.

Dieser Entwicklungsprozeß fängt – wie gesagt – an mit der Geburt, wenn der kleine Mensch die Stille, Wärme, Geborgenheit des Mutterleibes verliert. Was diese erste Krise bedeutet, zeigen Bilder von eben geborenen, schreienden und sich verzweifelt gebärdenden Babys, die in so krassem Gegensatz stehen zu den Bildern der stolzen, strahlenden Eltern und den hochbefriedigten Hebammen und Ärzten. Vor kurzem hat ein französischer Arzt, Frederic Leboyer, in seinem wunderbaren Film und Buch »Geburt ohne Gewalt« gezeigt, daß Geborenwerden kein so erschreckendes Erlebnis sein muß, und er wagt zu behaupten, daß, wenn diese erste Lebenskrise, dieser erste Schritt ins Leben, ruhig und friedlich und für das Kind behaglich sein kann (und er demonstriert auch, daß das möglich ist), das neue Lebewesen dann voll Hoffnung und Vertrauen den Lebensweg beginnt. Und daß daher all die folgenden unvermeidlichen Lebenskrisen eine bessere Chance haben, nicht nur bewältigt zu werden, sondern mit vertrauensvoller Bereitschaft als Entschädigung für das Verlorene neue Befriedigung und Gewinn bringen können.

Die positive Bewältigung dieser wie jeder weiteren Krise hängt nicht nur von dem Individuum ab, sondern auch von den Menschen, mit denen es in nächster Beziehung steht, von den Interaktionen zwischen ihnen. Die von Leboyer empfohlene Geburt eines freundlich-zufriedenen statt eines schreienden, unglücklichen Babys ist nicht möglich ohne das Verständnis der Mutter, der in diesem entscheidenden Moment das Wohlbefinden ihres Kindes wichtiger sein muß als ihr eigenes. Also schon von diesem allerersten Moment an kann man nicht nur von dem Baby sprechen, sondern immer von der Mutter und dem Baby – und während des ganzen Lebens, durch alle Lebensphasen und Lebenskrisen, sind unsere menschlichen Zwischenbeziehungen der wichtigste Faktor. Das gilt ebenso in der anderen wichtigsten Krise, dem Sterbevorgang. Denn die Qualität des Sterbens hängt sehr weitgehend von der Atmosphäre am Sterbebett ab, von der stützenden, liebevollen, vertrauenden Hilfe, die die nächsten Menschen dem Sterbenden geben.

Auch die von unserer Gesellschaft mit Freude und Festlichkeiten begrüßten neuen Lebensphasen – wie Beendigung der Schul- oder Lehrzeit, Heirat, Elternschaft – tragen alle ein Element von Verlust in sich, und Störungen, die in solchen Phasen entstehen, werden meistens verursacht durch eine Verleugnung der Trauergefühle, durch eine Weigerung, anzuerkennen und zu akzeptieren, daß etwas Wertvolles aufgegeben werden mußte, um weiter zu wachsen.

Die Lebensphase, die unserer Gesellschaft am stärksten mit dem Bewußtsein von Verlust und Trennung verbunden ist, ist das Altern, und auch die Qualität des Alterns hängt sehr weitgehend von den zwischenmenschlichen Beziehungen ab. In meinem Beruf als Eheberaterin habe ich mit vielen Paaren mittleren Alters gearbeitet, deren Angst vor Verlust – Verlust der Kinder, der Arbeitskraft, der Sexualität, der sozialen Rolle – zu Depressionen, gestörten Ehen und unrealistischen Bemühungen um Phantom-Lösungen geführt hat. Ich werde versuchen, Ihnen ein Beispiel zu geben: Dem Institut for Marital

Studies, wo ich arbeitete, wurde mit größter Dringlichkeit ein Paar überwiesen, weil die Frau gerade einen Selbstmordversuch gemacht hatte, als sie erfuhr, daß ihr Mann eine Affäre mit seiner Sekretärin hatte, einem jungen Mädchen des gleichen Alters wie ihre einzige Tochter, die kürzlich geheiratet hatte. Das Paar war beinahe dreißig Jahre verheiratet. Die Frau war Schulleiterin in einer großen Schule und sehr erfolgreich in ihrem Beruf, aber auch zu Hause tonangebend und so beherrschend, wie das Schulleiterinnen eben oft sind. Als ihre Tochter heiratete und sie keine Kinder mehr zu Hause hatte, fing sie einen neuen Universitätskurs an, um sich noch bessere akademische Qualifikationen zu verschaffen. Und ihr Mann, der kleiner war als sie, ein sehr stiller Mensch, fühlte sich noch mehr ihr unterlegen. Er hatte zwar eine gute Beamtenstellung, war aber nicht sehr befriedigt von seinem Beruf, von dem er ohnehin in etwa zehn Jahren pensioniert werden würde – und was dann? Der einzige Sohn, älter als die Tochter, hatte vor ein paar Jahren geheiratet, und nun auch die Tochter, die dem Vater immer besonders nahe stand. Er fühlte sich dem Alleinsein mit seiner ihn beherrschenden Frau nicht gewachsen und suchte Trost und Liebe bei der jungen Sekretärin – einer zweiten Tochter, die gleichzeitig Befriedigung seiner Sexualität versprach, deren Schwächung er sehr befürchtete.

Im Laufe unserer gemeinsamen Arbeit konnten wir erkennen, daß die beiden Eheleute in jeder neuen Lebensphase Anpassungsschwierigkeiten gehabt hatten. Der Mann hatte sich als Kind und Jugendlicher von seiner zwar sehr geliebten, aber dominierenden Mutter beherrscht gefühlt und hatte keine Unterstützung für seine »Männlichkeit« bei seinem schwachen und von der Mutter unterdrückten Vater gefunden. Die Frau hatte einen sehr attraktiven Vater, einen Seemann, der aufregende Reisen unternahm und schöne Geschenke zurückbrachte, aber meistens eben nicht zu Hause war – und sie verglich ihre »langweilige dumme« Mutter verachtend mit ihm und identifizierte sich nur mit dem Vater. In ihrer eigenen Ehe war sie fest entschlossen, selbst die Interessante, Wichtigste zu sein, und wiederholte daher für den Mann das Bild der »beherrschenden« Mutter, von dem er nun entrinnen wollte. Es war höchst interessant, wie schnell in unseren gemeinsamen Gesprächen den beiden klar wurde, daß die jetzige Krise, die Heirat der Kinder und deren Sexualleben, das alte, ungelöst gebliebene Problem der Trennung und Loslösung von dem bewunderten Elternteil des anderen Geschlechts wieder aufgerührt hatte, zusammen mit den damit verbundenen sexuellen Phantasien. Als das Paar dies verstanden hatte, beschlossen sie mit vereinten Kräften die Aufgabe zu übernehmen, ihre Probleme zu überwinden und zu versuchen, ihrem Leben zu zweit einen neuen Sinn und einen neuen Rahmen zu geben. Die Frau gab ihr Universitätsstudium auf, es war nicht mehr so wichtig für sie, die Bedeutendere zu sein; der Mann gab mit ihrer Hilfe und Unterstützung einer alten Sehnsucht nach und fing ein Theologiestudium an. Das hieß, daß er seine Beamtenpension verlor. Gemeinsam bezogen sie ein neues Haus (das alte, größere war ausschließlich von der Frau gewählt und eingerichtet worden) und bemühten sich ernsthaft und realistisch, ein neues Leben gemeinsam aufzubauen.

Die meisten solcher in der Lebensmitte auftretenden Eheprobleme, jedenfalls die, mit denen ich gearbeitet habe, werden mit der Bitte um Hilfe für sexuelle Probleme zur Beraterin gebracht, aber in jedem dieser Fälle wurde es bald klar, daß das wirkliche Problem in Angst vor dem Altern, vor Verlust bestand, in einer Panik gegenüber einer neuen Lebensphase (ohne Kinder), und daß die Krisenängste aller früheren Phasen hier neu aufgerührt worden waren.

In unserer Gesellschaft, in der Jugend und Jugendlichkeit so bewundert wird und Sexualität eine so große Rolle spielt, ist die Angst vor dem Altern, der Verlust der Jugend besonders stark und führt oft zu Verleugnung und allen möglichen depressiven Symptomen. Gleichzeitig hat sich aber der ganze Begriff des Alterns völlig verändert. Als ich jung war, kannte ich keine einzige Goldene Hochzeit. Jetzt weiß ich von vielen, und das »Goldene Paar« sieht oft jung und sportlich aus und fühlt sich allerhöchstens mittelalt. Mittleres Alter, das waren für mich die Fünfzigjährigen – jetzt die Generation meiner Kinder –, junge Leute, auch wenn sie selber schon Großeltern sind. Das Bild von Großeltern hat sich ebenfalls ganz dramatisch verändert – und obwohl es reizvoll ist für Kinder, mit ihren Großeltern schwimmen und Skilaufen zu gehen, ist auch da ein Verlust in diesem Gewinn. Ich kenne ein kleines Mädchen, deren beide Eltern geschiedene Ehen hatten und die also vier Großmütter hat. Ich war sehr erstaunt, bei einem Besuch dieses Kind in der Ecke sehr intensiv mit einer ausgestopften Puppe, einer Dummie, spielen zu sehen, die eine schwarze Mütze aufhatte, mit schwarzen Seidenbändern, und mit der sie lebhaft redete. Als ich zu ihr sagte: »Was machst du da eigentlich, Anne?«, sagte sie: »Ich spreche zu meiner Großmutter!« Ich sagte: »Sag mal, du hast vier wirkliche Großmütter, warum mußt du dir dann noch eine künstliche machen?« – Da sagte sie mit ganz trauriger Stimme: »Ja, meine Großmütter, das sind ja keine richtigen Großmütter.«

Ich glaube, daß dieser Verlust für die Kinder vielleicht auch oft ein Verlust für die Großeltern ist. Trotz aller Jugendlichkeit der Fünfzigjährigen sind da doch die geheimen Sorgen, die Kinder verlassen das Haus, vielleicht die letzten Kinder, der Mann fängt an, an Pensionierung zu denken, seine Sexualität mag nachlassen. Vielleicht sind die Eltern krank oder sterben – und die Fünfzigjährigen fühlen, daß sie die nächsten sind in der Reihe der Alten, der Todesnahen, und an den Tod will ja niemand denken.

Ein Freund von mir, ein amerikanischer Psychiater, hat vor Jahren ein Buch geschrieben mit dem Titel »Das Leben fängt mit 50 an«. Jetzt scheint mir das überholt – und sollte heißen »Das Leben fängt mit 60 an oder 70 oder noch später«. Aber wie sehen denn die Menschen aus, für die in jeder Lebensphase, in jedem Alter ein neues Leben beginnen kann und für die Verlust und Erneuerung, Geburt und Tod eng verbunden sind?

Wir werden sie weder unter denen finden, die nie aufhören, über das zu klagen, worum sie sich durch Verlust und Trennung beraubt fühlen; noch unter denen, die nie haben um das trauern können, was sie verloren haben, weil sie den Schmerz des Trauerns nicht haben ertragen können. Es sind wohl *die* Menschen, die Verlust und Trennung akzeptieren können als untrennbar verbunden mit dem Lebenszirkel, die nach vollendeter Trauer über das Verlorene, trotz allen Schmerzes, die neue Phase des Lebens willkommen heißen können als neue Lebensforderung zum Wachstum. Für solche Menschen kann selbst der Tod ein letztes Stadium des Wachstums werden.

In den vergangenen Jahrhunderten haben wir gelernt, Menschen nicht isoliert als Individuen zu sehen, sondern in der Kette ihrer menschlichen Beziehungen. Wir wissen, wie sehr die Qualität des Lebens eines Kindes, seine ganze Entwicklung vom Moment der Geburt, von der Mutter und dann von seinen weiteren menschlichen Beziehungen abhängt. Das bleibt während des ganzen Lebens so und ist besonders wichtig und bedeutungsvoll in jeder neuen Entwicklungsphase. Für den Ausgang unserer vielfachen Lebenskrisen sind immer die persönlichen Beziehungen ausschlaggebend, die Interaktionen mit den nächsten Menschen. Dies ist auch so in der letzten Lebenskrise, im Sterben. Denn obwohl jeder seinen eigenen Tod sterben muß und obwohl das unser tiefster Wunsch für jeden Sterbenden ist, daß er seinen eigenen Tod sterben darf, ist das doch eben der Tod, »in dem er Liebe hatte, Sinn und Not«, und für dieses Sterben braucht er die Unterstützung, das Verständnis derer, mit denen er in Liebe, Sinn und Not verbunden ist. Die stützende, annehmende Atmosphäre am Sterbebett kann viel dazu verhelfen, das Sterben, diese wohl bedeutendste Lebenskrise, als die letzte endgültigste Entwicklungsphase zu erfahren – nicht nur für den Sterbenden, sondern auch für die Zeugen seines Sterbens; denn das Miterleben, das in Beziehung Stehen mit einem guten, erfüllten Sterben wird das weitere Leben und den Tod der Überlebenden weitgehend bestimmen und ihnen helfen, ihre Trauer um den Verlorenen, trotz allen Schmerzes, zu einem Gewinn, zu einem bereicherten neuen Leben zu gestalten.

Aber wie selten ist so ein Miterleben in unserer Gesellschaft möglich? Die meisten Menschen sterben im Krankenhaus – und sehr oft allein! Die Familie wird meist entmutigt, am Sterbebett zu sein, aus Angst vor emotionellen Szenen. Und diese Entmutigung wird von der Familie im geheimen auch oft willkommen geheißen; denn auch die Angehörigen haben Angst, sosehr sie nach dem Tode auch bedauern mögen, sich eines letzten Beisammenseins beraubt zu haben.

Obwohl mehr und mehr Ärzte und Pflegepersonen zu verstehen beginnen, daß der Tod nicht nur eine Niederlage, nicht nur ein Übel ist, sondern vielleicht die wichtigste Erfüllung eines Lebens, ist es doch schwer, im Krankenhaus die friedliche Stille, die notwendige Intimität zu schaffen, um dem Sterbenden und seinen Angehörigen ein solches Sterbe-Erlebnis zu ermöglichen. Wo immer es geht, sollte der Sterbende daher zu Hause sein, in der vertrauten Umgebung, bei seinen Lieben, und mit einem Bruchteil der Unkosten im Krankenhaus könnten wohl Hilfsdienste arrangiert werden, die das ermöglichen.

Einmal, das ist nun schon lange her, war ich in einem Seminar von Paul Tillich, den ein Student fragte, wie eigentlich die Schöpfungsidee entstanden ist. Tillich antwortete: »Als die Menschen den Tod akzeptieren mußten, die Endgültigkeit des Lebens-Endes, erfanden sie, sozusagen zum Trost, die Schöpfungsgeschichte.« Er fuhr fort: »Wer von Ihnen unter primitiven Völkern arbeitet oder mit Kindern, wird immer wieder diese Assoziation von Geburt, Schöpfung und Tod finden.« Nun, ich habe nie in primitiven Gesellschaften gearbeitet; aber als ich letztes Jahr mein Buch schrieb über Tod und Familie (»Bis daß der Tod euch scheidet«), habe ich mich auch ein wenig für Begräbnis-Rituale interessiert. In Ostafrika scheint mir diese ewige Verbindung zwischen Tod und neuem Leben besonders deutlich ausgedrückt zu werden – nicht nur dadurch, daß jedes neugeborene Kind in der Familie den Namen des Verstorbenen nach dessen Tode trägt, sondern auch in dem Ritual des zweiten Begräbnisses, das ein Jahr nach dem Tode stattfindet. Während dieses Jahres trauert die ganze Familie und trifft alle Vorbereitungen für das zweite Begräbnis, zu dem Verwandte und Freunde von weit und breit kommen. Wenn der Verstorbene ein Mann war, tragen seine Witwen (er mag ja bis zu vier haben) eine Trauer-Kordel um ihre Taille, und der älteste Sohn fertigt ein Abbild des Verstorbenen an, das dann bei der zweiten Beerdigung auf das leicht geöffnete Grab gelegt wird, aber in der entgegengesetzten Richtung zu der Leiche. Das bedeutet, daß der Tote nun nicht mehr den Lebenden zugewandt ist, sondern seinen Vorfahren, und daß die Überlebenden frei sind, ihr eigenes Leben zu leben. Der erste Teil dieses zweiten Begräbnisses ist eine Trauerfeier; aber die wandelt sich dann in Frohsinn, wenn die Witwen ihre neuen Männer heiraten und das Heiratszeremoniell beginnt, das damit anfängt, daß die Männer die Trauerkordel der Frauen am Grabe zerschneiden.

Vielleicht noch stärker betont ist die Verbindung von Geburt und Tod in Befruchtungs-Ritualen, von denen es ja viele gibt. Ich habe eines in Kreta miterlebt, wo am Karfreitag der Christuskörper auf einer Bahre liegt, und alle heiratsfähigen Jungfrauen oder jung verheiratete Frauen kommen in langen Reihen in die Kirche und kriechen unter der Bahre durch, um am anderen Ende von dem Priester gesegnet zu werden. Mir wurde gesagt, sie müssen untergehen – sozusagen begraben werden –, um fruchtbar zu sein.

Bei Kindern ist die Assoziation von Geburt und Tod oft ganz verblüffend klar. Ich war einmal bei einer Freundin in einem englischen Dorf, während sie vier kleine Neffen und Nichten bei sich hatte, deren Vater gerade gestorben war. Da es unmöglich für die Kinder war, zu seiner Beerdigung zu gehen, arrangierte der Dorfpfarrer einen kleinen Gottesdienst für sie, und die Kinder taten auch brav alles, was von ihnen erwartet wurde, weinten und beteten. Und dann, als wir aus der Kirche heraus über den Friedhof gingen, hielt der Jüngste, Simon, der vier Jahre alt war, die Hand seiner Tante und meine und fragte: »Wo ist denn mein Vati jetzt?« Die Tante sagte etwas unsicher: »Wohl im Himmel«. Simon blieb vor einem großen Grabstein stehen. »Aber wie kommen sie denn dahin, aus all diesen Steinen heraus?« fragte er. Bevor wir noch eine Antwort auf diese schwere Frage finden konnten, fragte er mit ganz anderer Stimme weiter: »Und wie bin ich denn auf diese Welt gekommen?«

Ein anderer kleiner Junge, der seine geliebte Katze tief betrauerte, tröstete sich schließlich mit dem Gedanken, daß sie nun in der Erde begraben sei und mithelfe, daß Blumen wachsen. »Das ist eine gute Arbeit für eine Katze«, sagte er. Für ihn waren Tod und Verlust untrennbar verbunden mit Schöpfung und neuem Leben.

Können wir Erwachsenen wohl auch lernen, daß von unseren Toten etwas weiterlebt, weiterwächst, in uns und in anderen Menschen, und daß es die Aufgabe der liebenden Überlebenden ist, bei diesem Wachstum mitzuhelfen?

Leider ist es aber für Eltern oft schwer, mit den Kindern über den Tod zu sprechen, besonders über einen toten Vater oder eine tote Mutter.

Ein Freund erzählte mir, daß seine Mutter starb, als er fünf Jahre alt war, und sein Vater, ein Arzt, zog sofort aus dem Haus aus, in dem sie alle gewohnt hatten. Alle Kinder wurden auf Internate geschickt, das ganze Geld wurde dafür verwendet, der Vater lebte beinahe wie in Selbststrafe in äußerster Armut und hat nie, nie mit seinen Kindern über die Mutter sprechen können. Sie haben nie ein Bild gesehen. Sie wußten überhaupt nichts von ihr. Dieser Freund ist auch Arzt, und während ich mein Buch schrieb, habe ich oft mit ihm gesprochen, denn er wußte ja sehr viel vom Sterben. Und dann hat er das Buch gelesen, und vor kurzem erzählte er mir, sein Vater war wieder mal bei ihm, und da konnte er es einfach nicht mehr aushalten. Wie die beiden Männer alleine saßen, sagte er: »Vater, ich weiß, du hast deine Frau verloren. Aber ich habe meine Mutter verloren, und ich habe ein Recht, etwas von ihr zu wissen.« Der Vater sprang wütend auf und brüllte ihn an, ging raus und knallte die Tür hinter sich zu. Für ein paar Tage sprachen die Männer nicht miteinander. Dann saßen sie wieder eines Abends im Dunkeln zusammen, und das offene Feuer brannte, und mit einem Mal streckte der Vater seine Hand aus und berührte den Arm seines Sohnes. – Der sagte zu mir: »Wissen Sie, das war das erste Mal, daß mein Vater mich angefaßt hat.« Und der Vater sagte: »Es tut mir leid, Bill. Mit mir ist nicht viel los.« – Das war das einzige, was zwischen ihnen gesprochen wurde. Mein Freund war unendlich erschüttert. Nun bestand da eine Tradition, daß er und seine Frau diesen alten Vater alle vierzehn Tage in seiner armseligen Hütte besuchten, und das einzige, was man ihm anbieten durfte – alles andere lehnte er ab –, war, daß die Frau immer ein gutes Sonntagsmittagessen mitbrachte, das so berechnet war, daß es mehrere Tage reichte. Als sie nach diesem Zwischenfall zum ersten Mal wieder den Vater besuchten, stand ein Bild der Mutter auf dem Schreibtisch des Vaters. Zunächst wurde nichts gesprochen; aber der Vater war ein veränderter Mensch. Es scheint, daß gleichzeitig mit den verdrängten Gefühlen über die verlorene Frau andere verdrängte Gefühle wieder lebendig wurden. Er wurde offen und zugänglich und erstaunte seine Kinder, deren Hilfe er immer abgelehnt hatte, als er sagte: »Ja, also, ich glaube nicht, daß ich nochmals einen Winter hier in dieser Kälte aushalte. Warum habe ich eigentlich vier intelligente Kinder, wenn die mir nicht helfen können, hier etwas behaglicher zu leben?« Das war das erste Mal, daß er um etwas bitten konnte. Ich habe später erfahren, daß der Vater nur noch sechs Monate lebte und fast ohne Krankheit plötzlich starb. Sein Sohn meint, daß er in dem Moment sterben konnte, als er den Kampf gegen sich selbst aufgegeben hatte und sich seine liebevollen Gefühle wieder eingestand. Wahrscheinlich ist es besonders schwer, mit eigenen Kindern vom Tode eines Elternteils zu sprechen. Die Kinder sind ja schließlich von diesen Eltern gezeugt, und die Verbindung von Sexualität und Tod ist da vielleicht im Unbewußten außergewöhnlich stark. Im vorigen Jahrhundert war ja in der westlichen Welt Sexualität ein völliges Tabu. Frauen mußten ihre Schwangerschaft verstekken, weil sie Gedanken an Sexualität erwecken könnte. Jetzt ist Sex in allen seinen Formen und, wo immer man auch hinsieht, im grellsten Licht ausgestellt. Bis vor kurzem war der Tod das große Tabu, er mußte versteckt und verleugnet werden, man sprach nicht von ihm, man wollte nichts wissen von ihm. Jetzt scheint sich das langsam zu ändern, und meine große Hoffnung ist, daß wir vielleicht einmal Sexualität und Schöpfung und Tod wieder als untrennbar verbunden in unser Bewußtsein aufnehmen können. Wenn wir wieder von den Kindern lernen, was die Menschheit ja schon einmal gewußt hat, kann unser Leben unendlich bereichert, angstfreier, gesünder und glücklicher werden, und unsere Trauer um Verlust und Trennung kann zu Wachstum, Gewinn und neuem Leben führen.

Jürgen Rausch
Ökonomie unserer Zeit

Alles wird in der Zeit erlebt – auch die Zeit, nur verschieden. Wenn ein ergriffener, begeisterter oder von Eifer erfüllter Mensch die Zeit »total vergißt« und zu gleicher Zeit einem Gefangenen die Minuten zu Stunden werden, dann könnte ein Auge, das beide im Blick hätte, doch feststellen, daß die gleich lange Zeit, also dasselbe Quantum, dem einen zu nichts, dem anderen zur Unendlichkeit wird. Wir arbeiten, schlafen und verabreden uns zwar nach der Uhr, die wir überall tragen; aber wir erleben die Zeit nicht nach ihr. Wir legen Maßeinheiten zugrunde – Stunden, Minuten, Sekunden –, aber das unmittelbare Erlebnis dieser Quantitäten wird von der Qualität des Erlebten bestimmt, von der Bedeutung des Zeitraums, die uns erfüllt oder ausbleibt.

Diese begehrte Qualität kann nun auf zweierlei Weise ausbleiben: entweder indem wir eine Tätigkeit ausführen müssen, die uns beschäftigt, ohne uns zu engagieren, oder indem wir gar keine Tätigkeit haben, also mit der Zeit nichts anzufangen wissen. Das erste nennen wir mit einem bezeichnenden, der Technik entnommenen Wort Leerlauf, das zweite Langeweile. Nun leben wir sicherlich in einem Jahrhundert, in dem die Zeit so vielfältig und genau eingeteilt, rationiert ist, daß ein Mensch ohne Uhr fast die Rolle eines Analphabeten spielt. Wir sind in Hinsicht auf Zeitunterschiede sehr spitzfindig geworden: Handreichungen am Fließband werden genormt, eine hundertstel Sekunde entscheidet über olympischen Ruhm. Aber dasselbe Jahrhundert ist erfüllt von Klagen, die einander seltsam widersprechen: über die mörderische Unrast einerseits und über die gähnende Langeweile andererseits, dieses Frühbeet der Einsamkeit und der Verzweiflung. Auf ungeklärte Weise scheinen wir zugleich zu viel und zu wenig zu tun zu haben. Die Unzahl der Herzinfarkte und die Verlegenheiten der Freizeitgestaltung, beide sind zu einem öffentlichen Problem geworden. Man muß sich fragen, ob uns nicht überhaupt die Zeit nach einem falschen Muster zugemessen wird. Die alte Theorie, der Mensch sei eine Maschine, wird offenbar in dem Augenblick widerlegt, da man ihn so behandelt.

Jeder von uns wird das Dringliche dieser Hinweise an eigenen Erfahrungen ermessen können. Die Frage ist: Wie gehen wir mit der Zeit um? Wie ist unser Verhältnis zu ihr? Verwalten wir sie richtig? Und da es sich dabei um etwas handelt, das wir – wie unsere Sprache sagt – gewinnen, vergeuden, sparen, nutzen, verschenken können, also um eine Art Kapital, fragen wir hier nach der Ökonomie der Zeit.

Das Wesen aller Ökonomie ist Einteilung nach Maßgabe begründeter Erwartungen. Man muß wissen, was man zu welchem Zwecke ausgeben oder sparen will, ob Aufwendungen sich lohnen. Das wiederum setzt voraus, daß der Mensch über seine Zeit verfügen kann, »kann« im doppelten Sinn der inneren Kraft und der äußeren Freiheit. Es gibt viele, die lernen es nie, einteilend über ihre Zeit zu verfügen. Sie sind zu schwach, um konsequent zu sein, oder der Raffinesse verführerischer Angebote, bei deren Annahme man nur Zeit verliert, nicht gewachsen. Anders ist es, wenn wir von außen, durch die Gewalt der Umstände oder die Macht anderer Menschen, gehindert werden, über unsere Zeit zu verfügen. Man beutet die Arbeitskraft des Menschen aus, macht ihn zum Material eines Produktionsprozesses, der ihn – wie in Arbeitslagern – vernichten kann. Man trennt ihn durch Erschöpfung von sich selbst. Diktaturen entwickeln ausgeklügelte Methoden, um Menschen daran zu hindern, auf eigene Gedanken zu kommen. Sie lassen ihnen keine Zeit zum Nachdenken. In den Gefängnissen gibt man sie den Verurteilten. Die Freiheitsstrafe ist vor allem eine Bestrafung mit unerfüllter Zeit. Ändert sich die Auffassung von der Strafe, dann stellt man Erwägungen an, wie der Häftling seine Zeit am besten nutzt.

Daß für das Quantitätserlebnis der Zeit, für die Empfindung also, wieviel Zeit vergangen sei, die Qualität der Tätigkeit oder des Ereignisses bestimmend ist, liegt auf der Hand. Zugleich sahen wir, daß die Qualität des Zeiterlebnisses auch mit der Freiheit zusammenhängt, die es uns möglich macht, uns zu engagieren. Der heute laut beklagte Leistungsdruck ist in vielen Fällen nicht wegen der Schwere des Druckes, sondern wegen der Hohlheit der Leistung so unerträglich. Den Arbeitsweisen entspricht heute in auffälligem Maße die Art der Vergnügungen. In beiden kommt der Mensch nicht richtig vor, weder in der stupiden Mechanik vieler Arbeitsweisen noch in der oberflächlichen Passivität vieler Vergnügungen. Er wird stumpf, fühlt sich leer und hilft sich mit Füllseln, deren Inbegriff Konsum heißt. Er weiß dann nicht, wozu er lebt. Und – kein Grund zu leben ist ein Grund zu sterben.

Es ist also unschwer zu erkennen, daß Tätigkeit oder Untätigkeit, Freiheit oder Unfreiheit, Sinngefühl oder Sinnerblindung das Erlebnis der Zeit entscheidend bestimmen. Dementsprechend müssen wir unser Leben führen. Lebensführung besteht zu einem wesentlichen Teil im Umgang mit der Zeit. Was wir mit dem machen, was uns zur Verfügung steht, das ist die Frage nach der Ökonomie. Aber von was für einem Kapital ist da die Rede? Um Liegenschaften scheint es sich nicht zu handeln. Wir sagen zwar, wir hätten Zeit, als sei sie eine Art Grundbesitz, und in der Tat ist sie die Voraussetzung allen Besitzens und Sich-Aneignens. Aber andererseits zahlen wir so viel Steuern an die Vergänglichkeit, daß das Kapital mit jeder Minute zusammenschmilzt. Zudem kennen wir die Größe des Kapitals gar nicht. Niemand weiß, wie lange er leben wird, wieviel Zeit ihm noch zur Verfügung steht. Kein Augenblick ist frei von der Möglichkeit, daß er der letzte ist. Das ist – um beim Bilde des Kapitals zu bleiben – wie ein Bankgeheimnis, das selbst vor dem Kontoinhaber gehütet wird und das niemand lüften kann. Daß unsere Zeit verrinnt, daß sie begrenzt ist und daß wir die Grenze nicht kennen – das gehört zu den Unerbittlichkeiten unserer Existenz. Aus dem Fluß der Zeit selbst taucht das Schreckensgesicht des Endgültigen auf, die unbezweifelbare, unabwendbare Wirklichkeit des Todes. Niemand weiß, ob das Schwert über seinem Kopf an einem seidenen Faden oder an einem Seil aus Hanf hängt. Allein, dieser vagen, aber inständigen Drohung tritt etwa Unverwüstliches in unserer Natur entgegen, die sich in meist verborgenen Tiefen weigert, Vergänglichkeit, Tod und die Ungewißheit seines Eintritts ins Licht eines alle Erlebnisse begleitenden Bewußtseins zu heben. Wird sie nicht auf harte Proben gestellt, dann lebt sie, als würde sie ewig leben. Ewig heißt dann nichts als »immer weiter«. Im Raum dieser selbstverständlichen Erwartung, die etwa sagt: »Morgen werde ich ...«, »Im Sommer reisen wir ...«, »In zwei Jahren lasse ich mich pensionieren ...«, siedeln sich unsere Gewohnheiten an, diese Panzer gegen das Unvorhergesehene, diese Scheuklappen, an denen wir erblinden. Gewohnheiten machen den Tod seltsam unglaubwürdig. Auf einmal sehen wir die Grundverfassung unseres Lebens nicht mehr. Das große Geheimnis des Daseins geht im Selbstverständlichen unter. Wir sind auf eine banale, verhängnisvolle Weise unerschrocken und unvorbereitet. Viele möchten es sogar sein. Ihnen schwebt als Ideal ein unerwarteter, bewußtloser Übertritt in das peinlich unvorstellbare Nichts vor. Ihrer verdrängten Angst erscheint die Sichtbarkeit des Todes beinahe anstößig. Andere Zeiten verhielten sich anders. Manche Mönche schliefen schon bei Lebzeiten in Särgen. Sie vermochten es, weil ihr Glaube dem schwindenden Leben den positiven Charakter der Vorläufigkeit gab, der Vorbereitung auf ein Leben nach dem Tode. Sie hofften, die Qualität jenes Lebens – Seligkeit oder Verdammnis – könne von der Lebensführung hier und heute beeinflußt werden. Sie hielten Gott für ihren Mitwisser und Richter.

Unser Verhältnis zum Tode als dem Undatiert-Bestimmten ist kein Bestandteil unseres unmittelbaren Zeiterlebnisses. Es gehört vielmehr zu den Gedanken, die unsere Zeiterlebnisse früher oder später aufstören und begleiten, sie tönen und dann, wenn der Mensch für Gedanken verwundbar geworden ist, auch die Ökonomie seiner Zeit bestimmen. Wer sich seines Alterns bewußt wird, spürt sofort, daß er mit der Zeit nicht mehr so unbekümmert umgehen kann, daß er sie nach dem Maß der für ihn geltenden Prioritäten einteilen muß. Das Kapital der Gelegenheiten hat sich in eine Gnadenfrist verwandelt. Die Versäumnisse treten aus dem Nebel der Selbstbeschwichtigungen hervor. Die verlorene Zeit nimmt den Charakter der Schuld an.

Was der Mensch in solchen Augenblicken zu fühlen bekommt, kann er, da der Eintritt des Todes ja zu jeder Zeit ungewiß, also möglich ist, auch schon eher provozieren. Die Erlebnisse sterben uns ja zu jeder Zeit gleichsam unter den Händen. Wenn wir trotz Faust »zum Augenblicke sagen: Verweile doch, du bist so schön!«, so kümmert sich der Augenblick nicht darum. Wurden wir Zeugen großartiger Taten, erschütterte uns die Schönheit der Welt, entfaltete eine Gemeinsamkeit mit anderen das Beste in unserem Wesen, hatten wir einen ersehnten und berechtigten Erfolg, dann fühlen wir am Ende dieser Hoch-Zeit auf einmal mit ganzer Wucht das Unwiederbringliche. Aber außer dem Unwiederbringlichen haben wir ja noch etwas anderes erlebt, nämlich jene seltsame Verkürzung der Zeit, als hätte die Steigerung unserer Existenz sie für eine Weile aufgehoben, und wir fielen nun aus dem Hohen ins Breite zurück. Die Augenblicke, in denen wir die Zeit vergaßen, vergessen wir nie.

Die Frage ist nun: Was ist solchen Augenblicken unabhängig von ihren Inhalten und Anlässen gemeinsam? Was verdrängte aus ihnen das Erlebnis der Zeit, das uns doch fast immer begleitet?

Während des Zweiten Weltkrieges kam ich nach Rom und sah in einem Schaufenster das Buch von Ernst Jünger »Auf den Marmorklippen« liegen. Ich trat ein, kaufte das Buch und trat wieder auf den Spanischen Platz hinaus. Es war Nachmittag. Die Sonne schien. Ich blieb stehen und schlug das Buch auf, um wenigstens den Anfang zu lesen. Ich las: »Ihr alle kennt die wilde Schwermut, die uns bei der Erinnerung an Zeiten des Glückes ergreift. Wie unwiderruflich sind sie doch dahin, und unbarmherziger sind wir von ihnen getrennt als durch alle Entfernungen!« Versunken las ich, las, ohne zu wissen, daß ich las, völlig vergessend, wo ich war. Auf einmal fröstelte ich. Ich sah auf. Es war Abend geworden. Ich stand noch an derselben Stelle. Der Verkehr, den ich nicht wahrgenommen hatte, flutete an mir vorbei, und ich hatte das Buch bis auf wenige Seiten ausgelesen. Ich kam mir vor wie der Mönch von Heisterbach, wie Sokrates, der auf dem Schlachtfeld in Gedanken verfiel und nichts Äußeres mehr wahrnahm, auch nicht den Gang der Zeit.

Wie soll man die Zeitform dieser das Zeiterlebnis ausschließenden Gegenwart nennen, wie für den alles verdrängenden Eintritt einer gestalteten Gedanken- und Bilderwelt in den Geist eine zeitbezogene Vokabel finden? Sie liegt näher als man glauben mag. Denn was allgemein erlebt wird, braucht nicht allgemein bekannt zu sein. Diese Zeitform ist die *Vergegenwärtigung,* eine Art der Erinnerung im vollen Sinne des Wortes, eine Macht, Gegenwart zu erzeugen, den Fluß der Zeit zu kristallisieren. Es ist, als erinnerten wir Unerhörtes, bisher Unerlebtes, das doch alles Erlebte zum Tönen bringt. Inbrunst und Wert verschmelzen zu einer Einheit und drücken die mit Uhren meßbare Zeit von innen unter den Horizont des Erlebnisses hinab. Man fühlt sich an die Genialität der Träume erinnert, die doch Ereignisse, die im Wachen Stunden in Anspruch nehmen würden, in einen meßbaren Augenblick zusammenzuziehen vermögen. Diese Fähigkeit, sich etwas zu vergegenwärtigen, ist ein wesentlicher Bestandteil des menschlichen Zeiterlebnisses überhaupt. Auch wenn wir nicht so intensiv leben, immer ist unsere Gegenwart voller Vergegenwärtigungen, nämlich Erinnerungen, Erwartungen, Vorstellungen des im Raum und in der Zeit Abwesenden. Wir denken an Tote und Ungeborene, an die Menschheit als Einheit in Zeit und Raum und leiten aus ihrer Vergegenwärtigung Erkenntnisse und Verantwortungen ab. Diese vergegenwärtigten Vorstellungen reichern das spezifisch menschliche Gegenwartserlebnis mit Vergangenheit und Zukunft an, sättigen es auch mit »wilder Schwermut« oder mit utopischen Hoffnungen. Wir stellen in unserem Geist Verbindungen her, die außerhalb seiner nicht vorkommen, und so entsteht das, was wir »Welt« nennen. Ohne die Kraft der Vergegenwärtigung und das Vermögen der Sprache hätten wir sie nicht. Ihre Zeit- und Raumtiefe entginge uns ohne deren Vergegenwärtigung gänzlich. Wir kennten nur die unseren Bedürfnissen unmittelbar zugekehrte Seite der Dinge. Aber als etwas Selbständiges, Plastisches tauchte die Welt nicht vor uns auf.

Auch die Zeit, in der wir leben, »unsere« Zeit, die wir je nach dem Gesichtspunkt Neuzeit, Industrielles Zeitalter oder Nachkriegszeit nennen, ist eine solche aus Erinnertem und Erwartetem zusammengeronnene Welt, eine mehr oder minder bewußte Zusammenfassung mehr oder minder deutlicher Vergegenwärtigungen, eine Art Zeitgestalt, die stillzustehen scheint. Ein Name, den wir solchen Zeitgestalten zu geben pflegen, drückt diesen merkwürdigen Stillstand auf eine verborgene und überraschende Weise aus: Epoche. Das Wort kommt von einem griechischen Verbum, das anhalten, innehaben bedeutet. Beim Worte genommen, verrät das Wort Epoche also, daß hier etwas anhält, gleichbleibt und einen Zeitraum innehat. Diese uns allen geläufige Vorstellung tritt in einen seltsamen Gegensatz zu dem Bilde, unter dem wir die Zeit meistens sehen, dem Fließen. Wir sagen, die Zeit rinne dahin, die Jahre verflössen. Die Frage stellt sich: Ist dieses Bild der Ausdruck unseres unmittelbaren Zeiterlebnisses, oder ist es ein Bild für unsere Gedanken über die Zeit? Darauf werde ich noch zurückkommen.

Was jedoch mit der Zeit nicht mitzufließen scheint, nennen wir das Dauernde. Was dauert, bleibt sich im Zeitfluß gleich wie das Papier, auf das ich dies schreibe, oder es wiederholt sich wie der Wechsel von Tag und Nacht. Wiederholungen sind ein wesentliches Element unseres Zeiterlebnisses. Sie bestimmen das Feld unserer Erwartungen. Sie bauen den Raum auf, in dem wir die Zeit bewohnen. Dieser Raum entsteht aus Gewohnheiten, mit denen wir uns in der Zeit eingerichtet haben. Sie sind die uns schützende oder auch einengende Häuslichkeit in der Zeit. Leben wir ganz in ihnen, dann merken wir nicht, daß dieses Haus nur ein Hausboot ist, das dahintreibt, während wir in ihm gegen den Strom zu gehen meinen. Jenes Element der Wiederholung aber, das uns das Erlebnis des Gleichbleibenden ermöglicht, ist in einem anderen Wort griechischer Abstammung verborgen, das wir verwenden, ohne uns seine ganze Bedeutung vor Augen zu führen: Periode. Es bedeutet Umlauf, Kreislauf, sagt also, daß etwas, zum Beispiel ein Stern, in derselben Position wiedererscheinen wird. Das Wort bezeichnet dann nicht nur die Bewegung des Sternes, sondern auch den Zeitraum, den seine gleichzeitige Vorwärts- und Rückwärtsbewegung, also die Krümmung seiner Bahn, umschließt. Solche Zeiträume sind die Grundlage unserer Zeitmessung. Halten wir fest, daß in den Bezeichnungen »Epoche« und »Periode« ein Moment des Stillstandes mitgedacht ist und daß wir Dauer, also Gleichbleibendes, mit Wiederholungen messen. Wo sich die Leere gleichbleibt, wird die Zeit »ungemessen«, und die Langeweile kann sich zum horror vacui, zum Entsetzen vor dem Nichts steigern. Andererseits: Je intensiver Zeitliches erlebt wird, desto schwächer wird die Zeit als Zeit wahrgenommen. Sternstunden sind immer kürzer als Stunden. Aber eines haben Zeiterlebnis und Zeitmessung gemeinsam: Beide stückeln die Zeit zu Einheiten, quanteln sie unmittelbar oder mittelbar zu Zeiträumen, in denen die Zeit angehalten erscheint, beide haben also in dem erläuterten Sinn epochalen Charakter. Ein gravierender Unterschied aber bleibt bestehen: Die Zeitmessung nimmt die Zeit in leere, wertneutrale Größen auseinander, während das Zeiterlebnis die Zeit durch ihre mehr oder minder intensive Erfüllung zu wertbetonten Qualitäten zusammenfaßt. Zeiträume sind Meßlatten, Zeitgestalten Sinnbilder. Wir *messen* die Zeit, indem wir Veränderungen mit feststehenden Maßstäben oder Andauerndes mit genormten Veränderungen, zum Beispiel dem Zeigergang einer Uhr, vergleichen. Wir *erleben* die Zeit in Verdichtungen verschiedener

Konzentration bis hin zur Fülle der Zeit, die jede Messung sprengt. Damit ist auch die Frage beantwortet, die ich vorhin aufwarf, ob das scheinbar so eingängige Bild, die Zeit fließe, ein Ausdruck unseres unmittelbaren Zeiterlebnisses oder nur eine nachträgliche Verbildlichung unseres Denkens über die Zeit sei. Tatsächlich erleben wir in normalem Zustand die Zeit immer in Stücken. Wir wissen nur, daß sie gleichmäßig zu- und abfließt, so daß die Vergangenheit immerfort zunimmt, ohne daß die Zukunft sich verringert. Dieses Wissen mischt sich in unsere Zeiterlebnisse, und so entsteht eine Art Zeiterfahrung, deren – im übrigen sehr unvollkommener – Ausdruck das Bild der Zeit als Strom ist.

Damit nun ein Zeitraum, der ja eigentlich gar kein Raum ist, sondern nur eine Strecke, Gestalt annehme, muß eine neue Dimension hinzukommen. Wir sprechen von Hoch-Zeiten, von tiefen Stunden. Es ist offenbar eine Senkrechte, die dem horizontalen Strom der Zeit, der Quantität eines Verflossenen jene Qualität gibt, die die Unerbittlichkeit der Zeit nicht nur erträglich macht, sondern diese auch als Angebot, als Gelegenheit zu nehmen lehrt. Wie wir auch diese senkrechte Dimension nennen wollen – objektiv Sinn oder Wesen, subjektiv Ergriffenheit oder Hingabe –, auf jeden Fall handelt es sich um eine Verbindung von Inbrunst und Wert, in dessen Vergegenwärtigung ich wirklich werde. Aus solchen Verwirklichungen setzt sich unsere Identität zusammen. Identisch sind wir, wenn das Leben sich wirklich gelebt anfühlt.

Es ist also nicht schwer, einzusehen, daß die Ökonomie der Zeit nicht durch horizontale Einteilungen zu beschreiben ist, sondern nur durch Qualitätsunterschiede, durch das Gewicht der erlebten Zeit. Es geht bei der Ökonomie der Zeit letzten Endes nicht um Zeitgewinn, um die vergötterte Beschleunigung, sondern um eine Einteilung nach der Wertigkeit der zu verbringenden Zeit. Der letzte Maßstab für jede Priorität ist der Sinn, gelebt zu haben. Es geht um eine alle Zwecke einordnende Ordnung, deren Verletzung unser Leben aushöhlt, deren Zerstörung uns der Verzweiflung preisgibt. Tatsächlich geistert eine quälende Verbindung von blitzender Zweckmäßigkeit und blinder Sinnlosigkeit durch unsere technische Welt. Sie hat sich im Zeiterlebnis deutlich niedergeschlagen, und das war natürlich die Veranlassung, hier überhaupt von der Ökonomie der Zeit zu sprechen. Denn halten wir diese Überlegungen neben die Erfahrungen, die wir heute mit der Zeit machen, dann treten sofort die bedenklichen Verzerrungen im Verhältnis des modernen Menschen zur Zeit ans Licht.

Es ist ein unbeirrbares Bedürfnis des Menschen, daß nicht alles so gleichgültig – was dasselbe bedeutet wie gleich ungültig – sein soll wie der nichts achtende Fluß der Zeit. Was der Mensch zum Leben braucht, ist, daß ihn eine Idee an sich bindet, daß ihn eine Sache in Spannung hält, daß ein Mensch ihm etwas bedeutet. Um das zu erleben, hält er die Zeit an, vergegenwärtigt sich das, für das er lebt. Er nennt das feiern. Alle Kulturen enthalten obligatorische Systeme solcher Vergegenwärtigungen, Kulte, in denen das Tragende oder Stiftende eines Gemeinschaftslebens dargestellt, beschworen und überliefert wird, damit der Mensch sich nicht selber vergesse oder verliere.

Man kann sich nun des Eindrucks nicht erwehren, daß der moderne Mensch es immer mehr verlernt hat zu feiern. Die Zumutung, ein Fest zu begehen, macht ihn in vielen Fällen merkwürdig verlegen. Wenn die Feier nicht schon zu einem Rummel herabgesunken ist, verwandelt er sie in eine seiner Vergnügungen, das heißt in den meisten Fällen in eine Konsumgelegenheit.

Daß, wie es in der Bibel heißt, jegliches seine Zeit habe (Pred. 3, 1), die nicht ohne Schaden verändert werden kann, daß also alles Lebendige an einen ihm innewohnenden Rhythmus gebunden ist, merken wir deutlich an den Folgen der Verstöße gegen dieses Gesetz. In einer mobilen Gesellschaft ist das Überholen ein entscheidender Vorgang. Unser Leben unterliegt Beschleunigungen, denen wir physisch und psychisch nicht gewachsen sind. Selbst die vermehrte Freizeit garantiert nicht mehr Ruhe. Dieses wichtige Lebenselement ist zur Arbeitspause herabgesunken, die man von außen zu organisieren strebt. Alleingelassen, weiß der Mensch mit der Ruhe nichts mehr anzufangen. Sie macht ihn vielmehr unruhig, ja gereizt. Er will weder arbeiten noch in Ruhe gelassen werden. Er ist nicht zufrieden. Denn die Pause beschwört eine Leere herauf, die ihre Füllung von außen verlangt.

Der Eindruck besteht, daß es dem Menschen von heute aus mehreren Gründen schwerfällt oder gar unmöglich gemacht ist, zur Ruhe zu kommen. Für einen Angestellten etwa, der aus der Welt der Telefone, Schreibmaschinen, Computer und Sitzungen kommt, ist es fast unmöglich, den kurzwelligen Rhythmus seines Arbeitstages loszuwerden und von der zerhackten Zeit einen Übergang zu finden zu dem langwelligen

Rhythmus einer abendlichen Lektüre. Er kann mit der Rhythmendifferenz einfach nicht fertig werden. In diese seltsame Leere aus Unrast und der Unfähigkeit, etwas anzufangen, tritt das Angebot der Massenmedien ein, das den Menschen in seinem eigenen Hause zum Publikum macht und die Passivität seines Verhalten begünstigt. Statt Fülle zu gewinnen, wird er entweder überfüllt oder zerstreut oder mit Zerstreuungen überfüllt. Wie leer ihn diese Überfüllung trotz aller Sensationen doch läßt, zeigt die abnorme Vergeßlichkeit, in der die Programme untergehen.

Diese beklemmenden Zeiterlebnisse zeitigen verschiedene Arten unerkannter Fluchten: etwa in die Steigerung der Sensationen bis zur fletschenden Brutalität, oder in die Häufung des Konsums bis zu einschnürenden Ratenkäufen, oder in die mit Sozialprestige und sexuellen Erwartungen getränkten Reisen. Man muß sich fragen, ob viele dieser Menschen überhaupt Zeit haben wollen, ob sie nicht vielmehr, wie es der oft sichtbare Stolz, keine zu haben, verrät, nur einen Grund suchen, die Zeit durch Ausbeutung oder Vergeudung loszuwerden.

Es gibt Leute, die das Mißgeschick haben, in der Nähe der Wahrheit danebenzuhauen. So entstand die Parole von der Lebensqualität. Unsere Überlegungen über die Ökonomie der Zeit haben doch wohl gezeigt, daß es mit Freizeit, Konsumgütern, Informationen, mit Sport und Kinderspielplätzen allein nicht getan ist. Die Bedeutung dieser Errungenschaften muß sich die Einschränkung gefallen lassen, daß die Lebensfreude hinter der Lebensqualität zurückbleibt und daß man die Lebensfreude nicht durch die Lebensqualität ersetzen kann. Wir stoßen heute auf seltsame Spuren einer weitverbreiteten Verdrossenheit. Junge, von handfesten Zweckmäßigkeiten noch nicht abgehärtete Menschen empfinden ihr Leben als sinnlos. Äußere Zwänge und innere Verfassung bedingen sich gegenseitig und fördern einen Umgang mit der Zeit, der eine ganze Gesellschaft anfällig macht. Wir erwarten zu viel und vertrauen zu wenig oder zu blind und oberflächlich. Es fehlt uns an Gelassenheit. Die wenigen Sekunden, die uns ein ungeschickter Autofahrer von unserem beschleunigten Leben raubt, bringen uns aus der Fassung und aus der Form. Wir kranken an der Art unseres Umgangs mit der Zeit, obwohl wir sie einer scheinbar bis ins letzte ökonomischen Einteilung unterworfen haben. Wir rationalisieren, und das heißt doch nicht nur menschliche Arbeitskraft, sondern auch Zeit sparen. Aber wo ist die gesparte Zeit geblieben, von der in den Flitterwochen der Technik so oft gesprochen wurde? Und wenn sie noch vorhanden ist, als Freizeit etwa oder gar als Arbeitslosigkeit, dann ist sie fast unbrauchbar geworden, so leer, daß sich viele vor ihr ängstigen.

All dies bestätigt den Gedanken, daß die Ökonomie der Zeit keine Frage der Uhren und Pläne allein ist. Wenn die Höhe oder die Tiefe des Augenblicks nicht der Länge oder der Kürze der Zeit zu Hilfe kommt, dann macht das Erlebnis des reinen, sterilen Zeitablaufs den Menschen krank und unglücklich. So sehr unser Thema »Ökonomie der Zeit« an Quantitäten denken ließ, so wenig erwies sich dieser Gesichtspunkt als ausreichend, um das spezifisch menschliche Verhältnis zur Zeit und sein unmittelbares Zeiterlebnis zu verstehen. Nicht die Dauer, sondern das Gewicht, die Qualität machen die Zeit lebenswert und bestimmen auf befriedigende Weise die Einteilung der uns gewährten Spanne. Niemand versteht es, wirklich über seine Zeit zu verfügen, der das Wesentliche nicht vom Unwesentlichen zu unterscheiden vermag. Der letzte Maßstab ist nicht die Uhr, sondern der Sinn. Fülle der Zeit, das bedeutet Sinnfülle der Zeit. Ich sagte zu Anfang: Alles wird in der Zeit erlebt – auch die Zeit. Ich möchte am Ende hinzufügen: auch die Entrückung aus der Zeit. Es ist das Geheimnis der Zeit, daß das Ewige in ihr Platz nehmen kann. Es ist das Geheimnis des Menschen, daß er der Ort der Vergegenwärtigung ist.

Carola Stern

Anstoß zur Zivilcourage

Niemand erwarte hier Mut-Anstöße durch burschikoses Hollahopp oder kräftiges In-die-Hände-Klatschen nach dem Takt »Courage, nur Courage«. Nur zögernd komme ich auf das Thema zu. Wie alle moralischen Kategorien ist auch diese zeitbezogen. Wieweit kann meine Generation, die der heute Fünfzigjährigen, auch Jüngeren Anstoß zur Zivilcourage geben? Aufgewachsen in der Hitlerzeit, jung gewesen in der DDR, bin ich immer noch beschäftigt, mir die Werte der Aufklärung, bürgerliche Tugenden wie Toleranz, Fairness und Zivilcourage anzueignen, und ich weiß, wie schwer das ist. Können junge Menschen diesen Nachholbedarf an Moral verstehen? Sollten sie ihn nachvollziehen? Sind vielleicht andere Werte wichtiger für sie?

Anstoß zur Zivilcourage – das ist für mich auch nicht ein Anstoß zu so etwas wie »mannhaftem Verhalten«. Dies schließt nach landläufiger Vorstellung Zaghaftigkeit und Zweifel aus, Ängstlichkeit und Scheu – Eigenschaften, die enge Bezüge zur Zivilcourage haben. Erst aus Zweifeln und aus Ängsten entsteht ja schließlich Mut. Der eine überwindet damit seine Ängste, ein anderer stellt sie mutig dar. Zivilcourage kann auch heißen, Ängsten Ausdruck geben. Muß sie nicht in unserer so auf Leistung und Erfolg fixierten Gesellschaft, die oft den Menschen überfordert, zwangsläufig das Bekenntnis zum Irritiert-Sein, zur Hilflosigkeit enthalten, zur Müdigkeit, wenn alles wach sein soll und tüchtig? Dies soll gleich am Anfang stehen: Zaghaftigkeit, Zweifel, Angst stehen nicht im Gegensatz zu unserem Thema. Sie gehören dazu.

Wer sich aufmacht, nach der Herkunft des Begriffs zu forschen, erlebt sein blaues Wunder. Ich war sicher, es mit einer Übersetzung des französischen courage civique – auch dem Sinne nach – zu tun zu haben, und dachte, dem Ursprung auf der Spur, an bürgerliches Selbstbewußtsein in der Französischen Revolution. Ein Freund, Romanist, wohnhaft in Paris, belehrte mich, courage civique, in Frankreich sehr selten nur gebraucht, sei hauptsächlich als Bereitschaft zu verstehen, Landesgrenzen und Nation gegen einen äußeren Feind zu schützen. Der Ausdruck, belegt seit dem 18. Jahrhundert, sei im Französischen sehr vage. Jedenfalls habe man sich etwas Patriotisches dabei zu denken. Der deutsche Wortschöpfer sei sicherlich vom Französischen inspiriert gewesen, ohne sich auf einen vorgeprägten Ausdruck zu beziehen. So ist es wohl gewesen. Dann habe ich im deutschen Wortschöpfer einen Liberalen des 19. Jahrhunderts vermutet, etwa einen Bürger aus der Zeit des Vormärz. Doch auch das ist falsch. Otto von Bismarck hat das Wort geprägt. 1864 erzählte er einem Mitarbeiter die enttäuschende Erfahrung mit einem Verwandten, der zu feige gewesen war, das, was er für richtig hielt, auch öffentlich zu sagen, und Bismarck schloß daraus: »Mut auf dem Schlachtfelde ist bei uns Gemeingut, aber Sie werden nicht selten finden, daß es ganz achtbaren Leuten an Zivilcourage fehlt.«

Der Sinn, den Bismarck dem Begriff gab, indem er ihn in Gegensatz zum Kriegsmut stellte, hat sich bis in die Gegenwart erhalten. Mut im Alltag, im zivilen Leben zu besitzen, das ist etwas ganz anderes als ihn auf dem Schlachtfeld zu beweisen. Nicht der Todesmut des Draufgängers, sondern Mut zum Leben drückt sich in Zivilcourage aus. Sie bedarf, um wirksam werden zu können, nicht der Handgranaten, MGs, Kanonen und Raketen, ihre Waffe ist das Wort, der Widerspruch, die Sprache. Kriegsmut, heißt es, gebiete Anerkennung, ja Bewunderung. Wer Bürgermut beweist, riskiert, nicht verstanden und beschimpft zu werden. Hier gibt es, so schreibt Ulrich Beer, »keine klaren Fronten, keine festen Schlachtordnungen und geschlossene Formationen. Man weiß nicht vorher, wer gegen einen, wer mit einem sein wird. Es gibt kein einfaches Schwarz-Weiß, West-Ost, Freund-Feind-Denken, keine Heereseinheiten, denen man sich sicher zugehörig fühlen kann ...«

Mut auf dem Schlachtfeld beinhaltet nie Suche nach dem Kompromiß und erst recht nicht nach Versöhnung. Doch Zivilcourage kann sich äußern im Bemühen, einen Gegensatz zu überwinden, Frieden zu stiften. Der Beginn der Entspannungspolitik ist nicht denkbar ohne Zivilcourage von Politikern und Publizisten, die aus ihrer Einsicht in die Ausweglosigkeit des Kalten Krieges mutige Schlüsse zogen. Oft äußert sich Zivilcourage in dem Mut, auszusprechen, was auch andere längst erkannten und doch nicht auszusprechen wagen, im Mut, den ersten Schritt zu tun.

Das setzt allerdings voraus, kein Mitläufer zu sein. Man muß selbständig denken können und dann auch danach handeln wollen – sei es, um ungerechte Behandlung im Berufsleben abzuwehren, sei es, um gesellschaftliche Mißstände zu bekämpfen, Schwächeren zu helfen, in der Innen- und Außenpolitik neue Wege zu beschreiten. Je sicherer einer weiß, daß Interessengegensätze und Konflikte in einer demokratischen Gesellschaft nichts Außergewöhnliches und Verdammenswertes, sondern etwas ganz Normales sind, um so leichter wird ihm fallen, das, was er für richtig hält, auch gegen Widerstände durchzusetzen. Je genauer einer weiß, daß Zivilcourage oft nur in Verbindung mit anderen Eigenschaften zu einem angestrebten Ziele führt, um so mehr ist er vor Enttäuschungen gefeit. Eine gehörige Portion Mut kann manchmal nötig sein, einen Widerspruch weithin hörbar anzumelden. Um positive Veränderungen zu erreichen, bedarf es mehr: des Muts in Verbindung mit Beharrlichkeit, Besonnenheit und Flexibilität, der Fähigkeit, zum jeweils richtigen Zeitpunkt die jeweils angemessenen Mittel einzusetzen, der Umsicht bei der Wahl von Bündnispartnern.

Beispiele für Zivilcourage gab es schon, als es das Wort noch gar nicht gab. Der berühmte Müller von Sanssouci hat allerdings dem Alten Fritz nie mit dem Kammergericht zu Berlin gedroht, weil den König seine Mühle gar nicht störte. Dieser Müllermut ist nur Legende. Aber einige Richter des Berliner Kammergerichts haben gegenüber Friedrich bemerkenswerten Mut bewiesen. Von diesem aufgefordert, sich für ein Urteil zu rechtfertigen, ja es zu revidieren, erklärten sie: »Wir haben so erkannt, und dies muß genügen; denn im Codice Fridericiano steht, daß ein Richter sich an Kabinettsordres nicht kehren soll.« Der erzürnte König verurteilte die Richter daraufhin zu Festungshaft.

Gut vierzig Jahre später, 1821, bezahlte der Abgeordnete der Württembergischen Kammer Friedrich List – später bekannt durch sein Eintreten für einen Deutschen Zollverein –

freimütige Kritik an der württembergischen Staatsverwaltung ebenfalls mit Festungshaft. In einer Petition hatte er energische Beschwerden mit umfassenden Reformvorschlägen verbunden, unter anderem mit der Forderung nach gerechten Steuern, Öffentlichkeit der Gerichtsverfahren, Ausbau der Selbstverwaltung. Nur durch freie Kritik – so List – könnten »die Gebrechen vorhandener Institutionen« an den Tag gebracht und »die Funktionäre des Staates in den Schranken ihrer Pflicht« gehalten werden. Daraufhin verlor er wegen »Aufreizung gegen Staatseinrichtungen« sein Mandat und mußte als Gefangener auf dem Hohenasperg Uniformstücke sortieren. Die Freilassung erfolgte erst, als sich List bereit erklärte, auszuwandern.

Ein Beispiel aus den USA. Dort hatte der demokratische Senator Underwood 1924 die besten Chancen, Präsidentschaftskandidat zu werden. Am Vorabend des entscheidenden Parteikonvents beschworen ihn seine Freunde, sich auf keinen Fall gegen den einflußreichen Ku-Klux-Klan zu äußern, da dies die Nominierung kosten könne. Underwood jedoch kämpfte, obgleich vergeblich, für die Verurteilung des Klans im Wahlprogramm. Daraufhin versagten ihm die Delegierten aus den Südstaaten die Stimmen. Er wurde nicht einmal mehr in den Senat gewählt.

Fällt auch der politische Kampf gegen den Totalitarismus, gegen Hitler und Stalin, unter den Begriff Zivilcourage? Genauer ist es hier wohl, von Widerstand zu sprechen. Totalitäre Staaten befinden sich mit ihren inneren Gegnern im permanenten Kriegszustand. Der Entschluß zum bewußten Widerstand hat eine lebensgefährdende Konsequenz. Er zwingt zur Konspiration, zur weitgehenden Veränderung des Lebens, zum Austritt aus dem Alltag und zum Eintritt in den Untergrund. Zivilcourage äußert sich im Alltag. In der Regel geht es nicht um Tod und Leben. Zivilcourage hat in meiner Vorstellung mehr mit Widerspruch als mit Widerstand, mehr mit Opposition als mit Selbstaufopferung zu tun.

Heute liefern Schriftsteller, Wissenschaftler, Künstler und andere Anhänger der osteuropäischen Bürgerrechtsbewegung die überzeugendsten Beispiele der Zivilcourage. Sie suchen nicht die Illegalität, sondern sind bemüht, legale Mittel auszuschöpfen. Sie pochen auf das Recht, berufen sich auf die Verfassungen und Gesetze ihrer Staaten, auf UN-Pakte und gesamteuropäische Konventionen, unter denen auch die Unterschriften der Spitzenpolitiker ihrer Heimatländer stehen. Sie huldigen nicht dem Grundsatz, den Mund zu halten, um Scherereien aus dem Weg zu gehen; sie bestehen darauf, ihre Überzeugung auszusprechen.

Sie gründen Komitees, um die Rechte der Arbeiter zu verteidigen. So geschehen in Polen 1976. In Offenen Briefen und Petitionen setzen sie sich für Verfolgte ein. Sie fertigen Dokumentationen über Menschenrechtsverletzungen an. Ihre Forderung nach Freizügigkeit für alle Bürger beinhaltet das Recht, auszureisen sowie den Protest gegen Ausweisungen politisch Unliebsamer. Durch Solidaritätsbekundungen mit Bürgerrechtlern in anderen Staaten machen sie sich gegenseitig Mut. Und sie versuchen, andere Bürger zu ermutigen.

Bei allen Unterschieden zwischen diesen Beispielen fallen zwei Gemeinsamkeiten auf. In jedem Fall berufen sich Bürger auf das Recht, die Menschenrechte. In jedem Fall werden sie dafür verfolgt. In der Bundesrepublik ist es im Vergleich dazu ganz ungefährlich, Bürgermut zu üben. Hier wird er sogar durch Preise ausgezeichnet, was beweist, wie rar er ist. Zwei Träger des Theodor-Heuss-Preises, der jährlich für bemerkenswerte Beispiele von Zivilcourage verliehen wird, beeindrucken mich auf ganz besondere Weise: Günter Grass und Gustav Heinemann. Günter Grass ermutigt mich zum Widerspruch innerhalb der Linken. Was soll das bedeuten? Empörung über den krassen Reichtum weniger und die krasse Armut vieler in Lateinamerika, Solidarität mit den Opfern der Apartheid und der Wunsch nach mehr Gerechtigkeit verbinden mich mit vielen, meistens jungen Menschen, die zum Teil Jungsozialisten sind, sich zum Teil links von der SPD angesiedelt haben. Die politische Ordnung der Bundesrepublik messen sie oft an Lehrsätzen des Marxismus. Nur schwer können sie begreifen, wieviel dieser Staat jenen Älteren bedeutet, die das Ende der Weimarer Republik, Hitler-Deutschland und die DDR erlebten.

Der Grundsatz, das Erreichte in der Gesellschaft nie für das Vollkommene zu halten, die Überzeugung, daß es in unserer Gesellschaft umfassender Reformen bedarf, verbinden mich mit einer Anzahl von Schülern und Studenten, die die SPD nur regierend kennen und fast nichts von ihrer Einflußlosigkeit in der Ära Adenauers wissen. Vor solchen jungen Menschen den bundesdeutschen Staat zu verdammen, mag das Gefühl erzeugen, auch als Älterer bei ihnen populär zu sein. Die Unerschrockenheit, mit der Günter Grass, vor allem auch in den sechziger Jahren, die parlamentarische Demokratie der Bundesrepublik in Hörsälen, Jugendheimen und Klassenzimmern oft verteidigt hat, bleibt vorbildlich für mich. Linksradikalem jugendlichen Unsinn nachzugeben, wie es zuweilen Demokraten tun, um nicht als »rechts« zu gelten, ist ein Zeichen mangelnder Zivilcourage.

Bei Gustav Heinemann beeindruckt immer wieder, wie er in ganz verschiedenen Lebenslagen, als jüngerer und als älterer Mann, standfest Überzeugungen vertreten hat, die von der Mehrheit jedesmal verworfen wurden. In den dreißiger Jahren lehnte er eine hohe Position in der Wirtschaft ab, weil sich daran die Verpflichtung knüpfte, Bindungen zur Bekennenden Kirche aufzulösen. Zu Beginn der fünfziger Jahre trat er aus Widerspruch gegen die deutsche Wiederbewaffnung aus dem ersten Adenauer-Kabinett zurück. In den sechziger Jahren hat er als sozialdemokratischer Justizminister die Liberalisierung des Strafrechts vorangetrieben, die rechtliche Gleichstellung des nichtehelichen Kindes durchgesetzt und das Sexualstrafrecht entrümpelt – gar nicht populäre, aber dringend notwendige Reformen.

Wer der irrigen Meinung anhängt, Zivilcourage sei zwar sehr honorig, führe aber fast automatisch zum Verlust des guten Rufes sowie der Stellung, mag am Beispiel Heinemanns erkennen, daß hohe Ämter – übrigens nicht nur in der Politik – ohne den Nachweis selbständigen Handelns und den Mut zum Risiko oft gar nicht vergeben werden. Auch Konrad Adenauer und Willy Brandt, Ludwig Erhard, Walter Scheel und Helmut Schmidt haben in ihren Parteien engagiert Positionen vertreten, die dem Mehrheitswillen nicht entsprachen.

Auch Gustav Heinemann band den Begriff Zivilcourage – allergisch gegen Fremdwörter sprach er allerdings stets nur vom Bürgermut – an die Verfassung, an das Recht. Im Grundgesetz der Bundesrepublik sah er einen »großartigen Freiheitsbrief«, eine Urkunde, die jedermann garantiert, seinem Gewissen zu folgen und seine Meinung auszusprechen. Doch sorgte ihn, der Bürger könne den ihm geschaffenen Freiraum selber wieder einengen, indem er die Möglichkeiten der Verfassung ungenügend nutzt. Heinemann wollte, daß das Angebot des Grundgesetzes wirksam ausgenutzt wird. Er wünschte, die Staatsmacht und ihre Bürokratie auf unabdingbare Bereiche zu beschränken und an möglichst vielen Stellen durch Initiativen von Bürgern zu ersetzen. Nächstenliebe, Hilfe für die Schwachen sollten als Grundwerte des täglichen Lebens gelten. Darum hat der Bürgerpräsident immer wieder Anstöße für Bürgermut gegeben, so in seiner Weihnachtsansprache 1971:

»Es ist bequem, unangenehme Wahrheiten zu verschweigen. Es ist bequem, sich um eine Kindesmißhandlung in der Nachbarschaft nicht zu kümmern. Es ist bequem, mit den Wölfen zu heulen, wenn ein Wohngebiet sich gegen ein neues Heim für körperlich oder für geistig behinderte Mitmenschen in seinem Bereich wehrt ... Bequem ist es ebenfalls, im Betrieb schweigend zuzusehen, wenn ein Gastarbeiter wie ein minderwertiger Mensch behandelt wird. In solchen und unzähligen anderen Fällen kommt es jeden Tag darauf an, als einzelner nicht vor der Hürde stehenzubleiben, die da lautet: Was tun die anderen, was tut man nicht? ... Nur wer bekennt, findet den, der mit ihm bekennt. Nur wer Bürgermut lebt, macht andere Bürger lebendig ...«

Selbstbewußtsein und Mut zu widersprechen erwartete der Bürgerpräsident vom mündigen Bürger vor allem im Umgang mit Behörden. Doch der freiheitliche Bürger in einem freiheitlichen Staat kann nicht Behörden gegenüber selbstbewußt und mutig, seinem Arbeitgeber gegenüber unsicher und feige sein. Auch bei der Durchsetzung von Arbeitnehmerinteressen bedarf es der Zivilcourage. Wir brauchen den couragierten Arbeitnehmer, wie wir den couragierten Bürger brauchen – und sind doch weit davon entfernt.

Es ist noch gar nicht lange her: Erst vor drei Jahren, im Sommer 1974, endete die Amtszeit Heinemanns als Präsident. Kurz zuvor, im Mai, trat Bundeskanzler Brandt zurück. Wachsende Arbeitslosigkeit, die Auswirkungen des Radikalenerlasses sowie des Numerus clausus an den Universitäten bewirkten einen Klimasturz. Die Aufbruchstimmung zu Beginn der frühen siebziger Jahre wich der Lethargie. Reformeuphorie wich Scheu vor Unerprobtem und neuem Sicherheitsbedürfnis. Anpassung statt Widerspruch; Angst anstelle von Zivilcourage. Angehörige des Öffentlichen Dienstes verweigerten Unterschriften unter Petitionen gegen die Folter, um, so verteidigten sie sich, nicht in den Verdacht zu kommen, zu den Extremisten zu gehören. Oberschüler, die sich mit sechzehn als Revolutionäre ausgegeben hatten, wollten mit achtzehn Regierungsräte werden. Arbeiterinnen nahmen wieder schweigend Lohnnachteile hin, um nicht arbeitslos zu werden. Ungefähr alles, was Bürgermut entgegensteht, häufte sich erneut zusammen.

Um sich in einer sowohl durch Kernenergie und Terrorismus wie auch durch Verkehr und Moden immer fremder werdenden Umwelt zurechtzufinden, fallen ehemalige SA-Männer und BDM-Mädchen auf die Autoritätsgläubigkeit ihrer Jugendzeit zurück. Wer die Umwelt schwer versteht, klammert sich an Familie und Freunde, Nachbarn und Kollegen. Der Wunsch, wenigstens hier Sicherheit und Sympathie zu finden, zu verstehen und verstanden zu werden, schafft starke Abhängigkeit vom Urteil in der näheren Umgebung. Als Devise gilt: Nur nicht aus der Reihe tanzen.

In der Politik stehen sich in der Bundesrepublik wie auch in anderen europäischen Ländern jeweils zwei fast gleich starke Blöcke gegenüber. Knappe Mehrheiten bzw. die Aussicht, diese vorzeitig zu brechen, verstärken die Appelle an Abgeordnete, Disziplin in der Fraktion zu üben. Andernfalls, so die Warnung, seien die Folgen womöglich unabsehbar. Ein Minister, der aus Gewissensgründen zurücktreten möchte, kann unter Umständen einen Regierungssturz bewirken und wird deshalb an seine Verantwortung gemahnt.

Viele Zeitumstände stehen heute dem Bürgermut entgegen, im Alltag wie auch in der großen Politik. Und zu den zeitbedingten Schwierigkeiten kommen ja noch die, die Nein-Sagen immer macht. Dazu gehören die Zweifel, ob der eigene Standpunkt denn auch wirklich richtig ist und den Aufwand an Willenskraft auch lohnt. Schließlich kann man nicht behaupten, daß alle jene, die ihre Zukunft wagten, um ihre Meinung auszusprechen, auch stets die richtige Meinung hatten. Wenige Dinge des Lebens, besonders in der Politik, sind nur gut, nur schlecht. Oft haben wir zu entscheiden, ob das Gute oder das Schlechte überwiegt.

In der Natur der Sache liegen die Zweifel an der eigenen Fähigkeit, der Übereinstimmung der Mächtigen genügend standfest zu begegnen. Könnten sich nicht eines Tages Gegenargumente mit aufkommenden eigenen Bedenken treffen? Garantie für den Erfolg der eigenen Sache gibt es nicht. Wie, wenn man den entstehenden Ärger und seine Wirkung unterschätzt? Wenn der Entzug von Wohlwollen unerwartet heftig schmerzt? Wer hat keine Angst davor, sich lächerlich zu machen?

Wie am Anfang häufen sich auch jetzt, zum Schluß hin, wieder die Bedenken. Bin ich der richtige Autor, andere zu ermuntern, couragiert gegen Unrecht, für das Allgemeinwohl anzutreten? Relativ leicht fällt mir beim Schreiben nur, Schwierigkeiten aufzuzählen, die sich dem entgegenstellen. Zuspruch muß auch ich mir bei anderen holen.

Der amerikanische Präsident John Adams hat bemerkt, es sei einfach nicht wahr, daß es Menschen gebe, die die Allgemeinheit mehr liebten als sich selbst. Wenn das richtig ist, was hat dann Menschen immer wieder bewogen, im bürgerlichen Leben soviel Mut zu zeigen? Ein anderer amerikanischer Präsident, John F. Kennedy, hat geantwortet: Sie handelten so, »gerade weil sie sich selbst liebten, weil jedem das Bedürfnis nach Selbstrespekt wichtiger erschien als die Beliebtheit bei den anderen, und weil sein Wunsch, für integer und mutig gehalten zu werden, stärker war als der Drang, seine Stellung zu halten, und weil sein Gewissen sein persönlicher, ethischer oder moralischer Standard oder wie man es immer nennen will, stärker war als der durch Mißbilligung der Allgemeinheit ausgeübte Druck, und weil der Glaube daran, daß sein Verhalten richtig sei und schließlich Anerkennung finden werde, schwerer wog als die Furcht vor der Repression.«

Gewiß, Unterwürfigkeit, Opportunismus und Unaufrichtigkeit nagen an der Selbstachtung des Menschen. Mutig und moralisch zu handeln schafft auch Wohlbehagen. Aber brauchen wir so große Worte, um uns Mut zu machen? Müssen wir voraussetzen, daß in unserem Staat Wahrhaftigkeit stets Unbill schafft? Besteht die eigentliche Schwierigkeit bei uns nicht oft nur darin, aufzustehen und zu reden – in der Versammlung, bei Behörden, im Beruf? Da wir zu so vielem schweigen, pflanzt sich Ungerechtes fort, leben Vorurteile weiter, wird Unwahrheit nicht widerlegt. Würden mehr Menschen nur den Mund aufmachen, würden sie oft Zustimmung, gar nicht Ablehnung erfahren. Widerspruch in den kommunistischen Staaten Osteuropas anzumelden – dazu gehört sehr viel Mut, Kraft und Durchhaltevermögen. Das verlangt oft schwere Opfer. Aber es setzt auch Maßstäbe für unser eigenes Verhalten. Können wir uns angesichts dieses Bürgermuts erlauben, auch dort aus Gleichgültigkeit zu schweigen, wo wir gar nichts oder nur sehr wenig zu befürchten haben?

Gesellschaftliche Konflikte offen auszutragen, das unterscheidet Demokratien von Diktaturen. Der Versuch, Konflikte zu negieren, macht diese nur noch größer. Die Notwendigkeit und die Gelegenheit, sich entscheiden zu müssen, zu reden, zu bekennen, ergibt sich früher oder später für jeden von uns. Deshalb tut man gut daran, es möglichst früh zu üben.

Ossip K. Flechtheim

Der Zukunft verpflichtet

Wer von einer Verpflichtung gegenüber der Zukunft spricht, sollte zunächst klarstellen, was er unter Zukunft versteht. Man kann sich die Zukunft verschieden vorstellen – einmal als eine reine Dimension der Zeit, zum anderen als eine Epoche in der Entwicklung der Menschheit. Als Zeitdimension ist Zukunft von Vergangenheit und Gegenwart abzugrenzen. Was unwiederbringlich hinter uns liegt, ist Vergangenheit, was auf uns zukommt, ist Zukunft; dazwischen eingeklemmt liegt die Gegenwart, zusammengeschrumpft zu einer Trennungslinie oder gar zu einem bloßen Schnittpunkt zwischen Vergangenheit und Zukunft. Entsprechend kennt man in der Psychologie eine Präsenszeit, eine als Gegenwart wahrgenommene Zeitstrecke, die nur sechs Sekunden andauern soll. Freilich kann man auch das Heute dem Gestern und dem Morgen entgegenstellen; die Gegenwart hätte dann immerhin schon eine Dauer von 24 Stunden. Damit setzen wir allerdings schon die Gegenwart mit einem Teil der jüngsten Vergangenheit und der unmittelbar vor uns liegenden Zukunft gleich. Dann kann sich die Gegenwart für den Privatmann, aber auch für den Geschäftsmann oder Politiker auf Tage oder Wochen, ja auf Monate oder Jahre erstrecken, je nach dem Zweck, dem sie zu dienen hat. Für eine so erlebte Gegenwart gilt, daß sie andauert, daß sie sich überhaupt nicht oder doch nicht wesentlich verändert. Damit rückt sie in die Nähe des Unveränderlichen, des Beständigen, ja des »Ewigen«. In der Grammatik heißt sie daher »zeitloses Präsens».

Die Gegenwart ist in einer Zeit des langsamen Wandels

der Vergangenheit ähnlicher als in einer dynamischen Epoche, in der sich viel rasch ändert und in der die Zukunft als das Neue immer schneller über den Menschen hereinbricht. Mit diesem Gedanken nähern wir uns einer – sagen wir mangels eines besseren Ausdrucks – epochalen Betrachtung der Zeit. Für eine solche Betrachtung wird die Vergangenheit zur Geschichte, die Gegenwart zur sogenannten Zeitgeschichte und die Zukunft zu einer terra incognita, das heißt einem noch unentdeckten, wenig bekannten und daher schwer zu benennenden Zeitalter. Kein Wunder, daß früher, da sich die Welt des Menschen nur wenig und langsam änderte, da sich Gegenwart und Zukunft nur unwesentlich von der Vergangenheit unterschieden, die Geschichte und nicht das noch zu Geschehende den Schlüssel zum Verständnis der Gegenwart und zum Verhalten des Menschen in Gegenwart und Zukunft liefert.

Wohl hat Ernst Bloch den Menschen einmal als »per se ipsum ein reflektierend-antizipierendes Wesen« gedeutet; in der Tat hat der Mensch im Gegensatz zum Tier immer schon ein Zeitbewußtsein besessen, das ihn in Stand setzte, Vergangenheit, Gegenwart und Zukunft zu unterscheiden. Dennoch war sein Leben im wesentlichen Fortdauer des Vergangenen, Gewohnten, Alten, das ihn sozusagen nahtlos in die Zukunft hinüberführte. Der Mensch war nicht nur »homo prognosticus«, er blieb ein von den »ewigen« Mächten der Überlieferung geprägtes »Gewohnheitstier«. Von seinem eigenen Dasein wußte er, daß es in gewohnten Bahnen verlaufen würde – von der Geburt über die Reife zum Alter und Tode. Gleichzeitig erfuhr er, daß sich im Leben seines Stammes, seines Standes, seines Volkes kaum je etwas Entscheidendes änderte. Eroberer kamen und gingen, Kriege und Hungersnöte suchten ihn heim – dies alles war nichts Neues unter der Sonne. Meistenteils war die Zukunft so wenig verheißungsvoll, daß er sich über die Existenz in diesem irdischen Jammertal mit der Hoffnung auf ein besseres Leben im Jenseits tröstete.

Erst der Übergang von der jahrtausendealten stationären Kultur und statischen Gesellschaft zur dynamischen Gesellschaft und modernen Kultur in der Neuzeit bewirkte eine Veränderung dieser fatalistischen Lebenseinstellung. Nunmehr sehen sich immer mehr Menschen mit einer Zukunft konfrontiert, die sich von der Vergangenheit qualitativ unterscheidet. Sie stehen nun vor etwas Neuem, das das Alte immer mehr verdrängt. Seit dem 18. und 19. Jahrhundert weicht die gleichgültige oder gar negative Haltung gegenüber der Zukunft einer neuen Zukunftszuversicht. Jetzt sieht man das Künftige in rosigem Licht. Fortschritt heißt die Parole des Tages. Dieser neue Zukunftsoptimismus hat sich allen Rückschlägen zum Trotz bis in unser Jahrhundert hinein erhalten. In den fünfziger und sechziger Jahren erreichte er sogar ungeachtet der beiden Weltkriege einen neuen Höhepunkt. Der lang befürchtete dritte Weltkrieg war ausgeblieben. In den Industriegesellschaften sorgte die wissenschaftlich-technische Revolution dafür, daß der Lebensstandard fühlbar stieg. Es gelang, das Leben des Menschen erheblich zu verlängern. Die Eroberung des Weltalls schuf ein neues Lebensgefühl. Nachdem der Mond erobert war, schien die Besiedelung der Planeten nur noch eine Frage der Zeit zu sein. Der Sieg über die vier apokalyptischen Reiter – Pest, Krieg, Hunger und Tod – rückte in greifbare Nähe. Würde sich der Mensch nicht noch in diesem Jahrhundert oder im nächsten zum absoluten Herrn über die Natur aufschwingen?

Fast über Nacht ist diese optimistische Zukunftserwartung einem tiefen Pessimismus gewichen. In den siebziger Jahren stellt sich immer dringlicher die Frage nach den Grenzen des ökonomischen und demographischen Wachstums – Erhard Eppler spricht von einer echten Zäsur. Er scheut sich nicht zu behaupten, die Zukunft würde keine Villa mit beheiztem Schwimmbad für jeden Menschen auf Erden bereit haben. Nun treten die Bevölkerungsexplosion und der Hunger in der Dritten Welt, der Rüstungswettlauf und die Umweltzerstörung, der Terrorismus und die Repression in den Demokratien, die Arbeitslosigkeit und Inflation in der sogenannten sozialen Marktwirtschaft, die Angst und Orientierungslosigkeit des modernen Menschen scharf ins Bewußtsein. Zweifel, wenn nicht gar Verzweiflung greift Platz.

Da kommt niemand um die Frage herum, wie es weitergehen soll. Einige Trends lassen sich bereits erkennen. Wenn wir ehrlich sein wollen, können wir dabei auch nicht die Möglichkeit fataler Rückschläge und globaler Katastrophen ausschließen. Als Folge von atomaren Kriegen, von totaler Übervölkerung oder rücksichtsloser Umweltzerstörung ist ein Rückfall in die Barbarei, in ein neues finsteres oder Stein-Zeitalter denkbar. Die Menschheit verfügt sogar über die Mittel, sich selber ganz oder zu einem erheblichen Teil auszurotten. Und sollte es nicht zu einem gewaltsamen Untergang der Menschheit, dem der Atomphysiker Leo Szilard eine Wahrscheinlichkeit von 85

Prozent eingeräumt hat, kommen, so bleibt immer noch die Alternative einer unmenschlichen Entwicklung, wie sie sich etwa ein Aldous Huxley und ein George Orwell in ihren eindrucksvollen Gegenutopien »Schöne Neue Welt« und »1984« ausgemalt haben, nämlich zur neo-cäsaristischen Diktatur oder gar zur totalitären Gewaltherrschaft. Beiden wäre gemeinsam die Verschärfung der Gegensätze in der Welt, das Überhandnehmen von Gewaltsamkeit und Brutalität. Bürokratische und plutokratische Eliten würden die atomisierten Massen manipulieren und reglementieren. Der Rüstungswettlauf würde weitergehen und könnte jeden Tag in einen Krieg umschlagen. Der Ost-West-Konflikt würde eher überdeckt als gelöst werden, der Nord-Süd-Konflikt ungeahnte Ausmaße annehmen.

Möglich ist aber nach wie vor auch ein positiver Ausgang unserer Krise. Die humanen und demokratischen, liberalen und sozialistischen Kräfte in West und Ost mögen früher oder später doch noch die Oberhand gewinnen. Eine sich demokratisierende Weltgesellschaft würde die Konflikte sicherlich nicht von heute auf morgen aus der Welt schaffen, sie aber doch so weit unter Kontrolle bringen, daß sie gewaltfrei ausgetragen würden. Der Trend zur Stärkung der Weltorganisationen würde sich durchsetzen. Die Weltbevölkerung würde sich stabilisieren, dem rein quantitativen und technischen Wachstum würde Einhalt geboten, geistige und moralische Werte würden an Gewicht gewinnen. Damit würde die Menschheit dem Fernziel einer liberal-sozialistischen Weltföderation näherrücken.

Wir haben es also nicht nur mit einer Zukunft, sondern mit mehreren möglichen Zukünften zu tun. Das bedeutet, daß wir uns nicht *der,* sondern *einer* Zukunft verpflichtet fühlen. Kaum jemand wird sich für ein negativ bewertetes Zukunftsmodell einsetzen wollen. Die Gefahr liegt eher darin, daß sich so mancher ihm mehr oder weniger widerwillig anpassen wird, wenn er es für unvermeidlich hält. So mag das Unheil sozusagen von selber über uns hereinbrechen – ungewollt und ungeplant, automatisch und schicksalhaft. Bei allen Rückschlägen und Kosten war die bisherige Entwicklung des *homo sapiens* eher nach oben gerichtet; aber anzunehmen, daß es so weitergehen muß, wäre eine unzulässige Trendextrapolation. Das tägliche Leben lehrt uns, daß die Zerstörung ungleich leichter zu bewerkstelligen ist als der Aufbau. Die Gefahr des Absturzes nimmt auch zu, je höher wir steigen. Auf dem Weg nach oben läßt sich keine Etappe überspringen, der Fall nach unten kann ins Bodenlose führen. Diese Problematik ist schon im Turmbau zu Babel angedeutet.

Die Zukunft ist die Resultante zahlreicher Umstände und Bedingungen. Objektive, vom Menschen nicht beeinflußbare Momente wie Tradition oder Klima, Bodenschätze oder Kraftreserven fallen dabei durchaus ins Gewicht. Nicht zu übersehen ist aber auch der sogenannte subjektive Faktor, das Denken und Wollen, Tun und Lassen der Menschen. Wirkungsvoll handeln können die Menschen zwar nur innerhalb bestimmter Grenzen, aber innerhalb dieser entscheidet der Mensch über die Zukunft. Wenn auch kein menschliches Tun bewirken kann, daß die Milliardengesellschaft von morgen zu einer Gemeinschaft von Hirten oder Ackerbauern wird, so wird es doch von dem individuellen und kollektiven Verhalten mit abhängen, ob es zum katastrophalen Niedergang, zu einer caesaristisch-totalitären Autokratie oder zu einer human-solidarischen Weltföderation kommen wird. Es geht also nicht um die Zukunft schlechthin, sondern um jenes Zukunftsmodell, das wir für menschenwürdig halten. Dieses zu sichern sind wir verpflichtet. Zu diesem kann jeder seinen noch so bescheidenen Beitrag leisten. Niemand kann die erwünschte Zukunft herbeizaubern – ein jeder kann das Seine dazu tun, daß sie möglichst rasch Gestalt annimmt. Geschenkt wird uns dabei nichts.

Wenn die Zukunft heute ganz anders als in alten Zeiten von uns mitgestaltet wird, so heißt das auch, daß die Probleme nun global und langfristig in Angriff genommen werden müssen. Die Welt ist heute schon so sehr eine Einheit, daß jeder einzelne von allem, was auf der Erde vorgeht, mit betroffen ist, ebenso wie er selber alles in der Welt mit beeinflußt. Unser Nachbar geht uns also wahrlich viel an, und zum Nachbarn in diesem Sinne wird mit jedem Tage mehr ein jeder Erdenbewohner. Ja nicht nur der lebende Mitmensch, sondern auch die kommende Generation muß in unsere Überlegungen mit einbezogen werden, wollen wir Katastrophen vermeiden. So gesehen sitzen wir in der Tat schon alle in einem Boot, die Lebenden wie die noch nicht Geborenen. Mit Recht spricht man von einem »Raumschiff Erde«. Dieses ist aber immer noch so großräumig und weitläufig, daß sich die Positionen der Passagiere und der Besatzung erheblich voneinander unterscheiden. Noch reicht die Stufenleiter oder Hierarchie vom Besitzer einer Luxuskabine bis zum Zwischendeckpassagier, vom Kapitän bis zum Schiffsjungen. Langfristig gesehen mögen sie alle vom Untergang gleich betroffen sein – ihre kurzfristigen Interessen gehen noch so sehr auseinander, daß die Oberen ihre Vorrechte nicht leicht aufgeben werden. Auch heute noch ist denen oben (und natürlich auch denen unten) das eigene Hemd näher als der Rock des anderen.

Wie läßt sich dieser Zustand ändern? Soll man an das Verantwortungsgefühl der Mächtigen appellieren oder die Massen gegen sie mobilisieren? Die Frage mag von Fall zu Fall verschieden zu entscheiden sein. Es hängt davon ab, ob die Bedürfnisse der unteren Schichten den langfristigen Interessen aller näher kommen als die Interessen der Privilegierten. Stimmt es, daß die letzteren mit einer überlebten Gesellschaftsordnung unauflöslich verbunden sind? Lassen sich hingegen die Massen leichter für eine neue humane Ordnung gewinnen? Manches spricht dafür, daß die Vorurteile der Armen und Unterdrückten, die einer besseren Zukunft im Wege stehen, ähnlich tief verankert sind wie die den Mächtigen liebgewordenen Vorrechte. Sollte es sich erweisen, daß »die da unten« gleichermaßen vergangenheitsgeprüft und zukunftsfeindlich sind, so würde die Last der Zukunftsgestaltung vor allem auf den Schultern jener Zwischenschicht ruhen, denen Vorurteile den Blick nicht so sehr verstellen und die auch weniger an Besitz und Macht orientiert sind. Gemeint ist eine Intelligenz im ursprünglichen Sinne des Wortes, die aufgrund ihrer Einsicht, Umsicht und Voraussicht erzieherisch und politisch wegweisend wäre.

Zur erzieherischen Beeinflussung muß politisches Handeln hinzutreten. Dabei wissen wir, daß Politik bisher allzu häufig mit Mitteln der Gewalt und der Täuschung betrieben wurde. Not kannte kein Gebot, der Zweck heiligte die Mittel. Um Schlimmeres zu verhüten, tat man selber Schlimmes. Dieses altehrwürdige Politikverständnis halten noch heute viele für auf die Zukunft übertragbar. Das kann heißen, daß man sich für eine technisch hochgezüchtete autoritäre oder gar totalitäre Schreckensherrschaft einzusetzen hat, um wenigstens dem Rückfall in die tiefste Barbarei zuvorzukommen. Oder man opfert in einem Kriege Milliarden von Menschen, um den Rest zu retten. Hiergegen läßt sich anführen, daß es immer schon mehr als zweifelhaft war, ob so schlechte Mittel wirklich einem guten Zweck dienen können, ob das kleinere Übel das größere zu verhindern vermochte, oder ob nicht umgekehrt das schlechte Mittel allzu leicht das gute Ziel korrumpierte, zumal diejenigen, die das Böse tun oder veranlassen, meist selber zunächst einmal davon sehr schön profitieren. Daß die Aufrüstung den Frieden garantiert, ist alles andere als bewiesen; fest steht jedenfalls, daß sie den Waffenhändlern Gewinne und den Militärs Karrieren sichert. Ob die Folter zur Aufdeckung von Missetaten führt, mag dahingestellt bleiben; fest steht, daß sie die Aggressivität der Folterer befriedigt und deren Laufbahn dienlich ist. Wer hat schon in der Vergangenheit mit reinen Händen und reinen Herzens das Blut seiner Opfer vergossen? Heute sorgt die technische Perfektion der modernen Vernichtungsmittel und Gewaltmethoden dafür, daß dies in der Zukunft noch unwahrscheinlicher wird.

Wenn wir von einer Politik im Dienste der Zukunft sprechen, meinen wir also etwas grundlegend anderes als die Macht- und Gewaltpolitik alten Stils: Es geht darum, Menschen zu helfen, die Verhältnisse zu bessern, zukünftigen Generationen mehr Lebenschancen zu eröffnen. Abbau von Gewalt und Trug ist Aufbau von Zukunftspolitik.

Konkreter gesprochen, gehört zu dieser Zukunftspolitik Institutionalisierung des Friedens durch Abrüstung, gewaltfreie Konfliktlösung und Stärkung der Vereinten Nationen; Umweltsanierung und qualitatives Wachstum; weltwirtschaftliche Kooperation mit Rahmenplanung; Bevölkerungsstabilisierung; langfristige Entwicklungspolitik zugunsten des sogenannten internationalen Lastenausgleichs; Demokratisierung des Staates und Humanisierung des Rechts; Heranbildung eines in der Gemeinschaft verankerten, kreativen *homo humanus*. Eine solche Politik wird natürlich viele Opfer von jedem fordern. Zum Wesen einer globalen und futurologischen Humanpolitik gehört es, daß auf manche materiellen Befriedigungen und liebgewordene Traditionen verzichtet werden muß. Im Interesse einer unvermeidlichen Umverteilung des Reichtums werden dabei die Privilegierten die größeren Einbußen hinnehmen müssen. Dem einzelnen bleibt dabei unbenommen, sich die größten Opfer zuzumuten – seinem Nächsten wird er aber stets und überall nur das abverlangen dürfen, was dessen Existenz und Menschenwürde nicht zerstört oder verletzt. Auch im Interesse der Umwelt oder der kommenden Generationen sollte es keinem Herrscher und keinem System gestattet werden, die unveräußerlichen Grund- und Menschenrechte der Lebenden mit Füßen zu treten.

Nun wird man mit Recht fragen, ob denn eine solche Zukunftspolitik überhaupt Aussicht auf Erfolg hat. Auch wenn wir wissen, daß wir die Zukunft mit Lug und Trug, mit Gewalt und Terror nicht werden retten können – welche Garantie haben wir, daß eine humane Politik nicht von vorneherein scheitern muß? Der schon zitierte Leo Szilard hat ihr nur 15 Prozent Wahrscheinlichkeit zugebilligt; freilich hat er auch betont, daß er für eben diese 15 Prozent leben und kämpfen wolle. Nun kann niemand, nicht einmal ein goßer Naturwissenschaftler wie Szilard, die Chancen der Zukunft genau berechnen. Optimisten mögen sie höher veranschlagen – mit 25, mit 35 oder gar mit 50 Prozent Wahrscheinlichkeit. Da sich die Zukunft der Menschheit nicht statistisch erfassen läßt, spielt bei jeder Schätzung das subjektive Moment eine große Rolle.

Die Schwierigkeiten der Prognose lassen sich ganz besonders eindringlich an dem Dilemma der sogenannten »self-fulfilling« oder »self-denying prophecy« verdeutlichen. Es geht hierbei darum, daß es im Bereich menschlichen Verhaltens von der Prognose selber abhängen kann, ob sie eintrifft oder nicht. Machthaber können so mächtig sein, daß der von ihnen vorausgesagte Krieg ausbricht, weil sie ihn selber entfesseln können. Der Börsenspekulant kann einen Kursgewinn voraussagen, weil er ihn durch seine Käufe selber herbeiführt. Der Unternehmer prognostiziert eine Lohnkürzung, weil er sie gegen die unorganisierten Arbeiter zu erzwingen vermag. Es können aber auch zwei widerstreitende Kräfte einander die Waage halten; die Voraussage gibt dann den Ausschlag, welche der beiden obsiegt: In diesem Fall mag die Voraussage die eine Seite entmutigen und damit erst der anderen zum Sieg verhelfen. Sie kann aber auch umgekehrt die Seite, deren Niederlage vorausgesagt wird, erst zu verstärkten Anstrengungen anspornen und damit selber deren Erfolg herbeiführen. Als Beispiel diene ein Wahlkampf gleich starker Parteien, in dem erst die Voraussage die Entscheidung bringt, wobei die Prognostiker selber nicht unbedingt über besonders großen Einfluß verfügen müssen. In den hier angedeuteten Fällen trägt der Prognostiker eine besonders große Verantwortung, da erst die Bekanntgabe seiner Voraussage den Ausschlag gibt. Wenn wir das Schicksal der Menschheit in der Zukunft voraussagen wollen, müssen wir also außerordentlich vorsichtig vorgehen. Ja es sind Situationen denkbar, in denen man auf die Veröffentlichung der Prognose verzichten sollte, um die von ihr ausgehende negative Wirkung zu vermeiden.

Aber auch in den Fällen, in denen die Prognose selber

nichts entscheidet, werden Überraschungen nicht immer ausbleiben. Wäre es da nicht angebracht, sich auf solche Voraussagen zu beschränken, die nicht Wahrscheinlichkeiten vorhersagen, sondern nur Möglichkeiten aufzählen? Aber selbst das ist nicht unproblematisch, da die Grenzen zwischen Möglichem und Unmöglichem fließend sind. Schon Max Weber wußte, »daß man das Mögliche nicht erreicht, wenn nicht immer wieder in der Welt nach dem Unmöglichen gegriffen worden wäre«. Der politisch in ganz anderen Kategorien denkende Revolutionär Karl Liebknecht ging so weit, die Politik als die »Kunst des Unmöglichen« zu definieren. Er sagte: »Das Mögliche ist nur erreichbar durch Erstreben des Unmöglichen. Die realisierte Möglichkeit ist die Diagonale von Unmöglichkeiten.« Auch für Kolakowski besteht ein Zusammenhang zwischen der Utopie als dem Unmöglichen und dem revolutionären Bewußtsein. Dieses »kann nicht nur dem Lauf der Ereignisse folgen, sondern muß ihnen zu einem Zeitpunkt vorauseilen, zu dem sie sich weder planen noch voraussehen lassen«. Auch wer eine rational fundierte Futurologie vertritt, wird gut daran tun, die Stimme der Phantasie und Intuition nicht zu überhören. Dann wird er leichter begreifen, wie es allen wissenschaftlichen Voraussagen zum Trotz zum Prager Frühling von 1968, zum Aufstand des Militärs in Portugal 1974, zur Rebellion der Massen in Indien 1977 kommen konnte. Jeder Futurologe muß damit rechnen, daß es auch in der Zukunft unvorhersehbare, sozusagen unterirdische Ströme und Kräfte geben dürfte, die die Zukunft positiv oder negativ beeinflussen können. Bei der Voraussage dem Unmöglichen und Unvorhersehbaren genügend Raum zu lassen ist unabdingbar, auch wenn dieses Kunststück einer Quadratur des futurologischen Kreises gleichkommt.

Trotz all dieser Unsicherheitsfaktoren dürfen wir auch wiederum nicht unterstellen, daß sich über die Zukunft überhaupt nichts aussagen läßt. Auch dem Unmöglichen sind wiederum Grenzen gesetzt. Fest steht zum Beispiel, daß die Bevölkerung der Erde bis zum Jahre 2000 nicht ohne Katastrophen halbiert werden kann. Wenn wir in den nächsten Jahrzehnten auf die moderne Wissenschaft und Technik total verzichteten, würde unser Lebensstandard radikal zurückgehen. Solche Einsichten gibt es noch in Hülle und Fülle – wer sie außer acht läßt, handelt nur noch blinder als die meisten es ohnehin schon tun.

Was bleibt aber zu tun, wenn sich schließlich herausstellen

sollte, daß die Rückschläge und Katastrophen nicht nur möglich, sondern höchstwahrscheinlich oder unvermeidlich sind? Auch dann wären deren Ausmaß oder Reichweite keine von vorneherein feststehenden Größen. Selbst globale Rückschläge müssen die Menschheit nicht überall in der gleichen Weise treffen. Manche Gebiete oder Lebensbereiche mögen schwerer getroffen werden als andere. Ein angemessenes Verhalten der Menschen könnte selbst dann die negativen Wirkungen abschwächen. Um so unerläßlicher wäre in diesem Falle die Konzentration humanen Handelns auf bestimmte Bereiche. Auch wenn in einer solchen Situation eine umfassende Bewegung, Partei oder Ideologie nichts Entscheidendes mehr bewirken könnte, bliebe noch Raum für sogenannte Einpunktbewegungen oder für eine »Einpunktpolitik«. Auch dann wäre es noch möglich, sich für Gruppen oder Organisationen einzusetzen, die für eine Humanisierung bestimmter Lebensbereiche eintreten. Das setzt natürlich voraus, daß Inseln der Zivilisation – räumlich oder inhaltlich – erhalten blieben.

Sicherlich wächst in Zeiten des Niedergangs und Zusammenbruchs einer Kultur die Versuchung, eine epikuräische Flucht ins rein Private anzutreten – möglicherweise auf Kosten derer, denen ein solcher Fluchtweg abgeschnitten ist. Man handelt dann nach der Devise des »Rette sich, wer kann« und des »Nach uns die Sintflut«. Wer sich allein oder auch gemeinsam mit anderen einer solchen Tendenz widersetzt und seinen Mitmenschen – den Gefangenen und Verfolgten, Arbeitslosen und Hilfsbedürftigen – eine helfende Hand entgegenstreckt, tut in dieser Situation mehr und anderes, als das konventionelle Gebot der Mildtätigkeit zu befolgen. Wo ihm die Zukunft verloren scheint, beweist er den Mut, sich dem Fatum zu widersetzen. Zugegeben, dieser Zukunft kann und soll er sich nicht verpflichtet fühlen. Dann bleibt ihm nur noch übrig, trotz allem an der Idee eines *homo humanus* festzuhalten, der in der bisherigen Geschichte immer nur angelegt war, von dem wir aber immer noch hoffen, daß er sich im Laufe der Jahrtausende nach allen Katastrophen doch noch einmal verwirklichen wird. Vielleicht hatte Kant etwas Ähnliches im Sinn, als er schrieb: »Die ... Waage ist doch nicht ganz unparteiisch, und ein Arm derselben, welcher die Aufschrift führt ›Hoffnung und Zukunft‹, macht, daß Gründe und Argumente, wenn sie in die ihm angehörige Waagschale fallen, an sich schwerer wiegende Gründe und Argumente auf der anderen Waagschale in die Höhe ziehen. Dies ist die einzige Unrichtigkeit, die mir bewußt ist in meinem Denken, die ich nicht beheben kann, aber auch wohl nie beheben will.«

Verzeichnis der Mitarbeiter

Jean Améry (geboren 1912) lebt als freier Schriftsteller in Brüssel. Er veröffentlichte u.a.: »Über das Altern – Revolte und Resignation«; »Lefeu oder Der Abbruch – Roman-Essay«; »Hand an sich legen – Diskurs über den Freitod«.

Gerold Ummo Becker (geboren 1936) war von 1964 bis 1969 am Pädagogischen Seminar der Universität Göttingen tätig und seit 1969 an der Odenwaldschule/Heppenheim, deren Leiter er 1972 wurde. Er veröffentlichte u.a.: »Probleme der Schule im gesellschaftlichen Wandel – Beispiel Odenwaldschule«.

Heinrich Böll (geboren 1917) ist seit 1951 freier Schriftsteller. Sein Werk umfaßt zahlreiche Romane, Erzählungen, Satiren, Essays und Dramen. 1972 Nobelpreis für Literatur.

Tobias Brocher (geboren 1917), Professor Dr. med., Sozialpsychologe und Psychooanalytiker, lehrt und forscht als Distinguished Professor for Applied Behavioral Sciences bei der Menninger Foundation in Topeka/USA. Er veröffentlichte u.a.: »Sind wir ver-rückt? – Lebensprobleme des modernen Menschen«; »Von der Schwierigkeit zu lieben«; »Stufen des Lebens«.

Karl W. Deutsch ist Professor an der Harvard University in Cambridge/Massachusetts in den USA. In Deutschland erschienen u.a. seine Bücher: »Analyse internationaler Beziehungen – Konzeption und Probleme der Friedensforschung«; »Der Nationalismus und seine Alternativen«; »Politische Kybernetik – Modelle und Perspektiven«.

Walter Dirks (geboren 1901), Professor Dr. theol. h.c., war nach dem Ende des 2. Weltkriegs Mitherausgeber der »Frankfurter Hefte« und von 1956 bis 1967 Hauptabteilungsleiter im Westdeutschen Rundfunk. Er veröffentlichte u.a.: »Friede im Atomzeitalter«; »Unser Vater und das Vaterunser«.

Theodor Ebert (geboren 1937), Dr. phil., Professor für Politische Wissenschaft an der Freien Universität Berlin. Er veröffentlichte u.a.: »Wehrpolitik ohne Waffen«; »Demokratische Sicherheitspolitik«.

Erhard Eppler (geboren 1926) ist seit 1961 Parlamentarier und seit 1973 Vorsitzender der SPD in Baden-Württemberg. Von 1968 bis 1974 war er Bundesminister für wirtschaftliche Zusammenarbeit. Er veröffentlichte u.a.: »Ende oder Wende – Von der Machbarkeit des Notwendigen«.

Iring Fetscher (geboren 1922), Professor Dr., lehrt Politische Wissenschaft an der Universität in Frankfurt/M. Er veröffentlichte zahlreiche Bücher zu Problemen der Philosophie und Politologie, darunter: »Karl Marx und der Marxismus« und »Der Marxismus – Seine Geschichte in Dokumenten«.

Ossip K. Flechtheim (geboren 1909), Dr. jur., war von 1939 bis 1951 Dozent und Professor an verschiedenen amerikanischen Hochschulen. Seit 1951 lehrte er bis zu seiner Emeritierung im Jahre 1974 hauptsächlich in Berlin. Er veröffentlichte u.a.: »Futurologie – der Kampf um die Zukunft«; »Die Parteien der Bundesrepublik Deutschland«.

Erich Fromm (geboren 1900), Professor Dr. phil., ist Psychoanalytiker und war von 1955 bis 1968 Direktor der psychoanalytischen Abteilung an der Medizinischen Fakultät der Nationalen Universität von Mexiko. Er veröffentlichte u.a.: »Anatomie der menschlichen Destruktivität«; »Haben oder Sein – Die seelischen Grundlagen einer neuen Gesellschaft«.

Hans-Georg Gadamer (geboren 1900), Professor Dr. phil., lehrte von 1949 bis zu seiner Emeritierung Philosophie an der Universität Heidelberg. Neben zahlreichen Publikationen insbesondere zu Problemen der platonischen Philosophie veröffentlichte er das Werk »Wahrheit und Methode – Grundzüge einer philosophischen Hermeneutik«.

Jeanne Hersch lebt und arbeitet als Professorin in Genf. Sie veröffentlichte u.a.: »Die Ideologien und die Wirklichkeit – Versuch einer politischen Orientierung« und »Die Unfähigkeit Freiheit zu ertragen«.

Hartmut von Hentig (geboren 1925), Professor Dr. phil., lehrt an der Universität Bielefeld Pädagogik. Zu seinen zahlreichen Veröffentlichungen gehören u.a. die Bücher: »Cuernavaca oder: Alternativen zur Schule«; »Magier oder Magister? Über die Einheit der Wissenschaft im Verständigungsprozeß«.

Walter Jens (geboren 1923), Professor Dr. phil., hat den Lehrstuhl für Allgemeine Rhetorik an der Universität Tübingen inne und ist Präsident des deutschen PEN-Zentrums. Als Erzähler, Essayist, Literaturwissenschaftler, Kritiker und Übersetzer ist er mit zahlreichen Büchern hervorgetreten, dazu gehören u.a.: »Statt einer Literaturgeschichte«; »Republikanische Reden«; »Herr Meister«; »Am Anfang der Stall – am Ende der Galgen: Jesus von Nazareth«; »Der Fall Judas«.

Robert Jungk (geboren 1913) ist Schriftsteller, Publizist und Honorarprofessor der Technischen Universität Berlin. Zu den bekanntesten seiner zahlreichen Veröffentlichungen gehören die Bücher »Die Zukunft hat schon begonnen« und »Der Jahrtausendmensch«.

Christian Graf von Krockow (geboren 1927), Professor Dr. phil., lehrte Politikwissenschaft an verschiedenen deutschen Universitäten und lebt heute in Göttingen. Er veröffentlichte u.a.: »Nationalismus als deutsches Problem«; »Sport – Eine Soziologie und Philosophie des Leistungsprinzips«.

Golo Mann (geboren 1909), Professor Dr. phil., ist Schriftsteller und Historiker. Zu seinen bekanntesten Werken gehören die Bücher »Deutsche Geschichte des 19. und 20. Jahrhunderts« und »Wallenstein«.

Paul Matussek (geboren 1919), Professor Dr. med. et phil., ist Leiter der Forschungsstelle für Psychopathologie und Psychotherapie in der Max-Planck-Gesellschaft in München. Er veröffentlichte u.a.: »Kreativität als Chance – Der schöpferische Mensch in psychodynamischer Sicht«.

Siegfried Melchinger (geboren 1906), Professor Dr. phil., lehrte bis 1971 an der staatlichen Hochschule für Musik und darstellende Kunst in Stuttgart. Zu seinen wichtigsten Veröffentlichungen gehören die Werke »Geschichte des politischen Theaters« und »Das Theater der Tragödie«.

William G. Niederland (geboren 1905), Professor Dr. med., ist Clinical Professor of Psychiatry an der Staats-Universität New York und als praktizierender Psychoanalytiker und Psychiater in Englewood/New Jersey tätig. Wichtige Veröffentlichungen: »Psychic Traumatization«; »The Schreber Case – Psychoanalytic of a Paranoid Personality«.

Dietrich von Oppen (geboren 1912), Professor Dr. phil., hat seit 1960 den Lehrstuhl für Sozialethik im Fachbereich Evangelische Theologie der Universität Marburg inne. Sein bisher letztes Buch erschien 1973 innerhalb der Bibliothek Themen der Theologie unter dem Titel »Moral – Wie können wir heute miteinander leben?«.

Georg Picht (geboren 1913) ist Professor für Religionsphilosophie und Leiter der »Forschungsstätte der Evangelischen Studiengemeinschaft« (FEST) in Heidelberg. Zu seinen wichtigsten Publikationen zählen die Bücher »Die deutsche Bildungskatastrophe«; »Die Verantwortung des Geistes«; »Wahrheit – Vernunft – Verantwortung«; »Theologie – was ist das?«.

Lily Pincus (geboren 1898) emigrierte in den dreißiger Jahren aus Deutschland nach England, wo sie seit 1948 am Tavistock-Institut in London tätig ist und sich dort vor allem mit Ehe- und Familientherapie beschäftigt. In Deutschland erschien bisher ihr Buch: »... bis daß der Tod euch scheidet. Zur Psychologie des Trauerns«.

Adolf Portmann (geboren 1897), Professor Dr. phil., lebt in Basel und ist durch zahlreiche Veröffentlichungen zu Problemen der Biologie und Anthropologie international bekannt geworden. Er veröffentlichte u.a.: »An den Grenzen des Wissens – Vom Beitrag der Biologie zu einem neuen Weltbild«; »Biologische Fragmente zu einer Lehre vom Menschen«; »Vom Lebendigen – Versuche zu einer Wissenschaft vom Menschen«.

Harry Pross (geboren 1923), Professor Dr. phil., lehrt Publizistik an der Freien Universität Berlin. Er veröffentlichte u. a.: »Die meisten Nachrichten sind falsch – Für eine neue Kommunikationspolitik«; »Söhne der Kassandra – Versuch über deutsche Intellektuelle«.

Ludwig Raiser (geboren 1904), Professor D. Dr. jur., Dr. phil. h. c., ist emeritierter Ordinarius für bürgerliches Recht, Handels- und Wirtschaftsrecht der Universität Tübingen. Dort wirkte er in den Jahren des sogenannten Studentenprotests 1968/69 als Rektor. Von 1970 bis 1973 war er Präses der Synode der Evangelischen Kirche in Deutschland.

Jürgen Rausch (geboren 1910), Professor Dr. phil., lebt in Rhöndorf am Rhein. Er wurde vor allem durch seine Essays bekannt, so zum Beispiel »Der Mensch als Märtyrer und Monstrum« und »Reise zwischen den Zeiten«.

Fritz Riemann (geboren 1902) ist freipraktizierender Psychoanalytiker, Dozent und Lehranalytiker am Institut für Psychologische Forschung und Psychotherapie in München. Er veröffentlichte u. a.: »Grundformen der Angst«; »Die schizoide Gesellschaft«; »Lebenshilfe Astrologie – Gedanken und Erfahrungen«.

Ulrich Schmidhäuser (geboren 1921), Professor Dr. phil., lehrt Philosophie an der Pädagogischen Hochschule Esslingen, deren Rektor er seit 1976 ist. Er veröffentlichte zahlreiche Aufsätze zu Fragen der Philosophie und Theologie und zum interdisziplinären Dialog.

Hans Jürgen Schultz (geboren 1928) ist Chefredakteur Kultur beim Süddeutschen Rundfunk in Stuttgart. Er ist Mitglied des deutschen PEN-Clubs. Er schrieb u. a. das Buch »Anstiftung zum Christentum« und ist Herausgeber der Werke »Psychologie für Nichtpsychologen«, »Sie werden lachen – die Bibel« sowie der Buchreihen »Themen der Theologie« und »Stufen des Lebens«.

Ernst Simon (geboren 1899), Professor Dr. phil., lebt seit 1928 in Palästina bzw. Israel und war zuletzt Ordinarius für Pädagogik an der Hebräischen Universität Jerusalem. Von seinen zahlreichen Veröffentlichungen sei hier das Werk »Aufbau im Untergang« genannt.

Dorothee Sölle (geboren 1929), Professor Dr. phil., habilitierte sich 1972 an der Universität Köln mit einer Arbeit über die Zusammenhänge von Literatur und Theologie nach der Aufklärung. Im Herbst 1975 übernahm sie eine Professur am Union Theological Seminary in New York. Ihre beiden zuletzt erschienenen Bücher tragen die Titel »Leiden« (innerhalb der Bibliothek Themen der Theologie) und »Die Hinreise – Zur religiösen Erfahrung · Texte und Überlegungen«.

Manès Sperber (geboren 1905) lebt seit 1934 in Paris. Er wurde vor allem durch seine Romantrilogie »Wie eine Träne im Ozean«, durch Essays »Zur Analyse der Tyrannis« und seine Autobiographie »All das Vergangene« bekannt, die in drei Bänden erschien: »Die Wasserträger Gottes«, »Die vergebliche Warnung« und »Bis man mir Scherben auf die Augen legt«.

Carola Stern (geboren 1925) studierte Politische Wissenschaften und Soziologie und ist heute Leiterin der Programmgruppe Kommentare und Feature beim Westdeutschen Rundfunk in Köln. Sie veröffentlichte u.a. eine Ulbricht-Biographie und eine Monographie über Willy Brandt und ist zusammen mit Heinrich Böll und Günter Grass Herausgeberin der Zeitschrift »L 76«.

Wolfgang Sternstein (geboren 1939) ist promovierter Politologe und wissenschaftlicher Mitarbeiter der Berghof-Stiftung in Berlin. Er veröffentlichte Aufsätze und Vorträge.

Fritz Vilmar (geboren 1929) wirkt als Professor für Politische Wissenschaften an der Freien Universität Berlin. Er veröffentlichte u.a.: »Sozialistische Friedenspolitik für Europa«; »Strategien der Demokratisierung«; »Grundlagen und Schwerpunkte einer Theorie des Demokratischen Sozialismus«.

Peter Wapnewski (geboren 1922), Professor Dr. phil., lehrt am Seminar für Deutsche Literatur des Mittelalters der Universität in Karlsruhe. Neben Aufsätzen und Kritiken zur zeitgenössischen Literatur veröffentlichte er u.a.: »Die Lyrik Wolframs von Eschenbach«; »Waz ist Minne? – Studien zur mittelhochdeutschen Lyrik«.

Weitere von Hans Jürgen Schultz herausgegebene Bücher:

Frauen

Porträts aus zwei Jahrhunderten
mit 20 ganzseitigen Schwarzweiß-Porträts
280 Seiten, kartoniert mit farbigem Umschlag

Schriftstellerinnen und Journalistinnen von heute befragen mit Sympathie und kritischem Abstand Ahninnen der Frauenemanzipation nach ihrem Lebensschicksal und ihrem mutigen Kampf. 20 Porträts – von Caroline Schlegel-Schelling bis Rosa Luxemburg – das sind 20 verschiedene Biographien und Charaktere.

»Dies ist ein Buch von Frauen *über* Frauen, doch keinesfalls nur ein Buch von Frauen *für* Frauen. Warum sollte ich andern Männern nicht wünschen, daß es ihnen ergeht wie mir, dem ersten Betrachter dieser Porträts? Mit Neugierde, mit Zustimmung, mit Betroffenheit und oft mit Vergnügen habe ich auch das gelesen, was zwischen die Zeilen geraten ist, was also die Autorinnen in ihrem Dialog mit den beschriebenen Frauen von sich selbst zur Sprache gebracht haben. Im übrigen finden sich unter den hier zusammengestellten Lebensgeschichten einige, die nicht bloß interessant, sondern ergreifend sind, und die eine Sym-Pathie in mir bewirkt haben, auf die ich so nicht gefaßt war.« *Hans Jürgen Schultz*

Einsamkeit

mit 18 Porträtfotos von den Autoren
239 Seiten, kartoniert mit vierfarbigem Umschlag

»Mit dem Buch ›Einsamkeit‹ liegt ein Sammelband vor, in dem namhafte Autoren verschiedener Fachrichtungen ihre persönlichen Erlebnisse mitteilen. U. a. sind es Manès Sperber, Robert Jungk, Margarete Mitscherlich-Nielsen und Dorothee Sölle, die das Alleingelassenwerden erfahren haben. Das Buch kann eine Hilfe für jeden sein, der sich selbst und seine Zeit verstehen möchte.« *Saarländischer Rundfunk*

Mein Judentum

3. Auflage (11.–14. Tausend), 270 Seiten, kt. glanzfolienkaschiert

»Dieses sehr wichtige, dem gebildeten Deutschen als Muß-Lektüre zu empfehlende Buch geht auf eine Sendereihe des Süddeutschen Rundfunks zurück. Schwer auszudenken, was uns allen, die wir die Sendung nicht gehört haben, verloren gegangen wäre, wenn der verantwortliche Funkredakteur Hans Jürgen Schultz nicht auch noch das Buch aus ihnen gemacht hätte.« *Neue Deutsche Hefte, Berlin*

Psychologie für Nichtpsychologen

4. Auflage (21.–23. Tausend), 438 Seiten, kt.

»Dieser Sammelband, dem eine Vorlesungsreihe des Süddeutschen Rundfunks zugrunde liegt, will eine ›Einführung in wichtige Grundbegriffe der Tiefenpsychologie‹ sein, die Autoren sind kundige Analytiker und Therapeuten, Universitätsprofessoren und praktizierende Ärzte aus vielen Ländern. Die auch dem gebildeten Laien ohne weiteres verständlichen 39 Beiträge (z.B. über Aggression, Angst, Familie etc.) geben einen ausgezeichneten Überblick über die Hauptlehren S. Freuds und C. G. Jungs sowie über deren Fortentwicklung durch ihre Schüler.« *Das Wort, Wien*

Sie werden lachen – die Bibel

Überraschungen mit dem Buch

2. Auflage (8.–12. Tausend), 238 Seiten, kt.

»Eine gelungene Sammlung von 20 Beiträgen, dargeboten von prominenten zeitgenössischen Wissenschaftlern und Autoren in völlig neuer, unherkömmlicher Art.
Der Titel des Buches ist die Antwort B. Brechts auf die Frage nach seiner Lieblingslektüre und der Untertitel – Überraschungen mit dem Buch – hält sein Versprechen bis zur letzten Seite.« *Das Wort, Wien*